◇现代经济与管理类系列教材

财政与金融

（第3版修订本）

郑　煜　编著

清 华 大 学 出 版 社

北京交通大学出版社

·北京·

内容简介

本书根据我国当前推进国家治理体系和治理能力现代化背景下，建立现代财政制度与深化金融体制改革的实践，依照应用创新型人才胜任力培养的基本素养要求，突出市场经济条件下财政、金融运行的特征，本着既充分反映我国财政与金融领域中国特色的最新成果，又兼顾我国现代经济体系现状与发展趋势的指导思想编写。

本书理论与实务并重，整个体系由三部分构成：第一部分为财政学基本理论，主要阐述财政的作用，公共财政理论，财政支出及其增长与绩效评价，财政收入，税收与税制，国际税收，公债与公债市场，国家预算；第二部分为金融学基本理论，主要阐述金融范畴、货币、信用，金融市场，金融机构体系，货币需求与供给，通货膨胀，国际金融；第三部分为财政、金融宏观调控理论，阐述宏观调控的作用、财政平衡与财政赤字、财政政策和货币政策双支柱调控框架及协调机制。

本书既可作为经济管理类专业的本科教材，也可作为高等职业教育、继续教育及大专的教学用书，同时还可作为金融系统从业人员的学习资料和培训教材。

图书在版编目（CIP）数据

财政与金融/郑煜编著 . —3 版 . —北京：北京交通大学出版社：清华大学出版社，2018.8
（2023.7 重印）

　ISBN 978 - 7 - 5121 - 3692 - 2

　Ⅰ. ①财…　Ⅱ. ①郑…　Ⅲ. ①财政金融-高等学校-教材　Ⅳ. ①F8

中国版本图书馆 CIP 数据核字（2018）第 184271 号

财政与金融
CAIZHENG YU JINRONG

策划编辑：吴嫦娥　　责任编辑：崔　明
出版发行：清华大学出版社　　邮编：100084　　电话：010 - 62776969　　http://www.tup.com.cn
　　　　　北京交通大学出版社　邮编：100044　　电话：010 - 51686414　　http://www.bjtup.com.cn
印　刷　者：北京虎彩文化传播有限公司
经　　　销：全国新华书店
开　　　本：185 mm×260 mm　　印张：23　　字数：574 千字
版　　　次：2020 年 9 月第 3 版第 1 次修订　　2023 年 7 月第 3 次印刷
书　　　号：ISBN 978 - 7 - 5121 - 3692 - 2/F · 1813
定　　　价：59.00 元

第3版前言

财政乃庶政之母，邦国之本。党的十九大提出我国要建设现代化经济体系，以供给侧结构性改革为主线，着力构建宏观调控有度的经济体制。因此，需要加快建立现代财政制度，建立权责清晰、财力协调、区域均衡的中央和地方财政关系；深化金融体制改革，促进多层次资本市场健康发展；健全货币政策和宏观审慎政策双支柱调控框架。

财政与金融是现代经济的核心，宏观调控的两大工具，在资源配置中起关键作用，其运行状况关系到一国经济运行的稳定和效率，关系到国家战略的实现，进而影响国家经济安全。随着我国经济的转型发展，社会对应用创新型人才的需求也越来越迫切，掌握财政金融学专业基本理论体系和专门知识对应用创新型人才的培养则显得尤为重要，而课程教材的更新与创新是应用型人才、一流本科教育的关键所在。

本教材自 2008 年出版以来，深受国内众多高校同行、广大读者的厚爱与支持。尽管在2012 年进行过一次修订（2015 年荣获陕西省普通高校优秀教材一等奖），但到现在也已过去了六年。这期间，我国财政金融领域的理论观点、法律法规、制度政策与工具等均发生了较多的变化，为反映该领域最新的研究与实践成果，需要再次调整与更新。

本次再版，在广泛征求国内使用本教材兄弟院校教师、学生和读者意见的基础上，保留了前 2 版的主要框架结构，并根据国内外财政、金融领域的新形势做了较大幅度修订，增删了一些内容，更新了最新的各类数据、图表及分析，确保本书的时效性和可读性。

财政部分：按照《2018 年政府收支分类科目》更新了全口径政府收支分类、财政支出分析；对税收征管体制改革进行了介绍，修订了营改增、个税改革、环境保护税等税收种类；结合 2014 年修正的《预算法》，对国家预算章节进行了全新修订，阐述了国家治理现代化要求的预算管理制度改革及未来方向。金融部分：增加了互联网金融、区块链技术、多层次的资本市场体系、双支柱宏观调控框架；修订了通货膨胀、货币供给、货币政策；补充了一些最近颁布的相关制度和法规等内容。

修订过程中，参考借鉴并引用了财政金融领域的大量研究成果，虽有标注，但仍可能存有遗漏，特此说明，并向有关作者表示感谢。本次修订，依然得到了北京交通大学出版社的支持与帮助，特别感谢经管分社崔明编辑、吴嫦娥社长两位女士，是她们的辛勤努力，才使本书得以顺利再版。

修订无止境，同行、读者的批评、意见和观点是作者前进的莫大动力，尽管从事本课程教学近二十年，本教材也多次修订，但因时间及作者水平所限，教材缺点和不足在所难免，恳请诸位同行、专家和读者指正，再次表示深深谢意！

编　者
2018 年 8 月

I

第2版前言

本书第 1 版自 2008 年出版以来，国内外财政、金融理论和实践都出现了一些新的发展和变化。美国次贷危机对全球金融市场及实体经济产生了很大影响，导致全球经济衰退，世界经济增速进一步下滑。当前，民生问题已逐步进入我国各级政府的议事日程，适应市场经济要求的公共财政体系建设正在展开。尽管本书第 1 版深得国内众多高校同行、广大读者的厚爱与支持，已多次印刷，发行量不断攀升，但"财政与金融"是一门时效性很强的动态学科，必须随着经济实践的发展而发展。在上述背景下，对本书原版进行修订，以更好地反映我国财政、金融理论和政策领域的新变化，便显得尤为迫切和重要。

本次再版，保留了第 1 版的基本框架结构，并根据国内外财政、金融领域的新形势做了较大的修订，增删了一些内容，更新了最新的数据及分析，确保本书的时代性和可读性。

（1）财政支出部分的修改，反映了自 2007 年开始的政府收支分类改革，并按照《2012 年政府收支分类科目》进行了修改。第 2 章"购买性支出"中，增加了对教育、科学技术支出的分析，并将第 3 章的政府采购制度修改后调整到本章。

（2）第 3 章增加了财政支出规模衡量的三个测量指标，并对我国财政支出增长进行了定量化趋势分析。此外，还增加了"财政支出绩效评价"一节。

（3）财政收入部分的修改，反映了 2012 年政府财政收入分类。第 4 章增加了财政收入规模的测量指标，结合我国实际对财政收入的结构及增长趋势进行了定量化分析，税收部分按照最新的税法进行了修改，如增值税、消费税、营业税、所得税、房产税等。

（4）公债部分除更新数据外，还增加了公债余额管理制度。根据财政部（财预〔2010〕88 号）文件，删掉了第 9 章"预算外资金"一节，并更新了相关数据。

（5）金融部分，增加了外汇市场和黄金市场，修改了金融机构体系、货币需求与货币供给、国际金融、我国当前的通货膨胀情况等内容；此外，还更新了相关数据。

（6）财政政策部分，精简了财政平衡，增加了财政赤字及其分析内容。此外，结合我国当前经济运行情况，对宏观调控政策的选择进行了分析。

（7）对各章节后的阅读材料内容进行了修改、取舍。

（8）应读者要求，书后新增了"复利系数表"。

（9）根据新版本，对幻灯片等教辅材料进行相应的更新。可从北京交通大学出版社网站（http：//press. bjtu. edu. cn）下载，或发邮件至 cbswce@jg. bjtu. edu. cn 索取。

由于时间和作者水平有限，本次再版可能会衍生出诸多新问题，敬请同行、读者提出宝贵意见，以便进一步的修改，在此表示感谢。

编　者

2012 年 9 月

第1版前言

"十五"以来，中国经济取得了快速、平稳的发展，作为国家宏观调控两大重要政策工具的财政和金融体制也进行了较大改革。为了反映中国财政金融及税务体制改革新动向、新成果，紧密结合中国经济的新形势，同时也为了满足经济类管理类专业实际教学需要，很有必要重新编写反映最新的宏观调控政策、法律法规等内容的教材。

本书特点可概括为"1＋2＋1"。"1"为一条主线，即贯穿于教材始终的财政金融理论紧密结合中国经济实际情况；"2"为财政理论、金融理论，力求运用简练、生动的表述将该理论部分阐述透彻；"1"即为财政政策、货币政策的合理组合对宏观经济的有效调控，该部分也是对财政理论与金融理论的高度概括与升华。

本书介绍了中国当前财政金融改革与实践的新成果，吸收和借鉴了西方财政金融理论，整个教材体系、章节、内容上都进行了较大调整，反映了国内财政金融教材内容的最新变化。本教材理论阐述简洁、凝练，重点突出，在每章的开篇有学习目标，结尾部分有本章小结、关键概念及思考与练习；为进一步开拓读者视野，每章后增加了阅读材料，这些都便于读者更好地把课堂教学与实践结合起来。

本书的结构框架、写作思路和统稿由郑煜承担。各章分工为：郑煜编写第 1 章至第 4 章、第 12 章（第 2、4 节）、第 14 章、第 16 章；张娟编写第 5 章、第 6 章；刘科强编写第 7 章；王旺喜编写第 8 章、第 9 章；孙晓华编写第 10 章、第 11 章、第 12 章（第 1、3 节）、第 13 章、第 15 章。全书由郑煜、孙晓华担任主编，由张娟、刘科强、王旺喜担任副主编。研究生张志珍、陈静对全书进行了仔细认真的校对，感谢她们的辛勤工作。同时，更要感谢北京交通大学出版社及吴嫦娥编辑的大力支持。

参加本书的编写人员，均为多年来从事该课程教学、具有丰富教学经验的中青年教师。因此，本书内容上具有较强的针对性，既可作为高等学校的教材，同时也可以作为财政金融部门的培训教材。在编写中我们汲取了中国财政金融理论工作者的一些最新研究成果，并积极注意借鉴西方公共财政、金融理论，并结合中国财政金融改革的实践。由于篇幅的原因，相关著作者未能一一列举，谨此对他们表示深深的谢意。

本书配有教学课件，可从北京交通大学出版社网站（http://press.bjtu.edu.cn）下载，或发邮件至 cbswce@jg.bjtu.edu.cn 索取。

囿于时间和作者水平所限，书中难免有不足之处，敬请各位同行、专家和读者批评指正，再次表示谢意。

编　者
2008 年 5 月

目 录

第1章
财政在经济中的重要作用

【学习目标】

学完本章后，你应该能够：

- 知晓财政的概念并认识学习该课程的重要性；
- 理解财政在经济中的重要作用；
- 领会财政职能的内涵及主要表现；
- 了解西方公共财政理论的基本内容及新的研究趋势。

1.1 什么是财政

1.1.1 财政概念的演变

在日常生活中，我们经常听到"财政"一词，如财政补贴、财政拨款、财政预算等。那么，究竟什么是财政？

1. 西方国家财政概念的演变

财政一词最早起源于西欧。13—15 世纪，拉丁文 finis 是指结算支付期限的意思，后来演变为 finare，则有支付款项、裁定款项或罚款支付的含义。到 16 世纪末，法国政治家波丹 （Jean Bodin） 将法语 finances 作为财政一词使用，认为财政是"国家的神经"，随后逐步泛指国家及其他公共团体的理财。日本自 1868 年明治维新以后，从西欧各国引用 finance 一词，吸收中国早已分开存在使用的"财"和"政"二字的含义，创造了"财政"一词，逐步取代以前的各种名称，确立了财政的概念。

finance 释义较广，可译为金融、融资、财务等。专指国家理财时，西方国家一般用 public finance，可直译为公共财政。

关于现代经济体系中的财政职能问题，最早予以明确而系统阐述的，是马斯格雷夫在 1959 年出版的《财政学原理》一书，[1] 并得到学术界的公认。但在此前后，西方财政职能的内容不尽相同。

2. 中国财政概念的演变

中文里使用"财政"这个词是从近代开始的。历史上，早期用"度支""国计""国用"等词来概括财政现象。19 世纪 90 年代，财政一词由日本传入中国。在戊戌变法 （1898 年）

---

① MUSGRAVE R A. The theory of public finance. McGraw-Hill Book Company, Inc.，1959：3-27.

"明定国事"诏书中首次出现"改革财政，实行国家预算"的条文。据考证，这是中国政府文件中最早使用"财政"一词。1903 年，清政府又设立了财政处，从此官方开始使用"财政"。自民国开始，以"财政"命名官方机构，称"财政部"。20 世纪 40 年代，中华书局出版的《辞海》对财政概念的解释是："财政谓理财之政，即国家或公共团体以维持其生存发达为目的，而获得收入，支出经费之行为也。"这已是引用西方国家公共财政定义而进行的表述。

从中文的字面意思上看，"财"是一切钱财货物的总称，"政"则是指行政事务。所以，从字面上说，"财政"就是指有关钱财货物方面的行政事务。不过，人们通常所说的财政，是国家财政或政府财政的简称。在中国，人们似乎已约定俗成，一说起财政，就是指有关国家（政府）钱财货物方面的行政事务；而企业、单位钱财货物方面的行政事务则一般被称作"财务"，如企业负责资金方面的部门被称为财务科，而不叫财政科；企业的资金、成本核算称作企业财务核算等。不过，日常生活中，"财政"一词有时也并不一定是特指政府的钱财事务。例如，人们有时说某某公司出现了财政危机，某某企业财政很困难，这时"财政"指的就是一般的钱财事务，与政府的活动无关。有的人认为"财政"一词中的"政"是指政府，认为"财政"字面上的意思就是政府理财，这种看法是不妥的。如"家政""邮政"等，在这里，"政"字都不代表政府。

因而，可以把财政的一般概念概括为：财政是国家为了满足社会公共需要对一部分社会产品进行的集中分配，可简称为国家分配。这里讲的分配包括分配活动和分配关系两个方面，即生产力与生产关系的统一。包括以下四个方面的具体含义。

（1）财政是一种分配活动，属于分配范畴。这里的分配是指广义的分配，既包括关乎社会再生产的资源配置即生产要素的分配，也包括关乎人们之间利益关系的收入分配。

（2）财政活动的主体是政府（或国家）。财政表现为政府的集中性分配活动，是一种政府行为。这意味着：①财政是为实现政府职能服务的；②政府是财政分配的组织者和主持者；③所有财政活动都体现着政府与其他经济主体之间的经济关系。这种经济关系在不同的社会制度下具有不同的性质。这是不同社会制度下财政的特殊性。由于财政属政府的经济行为，在经济部门划分中政府属公共部门，因此，财政活动是一种公共经济活动。

（3）财政活动的目的是提供公共物品和满足社会公共需要。财政作为一种以政府为主体的分配方式或资源配置方式，与市场性的资源配置一样，目的都是满足社会需要。人类的需要可分为两类：一类是私人需要（包括个人生活需要和企业单位的生产经营需要），另一类是社会公共需要。在市场经济条件下，私人需要通过市场机制提供私人物品来满足，社会公共需要由政府通过财政机制提供公共物品来满足。这是市场经济条件下市场与政府的基本分工。这样公共物品和公共需要问题就成了市场经济下财政问题的核心，公共物品和社会公共需要理论也成了认识市场经济下财政概念的基点。

（4）财政分配的对象是一部分国民收入，即主要是剩余产品价值。

1.1.2　财政的本质

从上面的论述可知，财政特指政府的钱财事务，而政府是国家权力的执行机关，所以，财政是以国家（或政府）为主体的分配关系，这就是财政的本质。因而，人们又把政府财政称为国家财政。

根据马克思主义的国家观，国家是阶级矛盾不可调和的产物和表现，是阶级统治的工具。在现实社会中，国家是由军队、警察、法庭、监狱、官吏等统治机构组成的，并以"公共权力"的面貌出现而凌驾于社会之上。国家统治机构统治和管理国家的活动是非生产性的，不创造社会产品，但国家为了维持其统治机构的存在和国家机构行使职能，就需要占有和消耗一部分社会产品。可以说，离开了对社会产品的占有，国家政权一天也不能存在。在国家不直接占有社会生产资料的情况下，通过按资分配取得一部分社会产品以满足自己的需要是不可能的，因此，国家必须凭借手中的政治权力从物质生产领域强制和无偿地征收一部分自己所需的社会产品。正如恩格斯所指出的："为了维持这种公共权力，就需要公民缴纳费用——捐税。捐税是以前氏族社会完全没有的，但是现在我们却十分熟悉它。"① 从以上国家对社会产品的需要和占有的角度看，财政实质上是一种对社会产品的分配活动。在社会经济活动中，分配活动多种多样，但财政是以国家为主体的，凭借国家政治权力强制性参与的对社会产品的一种分配活动，这种财政分配活动与人们凭借对生产资料的占有以及劳动贡献所进行的分配是截然不同的。

1.2　财政在经济中的作用

财政是以国家为主体的分配，现实生活中它表现为政府的收支活动。由于财政与政府的活动密不可分，所以，经济中为什么需要财政的问题实际上也就成了经济中为什么需要政府的问题。现代经济理论认为，政府虽然不会创造社会产品，但却提供公共物品，获取和消费这种公共物品是人们的一种社会公共需要。另外，在市场经济条件下，市场机制在资源配置、收入分配等方面都起着基础性作用，但市场机制也不是万能的，它在许多方面都存在缺陷，需要由政府来弥补。总之，提供公共物品和弥补市场缺陷是经济中政府存在的两个重要理论依据，也是经济中需要政府财政的原因所在。

1.2.1　公共物品

1. 公共物品与私人物品

私人物品（private goods）是由市场供给、用来满足私人主体需要的商品和服务。私人物品是这样一些物品，它们能分割并分别提供给不同的个人和单位，也不给他人带来外部的收益和成本。

公共物品（public goods）是由以政府为代表的国家机构——公共部门供给、用来满足社会公共需要的商品和服务。公共物品是这样一些物品，不论每个人是否愿意购买它们，它们带来的好处都不可分割地散布到整个社区里。

萨缪尔森（Paul A. Samuelson）对公共物品的经典定义是：所谓纯粹的公共物品，是指这样的物品，即每个人消费这种物品，不会导致其他人对该物品消费的减少。②

---

① 马克思，恩格斯. 马克思恩格斯选集：第 4 卷. 北京：人民出版社，1972：167.

② 美国经济学家 Paul A. Samuelson 1954 年在 *Review of Economics and Statistics*（vol. 36）发表一篇名为 *The Pure Theory of Public Expenditure* 著名论文，对公共物品进行了定义与判断。

　　2. 公共物品的基本特征

　　区分公共物品和私人物品的基本标准是：排他性与非排他性，竞争性与非竞争性。公共物品的基本特征是具有非排他性与非竞争性。

　　非排他性是从公共物品的供给角度来讲的，即为该物品的供给出资的人在享受该物品带来的利益时，无法排除其他人从中受益。具体说来，就是无法将拒绝为之付款的人排除在受益范围之外。不可排除的原因，或是技术上不可能，或是排除的成本高昂到不可接受。公共物品的非排他性意味着存在"搭便车"现象。

　　非竞争性是从公共物品的消费、受益角度讲的，即任何一个消费者对公共物品的消费，都不影响其他消费者的消费或同时从中受益。严格说来，非竞争性包含两方面的含义：一是消费者的增加不引起生产成本的增加，即增加一个消费者的边际生产成本为零；二是消费者的增加不会影响其他消费者的消费数量和消费质量，即多一个消费者的边际拥挤成本为零。

　　萨缪尔森将纯粹的私人产品与纯粹的公共物品的区别用数学式更严格地表述如下。[①]

　　对于私人产品来说，

$$X=\sum_{i=1}^{n} x_i$$

　　即某一商品的总量 X 等于每一个消费者所拥有或消费的该商品数量 x_i 的总和，这意味着私人产品是能在消费者之间分割的。

　　对于公共物品来说，

$$X=x_i \quad (i=1, 2, 3, \cdots, n)$$

　　这就是说，对于任何一个消费者来说，他为了消费而实际可支配的公共物品的数量 x_i 就是该公共物品的总量 X，这意味着公共物品在消费者之间是不能分割的。

　　以上是就纯粹的公共物品而言的。事实上，纯粹的公共物品和纯粹的私人物品只是物品中极端的两类，而许多物品兼有私人物品与公共物品的双重性质，称之为混合物品或准公共物品。

　　3. 混合物品

　　混合物品即兼有私人物品与公共物品的双重性质的物品。大致有以下两类。

　　第一类是非排他性、非竞争性不完全、不充分的物品。其又分为三种情况：一是具有非竞争性但可以排他的，如不拥挤的桥梁；二是非竞争性不充分且可以排他的，如拥挤的桥梁；三是排他性不充分的，如带有围墙的花园。

　　第二类具有正的外部效应的物品，如水力发电设施。

　　最后需要指出，随着条件的变化，特别是科学技术的进步，有些公认的纯粹的公共物品的非排他性日益变得淡化，即排除日益从技术上变得可能或排除的成本降低了，具有了私人物品的性质。如有线电视就是典型的例子。

1.2.2　市场机制的缺陷——市场失灵

　　西方经济学认为，在完全竞争条件下，市场经济能够在自发运行的过程中，仅仅依靠自

---

　　① 萨缪尔森，诺德豪斯. 经济学. 16 版. 北京：华夏出版社，1999.

身力量的调节，使社会上现有的各种资源得到充分、合理的利用，达到社会资源的有效配置状态。但是，市场经济并不是万能的。建立在自由放任基础之上的市场竞争机制，并非在任何领域、任何状态下都能够充分适应。在一些领域或场合，市场机制本身并不能得到有效的发挥，从而天然达到有效配置资源的结果；而在另外一些领域或场合，市场机制即使能够充分发挥作用，也无法达到符合整个社会要求的正确的资源配置结果。这些问题就是市场经济自身所无法克服的固有的缺陷或不足，西方经济理论将它们统称为"市场失灵"（market failure）。具体说来，市场失灵问题一般包括以下几个方面。

1. 公共物品

1）纯公共物品无法由市场提供

这是由公共物品的非排他性和非竞争性特点决定的。市场要求等价交换、利益边界的精确性和成本与效益的内在化。产品生产或提供者要负担全部成本，同时全部收益归其所有。纯公共物品具有严格的排他性，即其存在利益外溢性。出于对自身利益的考虑，人人都会希望由别人来提供这些物品而自己免费使用，因此市场无法提供。纯公共物品具有严格的非竞争性，应免费提供。由于不能回收成本和赚取利润，追求利润最大化的市场主体是不会提供的。

2）准公共物品或混合物品市场也不能充分有效地提供

这主要因为混合物品亦都是有一定程度的非竞争性和一些程度的非排他性的（或正的外部效应）。

3）私人提供公共物品会造成资源配置缺乏效率

人们消费的公共物品大都不是由私人提供的，而是由政府提供的。竞争性的市场不可能达到公共物品的帕累托最优产量。一方面，由于具有非排他性，每个人都相信他付费与否都能享受公共物品的好处，那么，他就不会有自愿付费的动机，而倾向于成为"免费搭车者"（free rider），从而公共物品的投资无法收回，私人企业自然不会提供这类产品。这种现象事实上是大卫·休谟（David Hume）早在 1740 年就提出过的所谓的"公共的悲剧"（public tragedy）。"公共的悲剧"形容的是这样一种情况：在一个经济社会中，如果有公共物品或劳务存在，"免费搭车者"的出现就不可避免。但如果所有的社会成员都成为免费搭车者，最后的结果则是没有一个能享受到公共物品或劳务的好处。中国的"一个和尚挑水吃，两个和尚抬水吃，三个和尚没水吃"的故事，其实也是用于形容免费搭车这样的"公共的悲剧"的。另一方面，公共物品的边际成本为零，按照帕累托最优所要求的边际成本定价的原则，这些产品必须免费提供，这也是私人企业必然难以接受的。

由私人提供公共物品会造成资源配置缺乏效率，原因如下。

（1）根据公共物品的特性，当增加一个人使用某种公共物品的边际成本等于零时，就不可能对这种物品进行配给。如果这种物品由私人企业提供，私人企业必然要对这种物品的消费者进行收费，而这种收费将会阻止人们购买这种物品，由此会导致公共物品闲置。最为明显的例子便是海上航标灯的安装。

（2）由私人提供公共物品，有可能导致公共物品的供给不足，这又是一种效率损失。由于公共物品的消费具有非排他性，如果由私人来提供公共物品，公共物品的供给量将决定于他个人的边际收益与边际成本的均衡点，而不管其他人对这种物品的需求如何。这样一来，对社会来说，这种公共物品的供给量太小。这方面最为明显的例子是，若由私人来提供城市街道上的路灯，路灯的数量一定是寥若晨星。

2. 外部效应

外部效应（externalities）是指某一个体在从事经济活动时，给其他个体造成了消极或积极的影响，却没有承担应有的责任或者没有取得应有的报酬的情形。

当存在负的外部效应时，供给者的成本小于收益，不完全承担自己受益的代价，因而会导致相应的物品供给过度，造成资源的浪费和损害他人利益。例如，一家工厂在生产产品时，向外排放废水、废气，给周围居民的生活带来了不利影响，而工厂并不因此而承担责任，这是外部不经济的情形。外部不经济意味着，市场价格不反映生产的边际社会成本，从事外部不经济活动的经济主体把部分成本强加给其他个体或社会，其结果将造成市场主体过度地从事具有负外部经济效应的经济活动。

当存在正的外部效应时，供给者的成本大于收益，得不到应有的效益补偿，因而相应的物品市场不能充分提供，会造成供给不足和效率损失。如一片果园的种植和长成，可以为周围的养蜂人提供其养的蜜蜂采蜜所需要的花朵，但养蜂人却不必为蜜蜂采蜜而付费，而果园主也得不到相应的报酬。这是外部经济的情形。外部经济意味着，从事该活动的市场主体将无法从自己的生产经营收入中回收全部成本支出，这将导致市场主体尽可能地减少从事具有正外部经济效应的经济活动。

当出现外部效应时应要求政府干预，以实现对经济主体外溢的补偿和外部成本的内在化。

3. 垄断

市场经济的有效运作首先要求市场上所有参与者的行为都是竞争性的。这意味着经济主体的供给与需求在市场的供求总量中所占的比重都是足够小的，每个主体的行为都无法影响市场价格。这样，在市场价格一定的条件下，每个主体按照最优化原则进行决策，生产者采取利润最大化行为，而消费者则根据收入预算，最大限度地实现边际支出效用最大化。但是，如果以上条件遭到破坏，例如，当生产者处于市场垄断地位时，他就能够影响价格并以此谋利，这就产生了市场失灵问题。

市场效率是以完全自由竞争为前提的，然而现实的市场并不具备这种充分条件，此即市场竞争失效。自然垄断是竞争失效的重要表现之一。在自然垄断行业（如天然气、供水、供电等）中，存在规模经济要求与保持合理的价格、利润水平的矛盾，市场无法解决，需要政府干预。为了对付垄断，政府可以实行公共管制，或在垄断部门建立公共生产，并从效率和社会福利角度规定价格。

4. 信息不充分

市场完全竞争的一个基本假定是信息是完全的，如买者清楚地知道市场上各个角落各种商品的价格和质量，雇主清楚地知道被雇者的各种行为特征等。但是现实生活中的情形往往不是这样的，信息一般是不完全的，而且获得信息往往要付出成本。信息的不完全性和相应发生的信息成本会影响到市场机制的运行结果，影响到市场的资源配置效率。

私人所提供的信息往往不足，特别是随着市场规模的扩大，信息越来越分散、复杂，生产者和消费者都不能充分掌握必要信息，从而不可避免地出现很多非理性决策，影响到竞争的充分性，因此也会影响到市场机制的效率，这时就需要政府来提供信息。

政府提供充分的信息，是一种社会性服务，也属于一种公共物品。

5. 市场不完全

在经济生活中常常可以见到下列情况：由于相关和互补产品的市场残缺，导致资源配置的无效率。例如，某钢铁厂在作出是否开工的决定时，碰到这样的问题：只有铁路在五年内运营的情况下，它才能赢利；而铁路部门只有在钢铁厂已经开工的情况下，才有利可图。很显然，双方都关心对方，而且当双方都进行投资时，才是最有效率的。但是如果只有钢铁现货市场，铁路便不能轻易地将自己的利益信息通过市场传递给钢铁厂。这种由于市场体系残缺所造成的无法沟通，以及不能在时间选择上加以配合的情况，便是市场不完全造成的市场失灵。

市场无法有效提供的物品不仅仅是公共物品和有外在效益的物品，还有许多市场无法提供或无法充分提供的物品。此时则存在市场不完全的问题。如在保险方面，很多重要的风险保险及由政府行为引起的风险的保险（如失业会受到政府宏观政策的影响），市场不能提供或不能充分提供。有些投资巨大、获益周期长及高风险的产业，私人部门不敢贸然经营（如大规模钢铁企业、某些高新技术产业等）。这些领域也是需要政府介入的。

6. 收入分配不公平

对于经济发展来说，分配公平与经济效率有着同等重要的意义，二者不可分离地联系在一起。因为从长远上看，没有经济的高效率发展，就不可能真正实现社会的公平分配；反之，没有分配上的公平，经济效率也不可能长久维持。但是，市场机制和市场竞争的目标是实现效率，这就决定了收入的初始分配首先是按要素禀赋分配。由于每个人的禀赋或挣钱的本事不同，参与竞争的条件、实力、能力不同，而且这些不同往往受家庭出身、家庭结构、性别、遗产继承等许多个人不能左右的因素影响，这样就会产生收入分配结果的不公平，富者越富，贫者越贫，甚至失去基本的生活保障。这种收入分配的不公平会影响社会的安定和凝聚力，也不符合社会的道德观念，因而也需要政府的干预，以实现收入分配的公平。

7. 宏观经济失衡

社会总供给与总需求的平衡是市场经济正常运行的基本前提之一。但是，市场机制的自发作用有盲目性，从而不可避免地造成失业、通货膨胀和经济波动。另外，市场主体为实现利润最大化而追求技术进步和节约劳动力成本的行为也可能导致失业。在经济史上，宏观经济失衡最为明显的表现，即高通货膨胀率、高失业率，以及周期性的经济萧条和危机问题始终困扰着西方市场经济国家，它们充分验证了自由放任的市场经济解决宏观经济失衡问题上的无能为力。

按照古典经济学家的观点，市场也可以对经济波动进行调节和矫正，但其是一种事后调节，是采用经济危机的方式，对社会经济的破坏太大，代价太高。因此，也需要政府对此进行干预和宏观调控，以保持国民经济的稳定和发展。

1.2.3　政府财政的经济作用

1. 政府干预市场的手段

针对市场失灵，政府发挥其经济作用，对市场进行干预的手段主要有三种。

（1）行政法律手段。包括制定规范市场和经济主体行为的法规，规范市场行为；制定发展战略和规划，引导和调节经济运行；直接采取行政手段，如规定产品价格、实行公共管制，命令造成污染的厂商停产或限期治理等。

（2）组织公共生产。即由政府出资（财政预算拨款）兴办所有权归政府所有的工商企业和单位，提供市场不能提供或提供不足的物品。

（3）经济政策。财政政策是主要的经济政策手段之一。

上述三种手段，都在不同程度上与财政有关。行政法律手段，也包括财政法规在内；组织公共生产本身即由财政出资；财政政策手段则更不待言。这就具体说明了社会主义市场经济下财政存在的必要性。

2. 发挥政府经济作用的不同模式

同是政府调控下的现代市场经济，但由于各国的社会经济需要和具体国情不同，在发挥政府的经济作用时各国有各自不同的选择，从而形成了不同的市场经济体制模式。如以美国和欧洲多数国家为代表的"新自由主义"的市场经济模式；德国实行的"社会市场经济"模式；以日本、韩国为代表的市场经济模式，即"亚洲模式"或"东方模式"。

中国的经济体制改革是政府推动下的改革，不仅存在市场失灵问题，还存在市场残缺问题，这就决定了在处理政府与市场的关系上，需要政府发挥的作用更为突出，但决不能由此过分夸大政府的作用，必须大力转变和科学规范政府职能。

1.3　财政的职能

1.3.1　财政职能的内涵

财政职能是指财政作为国家（政府）分配社会产品、调节经济活动的重要手段所具有的职责和功能，是由财政本质所决定的，不以人的意志为转移。政府的收支，即从事生产、分配和消费活动必然要对经济产生影响，改变经济原来的状态。例如，政府如果多收税并用于社会消费，就会改变消费的结构；政府在税收或价格政策上对一部分企业或部门给予优惠，就会使得这部分企业或部门的产品相对于其他产品来说有所增加；政府若将一部分收入通过转移支出给予一部分企业或个人，那么不同企业之间、不同个人之间的收入相对份额就会发生变化；政府扩大其支出会使整个社会的需求变得强劲，从而使社会产品的总产量和总价格水平发生变化。

政府活动对经济所产生的影响和变化体现为财政的职能。其内涵如下。①这种职能是政府所固有的，只要政府存在，它就必须要进行某些活动，而这些活动必定会对经济产生影响。②财政的职能只是表明政府会对经济产生影响，这种影响可能有利于国民经济，也可能不利于国民经济。例如，财政可使"应该多生产"的产品得到发展，使个人之间的收入差距有所缩小，使国民收入增加等，也可以使某些产品生产过多而另一些产品生产过少，使生产增长变缓或通货膨胀率上升。不论是好的影响还是不好的影响，都是财政职能的表现。

1.3.2　财政职能的主要表现

在经济运行过程中，市场机制的作用是有限的，而市场机制失灵的领域恰恰是财政职能应当发挥作用的领域。因此，相应地，财政具有资源配置职能、收入分配职能及经济稳定和发展职能。

1. 资源配置职能

1）财政资源配置职能的含义

财政资源的配置职能（allocation function）是指政府为满足社会需要（social wants）而提供特定的物品和服务，并为这些支出活动融资而征税。

在经济体系中，市场提供的商品和服务数量有时是过度的，有时又是不足的，整个社会的资源配置缺乏效率。财政的资源配置职能表现在宏观和微观两个方面。宏观层次上的财政配置职能是指改变公共部门与私人部门之间的资源配置状况；微观层次上的财政配置职能是指对市场提供过度的商品和服务数量进行调整，而对市场提供不足的物品和服务进行补充，以实现社会资源的有效配置。

首先考察宏观层次上的财政资源配置职能：在社会经济资源既定的情况下，公共部门与私人部门对资源的配置是竞争性的。财政措施会使资源配置状况接近或偏离部门间的最优资源配置点。[①] 从某种程度上说，微观层次上的财政资源配置职能也是从单个消费者或生产者的角度来分析财政的配置职能。换言之，财政措施会改变消费者的效用最大化行为，或改变生产者的利润最大化行为。这个层次的财政配置职能主要是通过收入效应和替代效应来实现的。如图 1-1 所示。

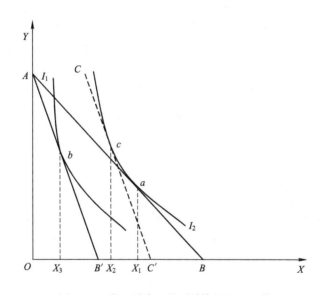

图 1-1　微观层次上的财政资源配置职能

在图 1-1 中，假定某一消费者同时购买两种商品 X 和 Y，这两种商品的初始价格比率用预算线 AB 表示。这时，该消费者的福利水平是最大的，因为该消费者的预算线与其最高无差异曲线 I_2 相切于 a 点。在这种均衡状态下，该消费者购买 OX_1 单位的商品 X。现在我们假定对 X 商品征收货物税，商品 X 的价格会因此而提高，但由于没有同时对商品 Y 征税，故它的价格不变。于是，这两种商品的相对价格发生了变化，预算线从 AB 变为 AB'，

① 郭庆旺，赵志耘. 财政理论与政策. 2 版. 北京：经济科学出版社，2003：4-11.

该消费者的新的均衡消费点是位于无差异曲线 I_1 上的 b 点，他只能购买 OX_3 单位的商品 X。可以看出，政府征税后，资源配置发生了变化，表现为对应于 a、b 两点的购买量的变化：OX_1 减去 OX_3 的差额就是这种税的总效应。

这种总效应（total effect）由两种效应构成，即替代效应（substitution effect）和收入效应（income effect）。由于对商品 X 征税，商品 X 的价格提高，相当于消费者在购买这种商品时的实际收入减少，消费者只能沿税后较低的无差异曲线 I_1 寻找最佳消费组合。现在假定给消费者足够的货币收入，补偿他因征税而损失的实际收入，从而使其停留在较高的无差异曲线 I_2 上。在图 1-1 中，把一条虚构的预算线与初始（税前）无差异曲线 I_2 相切，其斜率与税后的预算线 AB' 相同。这条虚构的预算线就是 CC'，它与初始无差异曲线 I_2 相切于 c 点。从初始的均衡位置 a 点到虚构的均衡位置 c 点的移动，即 OX_1 减去 OX_2 的差额，就是这种税的替代效应。它表明商品 X 的需求量因其相对价格变化所导致的在补偿消费者实际收入减少之后的变化。估算出替代效应之后，收入效应是一种剩余效应，即总效应减去替代效应，等于 OX_2 减去 OX_3。它表明商品 X 的需求量只因实际收入的变化而导致的变化。

2）财政的资源配置措施

财政主要通过支出和税收等财政措施，决定或影响资源配置的数量和方向。

（1）通过确定财政收入占国民生产总值或国民收入的比例，确定公共部门和私人部门各自支配资源的规模和范围，确定公共物品和私人产品的提供能力。

（2）通过安排财政支出的规模、结构，确定整个社会资源的配置状态和财政资源内部的配置比例。

（3）通过政府投资、税收和补贴，调节社会投资方向和经济结构。例如，通过财政投资和补贴，兴办或支持有外部效益的事业；通过税收限制有外部成本的事业等。

（4）通过安排中央与地方财政之间的分配比例，确定部门与地区间的资源配置。

2. 收入分配职能

1）财政收入分配职能的含义

财政的收入分配职能或者说财政的再分配职能（redistribution function）是指政府对市场活动产生的收入分配进行调整，通过收入转移或减税增加某些人的收入，通过征税减少其他人的收入。所以，一般来说，财政收入分配职能的目的是要实现规模收入分配的公平，实现国内各收入阶层之间个人收入的适当分配状态。

通常，收入分配差距的大小可以作为收入分配公平与否的测量尺度。但需要注意的是，对"公平"的理解受人们价值判断左右。而价值判断在不同的社会、不同的时期、不同的地点，甚至在所有这些情况下的不同的人，都会有不同的价值判断标准。

分析收入分配差别或公平与否，最常用的技术是洛伦茨曲线（Lorenz curve），如图 1-2 所示。如果收入分配绝对公平（每个人得到同等数额的收入），洛伦茨曲线将是一条 45°角的直线。如果收

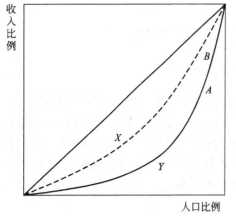

图 1-2　洛伦茨曲线

入分配绝对不公平，即某一个人得到了全部收入，则洛伦茨曲线将与正方形的底边和右边重合。任何实际的收入分配都介于这两个极端情况之间，即一般都像 A、B 一样是凸向横轴的线。换言之，A、B 这两条洛伦茨曲线的斜率为正且单调递增。可见，洛伦茨曲线越接近绝对公平线，收入分配越公平或平等。如果要测定收入分配的不公程度，可用曲线 A（或 B）与对角线之间的面积（图中的 X）除以对角线以下的总面积（图中的 X+Y），其数值称为洛伦茨系数或基尼系数①。可见，洛伦茨系数小于 1，而且此系数越小，说明收入分配越公平。

2）财政收入分配职能的必要性

不同经济体制下的分配机制是不同的。在资本主义市场经济中，收入和财富的分配首先取决于要素禀赋和要素的市场价格。这种要素禀赋包括个人的挣钱能力和对积累与继承财产的拥有，然后，建立在这种要素禀赋基础上的收入分配则由要素定价的过程来决定。由此而决定的收入分配不一定能达到社会公认的"公平"和"正义"状态，这就需要通过财政分配进行某些调整。

理论上，把收入分配不公的形成因素分成五类：①受教育和训练的机会；②天赋能力；③财产所有权；④操纵市场的能力；⑤其他偶然因素，如疾病、事故和其他不幸等。一般来说，这些因素都属于机会不公平。

因此，在讨论收入分配职能问题时，必须首先分清机会公平（equality of opportunity）与结果公平（equality of results）。机会公平简单来说就是每个人都以同样的机会开始生活、获得收入。结果公平是指人们在不同的机会或同等的机会中取得的可支出收入大致平等。一般而言，财政支出政策适合于解决机会公平问题，而税收政策更有利于促进结果公平。

就机会公平而言，有些诸如伤残、疾病等偶然因素造成机会不平等，有些到了年龄必须退休，很多人成为长期失业者，他们对其收入没有控制能力，从而陷入长期贫穷状态；但是，大多数人属于边际贫穷（marginal poor）②。尽管这些人暂时处于贫穷状态，但他们能够改善自己的经济地位，通过自身的努力可以摆脱贫困：当经济复苏时，工人可以找到工作；孩子大一些后，年轻的母亲可以重返工作岗位；如果有动力去刺激他们去做的话，人们可以获得更多的教育或在职训练。财政的收入分配职能的主要目标应是帮助长期贫穷，以防过度牺牲效率。

在中国社会主义市场经济中，多种经济形式并存，按劳分配与其他分配形式并存，人们的收入包括劳动收入和非劳动收入，要素价格开始在分配中发生作用。市场机制缺陷造成的收入和财富分配的不公平成为客观现实。

（1）市场机制给予人们的报酬是以"要素禀赋"或"生产能力"（包括个人挣钱的本领

---

① 基尼系数（Gini coefficient）是意大利统计学家和社会学家 Corrado Gini 于 1912 年提出的，定量测定收入分配差异程度，国际上用来综合考察居民内部收入分配差异状况的一个重要分析指标。按照国际惯例，基尼系数在 0.2 以下，表示居民之间收入分配"高度平均"，0.2～0.3 之间表示"相对平均"，在 0.3～0.4 之间为"比较合理"，同时，国际上通常把 0.4 作为收入分配贫富差距的"警戒线"，认为 0.4～0.6 为"差距偏大"，0.6 以上为"高度不平均"。

② 所谓边际贫穷（marginal poor），是指有些人由于缺乏教育，或处于怀孕期或家庭状况的变化或一般经济不景气等造成的贫穷。

或拥有的财产）为标准的。"要素禀赋"或"生产能力"不同，要素价格或收入也不同，并且市场对无生产能力的人不予照顾，所以政府要负起责任。另外，按劳分配也只是一种相对的公平，存在事实上的不平等。它不承认其他差别，但仍承认劳动能力的差别。

（2）国家允许个人资本存在，并允许个人资本等生产要素参与分配。有产者收入多于无产者。财产越多，收入越多，并能进一步积累，造成贫富悬殊。

（3）不同资源稀缺程度不同和各种非竞争因素的干扰，以及经济机会的不平等，也都会造成收入差异。

3）贯彻收入分配职能的财政措施

（1）提供公共物品。政府实现收入分配职能的一个方式是通过税收筹集资金，向公众提供公共物品或准公共物品。由于每一个社会成员都能够享受到公共物品的好处，而提供公共物品的税收来源虽然原则上由每一个社会成员分担，但实际上每一个社会成员的税收负担是不同的。一般来说，社会中较富有的成员会承担较多的税收，而收入较低的社会成员承担较少的税收。这样，政府提供的公共物品就会使社会各成员因享用公共物品而获得相同的效用却付出不同，这实际上形成了收入再分配。

（2）组织公共生产。政府组织公共生产的一个重要原因是为了改善由于资本占有的不均等以及资本参加收入分配所导致的收入水平悬殊的状态。如果由政府组织公共生产，即通过政府占有生产资料并代表全体公民行使对资本收入的占有权，社会的收入分配差别就主要来自于各社会成员劳动力禀赋的差异。一般来说，劳动力禀赋的差异所导致的收入分配差异大大小于因资本参加分配所形成的收入分配差异。因此，由政府组织公共生产可以在一定程度上缩小收入差距，实行收入再分配。但是，政府如果广泛地组织公共生产，则容易导致社会生产的低效率。这主要是因为，在公共生产这样一个庞大的系统中，难以有效地实行激励和监督；同时，由于政府制度的复杂及系统的庞大，也难以保证信息传递的效率。因此，将公共生产作为收入再分配的主要手段，在使用时需谨慎。

（3）转移支付。转移支付是将某一部分社会成员的收入转移到其他社会成员的手中来进行收入再分配，它是一种最直观的收入分配制度。由于转移支付方式信息比较明确，与提供公共物品和组织公共生产两种方式相比，其成本较小，因而一般作为收入再分配的主要方式。转移支付的方式主要有社会救济、地区间的转移支付、补贴等。

政府在行使收入再分配职能时，必须妥善处理公平与效率之间的关系，不能因为强调社会公平而过多地损害社会的经济效率。

3. 经济稳定和发展职能

1）经济稳定和发展的含义

经济稳定包含多方面的含义，主要是指充分就业和物价稳定。严格来说还包括国际收支平衡并内含适度的经济增长。经济稳定的目标集中体现为社会总供给和社会总需求的平衡。

经济增长是指一个国家的产品和劳动数量的增加，通常用 GNP、GDP、国民收入及其人均水平来衡量。经济增长与经济发展是两个不同的概念。发展的含义更广，其不仅意味着产出的增加，还包括随着产出增长而带来的产出与收入结构的优化，以及经济条件、政治条件、文化条件的优化。其中，经济增长是其核心。有发展必有增长，但有增长并不一定有发展。

财政的经济稳定和发展职能（stabilization & development function），可概括为通过财政分配对人们的生产、消费、储蓄、投资等行为发生影响，以实现国民经济中总供需的平衡和持续、稳定增长，即社会条件不断改善的职能。

在市场经济条件下，财政之所以具有稳定和发展经济的职能，在于市场存在缺陷而不能自动调节并稳定经济，以致经济波动的幅度可能日益变大。一般而言，稳定经济和经济增长是市场机制的职能，即市场机制在稳定经济和经济增长方面起着基础性的作用。市场能够随着"看不见的手"在一定程度、范围、对象、内容方面调节和稳定经济，但是，市场也有其弱点和消极方面。市场经济活动是有周期的，会出现经济波动的状态，会导致供给和需求总水平的不稳定，而市场竞争又可能受其外部干扰出现不足、不充分的情况。市场的基础性作用及其存在的弱点和消极方面，要由财政的稳定经济职能来调控和克服。

2）财政实现经济稳定职能的主要手段

要实现经济稳定增长，关键是使社会总供给和总需求在总量上和结构上大体达到平衡。如果社会总供求保持了平衡，物价水平就是基本稳定的，经济增长率也是适度的，这样，充分就业和国际收支平衡也是不难实现的。财政政策是维系总供求大体平衡的重要手段。

财政实现经济稳定与发展职能的机制和手段主要有以下几种。

（1）针对经济运行状况，灵活地调整财政收支（总量）来影响社会总需求与总供给的总量关系，使之趋于平衡。财政政策是保持社会总供给和社会总需求平衡的重要手段。财政可以通过税收政策、投资政策、补贴政策、国债政策等的收支活动，调节市场作用下宏观经济的不平衡。在总需求超过总供给时，财政可以通过减少支出或增加税收，或者二者同时运用，通过减少政府部门和非政府部门的需求来压缩总需求。而当总需求小于总供给时，财政可以通过增加支出或减少税收，或者二者并用来扩大总需求，即采用"相机抉择"的财政政策，保证社会总需求与总供给的平衡。

（2）通过财政自身的制度性安排，可以发挥"自动稳定器"的作用。财政收入有收敛经济的作用，而财政支出则有扩张经济的作用。财政收入和财政支出发挥的作用与经济变化的作用是相反的。例如，在实行累进税的情况下，经济衰退使纳税人的收入自动进入较低纳税档次，政府税收下降的幅度会超过收入下降的幅度，从而可起到抑制衰退的作用。相反，在经济繁荣时，纳税人的收入自动进入较高的纳税档次，政府税收上升的幅度会超过收入上升的幅度，从而起到抑制通货膨胀的作用。失业救济支出则是财政支出方面一个重要的自动稳定器。在经济繁荣时期，失业人数减少，财政用于失业救济支出下降，从而降低私人购买力，抑制了通货膨胀；相反，在经济萧条时期，非自愿性失业工人增加，失业救济支出增加，从而提高私人购买力，扩大了社会需求，减弱了经济衰退。

（3）财政投资、补贴、税收和国债等政策可以消除经济增长中的"瓶颈"。政府可以通过有目的、有计划的财政投资、补贴、税收和国债等政策，鼓励农业、能源、交通运输、邮电通信等公共设施的发展，从而消除经济增长中的"瓶颈"，扶持第三产业的发展，加快产业结构的转换和优化升级，保持国民经济的协调高速健康发展。

（4）切实保证非生产性的社会公共需要，为社会经济发展和人民生活水平的提高提供良好的环境与条件。

1.4   西方财政理论的内容及借鉴意义

1.4.1   西方财政理论的主要内容

1. 市场失灵论

在市场经济中，社会上的各种资源主要是经由市场渠道、通过市场方式自发进行配置的，市场机制在资源配置方面发挥了基础性的作用。但是，市场经济也存在自身无法弥补与克服的缺陷，种种市场失灵问题的存在赋予了政府对社会经济活动进行直接干预的必要性。这样，作为直接计划配置资源手段的政府财政，必须参与纠正市场失灵问题。由此，市场失灵导致财政的产生。

可见，在财政起因这一问题上，西方财政理论遵循了如图 1-3 所示的基本分析思路。

图1-3　西方财政理论的基本分析思路

对此，我们不妨称之为关于财政起因的"市场失灵论"。但应当看到，这一论点是带有片面性的，因为若认为由于存在市场失灵问题才有财政，无异于否定了五千年的财政史。

2. 公共物品论

在西方财政理论中，公共物品指的是具有共同消费性质的物品。公共物品是市场失灵的一个重要表现，大部分公共物品必须由政府财政直接提供。因此，公共物品构成了财政活动的一个重要对象和基本内容。

不过，这里所指的公共物品是狭义上的。广义上的公共物品可以定义为具有共同消费性质的各种服务。这样，从政府干预经济的角度看，政府通过利用各种方式、手段，克服和纠正各种市场失灵现象，即（狭义）公共物品、外部效应、市场垄断、不完全市场、不完全信息、分配不公、宏观经济失衡等问题，事实上都是为市场中的企业和个人提供着市场活动或者是私人经济活动所无法有效提供的具有共同消费性质的各种服务，即广义上的公共物品。例如，外部效应是企业和个人无力依靠市场予以有效解决的一个问题，但是，解决外部效应问题又恰恰是市场有效运行所需要的，是能够使社会公众共同受益的，因此，政府参与解决外部效应问题实际上是为市场活动的主体提供了具有"共同消费"性质的服务。从这个意义上讲，政府参与解决外部效应问题也就是为市场提供着一类公共物品。再如，克服分配不公问题是社会经济能够正常运转的一个重要保证，为市场中的企业和个人所必需。因此从根本上说，克服分配不公问题能够使社会公众受益，但又是私人经济活动无力有效解决的，这也是一类具有共同消费性质的公共物品问题。所以，政府对社会分配不公的干预，也可以理解为进行着提供公共物品的服务。其他情形也可以作类似的分析。总之，在市场经济中，以克服和纠正种种市场失灵问题为出发点的政府干预行为都可以看作是政府为社会经济的正常运转提供公共物品的行为，这样，公共物品构成了市场经济中财政活动的对象。事实上，财政可以定义为提供公共物品的活动。因此，从财政活动的对象看，西方财政理论可以称为"公共物品论"。

3. 公共需要论

在西方财政理论中，公共需要指的是社会公众对于公共物品的需要。

这包含着两层含义。一方面，在市场经济中，社会经济活动的参与者可以分成两极：一极是由无数在法律地位上平等的私人企业和个人（或家庭）所组成的社会公众，另一极则是掌握着国家权力、时时充当市场的异己力量的政府。这里的公共需要专指社会公众的需要，而不包括国家（政府）的需要。另一方面，公共需要指的是社会公众对于公共物品的需要。对于不具备共同消费性质的私人产品来说，它可以由私人企业进行生产，通过市场途径提供给社会公众，满足他们的需要。但是对于具备共同消费性质的公共物品来说，它不是市场经济自身能够有效供给，但又是社会公众所必需的，这就需要由非市场的力量、通过非私人经济的活动来提供；这样，满足社会公众对于公共物品的需要，即公共需要的职责就必须由政府财政来承担。因此，政府财政的直接目的就是满足公共需要。从这个角度看，我们又可以把西方财政理论称为"公共需要论"。

4. 公共财政论

在现代社会里，政府首先拥有国家权力，它通过筹措财政资金和运用财政政策来矫正、解决市场失灵问题，提供公共物品，满足公共需要；而且由于政府又是归属于国家所有的财产的代表者，因此它拥有国有资产所有权与相应的处置权。

从政府进行国有资产经营管理的直接动机来看，不外乎出于两种目的：一种以弥补市场缺陷、为市场经济提供服务为出发点，不以盈利为首要目标；另一种则活动于竞争性市场领域，追逐利润的最大化，这与一般私人经济活动的目标并没有太大的区别。就前一种情形来说，政府进行国有资产的经营管理活动着眼于解决市场失灵问题，是一种提供公共物品的活动，属于公共财政的范畴；而后一种情形则不然，政府的国有资产管理活动并不以弥补市场缺陷为出发点，而是与私人经济一道，参与市场竞争，把实现国有资产的保值和增值作为首要目标。政府的这种活动属于国有资本财政的范畴。西方财政理论认为，在市场能够有效运行的场合，由于存在利益的导向作用，因而能够自发引导私人经济活动参与其间，并不需要政府的干预。而为了避免由于政府的介入所可能造成的对市场效率的不必要损害，政府的活动范围应当局限于市场失效的领域之内。因此，在西方财政理论中，政府从事国有资产经营管理活动，首先应该考虑是如何为私人的经济活动创造各种有利的条件，为市场经济的有效运转提供服务，而不应当首先从考虑国有资产运营的盈利性目标出发，介入到竞争性市场领域中去。所以，置身于市场经济环境之中的西方财政理论，始终否定国有资本财政存在的必要性，而主张实行单一的公共财政模式，把政府财政的活动范围界定于市场失灵领域之内。

因此，从财政模式这一角度看，西方财政理论又是"公共财政论"。

5. 公共选择论

财政既然是政府提供公共物品、为市场经济服务的行为，那么它应该提供哪些公共物品？怎样提供公共物品？为谁提供公共物品？这些问题实际上牵涉政府如何进行财政决策的问题。

西方学者认为，公共物品的有效供应是建立在个人效用和偏好的基础之上的，千千万万的社会公众通过代议制民主制度，经过选民公决或议会投票程序，将他们各自对于公共物品的欲望和偏好反映出来，经过汇总后达成某种社会公众意愿，从而为政府提供公共物品的预算决策分析提供依据。由于个人对于公共物品的偏好之间总是或多或少存在偏差，因此在集体达成的公众意愿与个人意愿之间也普遍存在矛盾和偏差，西方财政理论往往以很大的篇幅，把财政决策过程视为政治决定过程，探讨了选举原则、选举制度对公共选择和公共决策的影响，指出了法定多数、简单多数和一致决策等投票优胜原则对公共选择结果所产生的不同影响。此外，西方财政学的公共选择理论还分析了利益集团、政党以及官僚机构及其人员的行为和活动对政治决定的影响，探讨它们之间进行选票交易等所可能产生的结果，等等。

因此，从对财政决策过程的分析来看，"公共选择论"构成了西方财政理论的一个重要组成部分。

1.4.2　西方财政理论的借鉴意义

西方财政理论产生于西方国家，但它对中国财政理论与实践也具有一定的借鉴意义。

（1）西方财政公共物品理论将视野从单纯的财政收支拓展到支出所提供的公共物品和服务上，从而使西方财政理论研究延伸到财政活动的终点。使用公共物品这一概念，有利于表达和评价中国财政支出效益，可以极大丰富中国财政理论研究的领域。

（2）西方财政公共物品理论主张税收是衡量公共物品的"价格"，是人们为享用公共物品和服务所必须付出的代价。尽管公共物品并不一定非由政府提供不可，但由于公共物品和服务的非排他性，存在"免费搭车"问题，即某些人付费提供公共物品和服务，而他人则可以免费享受该产品和服务，这就使得在现实中公共物品和服务很少由私人提供，而大体上是由政府提供，并通过征税为其提供费用来源。所以，这一理论对强化个人所得税的征收提供了又一依据。

（3）西方财政公共物品理论认为，依照公共物品受益区域的大小可分为全国性公共物品和地区性公共物品。全国性公共物品由中央政府或联邦政府提供，地区性公共物品由不同层次的地方政府提供，跨区域的公共物品则由中央政府和相关地区政府联合提供或由相关地区联合提供，这与中国财政管理体制按隶属关系来划分各级政府间事权和财权的做法有相似之处。公共物品理论通过研究外部效应来处理各级政府间的财政关系，对中国政府财政收支的划分和政府间转移支付的研究具有借鉴意义。

综上所述，西方学者以市场经济为立足点，把市场失灵作为财政存在的根本理由，把提供的公共物品作为财政活动的对象，把满足社会的公共需要作为财政活动的目的，把公共财政作为财政运行的模式，而把公共选择作为财政决策的政治过程，构建起一整套关于财政理论的基本分析框架。总体说来，除了"市场失灵才存在财政"这一观点带有片面性外，其他各方面都有值得我们借鉴的地方。

本 章 小 结

● 财政的本质是以国家（或政府）为主体的分配关系。政府财政亦可称为国家财政。

● 财政在经济中的主要作用是提供公共物品和弥补市场缺陷。

● 对财政职能的解释有：一是财政作为一个分配范畴所固有的功能；二是财政应该承担的职责和任务。财政职能的主要表现：资源配置职能、收入分配职能及经济稳定和发展职能。

● 西方财政理论的主要内容有：市场失灵论、公共物品论、公共需要论、公共财政论和公共选择论。

关 键 概 念

财政　财政目的　财政本质　公共物品　市场失灵　财政职能　资源配置职能　收入分配职能　经济稳定和发展职能　公共物品论　公共需要论　公共财政论　公共选择论

思考与练习

1. 试述财政的起源与发展。
2. 财政的概念及其构成要素是什么？
3. 如何理解财政的本质？
4. 公共物品具有哪些特征？
5. 社会主义市场经济条件下，财政的基本职能有哪些？
6. 阐述西方财政理论的主要内容。
7. 西方财政理论对中国财政理论与财政改革有哪些借鉴作用？

【阅读材料】

官房学派：欧洲大陆财政学的缘起

在财政学发展史上，关于"应如何看待国家在社会经济秩序中的定位"一直存在争议，对国家的作用进行抽象时有两种倾向：一种认为国家是社会经济秩序的干预者；另一种则认为国家其实是社会经济秩序的参与者。官房财政学、英国古典财政学恰是这一时期两种倾向的典型代表。长期以来，国内学术界普遍将亚当·斯密（Adam Smith）的《国富论》作为现代财政学的源头，并认为财政学依附于政治经济学及后来的经济学而发展。事实上，这一观点仅适用于英美传统，而欧洲的情况却远非如此。在欧洲，"作为一项系统的学术研究，财政学的出现早于经济学或政治经济学。"其典型的代表，就是15—18世纪中叶活跃于德国、意大利等国的官房学。

"官房学"是为了解决经济社会问题，帮助国家实现强盛目标而生的，是研究国家经济事务的经济科学，是一种集经济政策、立法、行政管理和财政等为一体的社会经济思想。持有这种观点的人就是官房学派的成员。该学派把财政视为公共事务的重要分支，公共经济论最早即由该学派提出。他们从国家管理者的角度探讨财政问题，努力开发财源；将国王的财务问题变成官房学，包括适当地管理国王事务所需要的各种支出。这是一种广义的官房学。狭义的官房学等同于国王的理财学。

由于历史上的欧洲大陆长期陷于政治分裂与王朝战争，为了赢得战争和维护王朝的存续，各个王国的头等大事就是管理好王室的财富，保证筹集到充足的收入以应对战争的需求，从而产生了一大批替国王理财并为其提供治国建议的官房学者。他们就活跃于中欧诸国（特别是德语国家）的政治经济舞台上。德文中，官房 Kammer 源于希腊文 Καπάρα，原指贮藏贵重物品之所。官房原为王室储藏收入和金银的场所，后引申为王室财产。大约 15 世纪末，官房一词引入奥地利，指管理财政的机关。

官房学在发展初期，曾以培养政府官吏的必修课程的形式存在，是一些大学教授和政府官员在研究财政问题时形成的。1727 年，普鲁士国王为了追赶先进的英法等国，曾从各方招聘人才，设立讲座，始有官房名称。这些人在君主账房里工作，这一套技术和方法就被称之为官房学。官房学原指保持、增加和管理王室收入的学问。因此，官房学者称得上是最早的财政学者。那时，斯密的政治经济学尚未问世，但各种旨在培训公务员的官房学讲座却已在欧洲大陆各国陆续开设，经济管理的课程亦包括在其中。官房学者的奠基性工作，使得欧洲大陆传统财政学成为多学科的研究领域，学者对其研究对象 Public household 的研究中，致力于寻求整合经济、政治、法律和行政等诸因素，拓展了研究视野。官房学派注重解决现实问题，而在很大程度上忽略了理论。官房学最初以法学的一部分存在，后从法学中分离出来，而成为具有经济科学属性的学派。

官房学派的国家观是有机体的国家观。这种国家观认为国家利益高于一切，个人利益从属于国家利益。国家经济活动是财政学的主要研究对象，因此，官房学派的思想对后来的财政学有着重要的影响。比官房学略晚，1776 年《国富论》的出版标志着以亚当·斯密为代表的英国古典财政学的诞生。斯密将税收作为国家主要的财政收入，在理想的情况下，税收应成为唯一的收入来源。例如，他在提出税收四原则的同时，主张国家应废除自己的财产，以及相应的财政收入。而同时代的官房学派的代表人物尤斯蒂，在《财政学》中提出其税收原则的同时，讨论了为什么税收应当作为最后的、或第二位的财政收入手段，对捐税原则作了较为深入的论述。他认为，在理想的情况下，国家根本不应当征税。可见，在官房主义的理想模式中，国家是经济秩序中一种和平的、生产性的参与者。而在斯密主义的理想模式中，国家是一种干预经济秩序的暴力力量。

官房学对德国后来的历史学派，特别是对德国的财政学产生了重要的影响。官房学派的影响不仅仅限于过去，它对当今德国社会市场经济思想也产生了深远的影响。

资料来源：马珺. 财政学：两大传统的分立与融合 [J]. 经济理论与经济管理，2012 (10)：63-73.

第 2 章
财政支出

【学习目标】

学完本章后，你应该能够：

● 知晓财政支出的概念、范围及原则；

● 理解财政支出对社会经济发展的影响；

● 理解政府财政收支分类改革；

● 领会市场经济下的财政支出结构；

● 了解现阶段中国财政支出增长的趋势。

2.1 财政支出概述

2.1.1 财政支出的含义

财政支出（public finance expenditure）是政府为提供公共产品和服务，满足社会共同需要而进行的财政资金的支付。主要有：保证国家机器正常运转、维护国家安全、巩固各级政府政权建设的支出；维护社会稳定，提高全民族素质的社会公共事业支出；有利于经济环境和生态环境改善，具有巨大外部经济效应的公益性基础设施建设的支出；在市场机制还不完善的条件下，对宏观经济运行进行必要调控的支出等。

2.1.2 财政支出的范围

财政支出范围主要是指哪些事务应该由财政来承担，哪些事务应该由私人资本来承担。财政支出的数额和范围反映着政府介入经济生活和社会生活的规模和深度，也反映着财政在经济和社会生活中的地位和作用。

现代财政学认为，政府财政支出的范围应包括以下几个方面。

（1）弥补市场缺陷或者市场失灵领域的支出。主要包括：①提供国家执行其职能所必须的经费；②满足社会公益事业方面的需要所必需的经费；③满足社会对公共设施的需要所必需的经费；④为社会保障提供的经费。

（2）矫正市场偏差的支出。主要包括：①调节总量平衡和结构优化的支出；②调节地区之间、产业之间和个人之间利益关系的支出；③实现效率和公平兼顾的支出。

2.1.3　财政支出的原则

在财政资金规模一定的条件下，如何最大限度地发挥财政资金的使用效益，尽可能地满足政府的需要，是财政部门必须重视的问题。由于财政支出的内容相当广泛，为了正确分配、使用和管理财政资金，保证国民经济持续稳定地发展，在安排财政支出的过程中，就必须遵循一定的原则。

（1）量入为出。财政收入和财政支出始终存在着数量上的矛盾，脱离财政收入的数量界限盲目扩大财政支出，势必会影响国民经济的稳步发展。因此，财政支出的安排应在财政收入允许的范围内，避免出现大幅度的财政赤字。

（2）统筹兼顾、全面安排、保证重点。国家经济建设各部门和国家各行政管理部门的事业发展需要大量的资金，财政收入与支出在数量上的矛盾不仅体现在总额上，还体现在有限的财政资金在各部门之间的分配上。财政支出的安排要处理好生产性支出与非生产性支出的关系、积累性支出与消费性支出的关系、国民经济各部门之间的比例关系，要做到统筹兼顾、全面安排。在编制财政支出计划时，要区分事情的轻重缓急，保证重点，照顾一般，以达到在确保政府实现其各项基本职能所必需的财力的前提下，促进"瓶颈"部门和"瓶颈"产业优先发展的目的。

（3）优化资源配置、讲求资金使用效益。这是指将财政支出中既定的资金总额，安排在最合适的财政支出项目中，使有限的财政资金产生最大的效益。这一原则是财政支出的最根本原则，是解决财政收支矛盾的有效方法。

2.1.4　财政支出的公平、效率与稳定

公平与效率制约着财政活动的整个过程，它既是财政收支活动所要坚持的原则，又是财政活动所追求的更高层次的目标。

（1）公平原则。财政支出的公平原则，就是通过再分配纠正市场机制导致的财富分配不公平状况，实现社会分配公平，缩小贫富差距，提高社会大多数人的福利水平。在市场经济条件下，财富的分配取决于财产所有权和财富积累的分布状况；而收入的分配则取决于能力、职业训练和这些技能的市场价格。如果单纯依赖市场，则不可避免地会出现贫者愈贫、富者愈富的"马太效应"，从社会稳定角度出发，就要求进行社会的再分配，实现社会的相对公平。

（2）效率原则。财政支出的效率原则，是指财政支出应能够有助于资源的配置，促进经济效率的提高。即通过财政支出活动改变资源配置，促进经济效率的提高。在现代经济中，效率是以投入和产出、所费与所得之比来计量的，投入少、产出多，为高效率，相反则为低效率。但由于市场失灵领域的存在，使市场的资源配置功能不全，若单纯依靠市场配置资源不可能实现最优的效率结构，不能有效地提供全社会所需要的公共产品，因而需要政府对资源配置进行调节和管理。

（3）稳定原则。财政支出的稳定原则，是指财政支出应促进社会经济的稳定发展。在市场经济条件下，市场机制不能自动地调节其自身的所有活动使之达到平衡，如往往会出现社会总供求的不平衡、经济周期的兴衰、失业和通货膨胀等现象。政府可以利用财政手段进行调节，通过控制财政支出规模、优化财政支出结构来调节经济，引导经济运行，以实现经济

的持续和平稳发展。

2.1.5　财政支出对社会经济发展的影响

1. 财政支出对就业的影响

实现社会的充分就业是每个政府追求的一个重要目标。财政政策在扩大就业的过程中发挥着积极作用，财政支出的规模和结构对于就业岗位的总量及优化有着重要影响。

（1）财政可通过投资性的支出，如通过财政拨款兴修水利、建设基础设施、进行项目投资等工程，可以创造就业机会，缓解失业压力。

（2）政府通过采购各种商品和劳务的购买性支出，增加对社会商品和劳务需求，从而刺激企业的生产，扩大投资，增加就业岗位，缓解失业压力。

（3）政府通过各种转移性支出，增加社会成员的收入，这些收入再按一定比例转化为消费、投资或储蓄，从而直接或间接地刺激生产，扩大投资，增加就业岗位，缓解失业压力。

（4）政府可通过发展培训体系和职业介绍服务方面的财政支出，可以提升劳动者的就业能力，缩短工人寻找工作的时间，减少在流动过程中产生的摩擦性失业以及产业结构转换中造成的结构性失业，缓解失业压力。

2. 财政支出对物价的影响

财政支出是构成社会总需求的重要组成部分。财政支出的增加，使得总需求曲线外移，此时是否会对物价产生影响，要视社会总供给曲线的情况而定。当总供给曲线处于水平状态时，意味着经济处于严重萧条时期，由于存在大量失业工人、闲置设备和资源，因此当增加财政支出从而导致需求扩大、产出增加时，不存在价格上涨的压力，物价水平不会发生波动；当总供给曲线处于正斜率状态时，随着需求的扩大、产出的增长，劳动力与其他生产资料的供给逐步趋于紧张，从而导致物价的上涨；当总供给曲线呈垂直状态时，意味着经济已处于充分就业水平，此时，增加财政支出而导致的需求增加，不会导致产出增长，只会导致物价水平的上涨。

财政支出中的不同组成部分对物价的影响程度不同。购买性支出可以全部转化为社会总需求，因而对物价的影响程度更大，而转移性支出中只有一部分转化为需求，另一部分转化为积蓄，因而对物价的影响程度较小。

3. 财政支出对国民收入的影响

在整个社会经济未处于充分就业水平时，扩大财政支出从而导致社会总需求的变化，使产出水平即国民收入水平发生变化。财政支出不仅自身直接影响国民收入水平，而且还通过影响消费和投资的方式间接影响国民收入水平。

在考虑政府介入的经济模型中，国民收入用式子表示为：$Y=C+I+G$，其中，Y 为国民收入，C 为消费，I 为投资，G 为政府的购买性支出。

根据凯恩斯乘数原理，财政支出对国民收入的影响具有乘数效应（multiplier effect），即财政支出增加（减少）会引起国民收入成倍的增加（减少）。财政支出的乘数是由边际消费倾向 c 所决定的，购买性支出乘数＝$1/(1-c)$，转移性支出乘数＝$c/(1-c)$。购买性支出和转移性支出的乘数效应是不同的，由于边际消费倾向通常小于 1，所以购买性支出乘数通常大于转移性支出乘数。

将边际消费倾向引入国民收入式中，国民收入公式变为：$Y=\dfrac{1}{1-c}\times(a+I+G)$，其中，$c$ 为边际消费倾向，a 为基本消费水平，I 为投资，G 为政府购买性支出。

例如，假定政府增加购买性支出 100 亿元，若边际消费倾向为 0.8，则购买性支出乘数为 5，转移支付乘数为 4。在其他条件不变的情况下，如果政府将 100 亿元用于购买商品或劳务，则国民收入将增加 500 亿元；如果政府将 100 亿元用于社会保障、政府补贴等转移性支出，则国民收入将增加 400 亿元。

2.2　财政支出分类

财政支出分类是指按照一定的标准，将财政支出进行划分和分类。财政支出项目繁多，数额不一，如果没有适当的分类，就很难显示财政支出的方向和政府职能活动的重心。对财政支出进行适当分类有利于促进政府预算的编制，有利于对财政支出问题进行研究，可以促进社会公众对政府财政状况的了解。

财政支出有不同的分类方法，国际通行的分类方法有支出功能分类和支出经济分类，该分类便于编制政府预算和国际间的政府财政统计交流。如国际货币基金组织（IMF）出版的《2001 年政府财政统计手册》（以下简称《GFS 手册（2001）》）对政府财政的统计分类方法。① 按照 2007 年 1 月 1 日正式实施的《政府收支分类改革方案》，我国现行支出分类采用了国际通行做法，即同时使用支出功能分类和支出经济分类两种方法对财政支出进行分类。此外，财政支出还可按是否直接购买商品或劳务，以及与资本投资的关系等指标进行分类。

2.2.1　按政府职能分类

按政府职能分类，就是按政府的职能对财政支出进行分类，即支出功能分类法。该分类方法能够反映出政府活动的不同功能和政策目标。《GFS 手册（2001）》根据政府的职能将政府财政支出分为 10 大类：一般公共服务、国防、公共秩序和安全、经济事务、环境保护、住房和社会福利设施、医疗保健、娱乐文化和宗教、教育、社会保护。

2007 年起，按财政部《政府收支分类改革方案》，我国政府支出预算按照支出功能和支出经济两种分类方法编制，支出功能分类法设置类、款、项三级科目。此后，每年都会对政府收支分类科目进行修订。《2018 年政府收支分类科目》中"一般公共预算支出"共 26 类、207 款，两级科目设置情况如下。

(1) 一般公共服务支出。分设 28 款：人大事务、政协事务、政府办公厅（室）及相关机构事务、发展与改革事务、统计信息事务、财政事务、税收事务、审计事务、海关事务、人力资源事务、纪检监察事务、商贸事务、知识产权事务、工商行政管理事务、质量技术监督与检验检疫事务、民族事务、宗教事务、港澳台侨事务、档案事务、民主党派及工商联事务、群众团体事务、党委办公厅（室）及相关机构事务、组织事务、宣传事务、统战事务、对外联络事务、其他共产党事务支出、其他一般公共服务支出。

---

① 国际货币基金组织（IMF）. 2001 年政府财政统计手册. http：//www.imf.org/external/pubs/ft/gfs/manual/chi/.

（2）外交支出。分设 8 款：外交管理事务、驻外机构、对外援助、国际组织、对外合作与交流、对外宣传、边界勘界联检、其他外交支出。

（3）国防支出。分设 5 款：现役部队、国防科研事业、专项工程、国防动员、其他国防支出。

（4）公共安全支出。分设 12 款：武装警察、公安、国家安全、检察、法院、司法、监狱、强行隔离戒毒、国家保密、缉私警察、海警、其他公共安全支出。

（5）教育支出。分设 10 款：教育管理事务、普通教育、职业教育、成人教育、广播电视教育、留学教育、特殊教育、进修及培训、教育费附加安排的支出、其他教育支出。

（6）科学技术支出。分设 10 款：科学技术管理事务、基础研究、应用研究、技术研究与开发、科技条件与服务、社会科学、科学技术普及、科技交流与合作、科技重大项目、其他科学技术支出。

（7）文化体育与传媒支出。分设 5 款：文化、文物、体育、新闻出版广播影视、其他文化体育与传媒支出。

（8）社会保障和就业支出。分设 20 款：人力资源和社会保障管理事务、民政管理事务、补充全国社会保障基金、行政事业单位离退休、企业改革补助、就业补助、抚恤、退役安置、社会福利、残疾人事业、自然灾害生活救助、红十字事业、最低生活保障、临时救助、特困人员救助供养、补充道路交通事故社会救助基金、其他生活救济、财政对基本养老保险基金的补助、财政对其他社会保险基金的补助、其他社会保障和就业支出。

（9）医疗卫生与计划生育支出。分设 12 款：医疗卫生与计划生育管理事务、公立医院、基层医疗卫生机构、公共卫生、中医药、计划生育事务、食品和药品监督管理事务、行政事业单位医疗、财政对基本医疗保险基金的补助、医疗救助、优抚对象医疗、其他医疗卫生支出。

（10）节能环保支出。分设 15 款：环境保护管理事务、环境监测与监察、污染防治、自然生态保护、天然林保护、退耕还林、风沙荒漠治理、退牧还草、已垦草原退耕还草、能源节约利用、污染减排、可再生能源、循环经济、能源管理事务、其他节能环保支出。

（11）城乡社区支出。分设 6 款：城乡社区管理事务、城乡社区规划与管理、城乡社区公共设施、城乡社区环境卫生、建设市场管理与监督、其他城乡社区支出。

（12）农林水支出。分设 10 款：农业、林业、水利、南水北调、扶贫、农业综合开发、农村综合改革、普惠金融发展支出、目标价格补贴、其他农林水支出。

（13）交通运输支出。分设 7 款：公路水路运输、铁路运输、民用航空运输、成品油价格改革对交通运输的补贴、邮政业支出、车辆购置税支出、其他交通运输支出。

（14）资源勘探信息等支出。分设 8 款：资源勘探开发、制造业、建筑业、工业和信息产业监管、安全生产监管、国有资产监管、支持中小企业发展和管理支出、其他资源勘探信息等支出。

（15）商业服务业等支出。分设 4 款：商业流通事物、旅游业管理与服务支出、涉外发展服务支出、其他商业服务业等支出。

（16）金融支出。分设 5 款：金融部门行政支出、金融部门监管支出、金融发展支出、金融调控支出、其他金融支出。

（17）援助其他地区支出。分设 9 款：一般公共服务、教育、文化体育与传媒、医疗卫生、节能环保、农业、交通运输、住房保障、其他支出。

(18) 国土海洋气象等支出。分设 6 款：国土资源事务、海洋管理事务、测绘事务、地震事务、气象事务、其他国土海洋气象等支出。

(19) 住房保障支出。分设 3 款：保障性安居工程支出、住房改革支出、城乡社区住宅。

(20) 粮油物资储备支出。分设 5 款：粮油事务、物资事务、能源储备、粮油储备、重要商品储备。

(21) 预备费。

(22) 其他支出。分设 2 款：年初预留、其他支出。

(23) 转移性支出。分设 8 款：返还性支出、一般性转移支付、专项转移支付、上解支出、调出资金、年终结余、债务转贷支出、援助其他地区支出。

(24) 债务还本支出。分设 3 款：中央政府国内债务还本支出、中央政府国外债务还本支出、地方政府一般债务还本支出。

(25) 债务付息支出。分设 3 款：中央政府国内债务付息支出、中央政府国外债务付息支出、地方政府一般债务付息支出。

(26) 债务发行费用支出。分设 3 款：中央政府国内债务发行费用支出、中央政府国外债务发行费用支出、地方政府一般债务发行费用支出。

2015—2017 年，全国财政一般公共预算按政府职能分类的支出结果如表 2-1 所示。

表 2-1　2015—2017 年全国财政一般公共预算按政府职能分类的支出结果（支出功能分类法）

类别	2015		2016		2017	
	金额/亿元	占比	金额/亿元	占比	金额/亿元	占比
一般公共服务支出	13 547.79	7.70%	14 790.52	7.88%	16 510.36	8.13%
外交支出	480.32	0.27%	482.00	0.26%	521.75	0.26%
国防支出	9 087.84	5.17%	9 765.37	5.20%	10 432.37	5.14%
公共安全支出	9 379.96	5.33%	11 031.98	5.88%	12 461.27	6.14%
教育支出	26 271.88	14.94%	28 072.78	14.95%	30 153.18	14.85%
科学技术支出	5 862.57	3.33%	6 563.96	3.50%	7 266.98	3.58%
文化体育与传媒支出	3 076.64	1.75%	3 163.08	1.68%	3 391.93	1.67%
社会保障和就业支出	19 018.69	10.81%	21 591.45	11.50%	24 611.68	12.12%
医疗卫生与计划生育支出	11 953.18	6.80%	13 158.77	7.01%	14 450.63	7.12%
节能环保支出	4 802.89	2.73%	4 734.82	2.52%	5 617.33	2.77%
城乡社区支出	15 886.36	9.03%	18 394.62	9.80%	20 585.00	10.14%
农林水支出	17 380.49	9.88%	18 587.36	9.90%	19 088.99	9.40%
交通运输支出	12 356.27	7.03%	10 498.71	5.59%	10 673.98	5.26%
资源勘探信息等支出	6 005.88	3.41%	5 791.33	3.08%	5 034.32	2.48%
商业服务业等支出	1 747.31	0.99%	1 724.82	0.92%	1 569.17	0.77%
金融支出	959.68	0.55%	1 302.55	0.69%	1 148.04	0.57%
援助其他地区支出	261.41	0.15%	303.17	0.16%	398.99	0.20%
国土海洋气象等支出	2 114.70	1.20%	1 787.06	0.95%	2 304.15	1.13%

类别	2015		2016		2017	
	金额/亿元	占比	金额/亿元	占比	金额/亿元	占比
住房保障支出	5 797.02	3.30%	6 776.21	3.61%	6 552.49	3.23%
粮油物资储备支出	2 613.09	1.49%	2 190.01	1.17%	2 250.78	1.11%
其他支出	3 670.55	2.09%	1 899.33	1.01%	1 729.31	0.85%
债务付息支出	3 548.59	2.02%	5 074.94	2.70%	6 273.07	3.09%
债务发行费用支出	54.66	0.03%	69.90	0.04%	59.72	0.03%
预备费	—	—	—	—	—	—
合计	175 877.77	100%	187 755.21	100%	203 085.49	100%

注：本表中全国一般公共预算支出预算数为中央本级支出预算数、中央预备费、中央代编的地方财政支出预算数三项之和。

资料来源：财政部. 全国一般公共预算支出决算表（2015—2017）.

2.2.2　按经济类型分类

按照财政支出的经济分类也是国际上通行的分类方法，该分类方法能够反映出财政支出的经济性质和具体用途。《GFS手册（2001）》将政府财政支出按经济类型分为8大类：雇员报酬、商品和劳务的使用、固定资本的消耗、利息、补贴、赠与、社会福利津贴和其他开支。我国对财政支出按经济类型分类的方法与IMF略有不同，支出经济分类法一般设类、款两级，《2018年政府收支分类科目》按照"政府预算支出经济分类科目"（15类、60款）和"部门预算支出经济分类科目"（共10类、96款）进行了设置。

1. 政府预算支出经济分类科目

（1）机关工资福利支出。分设4款：工资奖金津补贴、社会保障缴费、住房公积金、其他工资福利支出。

（2）机关商品和服务支出。分设10款：办公经费、会议费、培训费、专用材料购置费、委托业务费、公务接待费、因公出国（境）费用、公务用车运行维护费、维修（护）费、其他商品和服务支出。

（3）机关资本性支出（一）。分设7款：房屋建筑物购建、基础设施建设、公务用车购置、土地征迁补偿和安置支出、设备购置、大型修缮、其他资本性支出。

（4）机关资本性支出（二）。分设6款：房屋建筑物购建、基础设施建设、公务用车购置、设备购置、大型修缮、其他资本性支出。

（5）对事业单位经常性补助。分设3款：工资福利支出、商品和服务支出、其他对事业单位补助。

（6）对事业单位资本性补助。分设2款：资本性支出（一）、资本性支出（二）。

（7）对企业补助。分设3款：费用补贴、利息补贴、其他对企业补助。

（8）对企业资本性支出。分设2款：对企业资本性支出（一）、对企业资本性支出（二）。

（9）对个人和家庭的补助。分设5款：社会福利和救助、助学金、个人农业生产补贴、离退休费、其他对个人和家庭补助。

（10）对社会保障基金补助。分设2款：对社会保险基金补助、补充全国社会保障基金。

（11）债务利息及费用支出。分设4款：国内债务付息、国外债务付息、国内债务发行费用、国外债务发行费用。

（12）债务还本支出。分设2款：国内债务还本、国外债务还本。

（13）转移性支出。分设4款：上下级政府间转移性支出、援助其他地区支出、债务转贷、调出资金。

（14）预备费及预留。分设2款：预备费、预留。

（15）其他支出。分设4款：赠与、国家赔偿费用支出、对民间非营利组织和群众性自治组织补贴、其他支出。

2. 部门预算支出经济分类科目

（1）工资福利支出。分设13款：基本工资、津贴补贴、奖金、伙食补助费、绩效工资、机关事业单位基本养老保险缴费、职业年金缴费、职工基本医疗保险缴费、公务员医疗补助缴费、其他社会保障缴费、住房公积金、医疗费、其他工资福利支出。

（2）商品和服务支出。分设27款：办公费、印刷费、咨询费、手续费、水费、电费、邮电费、取暖费、物业管理费、差旅费、因公出国（境）费用、维修（护）费、租赁费、会议费、培训费、公务接待费、专用材料费、被装购置费、专用燃料费、劳务费、委托业务费、工会经费、福利费、公务用车运行维护费、其他交通费用、税金及附加费用、其他商品和服务支出。

（3）对个人和家庭的补助。分设11款：离休费、退休费、退职（役）费、抚恤金、生活补助、救济费、医疗费补助、助学金、奖励金、个人农业生产补贴、其他对个人和家庭的补助。

（4）债务利息及费用支出。分设4款：国内债务付息、国外债务付息、国内债务发行费用、国外债务发行费用。

（5）资本性支出（基本建设）。分设12款：房屋建筑物购建、办公设备购置、专用设备购置、基础设施建设、大型修缮、信息网络及软件购置更新、物资储备、公务用车购置、其他交通工具购置、文物和陈列品购置、无形资产购置、其他基本建设支出。

（6）资本性支出。分设16款：房屋建筑物购建、办公设备购置、专用设备购置、基础设施建设、大型修缮、信息网络及软件购置更新、物资储备、土地补偿、安置补助、地上附着物和青苗补偿、拆迁补偿、公务用车购置、其他交通工具购置、文物和陈列品购置、无形资产购置、其他资本性支出。

（7）对企业补助（基本建设）。分设2款：资本金注入、其他对企业补助。

（8）对企业补助。分设5款：资本金注入、政府投资基金股权投资、费用补贴、利息补贴、其他对企业补助。

（9）对社会保障基金补助。分设2款：对社会保险基金补助、补充全国社会保障基金。

（10）其他支出。分设4款：赠与、国家赔偿费用支出、对民间非营利组织和群众性自治组织补贴、其他支出。

政府支出功能分类和支出经济分类从不同侧面、以不同方式反映政府支出活动，有利于全面、完整、明细地反映政府资金的使用情况。支出功能分类反映政府职能活动，可清楚地说明政府的钱到底干了什么事，最终用到了什么地方；支出经济分类反映政府支出的经济性质和具体用途，说明政府的钱是怎样花出去的。从某种意义上讲，支出经济分类是对政府支出活动更为明细的反映。

2.2.3 按是否直接购买商品（劳务）分类

财政支出按是否直接购买商品（劳务），即能否在经济上直接获得等价补偿作为分类标准，可分为购买性支出和转移性支出两大类。

1）购买性支出

购买性支出，也称为消耗支出、有偿支出，是指政府以购买者的身份在市场上购进商品和劳务时所发生的支出。购买性支出包括购买进行日常行政活动所需要的商品和劳务支出，以及购买用于国家投资所需的商品与劳务支出；前者如政府用于国防、外交、行政、司法等方面的支出，后者如政府用于道路、桥梁、港口、码头等方面的支出。

购买性支出反映了政府直接配置与消耗社会资源和要素的份额，具有履行效率、公平和稳定三大职能的作用：①购买性支出直接形成社会资源和要素的配置，因而其规模和结构等大致体现了政府直接介入资源配置的范围和力度，是国家财政对于效率职能的直接履行。这样，购买性支出能否符合市场效率准则的根本要求，是公共财政活动是否具有效率性的直接标志。②购买性支出中的投资性支出，将对社会福利分布状态产生直接影响，因而是国家财政履行公平职能的一个重要内容。③购买性支出直接引起市场供需对比状态的变化，直接影响经济周期的运行状况，因而是政府财政政策的相机抉择运作的基本手段之一，是国家财政履行稳定职能的直接表现。为此，必须正确把握财政的购买性支出对市场均衡状态的影响，以确保政府正确实施财政政策。

2）转移性支出

转移性支出，也称为补助支出、无偿支出，是指政府通过一定的渠道或形式，把一部分财政资金无偿地转移给居民和企业、事业以及其他单位，是政府单方面的资金转移。它体现的是政府的非市场型再分配活动。在财政支出总额中，转移性支出所占的比重越大，财政活动对收入分配的直接影响就越大。这是一种收入再分配的方式，只是简单地把收入进行重新分配，并没有相应的产品或服务交换发生，因而并不计入 GDP。转移性支出主要包括：社会保障支出、财政补贴、税收支出、捐赠支出、债务利息支出。

转移性支出体现了国家财政履行稳定币值、调节收入和促进经济增长的重要作用：①配置资源和要素。转移性支出引起了货币收入的流动，在间接的意义上仍然配置了资源和要素。②履行公平职能的最重要手段之一。政府通过转移性支出，增加了支出受惠者的货币收入，在私人和企业间进行了收入再分配，从而成为政府实施社会公平政策的重要手段之一。③履行稳定职能的重要手段。转移性支出间接增加了社会购买力，影响了宏观经济的运行态势。特别是其中的济贫支出和社会保险支出等，能够自动地随着宏观经济运行状态而逆向变动，从而成为宏观经济运行的自动稳定器，是政府最重要的宏观经济政策运作手段之一。

2.2.4 按复式预算管理要求分类

根据复式预算管理要求，财政支出分为经常性支出和资本性支出两大类。

经常性支出，也称经费支出，是指用于政府日常管理活动的经费开支。主要包括政府雇员的工资薪金支出、为雇员缴纳的社会保险费支出、公用经费、社会保障津贴支出、利息支出、国有企业经营性亏损补贴等。资本性支出，也称投资性支出、基本建设支出，是指政府用于资本项目的支出。主要包括政府购置固定资产和无形资产的投资支出、政府战略储备支出、用于资助企业购置固定资产或增加企业金融资本或弥补企业资本损失的资本转移性支出等。

2.3　购买性支出

一般来说，政府增加购买性支出，会直接或间接地引起社会需求的扩大，其结果是企业生产规模的扩大和就业人数的增加；相反，如果政府减少购买性支出，则会引起社会需求的下降，其结果可能导致企业生产规模的缩小和就业人数的减少。

购买性支出包括社会消费性支出和公共投资性支出两大类。

2.3.1　购买性支出的特点

购买性支出的特点主要体现在以下两方面。

（1）有偿性。此处的有偿性包括两层含义：一层是指政府在支出资金的同时，可以获得相应的商品和劳务补偿；另一层含义是指企业和居民获得政府的购买支出时必须付出相应的商品和劳务作为补偿。

（2）等价性。等价性是指政府用购买性支出在市场上购买商品和劳务的行为是市场交易行为的一个组成部分，在交易时必须和一般购买者一样遵守等价交换原则。

2.3.2　社会消费性支出

社会消费性支出是维持政府机构运转和政府提供公共服务所需经费的总称。主要包括一般公共服务支出、国防支出、教育支出、科学技术支出、文化体育与传媒支出、医疗卫生与计划生育支出以及农林水支出等内容。

1. 一般公共服务支出

一般公共服务支出主要用于保障机关事业单位正常运转，支持各机关单位履行职能，保障各机关部门的项目支出需要，以及支持地方落实自主择业军转干部退役金等。一般公共服务支出与外交、公共安全支出，以前统称为行政管理支出，它们反映着国家性质和一定时期政治经济任务的主要方向，决定于国家政权结构及其范围，也是纳税人必须支付的成本。一般公共服务支出占财政支出总额的比重是衡量一个国家政府机构行政效率高低的重要指标。该指标越低，说明政府机构行政效率越高。2007—2017年我国一般公共服务支出占全国财政支出比重的变化情况如图2-1所示。

2. 国防支出

国防支出是用于国防建设，以满足社会全体成员安全需要的支出项目。它是一个国家抵御外敌入侵、保卫国家安全的物质保证。按照新的支出分类，我国的国防支出包括现役部队、预备役部队、民兵、国防科研事业、专项工程等支出内容。图2-2列示了2007—2017年我国国防支出的绝对额及其占财政支出和GDP的比重。

国防是典型的纯公共产品，具有非竞争性和非排他性。理论上讲，能够使社会福利最大

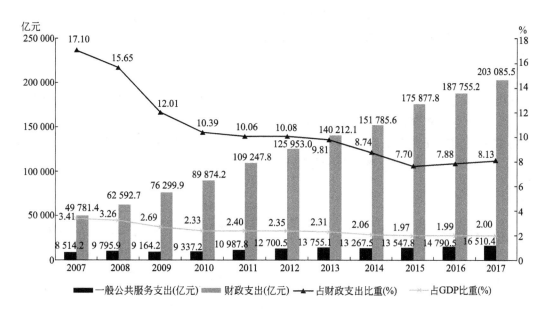

图 2-1　2007—2017 年我国一般公共服务支出占全国财政支出比重的变化情况

资料来源：根据财政部历年"全国财政决算"和国家统计局"年度数据"有关数据计算。

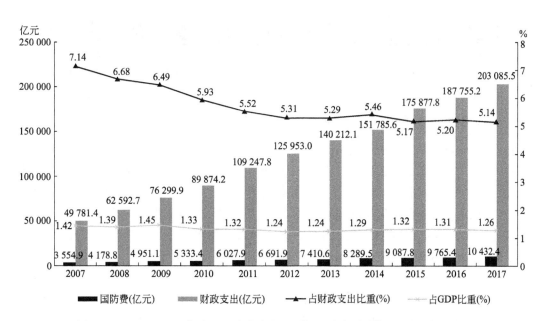

图 2-2　2007—2017 年我国国防支出的绝对额及其占财政支出和 GDP 的比重

资料来源：根据财政部历年"全国财政决算"和国家统计局"年度数据"有关数据计算。

化的国防预算就是合理的国防支出规模。国防支出水平的高低，一般取决于以下因素。

（1）经济发展水平的高低。国防支出规模从根本上说是由经济实力决定的，经济实力越强，能用于国防方面的支出就大；经济实力越弱，国防开支就会受到很大的限制。

（2）国家管辖控制的范围大小。一个国家领土越大，人口越多，用于保卫国土、保护国民安全的防护性开支就会越大。

（3）国际政治形势的变化情况。在爆发军事战争或处于军事对峙时期，国防开支会大幅上升；而在和平时期，国家周边外交政策比较成功，与邻近国家和睦相处时，国防开支则会相应减少。

3. 教育支出

按照新的支出分类科目，教育支出具体包括：教育管理事务、普通教育、职业教育、成人教育、广播电视教育、留学教育、特殊教育、教师进修及干部继续教育、教育费附加支出、地方教育附加安排支出、其他教育支出。图 2-3 列示了 2007—2017 年国家财政性教育经费及其占财政支出和 GDP 的比重变化情况。

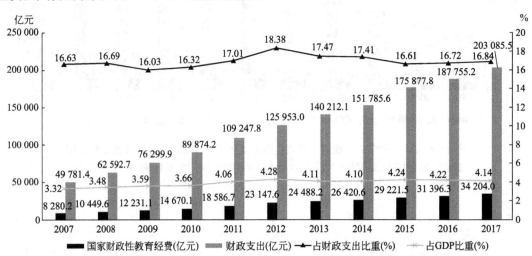

图 2-3   2007—2017 年国家财政性教育经费占财政支出及 GDP 的比重变化情况①
资料来源：根据财政部历年"全国财政决算"和国家统计局"年度数据"有关数据计算。

由图 2-3 可知，2007 年以来国家财政性教育经费增长明显，2012 年首次突破 2 万亿元，占 GDP 的比例首次超过 4%。从 1993 年第一次提出 4% 目标算起，我国用了 20 年时间。据统计，在国家财政性教育投入上，目前世界平均水平为 7% 左右，其中发达国家达到 9% 左右，经济欠发达的国家平均也达到 4.1%，因而 4% 的投入指标被看作是世界衡量教育水平的基础线。2017 年国务院印发的《国家教育事业发展"十三五"规划》中明确规定，"保证国家财政性教育经费支出占国内生产总值的比例一般不低于 4%"。

4. 科学技术支出

按照新的支出分类科目，科学技术支出具体包括：科学技术管理事务、基础研究、应用研究、技术研究与开发、科技条件与服务、社会科学、科学技术普及、科技交流与合作、其他科学技术支出。图 2-4 列示了 2007—2017 年我国科学技术支出数额及其占财政支出和 GDP 的比重变化情况。

5. 其他支出

除上述四项支出外，社会消费性支出还包括以下事项。

---

①   我国财政性教育经费占 GDP 比例数据来源于教育部网站公布的数据。可参见：http：//www.moe.gov.cn/jyb_xwfb/xw_fbh/moe_2069/xwfbh_2017n/xwfb_20170928/mtbd/201709/t20170929_315705.html.

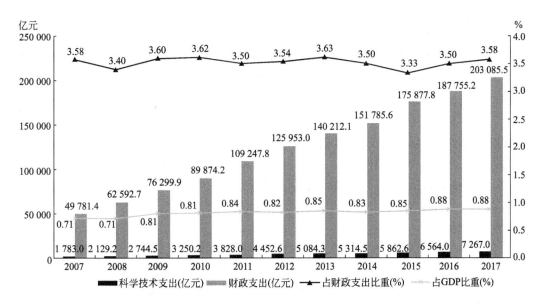

图 2 - 4　2007—2017 年我国科学技术支出数额及其占财政支出和 GDP 的比重变化情况

资料来源：根据财政部历年"全国财政决算"和国家统计局"年度数据"有关数据计算。

（1）文化体育与传媒支出。包括文化、文物、体育、广播影视、新闻出版、其他文化体育与传媒支出。

（2）医疗卫生与计划生育支出。包括卫生管理事务、医疗服务、社区卫生服务、医疗保障、疾病预防控制、卫生监督、妇幼保健、农村卫生、中医药、其他医疗卫生支出。

（3）农林水支出。包括农业、林业、水利、南水北调、扶贫、农业综合开发、其他农林水事务支出。

2.3.3　公共投资性支出

公共投资性支出，也称为财政投资性支出，是指在政府财政支出项目中具有投资性质的支出，如修建公共设施，经营公用事业，主持公共工程等方面的支出。

我国在经济体制改革前，财政支出中投资性支出包括的内容较多；经济体制改革后，政府退出国有企业简单再生产领域，对其扩大再生产领域的投资性支出也逐步收缩。因此，财政投资性支出的内容有所减少。

公共投资性支出的特点主要有：①非营利性。由于政府居于宏观调控主体的地位，它可以从社会效益和社会成本角度来评价和安排自己的投资，政府投资可以微利甚至不盈利，但是，政府投资建成的项目，可以极大地提高国家经济的整体效益。②长期性。企业或个人一般主要从事"短平快"类项目的投资，而政府则财力雄厚，而且资金来源多半是无偿的，因而可以投资大型、长期项目。③外部性。政府在国民经济中居于特殊地位，可从事社会效益好而经济效益一般的投资，即具有"外部效应"的基础产业和设施。

公共投资性支出的范围主要包括：公用设施、能源、交通、农业以及治理大江、大河和治理污染等有关国计民生的产业和领域。

2.3.4 政府采购制度

财政资金购买性支出的直接表现就是国家各级政府为从事日常的政务活动或为了满足公共服务的目的，利用国家财政性资金和政府借款购买货物、工程和服务，这就是政府采购（government procurement），又称公共采购（public procurement）。

1. 政府采购制度的产生及发展

政府采购制度最早形成于18世纪末的西方自由资本主义国家，其主要特点是对政府采购行为进行法制化的管理。1782年，英国政府首先设立文具公用局，该局后来发展为物资供应部，专门采购政府各部门所需物资。美国在1791年颁布了《联邦采购法》。这些法律的颁布和实施，说明政府已经开始对政府采购问题进行制度建设和机构建设，标志着政府采购制度的初步形成。

20世纪30年代的经济大危机使推崇政府干预的凯恩斯主义盛行，政府在经济中的作用日益突出，所掌握的财政收入占国民收入比重迅速上升，政府采购的规模也随之扩大，对社会经济产生了广泛的影响，在这种情况下，政府采购制度就大范围地发展和完善起来了。

在1979年之前，政府采购是封闭的，不对外开放，购买的是本国商品，因而与国际贸易的关系容易协调。1947年由各国共同制定《关税和贸易总协定》时，规模巨大的政府采购却被刻意排除在外。随着国际贸易的迅速发展，政府采购的规模越来越大，每年政府采购金额达数千亿美元，占国际贸易总额的10%以上。在这种背景下，根据一些欧美国家的提议，东京多边贸易谈判于1979年通过了《政府采购守则》，但其性质是非强制性的。

在世界贸易组织乌拉圭回合谈判期间，对《政府采购守则》的内容进行了大幅度的调整，形成了世界贸易组织的《政府采购协议》，于1996年1月1日正式生效实施。该协议规定，采购实体不仅包括中央政府，还包括地方政府以及公用事业单位，并相应规定了中央政府、地方政府、公用事业单位货物、工程和服务采购的门槛价。

我国政府采购试点工作始于1995年，2003年1月1日《中华人民共和国政府采购法》（以下简称《政府采购法》）正式实施。据财政部统计，2011年我国政府采购规模突破1万亿元，占全国财政支出的10%，为国家节约资金1 500多亿元。相比2002年1 009亿元的规模，政府采购规模10年间增长10倍。其中，中央国家机关政府集中采购金额10年累计907.26亿元，节约资金138.08亿元，资金平均节约率为13.21%。

2. 政府采购的特点

根据我国《政府采购法》的规定，政府采购是指各级国家机关、事业单位和团体组织，使用财政性资金采购依法制定的集中采购目录以内的或者采购限额标准以上的货物、工程和服务的行为。政府集中采购目录和采购限额标准依照法定的权限制定。

政府采购是相对于私人采购而言的，政府采购具有以下特点。

（1）资金来源的公共性。政府采购的资金来源是无偿的税收收入、收费收入和有偿的公债收入，总之是政府能掌握和运用的资金。

（2）资金用途的非营利性。政府采购是一种非商业性的采购行为，它不以营利为目的，而是为了实现政府职能和公共利益。

（3）采购活动的政策性。财政支出本身就是一个重要的宏观经济变量，作为财政支出一个重要组成部分的政府采购支出，其总量大小必然直接影响到宏观经济运行，其用途变化也会影响到微观经济活动。

（4）采购制度的规范性。政府采购活动由采购法来规范，各种采购活动都要在基本原则指导下，按一定的采购方式和程序运作，同时还要受到严格的管理与各方面的监督。

（5）采购对象的广泛性和复杂性。政府采购的对象从一般的办公用品到武器、航天飞机等无所不包，涉及货物、工程和服务等各个领域。

（6）政府采购的公开性。政府采购的有关法律和程序都是公开的，采购过程也是在完全公开的情况下进行的，一切采购活动都要做出公共记录，所有的采购信息都是公开的，没有秘密可言。

（7）政府采购的影响力非常大。政府采购对社会经济有着非常大的影响，采购规模的扩大或缩小、采购结构的变化对社会经济发展状况、产业结构以及公众生活环境都有着十分明显的影响。正是由于政府采购对社会经济有着其他采购主体不可替代的影响，它已成为各国政府经常使用的一种宏观经济调控手段。

3. 政府采购的方式

根据我国《政府采购法》的规定，政府采购采用以下方式：公开招标、邀请招标、竞争性谈判、单一来源采购、询价、国务院政府采购监督管理部门认定的其他采购方式。公开招标应作为政府采购的主要采购方式。

1）公开招标

公开招标方式，是指招标采购单位（即采购人及采购代理机构）依法以招标公告的方式邀请不特定的供应商参加投标的方式。采购人不得将应当以公开招标方式采购的货物或者服务化整为零或者以其他任何方式规避公开招标采购。采用公开招标方式采购的，自招标文件开始发出之日起至投标人提交投标文件截止之日止，不得少于 20 日。

2）邀请招标

邀请招标方式，是指招标采购单位依法从符合相应资格条件的供应商中随机邀请三家以上供应商，并以投标邀请书的方式，邀请其参加投标的方式。采用邀请招标方式采购的，招标采购单位应当在省级以上人民政府财政部门指定的政府采购信息媒体发布资格预审公告，资格预审公告的期限不得少于 7 个工作日。

3）竞争性谈判

竞争性谈判方式，是指要求采购人就有关采购事项，与不少于三家供应商进行谈判，最后按照预先规定的成交标准，确定成交供应商的方式。

4）询价

询价方式，是指只考虑价格因素，要求采购人向三家以上供应商发出询价单，对一次性报出的价格进行比较，最后按照符合采购需求、质量和服务相等且报价最低的原则，确定成交供应商的方式。采购的货物规格、标准统一、现货货源充足且价格变化幅度小的政府采购项目，可以依照规定采用询价方式采购。

5）单一来源采购

单一来源采购方式，是指采购人向唯一供应商进行采购的方式。这种采购方式因不存在竞争，所以在应用上有严格的条件限制。

6）国务院政府采购监督管理部门认定的其他采购方式

在这些采购方式中，公开招标为主要方式，达到招标数额标准以上的采购项目，应当采用公开招标方式。因特殊情况需要采用公开招标以外方式的，应在采购活动开始前获得设区的市、自治州以上人民政府政府采购监督管理部门的批准。

4. 政府采购的程序

政府采购程序分为三个阶段：采购项目确立批准阶段、采购合同形成阶段、采购合同履行及管理阶段。

1）采购项目确立批准阶段

《政府采购法》规定，负有编制部门预算职责的部门在编制下一财政年度部门预算时，应当将该财政年度政府采购的项目及资金预算列出，报本级财政部门汇总。在具体的预算执行中，必须按照预算确定的用途进行采购活动，未经批准，不得改变资金用途。

2）采购合同形成阶段

《政府采购法》规定，在招标采购中，出现下列情形之一的，应予废标：①符合专业条件的供应商或者对招标文件作实质响应的供应商不足三家的；②出现影响采购公正的违法、违规行为的；③投标人的报价均超过了采购预算，采购人不能支付的；④因重大变故，采购任务取消的。

3）采购合同履行及其管理阶段

政府采购资金的支付方式有两种：①对于纳入政府采购资金财政直接拨付的项目，由采购人向财政部门申请拨款，财政部门直接将采购资金拨付给履约供应商；②其他采购项目由采购人直接向履约供应商付款。

依据《政府采购法》的规定，应妥善完整地保存采购文件。采购文件的保存期限为从采购结束之日起至少保存 15 年。

2.4　转移性支出

与购买性支出不同，转移性支出与商品和劳务交易行为没有发生直接联系，而是为了实现社会公平目标而采取的资金转移措施，如社会保险、社会救济、扶助贫困人口等支出。转移性支出对收入再分配具有最直接的影响，有利于促进经济发展和社会稳定目标的实现。

转移性支出包括社会保障支出、财政补贴和税收支出。

2.4.1　转移性支出的作用

转移性支出体现了公共财政履行效率、公平和稳定三大职能的作用。

（1）转移性支出引起了货币收入的流动，间接配置了资源和要素。

（2）转移性支出是公共财政履行公平职能的最重要手段之一。政府通过转移性支出，增加了支出受惠者的货币收入，在私人和企业之间进行了收入再分配，从而成为政府实施社会公平政策的重要手段。

（3）转移性支出也是公共财政履行稳定职能的重要手段。转移性支出增加了相关私人和企业的可支配收入，间接增加了社会购买力，影响了宏观经济的运行态势。特别是济贫支出和社会保险支出等，能够自动地随宏观经济运行状态而逆向变动，从而成为宏观经济运行的自动稳定器，是政府最重要的宏观经济政策调控手段之一。

2.4.2 社会保障支出

1. 社会保障制度的概念

社会保障支出是政府用于为因各种原因失去生活来源的社会成员提供基本生活保障的支出。社会保障制度是指国家通过立法程序，对国民收入进行再分配，形成社会消费基金，对由于多种原因而发生生存困难的社会成员给予物质帮助，以保障其基本生活需要的一系列有组织的措施、制度和事业的总称。

2. 社会保障制度的内容

现代社会，绝大多数国家都不同程度地建立起了社会保障制度。由于不同国家社会生产力发展水平有所不同，其社会保障体系中所包括的内容也不尽相同。

国际上一般认为，一个国家的社会保障体系至少应包括以下三项。①社会保险。社会保险是社会保障制度的核心。②社会救济。社会救济是指国家向生活确有困难的城乡居民提供资助的社会保障计划。其内容包括对城乡贫困人口的救助，还包括对临时遭遇生活困难的社会成员的救助，如对灾民的救助等。③社会福利。社会福利是指国家为社会特殊人群提供的各种物质帮助。其内容包括政府直接给予鳏寡孤独、残疾人等特殊人群的资金资助。此外，还包括用于建设福利工厂、盲人学校等特殊教育机构以及福利院、养老院等设施方面的支出。

中国社会保障制度体系中，除上述三项内容外，还包括优抚和抚恤，即政府给军烈属、伤残军人等发放的抚恤金。

在社会保障制度体系中，社会保险与社会救济、社会福利等项目有很大区别，在社会保障体系中所占的地位较高。社会救济、社会福利针对社会特殊人群提供，其保障范围较狭窄，其支出对象及数额往往具有不固定性；其资金来源于正常的财政收入，享受政府资助的社会特殊人群自身不需交纳费用，社会保障待遇享受与社会保障缴费之间不存在对应关系。而社会保险则涉及全体社会成员，其保障范围遍及全社会，是社会保障制度的核心，其资金则来源于享受保险待遇的社会成员交纳的社会保险费，社会保险待遇享受与缴费之间存在对应关系。该项资金一般实行单独筹集、单独管理、专款专用。国际上，各国政府均将社会保险作为社会保障制度体系的重点来建设。

3. 社会保险

1）社会保险的概念

社会保险是全社会为劳动成员因年老、疾病、失业、工伤和生育等原因难以维持基本生活需要时提供的物质保证，使劳动者及家属维持社会认可的基本生活水平。它是国家强制建立起来的社会稳定制度，是社会保障制度的中心环节。

现代社会，随着现代大工业的发展，生产力水平的大幅度提高，社会防御风险的能力大大提高，防范风险的责任逐渐从家庭转移给社会。社会建立了多层次的保险体系，为全体社会成员提供不同水平的保障。

2）社会保险的特点

与商业保险相比较，社会保险具有以下特点。

（1）强制性。社会保险与商业保险所遵循的原则不同。商业保险是一种市场行为，所遵循的是自愿原则。而社会保险不同，它具有强制性特征。社会保险一般由各国政府出面组织，通过法律程序规定保险的对象、保险品种、保险水平。凡在社会保险范围内的社会成员，没有自主选择权，均需参加社会保险。社会成员对保险品种、保险水平的确定也没有选择权。

（2）福利性。社会保险与商业保险举办的目的不同。商业保险为社会成员提供保障的目的是自身盈利，而社会保险的举办目的则是社会成员的福利，政府机构在办理社会保险业务时，自身并不盈利，其办理保险业务的经费来自正常的财政收入。

（3）权利与义务的不完全对等性。商业保险体系中，被保险人享受的保险待遇高低与其所缴保险费之间存在绝对对等的关系，交纳的保险费越多，所享受的保险待遇越高；而社会保险体系下，被保险人所享受的保险待遇虽与其缴费存在一定的对等关系，享受社会保险待遇的人一般需交纳一定的保险费，但其享受的社会保险待遇水平与其所交纳的保费水平之间并不完全对等。而且，由于社会保险本身是政府调节社会成员收入水平的重要手段，因此在很多情况下，社会保险费的交纳水平与其所享受的保险待遇水平往往是相反的，收入水平越高，交纳的保险费水平越高，其享受的社会保险待遇可能越低；而收入水平极低的少数社会成员，可能交纳很少的社会保险费，甚至可以不缴保险费，但却享受较高水平的保险待遇。

3）社会保险的内容

社会保险是一个集合概念，包括多项内容。不同国家由于其社会生产力水平高低不同，其内容也有一些差别。

国际上一般认为，一个国家的社会保险至少应包括以下4项。①养老保险。养老保险是社会保险机构为社会成员在年老丧失劳动能力时，为其提供的基本生活保障。②失业保险。失业保险是社会保险机构为社会成员因失业而失去生活来源时提供的基本生活保障。③医疗保险。医疗保险是社会保险机构对社会成员因疾病造成的经济损失及医疗费用给予的补偿。④工伤及生育保险。工伤保险是社会保险机构为在工作中受到意外伤害而丧失全部或部分劳动能力的人员提供的医疗救治费用及生活保障；生育保险则是为女职工提供的生育期间的医疗保健费用及生活费用。

对绝大多数社会成员来说，社会保险体系中的失业保险、医疗保险、工伤及生育保险具有较大的或然性，而养老保险则具有很大的必然性，因此在整个社会保险体系中，最主要、最重要的是养老保险。国际上各国政府均将社会保险制度建设的重点放在养老保险上。

2.4.3　财政补贴

1. 财政补贴的概念及特点

财政补贴是国家为了推行某项政策导致某些个人和企业利益受损而向其提供的无偿补助。其主要目的是解决外部效应问题。从经济影响上看，转移性支出首先影响的是国民收入的分配。通过收入效应，它使补贴领取者的收入增加；通过后者的支出，补贴才进一步对需求总量及结构发生影响并作用于实际经济。

财政补贴具有以下的特点。①政策性强。各项财政支出都可能成为政府调节经济的手段。财政补贴之外的其他财政支出除了调节经济外，还有其本身的用途，而财政补贴则纯粹是政府为调节社会经济而安排的支出项目。②灵活性高。财政补贴是政府为调节社会经济而安排的财政支出，所以具有很大的灵活性。它可以随着社会经济的变化和政府经济政策的需要随时改变支出方向和支出数额。不需要补贴时，也可以随时取消某个补贴项目。

2. 财政补贴的主要形式

国际上，各国政府的财政补贴一般包括货币补贴和实物补贴两类。

（1）货币补贴。货币补贴指政府直接用货币支付的财政补贴。货币补贴可分为显性补贴和隐性补贴。显性补贴是指政府直接将一笔货币补贴给消费者，其结果是增加了消费者的收入；隐性补贴则是指政府一方面直接给商品生产、销售者提供财政补贴，另一方面要求商品生产、销售者以政府制定的低价向市场供应商品。采用这种补贴形式，享受财政补贴的消费者并未感受到财政补贴的存在，所以又称其为暗补。

（2）实物补贴。实物补贴指政府直接给予被补贴者实物的财政补贴形式。

2.4.4　税收支出

1. 税收支出的概念与性质

税收支出是指政府通过特殊的法律条款规定，给予特定纳税人以各种税收优惠而形成的财政收入损失或放弃的收入。从税收支出的性质看，它与财政补贴有许多相同的地方，其实质是政府将本该属于自己的财政收入补助给了社会经济组织或个人。因此，也有人就直接将该类支出归入财政补贴中。但由于该类支出无论在支出方式上，还是在支出对社会经济所起的作用上、支出数额的计量上都有许多不同之处，因此，国际上大多数国家将其与财政补贴支出区别开，单独列入预算，单独审核。

2. 税收支出的本质特征

税收支出的表现形式为支出形式，与财政收支具有相同的形式特征，但实际上，二者是存在一定差异的，可以把这种差异性理解为税收支出本身所具有的本质特征。

（1）税收支出是一种虚拟性支出。财政支出伴随实实在在的资金流动过程，而税收支出虽名为支出，但无论在财政部门的账面上还是在纳税人的账面上，都不存在资金上收下拨的过程。之所以称其为支出，一方面是基于经济效果的分析，税收优惠对国家和对纳税人而言，其效果同将税款先收上来再加以返还，和先纳税再接受财政补贴一样；另一方面，也是出于对政府税收优惠考核衡量计算的需要。

（2）税收支出具有对照性特征。税收支出，每项支出都取决于税收收入的构成状况，税法中并不存在直接的"支出"条款，但税法不同结构的对照却决定了税收支出的存在。也就是说，税收支出总是与特定的税制结构相联系，税收支出并不等于税率绝对降低，而是相对于税法基本结构而言的有差别的税率。

（3）税收支出是一种特定性支出。这有两层含义：①税收支出必须针对特定的政策目标，具有明确的目的；②税收支出的享受对象也是符合特定目标的特别纳税人，这些纳税人希望获得这种优惠就需要按优惠条件的引导去做。

（4）税收支出的财政效益具有不确定性。税收支出在实施某项税收优惠时，数额并不能确定，无法进行周密计划、安排，而是隐含在日常税收活动之中。一方面，某项具体的税收支出要待税收优惠实施取得阶段性成效之后，通过与"正常"税制加以对比核算方能够得出税收支出的数额；另一方面，一国税收支出总规模也难以确切估算，相关项目的税收支出之间相互影响、相互牵连，不能简单地进行加总。

3. 税收支出的形式

一般认为，税收支出的形式主要有：①税收豁免；②纳税扣除；③税收抵免；④优惠税率；⑤延期纳税；⑥盈亏相抵；⑦加速折旧；⑧退税。

2.5　市场经济下的财政支出结构

财政支出是政府履行职能的工具，它反映着政府活动的方向。在预算规模一定的情况下，政府在各个开支项目之间分配预算资金，其结果将形成一定的财政支出结构。而政府财政支出的结构如何，主要取决于政府的职能范围和职责重心。市场经济是社会资源配置以市场机制为主导的一种经济模式，这种经济体制下的财政支出结构一般具有以下特征。

1. 在政府的财政支出中，经济支出不占主要地位

市场经济条件下，社会的经济活动主要由自主经营的企业在市场机制的调节下进行，政府不是社会经济活动的直接组织者，而且一般也不直接干预企业生产经营的具体事务；政府的经济职能主要表现为在宏观上对社会经济活动进行间接的调节和管理。根据市场经济的内在要求，经济职能不应成为政府的主要职能。尽管在现代市场经济条件下政府的经济服务职能有着十分重要的意义，但从市场经济的本质出发来看待政府的职能排序，政府的经济职能应处于一个次要地位，在一定条件下它应让位于政府的社会服务职能。与市场体制下政府的职能状况相适应，政府在财政预算领域的支出重点就不应是各类经济性支出，政府的预算资金主要应用于教育、卫生、社会保障等社会性开支项目，以便为社会的经济活动创造一个良好的外部环境。

从世界各国政府的财政统计资料可以看出，市场经济国家财政支出中经济支出占的比重普遍较低。例如，1990 年中央政府财政支出中经济支出所占的比重，澳大利亚为 7.1%，荷兰为 7.4%，瑞典为 7.6%，奥地利为 9.9%，美国为 10.2%，韩国为 17%，印度为 20.8%。与经济支出的状况形成鲜明对比的是，市场经济国家尤其是发达国家政府的社会支出在财政支出中一般占有较大比重。例如，1990 年中央政府财政支出中社会支出所占比重，美国为 43.4%，挪威为 59%，荷兰为 64.8%，瑞典为 65.5%，奥地利为 70.2%。从各级政府总的财政支出情况来看，目前发达国家的社会支出所占的比重一般也都在 50% 以上。例如，2004 年各级政府用于教育、健康和社会保护方面的支出在财政总支出中的比重，美国为 56.8%，加拿大为 63.1%，澳大利亚为 60.9%，卢森堡为 86.1%，荷兰为 58.5%，英国为 66.7%。发达国家政府的社会支出占的比重较大，主要原因是政府在社会保障和社会福利方面的开支很大，这类支出一般要占到全部社会支出的 60%～80%。

2. 资本支出一般不在财政支出中占重要地位

政府的各项财政支出按支出项目是否与资本投资有关，可以分为经常性支出和资本支出两大类。经常性支出是政府用于经常性项目的开支，包括政府雇员的工资薪金支出和社会保险缴款支出、公用经费支出、利息支出、社会保障津贴支出、国有企业经营亏损补贴支出等。资本支出是政府用于资本项目的支出，包括政府购置固定资产和无形资产的投资支出、政府战略储备支出、用于资助企业购置固定资产或增加企业金融资本或弥补企业资本损失的资本转移支出等。

在市场经济条件下，企业是独立的生产经营者，政府一般不直接经营企业。同时，市场经济还从根本上要求自主经营的企业拥有扩大再生产的投资权，而且企业的投资资金主要靠企业自身的利润积累或从金融市场来解决，政府一般不包揽企业投资的资金供应。因此，市场经济中的政府不应是生产领域的主要投资者和企业经营资本的主要提供者。政府在投资方面的主要任务是对铁路、港口、电力、通信等基础设施进行直接投资，以填补企业在这些方面的投资空白，此外还应适当地利用相应措施来引导企业投资方向，实现国家的产业政策。

由于市场体制下政府不承担大量的经营性投资，财政支出中资本支出一般不应占很大比重，除非政府需要对基础设施进行大规模投资。目前在市场经济国家中，发达国家资本支出占财政支出的比重普遍较低，从中央财政支出来看一般不超过10%。例如，1990年瑞典、德国、法国、美国这一比重分别为2.5%、4.3%、5.4%和7.7%。发展中国家目前资本支出占财政支出的比重一般都高于发达国家，有的国家该比重甚至高达40%以上。造成这种情况的原因，主要是发展中国家基础设施落后，长期投资不足，成为经济发展的"瓶颈"，为了摆脱这一局面，政府十分重视社会基础设施的投资。许多资本支出比重大的国家，基础设施的投资占到全部资本支出的70%~80%。

由此可以看出，市场经济对政府的资本支出特别是其中的经营性资本支出的规模有一定客观限度和要求。为了保证市场经济的有效运行，这类支出在财政支出中占的比重不宜过大。

2.6　中国现阶段的财政支出状况

2.6.1　改革开放以来中国财政支出构成状况

改革开放以来，中国的财政支出构成状况见表2-2。

表 2-2　1980—2006 年财政支出构成情况表　　　　　　　　%

	1980	1984	1988	1992	1996	2000	2006
Ⅰ 经常性支出	35.8	35.3	38.8	44.3	45.2	37.0	35.5
文教科卫	12.7	15.5	19.5	21.2	21.5	17.2	18.4
国防支出	15.8	10.6	8.8	10.1	9.1	7.6	7.4
行政管理费	5.4	7.4	8.9	11.3	13.1	11.3	8.3
工交流通事业费	1.9	1.8	1.6	1.7	1.5	0.9	1.4
Ⅱ 资本性支出	46.3	41.0	34.1	29.5	25.8	24.4	25.4
基本建设	28.2	26.7	19.9	14.9	11.4	13.2	10.9
流动资金	3.0	0.6	0.4	0.2	0.5	0.4	0.0
农业生产及事业费	6.7	5.6	6.4	7.2	6.4	4.8	5.3
其他支出	8.4	8.1	7.4	7.2	7.5	6.0	9.2
Ⅲ 转移支付支出	11.3	14.3	14.4	10.4	7.3	7.9	5.6
抚恤和社会福利	1.7	1.5	1.7	1.8	1.6	1.3	2.2
政策补贴	9.6	12.8	12.7	8.6	5.7	6.6	3.4
合计（Ⅰ＋Ⅱ＋Ⅲ）	93.4	90.6	87.3	84.2	78.3	69.3	66.5

资料来源：http://www.mof.gov.cn/news/czsj2006/book1.htm.

从表 2-2 可以看出，1980 年以来的财政支出构成状况呈现出以下特征：资本性支出在财政支出中的比例下降，特别是基本建设支出的比例下降得更快；同时对国有企业流动资金的支出也大幅度下降，这主要是因为从 1982 年开始，我国对财政体制实行了"拨改贷"的改革，即国有企业的定额流动资金不再实行无偿拨款，而是通过向银行有偿贷款的方式解决。同时经常性支出在财政支出中的比例上升，其中，国防支出受国际国内形势的影响较大，科教文卫等其他经常性支出有了较大幅度的提高。另外，表中三类财政支出总计占财政支出额的比例不断下降，到 2006 年仅占到 66.5%，没有被统计进去的比例主要是经常性支出和转移性支出增加的部分。以上表明，一方面，财政支出构成的变化是我国从传统的计划经济体制向市场经济体制转变的必然结果；另一方面，我国市场化改革取得了明显的效果。

2.6.2　中国财政支出趋势分析

财政支出趋势通常是指在较长时期内考察财政支出相对规模所呈现的变化趋势。中国正处于经济体制的转轨时期，政府制度安排变化较大，持续的时间也不长，加之国家财政支出并没有包含政府支出的全部，因而要考察中国财政支出相对规模的变化趋势，需采用规范和实证相结合的方法来分析。

1. 计划经济体制下财政支出相对规模的变化趋势

中国 1953—1978 年财政支出占 GDP 的比例情况见表 2-3。

表 2-3　1953—1978 年财政支出占 GDP 的比重　　　　　　　　　　　%

年份	1953	1957	1960	1965	1970	1975	1978
财政支出占 GDP 的比重	26.6	27.7	44.2	26.8	28.8	27.4	30.8

资料来源：中华人民共和国国家统计局. 中国统计年鉴：2006—2011. 北京：中国统计出版社.

从表 2-3 中可以看出，在计划经济体制下，中国财政支出的相对规模不存在不断增长的趋势。在经济正常年份，中国财政支出占 GDP 的比例大致稳定在 30% 或略高一点的水平上；在经济不太正常的年份，中国财政支出占 GDP 的比例较高，如 1960 年，中国国民经济陷入了严重困难的时期，财政支出占 GDP 的比例高达 44.2%。中国计划经济体制下的财政支出的相对规模之所以未呈现不断增长的趋势，主要原因在于计划经济体制缺乏市场经济的制度安排。在物质生产部门创造的价值中，财政支出了 30% 以上，剩余的基本上只能维持简单再生产了。促进经济增长的投资主要依靠政府的计划安排，保持财政支出占 GDP 适度的比例关系成为维持计划经济体制正常运行的重要条件。

2. 改革开放以来中国财政支出相对规模的变化趋势

1979—2017 年中国财政支出占 GDP 比重的情况见表 2-4。

表 2-4　1979—2017 年中国财政支出占 GDP 的比重　　　　　　　　　%

年份	1979	1982	1985	1988	1991	1994	1997	1999	2000	2001	2002	2003	2004
占 GDP 的比重	31.6	23.1	22.2	16.6	15.5	12.0	11.6	14.6	15.8	17.1	18.1	17.9	17.6
年份	2005	2006	2007	2008	2009	2010	2011	2012	2013	2014	2015	2016	2017
占 GDP 的比重	18.1	18.4	18.4	19.6	21.9	21.8	22.3	23.3	23.6	23.6	25.5	25.2	24.6*

注：＊ 2017 年的数据根据财政部 2017 年全国财政决算、国家统计局 2018 年 1 月公布的初步数据计算。

资料来源：http：//data.stats.gov.cn/easyquery.htm？cn＝C01.

　　从表 2-4 中可以看出，从 1979 年经济体制改革以来，中国财政支出占国内生产总值的比例呈现出下降的趋势。虽然近年来这一比例略有攀升，那也是中央政府举债支出的份额在上升所致。中国财政支出占 GDP 的比例之所以呈现下降趋势，是因为在中国转轨时期，要培育独立的或相对独立的市场利益主体，并扩大经济运行中的市场安排空间，就必然缩小政府安排空间。随着改革的逐步深入，中国正式走上市场经济发展轨道以后，财政支出相对规模下降的趋势会在某一时期终止，转而趋向上升。

　　从中国改革开放前后财政支出相对规模状况来看，在计划经济体制下，整个国民经济的运行在很大程度上依赖着政府的作用，政府安排制度基本上取代了市场安排制度，国家财政支出在国民收入中所占的比例呈现一种较为稳定的状态。在转轨时期，为了培育市场体制，财政支出正发生着相应的功能转换，表现为扩大市场安排份额，相应缩小政府安排范围；政府的作用正从取代市场、排斥市场走向弥补市场、调控市场。无论从培育市场机制的要求，还是从国有经济战略性调整的总体要求来看，国家降低财政支出在国内生产总值中的比重既有其内在合理性，也是特定环境下历史发展的必然选择。1953—2017 年中国财政支出占 GDP 的比重如图 2-5 所示。

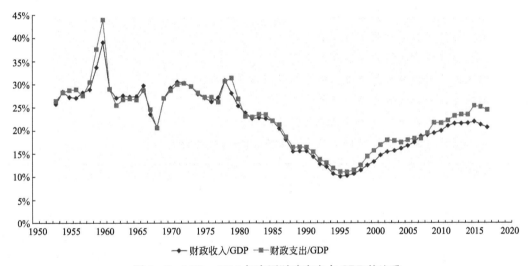

图 2-5　1953—2017 年中国财政支出占 GDP 的比重

本 章 小 结

●财政支出的目的是满足政府履行其职能的需要，因此政府职能范围的大小决定了财政支出的范围。

●财政支出对社会经济发展有着重要的影响，如就业、物价和国民收入等。

●财政支出应兼顾公平、效率与稳定。

●财政支出可按费用、用途、经济性质等标准进行分类。政府支出分类同时使用支出功能分类和支出经济分类两种方法。

> ● 购买性支出可分为社会消费性支出和公共投资性支出两大类。政府的转移性支出包括社会保障支出、财政补贴和税收支出。
>
> ● 市场经济下的财政支出结构：在政府的财政支出中，经济支出不占主要地位；资本支出一般不在财政支出中占重要地位。
>
> ● 政府采购程序分为三个阶段：采购项目确立批准阶段、采购合同形成阶段、采购合同履行及管理阶段。

▶ 关键概念

财政支出　购买性支出　转移性支出　　公平与效率　　财政支出结构　政府采购
支出功能分类　公共投资性支出　税收支出

思考与练习

1. 简述财政支出的目的及范围。
2. 简述财政支出对社会经济发展的影响。
3. 简述财政支出功能分类的基本内容。
4. 简述按经济性质对财政支出的分类及其经济分析意义。
5. 财政支出中如何兼顾公平与效率？
6. 市场经济下，财政支出的结构有什么特征？
7. 试述改革开放以来，中国财政支出相对规模的变化趋势。

【阅读材料】

战后繁荣之父——凯恩斯

约翰·梅纳德·凯恩斯（John Maynard Keynes，1883—1946），现代西方经济学最有影响的经济学家之一。凯恩斯一生对经济学作出了极大的贡献，一度被誉为资本主义的"救星""战后繁荣之父"。凯恩斯出生于萨伊法则被奉为神灵的时代，认同借助于市场供求力量自动地达到充分就业的状态就能维持资本主义的观点，因此他一直致力于研究货币理论。

1929 年经济危机爆发后，凯恩斯感觉到传统的经济理论不符合现实，必须加以突破，于是便有了 1936 年的《就业、利息和货币通论》（简称《通论》），《通论》在经济学理论上有了很大的突破。

（1）突破了传统的就业均衡理论，建立了一种以存在失业为特点的经济均衡理论。传统的新古典经济学以萨伊法则为核心提出了充分就业的假设。认为可以通过价格调节实现资源的充分利用，从而把研究资源利用的宏观经济问题排除在经济学研究的范围之外。《通论》批判萨伊法则，承认资本主义社会中非自愿失业的存在，正式把资源利用的宏观经济问题提到日程上来。

（2）把国民收入作为宏观经济学研究的中心问题。凯恩斯《通论》的中心是研究总就业量的决定，进而研究失业存在的原因。认为总就业量和总产量关系密切，而这些正是现代宏观经济学的特点。

（3）用总供给与总需求的均衡来分析国民收入的决定。凯恩斯《通论》中认为有效需求决定总产量和总就业量，又用总供给与总需求函数来说明有效需求的决定。在此基础上，他说明了如何将整个经济的均衡用一组方程式表达出来，如何能通过检验方程组参数的变动对解方程组的影响来说明比较静态的结果。

（4）建立了以总需求为核心的宏观经济学体系。凯恩斯采用了短期分析，即假定生产设备、资金、技术等是不变的，从而总供给是不变的，在此基础上来分析总需求如何决定国民收入，把存在失业的原因归结为总需求的不足。

（5）对实物经济和货币进行分析的货币理论。传统的经济学家把经济分为实物经济和货币经济两部分。其中，经济理论分析实际变量的决定，而货币理论分析价格的决定，两者之间并没有多大的关系，这就是所谓的二分法。凯恩斯通过总量分析的方法把经济理论和货币理论结合起来，建立了一套生产货币理论。用这种方法分析了货币、利率的关系及其对整个宏观经济的影响，从而把两个理论结合在一起，形成了一套完整的经济理论。

（6）批判了"萨伊法则"，反对放任自流的经济政策，明确提出国家直接干预经济的主张。古典经济学家和新古典经济学家都赞同放任自流的经济政策，而凯恩斯却反对这些，提倡国家直接干预经济。他论证了国家直接干预经济的必要性，提出了比较具体的目标；他的这种以财政政策和货币政策为核心的思想后来成为整个宏观经济学的核心，甚至可以说后来的宏观经济学都是建立在凯恩斯的《通论》的基础之上的。

毫无疑问，凯恩斯是一个伟大的经济学家，他敢于打破旧思想的束缚，承认有非自愿失业的存在，首次提出国家干预经济的主张，对整个宏观经济学的贡献是极大的。

第3章
财政支出增长与绩效评价

【学习目标】

学完本章后，你应该能够：
- 理解财政支出规模的测量指标；
- 知晓西方国家与发展中国家财政支出的增长趋势；
- 理解财政支出增长的理论解释；
- 理解中国财政支出的增长趋势；
- 领会公共投资及其评价方法。

3.1 世界各国财政支出的增长趋势

3.1.1 财政支出规模及衡量指标

1. 财政支出规模的概念

财政支出规模（scale of fiscal expenditure）是指政府在一定时期安排和使用财政资金的绝对数量和相对比率。它反映了政府参与分配的状况，体现了政府的职能和活动范围，是研究和确定财政分配规模的重要指标。

2. 衡量财政支出规模的指标

衡量财政支出规模的指标有两个：一个是绝对规模，另一个是相对规模。

1）财政支出的绝对规模

财政支出的绝对规模是指一个国家在一定时期内财政支出的货币价值总额。通过对财政支出规模绝对量的测量，可以直观、具体地反映一个国家一定时期内财政支出的规模，是国家财政部门编制财政预算和控制财政支出的重要指标之一。从财政支出规模的发展趋势来看，财政支出的绝对规模是不断增长的，但经济中的另一些因素也是增长的，如价格、居民收入、人口和总产量等。因此，仅测量出财政支出的绝对规模还不足以说明问题，更重要的是要测量出财政支出的相对规模。

2）财政支出的相对规模

财政支出的相对规模是指一个国家在一定时期内财政支出占 GNP 或 GDP 的比率。通过对财政支出相对量的测量，最大的作用是可以进行比较分析，如可以对一个国家不同时期财政支出规模进行比较，也可以对不同国家财政支出规模进行比较，通过比较分析，能较好地反映一个国家财政支出对经济影响的重要程度。

从测量财政支出规模的两个指标中可以看到，一个国家一定时期内财政支出的绝对规模和财政支出的相对规模所反映出的财政支出规模变动方向出现不一致，甚至发生矛盾。例如，中国财政支出规模从 1978 年的 1 122.09 亿元（占 GDP 的 30.8%），逐步扩大到 2011 年的 109 247.79 亿元（占 GDP 的 23.8%）。从绝对规模来看，表明了中国财政支出总额在不断扩大；而从相对规模来看，却表明中国财政支出的相对规模正在缩小，财政支出对经济的影响程度有所减弱。

3）测量财政支出规模的常用指标

实际测量中，由财政支出的绝对规模和相对规模可以派生出三个常用指标。

（1）财政支出增长率（ΔG（%））。它表示当年财政支出比上年同期财政支出增长的百分比，即所谓"同比"增长率。

$$\Delta G(\%)=[(当年财政支出-上年财政支出)/上年财政支出]\times 100\%$$

（2）财政支出弹性系数（E_g）。这是指财政支出增长率与 GDP 增长率的比值。

$$E_g=财政支出增长率/GDP 增长率$$

"若 $E_g>1$，说明财政支出增长快于 GDP 增长；若 $E_g<1$，说明财政支出增长慢于 GDP 增长；若 $E_g=1$，说明财政支出增长与 GDP 增长同步。"

（3）财政支出增长边际倾向（MGP）。该指标表明财政支出增长额与 GDP 增长额之间的关系，即 GDP 每增加一个单位的同时财政支出增加了多少，或财政支出增长额占 GDP 增长额的比例。

$$MGP=(财政支出增长额/GDP 增长额)\times 100\%$$

财政支出占 GDP 的比重、财政支出增长的弹性系数 E_g、财政支出增长的边际倾向 MGP 三者之间的关系用公式表示为

$$财政支出占 GDP 的比重=MGP/E_g$$

3.1.2　西方国家财政支出的增长

2007—2016 年主要 OECD（经济合作发展组织）国家财政支出占 GDP 的比重见表 3-1。数据表明，在各国经济发展史上，尽管西方不同国家财政支出的增长情况各不相同，而且在一国的不同发展时期，国家财政支出的增长情况差异较大，有些国家甚至出现负增长的情况。但从长期和整体来看，西方国家财政支出的不断增长构成了发展总趋势。

表 3-1　2007—2016 年主要 OECD 国家财政支出占 GDP 的比重　　%

	2007	2008	2009	2010	2011	2012	2013	2014	2015	2016
美国	36.95	39.47	42.98	42.94	41.84	40.02	38.74	38.06	37.61	37.82
英国	41.03	44.61	47.53	47.79	46.19	45.98	44.18	43.19	42.39	41.53
德国	42.82	43.57	47.58	47.26	44.71	44.30	44.69	44.09	43.66	43.97
法国	52.57	53.30	57.15	56.88	56.29	57.11	57.23	57.21	56.80	56.57
瑞典	49.34	50.07	52.75	50.81	50.31	51.36	52.01	51.13	49.63	49.44
加拿大	39.45	39.68	44.40	44.01	42.48	41.82	41.01	39.25	40.68	41.46
日本	35.00	36.07	40.69	39.74	40.64	40.61	40.76	40.20	39.28	39.10
OECD 成员平均	40.77	42.81	46.30	46.40	44.98	44.99	45.17	44.32	43.80	42.98

资料来源：https://stats.oecd.org/Index.aspx?queryid=85141.

对西方发达国家来说，二战以后财政支出的增长大致可分为两个阶段：一个是增长较为迅速的阶段，这一时期主要是从 20 世纪 50 年代开始至 80 年代初期结束。这个时期内发达国家的财政支出占 GDP 的比重上升得很快，主要工业化国家的上升比例都超过了 20%。第二个阶段是从 20 世纪 80 年代开始至今，这一时期财政支出的绝对额依然在继续增长，但在 GDP 中的比重变化不大，呈现出缓慢下降的趋势。但在 2008 年"美国次贷危机"后，西方国家财政支出均有明显增加，其在 GDP 中的比重均有所上升；2012 年至今，西方国家财政支出占 GDP 的比重基本回到危机前的水平。

财政支出增长的这种变化，其主要原因在于西方国家推崇凯恩斯主义，强调国家对经济的干预作用，政府应承担更多的社会责任，为了实现这一目标，财政支出的绝对额和相对额都开始大幅度上升。但从 20 世纪 70 年代末开始，西方国家出现了滞胀现象，社会普遍认为财政支出过快增长是导致这一局面的重要原因之一，各国政府都在尽量减缓财政支出的增长，采取了各种节支措施，因而大大延缓了财政支出的增长速度。尽管这一时期财政支出的绝对规模依然在增长，在 GDP 中的比重却保持了相对稳定，甚至出现略有下降的现象。

3.1.3　财政支出增长中的结构变化

财政支出无论是相对规模还是绝对规模的增长，都是一个总量增长的问题。事实上，在财政支出增长的过程中，其内部结构也开始发生显著的变化，有些项目的开支增幅很小，有些项目的开支增幅很大，这反映了随着经济、社会的不断发展，政府的职能也发生了变化。如社会要求政府承担起越来越多的社会责任，这就使政府的有关社会保障支出增长得很快，而随着战争威胁日益减弱，和平红利开始出现，国防支出在财政支出中的比重便随之下降。表 3-2 以美国为例来说明财政支出增长趋势下，其支出结构的变化情况。

表 3-2　美国联邦财政经常性支出结构变化　　　　%

年份	经常性支出*	一般公共服务	国防	公共安全	经济事务	住房社区事务	医疗保险	文化娱乐	教育	社会保障	利息支出**
1960	131 166	18.17	33.78	3.65	8.71	0.61	4.20	0.57	12.32	17.98	11.32
1965	181 042	18.04	30.68	3.66	9.90	0.61	4.33	0.60	13.98	18.22	11.28
1970	317 479	17.88	26.62	3.72	8.83	0.65	7.63	0.60	15.58	18.48	12.08
1975	543 484	18.45	17.76	4.07	8.11	0.88	9.24	0.65	16.54	24.30	12.12
1980	880 202	20.43	16.08	4.05	8.16	1.00	10.45	0.62	14.98	24.24	14.41
1985	1 391 824	24.06	16.57	4.19	7.46	1.09	11.05	0.58	13.48	21.52	17.71
1990	1 920 222	23.30	15.39	4.91	6.55	1.12	12.77	0.61	14.37	20.99	17.33
1995	2 495 139	21.89	11.68	5.61	6.08	1.24	16.16	0.62	14.61	22.10	16.74
2000	2 971 757	18.81	10.38	6.65	6.86	0.95	17.02	0.69	16.53	22.12	13.12
2005	4 040 285	16.83	11.79	6.59	6.41	1.07	19.07	0.70	15.77	21.79	10.72
2010	5 502 530	15.55	11.88	6.03	5.83	0.84	19.95	0.62	14.84	24.48	9.92
2015	5 992 999	15.15	9.85	6.09	5.36	0.80	23.57	0.59	14.99	23.59	10.22
2016	6 177 491	15.63	9.50	6.07	5.25	0.82	23.79	0.60	14.93	23.41	10.72

注：1. *表示经常性支出的单位为百万美元，现价。

　　2. **表示利息支出占总支出的比例。

资料来源：http://www.bea.gov/.

　　从表 3 - 2 可以看出，美国联邦财政经常性支出从 1960 年的 1 311.66 亿美元增加到 2016 年的 61 774.91 亿美元，在经常性支出总量增长的同时，财政支出结构发生了一些变化：从长期来看，国防支出占经常性支出的比重呈下降趋势，随着朝鲜战争、越南战争的结束，特别是苏联的解体，东西方两大阵营对峙结束，使美国的国防支出比重大幅下降，从 1960 年的 33.78% 下降至 2016 年的 9.50%；相比之下，用于公共安全、医疗保险和社会保障等方面的开支却大幅上升，占财政支出的比重分别从 1960 年的 3.65%、4.20% 和 17.98% 上升至 2016 年的 6.07%、23.79% 和 23.41%；用于文化娱乐和教育方面的支出基本保持稳定；而用于一般公共服务、住房社区事务方面的支出呈现出先缓慢增长，再稍有下降，最后趋于稳定的趋势。此外，联邦政府总支出中，用于利息的支出在经历 20 世纪 80 年代显著增长后，近年来下降较快，基本保持在 10% 左右。

　　这些数据表明，在美国联邦财政支出增长过程中，伴随着结构的急剧变动。一方面，政府为达到收入再分配政策的目的用于社会保障性方面的支出增加很快，从而使其占财政经常性支出中的比重迅速上升。另一方面，由于政府在大幅度增加财政支出的同时，未能使税收收入同比例增加，使得联邦政府的财政赤字难以消除，累积债务余额占 GDP 的比重持续上升，因而政府用于利息方面的开支比重也随之上升。

　　从总体上看，发达国家在财政支出增长的同时，用于社会福利性等方面的转移性开支增长得较快，而在国防支出、交通等方面的购买性支出增长得相对较慢。

3.1.4　发展中国家的财政支出增长

　　发展中国家在经济发展过程中，同样也出现了财政支出增长的情况。发展中国家自第二次世界大战结束后，纷纷发展自己独立的经济，为了能够早日赶上发达国家，解决本国的贫穷问题，政府大量介入经济方面的建设，从而使政府的财政支出规模迅速扩大，20 世纪 80 年代以来，特别是"亚洲金融风暴"及"美国次贷危机"后，这种财政支出增长的态势更趋明显。

表 3 - 3　发展中国家财政支出占 GDP 的比重　　　　　　　　%

	1996	1997	1998	2000	2005	2007	2008	2009	2010	2012	2014	2015	2016
印度	14.27	14.79	14.60	15.62	15.39	15.46	17.40	17.08	16.69	16.17	26.39	27.46	27.90
泰国	11.19	13.23	16.46	13.50	15.31	16.55	17.06	18.41	17.41	18.62	19.30	18.58	19.00
菲律宾	18.61	19.38	17.32	16.22	17.20	14.50	14.16	15.17	14.40	14.19	13.40	14.11	14.04
马来西亚	18.69	16.99	16.81	16.51	17.69	18.12	19.57	21.67	18.23	20.98	19.68	18.59	17.03
巴基斯坦	20.74	19.75	19.23	17.19	14.62	15.32	17.94	16.19	17.50	18.80	18.01	19.60	19.90
巴西	24.30	21.82	21.89	21.37	25.37	26.81	27.31	26.34	30.77	30.69	31.74	36.62	36.28

　　资料来源：IMF 网站，OECD 数据库.

　　无论是从绝对数量还是相对数量来说，发展中国家的财政支出都在增长；但与发达国家相比，在增长过程中的结构变化有所不同。发展中国家的财政支出增长主要集中在购买性支出方面，特别是在公共投资方面，这与发达国家转移性支出的增长是有所区别的。导致这种不同的原因在于：发达国家的经济发展水平已经很高，政府所关注的问题更侧重于社会的公平问题，而不是效率问题；对发展中国家来说，其面临的主要问题是贫穷。追求经济发展的高速度，提高经济的效率便成为政府财政支出时首先要考虑的问题，要贯彻"效率优先，兼顾公平"的支出政策思想。在这种情况下，政府财政支出增长主要体现在能促进经济增长的购买性支出特别是有关公共投资方面的支出，而转移性支出方面的比重反而下降了。

3.2　财政支出增长的诠释

面对财政支出的不断增长，经济学家们从不同的角度给出解释。在众多的支出增长理论中，瓦格纳法则、梯度渐进增长论和经济发展阶段增长理论的观点最为著名。

3.2.1　瓦格纳法则

1882 年，德国经济学家阿道夫·瓦格纳（Adolgh Wagner）对 19 世纪的欧洲国家以及日本、美国进行分析后，认为一国工业化经济的发展与本国财政支出之间存在一种函数关系，即随着现代工业社会的发展，"对社会进步的政治压力"增大以及在工业经营方面因"社会考虑"而要求增加政府支出。后人称之为"瓦格纳法则"（Wagner's law）。[①] 该法则的含义是：随着人均国民生产总值（GNP）的提高，财政支出占 GNP 的比率相应提高，如图 3 - 1 所示。

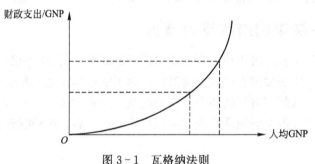

图 3 - 1　瓦格纳法则

瓦格纳认为，导致财政支出规模不断扩大最基本的原因是，工业化过程中的社会进步和市场失灵因素的存在对政府活动提出了日益扩大的需求，使政府干预的广度和深度大大增强，因而财政支出的范围和数量会大大增加。这些需求包括：对政府干预经济和直接从事生产经营活动的需求；对政府提供法律、警察和信息服务方面的需求；对政府提供教育、文化、娱乐、卫生和福利服务方面的需求；对政府保护和管理服务方面的需求；等等。瓦格纳认为，政府活动的不断扩大，既有属于外延的又有属于内涵的，即在中央及地方政府不断提出新任务的同时，有的职能也在进一步扩大，使中央和地方政府支出的经费不断增加。

3.2.2　梯度渐进增长论

1967 年，英国经济学家皮库克（A. T. Peacock）和威斯曼（J. Wiseman）通过对1890—1955 年英国财政支出历史数据进行了经验分析，认为在正常年份财政支出呈现出一

---

①　BIRD R M. Wagner's law of expanding state activity，public finance，1971（26）.

种渐进的上升趋势，但当社会经历激变时（如战争、经济大萧条或其他严重灾害），财政支出会急剧上升；当这种激变时期过后，财政支出水平将下降，但不会低于原来的趋势水平。[①] 这就是后来人们所谓的"梯度渐进增长论"，如图 3-2 所示。

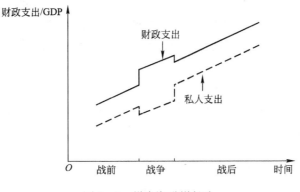

图 3-2　梯度渐进增长论

皮库克和威斯曼认为产生财政支出"梯度渐进增长"的原因在于：一方面，经济不断增长使税收收入逐渐增加，财政支出"水涨船高"渐进增长；另一方面，因为"替代效应（displacement effect）"和"审视效应（inspection effect）"的作用，财政支出增长速率超过国民生产总值增长速率。他们分析后发现，政府的财政支出往往要受到纳税人"租税容忍水平"的制约，[②] 但在外在因素如自然灾害、战争等影响下，会迫使纳税人接受较高的"租税容忍水平"，出现了所谓"替代效应"现象，即政府迅速扩大财政支出以代替原来由私人安排的支出。但自然灾害、战争过后，又出现了重建家园、恢复生产等一系列问题需要政府出面解决，这样会迫使纳税人又支持政府扩大财政支出规模，于是，财政支出水平虽在战后有所下降但仍保持较高水平的位置，出现了所谓的"审视效应"现象。他们认为，正是因为上述两方面的原因相互交替的作用，才导致财政支出梯度渐进增长，并呈现出一种长期变化的特征。

3.2.3　经济发展阶段的财政支出增长理论

美国财政学家马斯格雷夫（R. A. Musgrave）和经济史学家罗斯托（W. W. Rostow）从经济发展的各个阶段来研究财政支出规模不断扩大的原因。他们把经济发展阶段分为三个部分：经济发展的早期阶段，即起飞阶段；经济发展的中期阶段；经济发展的成熟阶段。

1）经济发展早期阶段的财政支出特征

在经济发展的早期阶段，各种基础设施如交通、通信、水利等十分落后，直接影响私人部门生产性投资的效益，从而间接影响整个经济的发展。考虑到这些经济基础设施的投资具有较大的外部经济效应，因此需要政府提供这些经济基础设施，为经济的发展创造一个良好的投资环境，克服可能出现的基础设施不足、延缓经济增长的情况。在此阶段，由于私人资

①　PEACOCK A T，WISEMAN J. The growth of public expanding in the United Kingdom. Princeton，N. J.：Princeton University Press，1961.

②　CLARK C. Public Finance and Changes in the Value of Money. Economic Journal，December，1945.

本积累是有限的，这就使得某些资本品必须由政府提供，即使这些资本品的利益是内在的，不具有外部经济效应，也要求通过政府财政来提供。因此，这一阶段财政支出中用于公共投资部分比重很大，增长的速度也很快。

此阶段，人们的生活水平不高，主要是满足基本的需要，如吃、穿等，因而对政府的公共性消费支出需求不大。此外，这一时期主要考虑经济的发展速度，对出于平等、分配公平等方面的考虑而进行的转移性支出数量不大，因为它有降低私人储蓄率及其他的负面影响。

2）经济发展中期阶段的财政支出特征

在这一时期，政府公共性投资还应继续进行，但此时政府投资只是对私人投资的补充。经济由起飞阶段进入中期阶段之后，私人产业部门已经发展起来，资本存量不断扩张，私人企业和农业的资本份额增大，那些需由政府提供的具有较大外部经济效应的基础设施已经建成，对它们需求的增加也逐渐变缓了，此时私人资本积累开始上升，公共积累支出的增长率就会下降，从而公共投资支出在 GNP 中的比重下降。

这一时期是人们生活水平不断提高的时期，人们在满足基本生存需要的同时，开始关注其他方面的需要，对政府所提供的公共性消费支出的需求增加了；相应地，政府用于教育、卫生和安全等方面的消费性支出就要增加，其在整个财政支出中的比重相应上升。同时，伴随着经济的发展，贫富分化开始加剧，逐渐成为一个社会问题，要求政府着手解决这一问题，因而用于解决收入分配问题的转移性支出开始增加。

3）经济发展成熟阶段的财政支出特征

与中期阶段相比，这一时期的政府公共性投资支出又呈增长势头。在成熟阶段，人均收入水平有了很大提高，对生活的质量提出了更高的要求，如汽车的普及需要更为发达的交通设施，这些都需要政府参与进行。这一时期公共性投资的特点表现为一种对私人消费品的补偿性公共投资。但从总体上而言，公共性投资占 GNP 的比重是呈不断下降趋势的。

由于生活水准的提高，人们的消费支出将增加，资源更多地用于满足第二需要，如教育、卫生等。这些消费项目需要较大的公共消费支出作为补充，因此公共消费支出占社会总消费支出中的比重相应地就上升了。此外，在经济的成熟阶段，生产力发展水平已经很高，在效率与公平之间，政府必须更加加强在社会分配方面的作用，因而用于解决社会公平的转移性支出将会大幅度增加。

3.3　中国财政支出的增长趋势

3.3.1　改革开放以来财政支出增长的特征

从前面的分析可以看出，世界各国（特别是经济发达国家）的财政支出无论从绝对规模还是相对规模上看，都呈现出随着人均收入的提高而增长的趋势。改革开放以来，中国财政支出的绝对规模也呈不断扩大的趋势，但财政支出的相对规模却不尽然。1978—2017 年我国财政支出规模及增长指标如表 3-4 所示。

表 3 - 4　1978—2017 年中国财政支出规模及其增长指标

年份	财政支出/亿元	GDP/亿元	GDP 增长率/%	财政支出占GDP 的比重/%	财政支出增长率/%	财政支出弹性系数 E_g	财政支出增长边际倾向 MGP/%
1978	1 122.09	3 645.22	11.7	30.8	33.0	2.39	62.8
1979	1 281.79	4 062.58	7.6	31.6	14.2	1.24	38.3
1980	1 228.83	4 545.62	7.8	27.0	−4.1	−0.35	−11.0
1981	1 138.41	4 891.56	5.1	23.3	−7.4	−0.97	−26.1
1982	1 229.98	5 323.35	9.0	23.1	8.0	0.91	21.2
1983	1 409.52	5 962.65	10.8	23.6	14.6	1.22	28.1
1984	1 701.02	7 208.05	15.2	23.6	20.7	0.99	23.4
1985	2 004.25	9 016.04	13.4	22.2	17.8	0.71	16.8
1986	2 204.91	10 275.18	8.9	21.5	10.0	0.72	15.9
1987	2 262.18	12 058.62	11.7	18.8	2.6	0.15	3.2
1988	2 491.21	15 042.82	11.2	16.6	10.1	0.41	7.7
1989	2 823.78	16 992.32	4.2	16.6	13.3	1.03	17.1
1990	3 083.59	18 667.82	3.9	16.5	9.2	0.93	15.5
1991	3 386.62	21 781.50	9.3	15.5	9.8	0.59	9.7
1992	3 742.20	26 923.48	14.2	13.9	10.5	0.44	6.9
1993	4 642.30	35 333.92	13.9	13.1	24.1	0.77	10.7
1994	5 792.62	48 197.86	13.0	12.0	24.8	0.68	8.9
1995	6 823.72	60 793.73	11.0	11.2	17.8	0.68	8.2
1996	7 937.55	71 176.59	9.9	11.2	16.3	0.96	10.7
1997	9 233.56	79 715.00	9.2	11.6	16.3	1.36	15.2
1998	10 798.18	85 195.50	7.8	12.7	16.9	2.46	28.5
1999	13 187.67	90 564.40	7.7	14.6	22.1	3.51	44.5
2000	15 886.50	100 280.10	8.5	15.8	20.5	1.91	27.8
2001	18 902.58	110 863.10	8.3	17.1	19.0	1.80	28.5
2002	22 053.15	121 717.40	9.1	18.1	16.7	1.70	29.0
2003	24 649.95	137 422.00	10.0	17.9	11.8	0.91	16.5
2004	28 486.89	161 840.20	10.1	17.6	15.6	0.88	15.7
2005	33 930.28	187 318.90	11.4	18.1	19.1	1.21	21.4
2006	40 422.73	219 438.50	12.7	18.4	19.1	1.12	20.2
2007	49 781.35	270 232.30	14.2	18.4	23.2	1.00	18.4
2008	62 592.66	319 515.50	9.7	19.6	25.7	1.41	26.0
2009	76 299.93	349 081.40	9.4	21.9	21.9	2.37	46.4
2010	89 874.16	413 030.30	10.6	21.8	17.8	0.97	21.2
2011	109 247.79	489 300.60	9.5	22.3	21.6	1.17	25.4
2012	125 952.97	540 367.40	7.9	23.3	15.3	1.47	32.7
2013	140 212.10	595 244.40	7.8	23.6	11.3	1.11	26.0
2014	151 785.56	643 974.00	7.3	23.6	8.3	1.01	23.8

续表

年份	财政支出/亿元	GDP/亿元	GDP 增长率/%	财政支出占 GDP 的比重/%	财政支出增长率/%	财政支出弹性系数 E_g	财政支出增长边际倾向 MGP/%
2015	175 877.77	689 052.10	6.9	25.5	13.2	1.89	53.4
2016	187 755.21	743 585.50	6.7	25.2	6.3	0.80	21.8
2017	203 085.49	827 121.70	6.9	24.6	7.7	0.69	18.4

注:

1. 2017 年的数据来自财政部"2017 年全国财政决算"和国家统计局公布的初步数据。

2. 从 2000 年起,财政支出中包括国内外债务付息支出。

3. 与以往年份相比,2007 年财政收支科目实施了较大改革,特别是财政支出项目口径变化很大,与往年数据不可比。2007 年起财政支出采用新的分类指标。

4. 财政支出增长率、弹性系数 E_g 和边际倾向 MGP 根据《中国统计年鉴》(2017)计算得出。

资料来源:GDP、财政支出和财政支出占 GDP 的比重来源于《中国统计年鉴》(2017)。

从表 3-4 可以看出,1978 年以来,我国财政支出的绝对规模是不断增长的。1978 年,我国的财政支出总额为 1 122.09 亿元,2017 年增至 203 085.49 亿元,增加了 180 倍;除了 1980 年和 1981 年两年是负增长外,其余年份都是正增长。从相对数来看,财政支出的增长速度呈波浪式变化,最高年份为 33.0%(1978 年),最低年份为 -7.4%(1981 年),除两年为负值外,其他年份均为正值;财政支出占 GDP 的比重呈 U 形变化,1996 年以前,由于财政支出的增长速度慢于 GDP 的增长速度,导致财政支出占 GDP 的比重一路下滑,1997 年开始回升,而且回升速度较快,这种变化趋势符合我国经济体制转轨时期的特征,如图 3-3 所示。

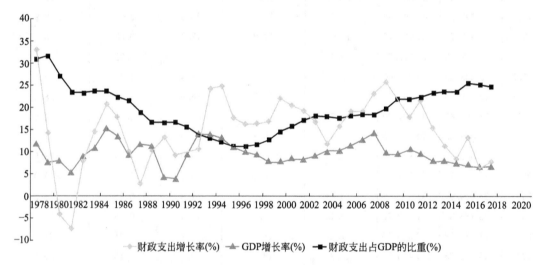

图 3-3 1978—2017 年中国财政支出增长速度

资料来源:根据财政部历年"全国财政决算"和国家统计局"年度数据"有关数据计算绘制。

3.3.2 我国财政支出占 GDP 比重变化原因的分析

由《中国统计年鉴》公布的数据计算可得,1953—1977 年,我国财政支出占 GDP 的比重平均为 28.7%,这是由当时的计划经济体制决定的。一方面,实行"低工资、高就业"政策,在 GDP 的初次分配中,个人收入所占的比重较小,同时许多个人生活必需品由国家低价乃至无偿供给;另一方面,国有企业的利润及折旧基金几乎全部上缴国家,相应地,它们的固定资产和流动资金投资乃至更新改造基金，都由国家拨付。这种"统收统支"的制度决定了财政支出占 GDP 的比重必然就高。

1978 年经济体制改革以后，这种情况发生了变化。在改革初期，我国经历了一个向国有企业放权让利和提高城乡居民收入水平的阶段，与此相对应，财政收入增长放慢了，许多项目的支出特别是预算内基本建设支出，便在财政支出账上或多或少有所缩小，有的甚至消失了，于是出现财政支出增长弹性 E_g 和增长边际倾向 MGP 的下降，如表 3-4 所示。

从表 3-4 可以看出，1978 年财政支出增长的弹性系数高达 2.39，即财政支出增长速度相当于 GDP 增长速度的 2.39 倍，从此一路下滑，1980 年和 1981 年均出现了负增长，1985—1996 年间弹性系数基本小于 1，直到 1997 年才恢复为 1.36。财政支出增长边际倾向的变化说明了同样的情形。1978 年财政支出增长的边际倾向高达 62.8%，即 GDP 每增长 100 元，财政支出可增加 62.8 元，此后一路下滑，1985—1997 年间，除 1989 年 MGP 为 17.1% 外，其他年份均低于 17%，1987 年仅有 3.2%，也就是说，GDP 每增长 100 元，财政支出增加 3.2 元。

随着经济体制改革的逐步到位和 GDP 的增长，逐年下降的趋势得到了逆转，从图 3-3 和表 3-4 可以看出，我国财政支出弹性系数和增长边际倾向以及由二者决定的财政支出占 GDP 的比重在 1996 年停止了下降，1997 年开始回升。特别是自 1998 年实行积极的财政政策以后，回升速度较快，2002 年财政支出增长弹性系数、财政支出增长边际倾向和财政支出占 GDP 的比重分别达 1.7、29% 和 18.1%，1998—2002 年 5 年间财政支出占 GDP 的比重上升了 5.4 个百分点，平均每年上升 1.1 个百分点。2003 年以后由于逐渐转向稳健的财政政策，财政赤字有所压缩，使财政支出占 GDP 比重的增长势头趋缓。

2007 年，美国爆发了由次贷引发的金融危机，并很快席卷全球。为了降低次贷危机对我国经济的影响，2008 年下半年国家实行了宽松的财政政策和货币政策，中央和地方政府相继出台了一系列刺激经济的振兴计划。2009 年，我国的财政支出增长弹性系数、财政支出增长边际倾向和财政支出占 GDP 的比重分别为 2.37、46.4% 和 21.9%。

3.4　财政支出绩效评价

3.4.1　财政支出绩效评价概述

1. 财政支出绩效评价的含义

根据财政部 2011 年 4 月出台的《财政支出绩效评价管理暂行办法》（财预〔2011〕285 号），财政支出绩效评价是指财政部门和预算部门（单位）根据设定的绩效目标，运用科学、合理的绩效评价指标、评价标准和评价方法，对财政支出的经济性、效率性和效益性进行客观、公正的评价。

财政部门和各预算部门是绩效评价的主体。财政支出绩效评价反映了政府为满足社会公共需要而进行的资源配置活动与所取得的社会实际效益之间的比较关系，重点研究政府配置资源的合理性和资源使用的有效性。

2. 财政支出绩效目标

财政支出绩效目标是绩效评价的对象计划在一定期限内达到的产出和效果。这包括：

①预期产出，如公共产品和服务的数量；②预期效果，如经济效益、社会效益、环境效益和可持续影响等；③服务对象或项目受益人满意程度；④达到预期产出所需要的成本资源；⑤衡量预期产出、预期效果和服务对象满意程度的绩效指标；⑥其他。

财政支出绩效目标应当符合以下要求。①指向明确。绩效目标要符合国民经济和社会发展规划、部门职能及事业发展规划，并与相应的财政支出范围、方向、效果紧密相关。②具体细化。绩效目标应当从数量、质量、成本和时效等方面进行细化，尽量进行定量表述，不能以量化形式表述的，可以采用定性的分级分档形式表述。③合理可行。制定绩效目标时要经过调查研究和科学论证，目标要符合客观实际。

3. 财政支出绩效评价的对象和内容

财政支出绩效评价的对象包括纳入政府预算管理的资金和纳入部门预算管理的资金。按照预算级次，可分为本级部门预算管理的资金和上级政府对下级政府的转移支付资金。部门预算支出绩效评价包括基本支出绩效评价、项目支出绩效评价和部门整体支出绩效评价。

财政支出绩效评价的内容：①绩效目标的设定情况；②资金投入和使用情况；③为实现绩效目标制定的制度、采取的措施等；④绩效目标的实现程度及效果；⑤其他内容。

3.4.2　财政支出绩效评价的原则与方法

1. 财政支出绩效评价的原则

财政支出绩效评价必须遵循财政经济和社会事业发展的一般规律，应坚持以下原则。

（1）现实性与前瞻性相结合，突出公共财政支出的重点领域和特色。

（2）可操作性与科学性相结合，根据财政经济和社会发展的现状和发展趋势，研究并设计相应的考核体系。

（3）针对性和兼容性相结合，评价体系的设置必须具有针对性，但又要把握好共性与个性指标的衔接问题。

（4）效率和公平相结合，既要鼓励和保护竞争，又要兼顾公平，防止两极分化。

（5）定量分析和定性分析相结合，使评价结果更加合理、准确地反映财政资金使用的各种实际情况。

2. 财政支出绩效评价的方法

1）成本-收益分析法

成本-收益分析法（cost-benefit analysis），即将一定时期内项目的总成本与总收益进行对比分析的一种方法，通过多个预选方案进行成本收益分析，选择最优的支出方案。该方法适用于成本和收益都能准确计量的项目评价，如公共工程项目等，但对于成本和收益都无法用货币计量的项目则无能为力。一般情况下，以社会效益为主的支出项目不宜采用此方法。

2）最低成本法

最低成本法，也称最低费用选择法，是指以取得一定的社会效益所需费用的大小为标准来评价公共支出效益的方法。对于那些成本易于计算而效益不易计量的支出项目，取得同样的效果，如果花费低则效益高，反之则效益低。最低成本法适用于军事、科技、文化、卫生、教育、社会保障等领域支出的绩效评价。

最低成本法的操作步骤如下：①依据所确定的建设项目，提出多种备选方案。②以货币为统一尺度，分别计算出各种备选方案的各种有形成本予以加总。如果遇到需要多年安排的支出项目，应用贴现法计算出"成本流量"的现值，以保证备选方案的可比性。③按照成本的高低，选择其成本最低的项目，即为最优投资项目。

3）综合指数法

综合指数法，即在多种经济效益指标计算的基础上，根据一定的权重计算出综合经济效益指数。该方法目前被我国多个部门采用，评价的准确度较高、较全面，但在指标选择、标准值确定及权数计算方面较复杂，操作难度相对较大。

4）因素分析法

因素分析法是指通过综合分析影响绩效目标实现、实施效果的内外因素，评价绩效目标实现程度。

5）比较法

比较法是指通过对绩效目标与实施效果、历史与当期情况、不同部门和地区同类支出的比较，综合分析绩效目标实现程度。

6）公众评判法

公众评判法，即对于无法直接用指标计量其效益的支出项目，可以选择有关专家进行评估，并对社会公众进行问卷调查，以评判其效益。该法适合于对公共管理部门和财政投资兴建的公共设施进行评价，具有民主性、公开性的特点。

7）公共定价法

公共定价包括两个方面：一是纯公共定价，即政府直接制定自然垄断行业的价格，如能源、通信和交通等公用事业和煤、石油、原子能、钢铁等基本行业的价格由政府制定；二是管制定价或价格管制，即政府规定竞争性管制价格，如金融、保险、教育、保健等行业的价格实行管制定价。无论是纯公共定价还是管制定价，都涉及两个方面，即定价水平和定价体系。研究定价水平实质上是确定总成本。定价体系是指把费用结构和需求结构考虑进来的各种定价组合。

3.4.3 财政支出绩效评价指标体系

1. 宏观效益的综合指标

宏观效益主要评价财政支出对推动国民经济和社会事业持续、快速、健康发展保障作用发挥的效果和程度，可以用以下指标进行评价。

（1）国内生产总值（GDP）及增长率，包括各产业比重及增长率，用来评价经济实力及发展速度，产业结构的优化程度。

（2）国民收入、国民收入增长率及人均国民收入，用来评价扩大再生产和提高人民生活水平的程度。

（3）财政收入及增长率，用来反映财政收入规模和增长速度。财政收入增长率如略快于国民收入增长率，则说明财政支出有利于提高社会总效益。另外，中央财政收入占全国财政收入的比重的增长，有助于中央政府加强宏观调控。

（4）人均消费水平及增长率，用来反映国民收入、国民收入增长率对提高消费水平推进经济增长的影响作用。

2. 微观效益的分类指标

1) 基本建设投资的效益评价

财政基本建设投资效益是指财政基本建设所耗费的人力、物力、财力与所取得的有用成果之比，它反映财政基本建设投资领域全部投入与产出的关系，包括直接效益和最终效益。

（1）财政基本建设投资的直接效益——财政基本建设投资与新增固定资产的关系：

财政基本建设投资直接效益＝新增固定资产/财政基本建设投资

财政基本建设投资直接效益高，表示在最短的时间内用一定的投资增加较多的固定资产，或增加一定的固定资产耗费较少的投资。

（2）财政基本建设投资的最终效益——财政基本建设投资与新增 GDP 的关系：

财政基本建设投资的最终效益＝新增 GDP/财政基本建设投资

运用上述公式时，应该确定新增固定资产或新增国民收入中属于由财政投资所引起的部分。这样计算的结果更能准确、客观评价财政基本建设投资的效益高低。

2) 科学研究费支出的效益评价

科学研究费的支出效益，就是如何用最少的费用支出取得更多、更好的科研成果的问题。可以通过一定科学研究费支出所产生的科技进步来进行。

科学研究费支出效益＝科技成果/科学研究费支出总额

其中，科技成果包括每万人的科学家和工程师人数、社会劳动生产贡献率、年授予重大科技成果、新设的重点实验室等。

3) 教育经费支出的效益评价

教育成果直接表现为培养出合格的毕业生数量。因此，评价教育经费支出的效益，可以将支出量与合格毕业生数量进行比较。

教育经费支出效益＝年合格毕业生数/教育经费支出量（教育人力、物力、财力消耗总量）

4) 行政管理费支出的效益评价

评价行政管理费支出的效益，可以运用行政管理费支出效益弹性系数。它说明行政管理费支出增长相对变化与其收益相对变化的影响作用关系。

行政管理费支出效益弹性系数＝行政管理费所得收益增长率/行政管理费支出增长率

该弹性系数大于1，说明行政管理费每增长 1%，所取得的收益增长超过了 1%，效益较好；弹性系数界于 0 到 1 之间，说明行政管理费支出效果并不十分明显；弹性系数小于 0，则说明行政管理费增长不仅不能带来产出的增长，相反还阻碍产出，效益较差。

另外，还可以通过设置行政管理费与财政支出或 GDP 的比例、行政人员与行政管理费比例及其他相关物量因素所组成的指标体系，以全面评价行政管理费支出的效益。

5) 国防费支出的效益评价

国防费支出是为了保卫国家安全而用于与军事有关的一切耗费，包括军需品生产的耗费和军队活动的耗费，也要进行成本效益分析，以合理有效地运用政府所提供的国防财力。军力的增强和国家安全度的提高即为国防费支出的效益。但应明确的是，评价国防费支出效益，不能单纯用经济观点来考察，节约费用并不等于军费支出效益好。只有在能够保卫国家安全前提下的节约，才是真正意义上的节约。

3. 财政支出项目内容的评价指标

目前，我国财政支出绩效评价指标方法体系主要集中在对项目的经济效益评价上，而从国外的评价工作实践来看，对某项目的评价应该还包括项目内容的评价，具体如下。

（1）过程评价。过程评价即评价项目决策的合理性，以及立项评估时所预测的目标是否得以实现，并对施工效率、工程质量、投资执行情况等进行评价。

（2）经济效益评价。经济效益评价即对进行项目的盈利能力和清偿能力分析。盈利能力分析，测算主要评价指标，如成本净现值、投资利润率等主要财务指标，以及影子价格、影子工资和社会折现率等国民经济宏观分析指标。清偿能力分析要计算项目的资产负债率。

（3）影响评价。影响评价即评价项目的运营对地区和行业经济发展、项目周边自然环境，以及对就业和脱贫等社会环境的影响等。

（4）持续性评价。持续性评价即评价项目完成后，项目所规定的目标是否可以继续，项目是否可以持续发挥作用等。

3.5　公共投资及其评价方法

3.5.1　公共投资概述

1. 公共投资的概念、作用

公共投资一般被界定为由中央和地方政府投资形成的固定资本，由于政府不能在微观层次上直接介入企业活动领域的特定认识，这些政府投资往往被限定在特定的公共服务领域中，因此这些资本被称为公共投资，也被称为政府投资。

在市场经济中，公共投资的作用主要表现在：①政府进行公共投资是弥补市场失灵、有效配置资源的重要途径；②通过政府进行公共投资，有利于强化国有经济在国家经济命脉关键产业中的实力和地位；③公共投资是政府进行宏观调控的重要手段。

2. 公共投资的特点

无论是公共投资还是私人投资，都是社会经济发展不可或缺的，因为它们具有不同的特点，适应不同的领域。对公共投资而言，其特点如下。

（1）公共投资侧重于社会效益。政府作为宏观经济调控主体，主要是从社会效益和社会成本的角度来评价和安排自己的投资。公共投资与私人投资相比，对投资的社会效益考虑得较多，而对单纯的经济效益考虑得较少。换言之，公共投资可以不盈利或微利，但一定要保证有较高的社会效益。

（2）与私人投资相比，公共投资主要来源于预算资金或利用政府的身份融资，因而资力雄厚，且资金来源中大半是无偿的，其他来源的资金成本也较私人投资资金成本低，可以投资于大型项目和长期项目。

（3）公共投资具有开发性和战略性的特点。

3. 影响公共投资与私人投资比重的因素

公共投资和私人投资在一国社会总投资中的比重往往存在区别，其主要影响因素如下。

（1）社会经济制度的不同。一般而言，实行市场经济的国家，公共投资所占的比重相对较小，私人投资所占的比重相对较大；实行计划经济的国家，公共投资所占的比重相对较大，私人投资所占的比重相对较小。

（2）经济发展阶段的不同。在经济发达国家，公共投资占社会总投资的比重较小，私人投资所占比重较大；在欠发达和中等发达国家，公共投资占社会总投资的比重较大，私人投资所占比重较小。

3.5.2　公共投资与经济增长的联系

西方经济学界认为，从理论角度来看，公共投资对于经济增长的意义，主要体现在以下三个方面。

（1）公共投资作为总需求的一个重要组成部分，其扩张本身就意味着总需求的扩张，在总供给大于总需求的宏观经济态势下，按照凯恩斯的理论，其对经济增长具有积极的意义。

（2）公共投资的主要领域往往具有典型的外部正效应，因此公共投资扩张对私人投资效率的提高会产生积极意义，公共投资的先期扩张，往往带来私人投资的繁荣，从而为经济增长带来累积效应。

（3）公共投资的一些特殊领域，如教育与科技投资，本身就是技术进步的源泉，因此公共投资的意义可以有一部分通过技术进步的作用体现出来。

西方发达国家的公共投资实践也说明，公共投资对总需求可以进行双向调节，同时公共投资将提高经济供给水平，对经济产生长期的促进作用。

3.5.3　公共投资的范围及权限

1. 公共投资的一般范围

公共投资集中于私人投资表现出市场失灵的领域，就其范围来讲主要包括自然垄断行业、基础设施、高风险产业投资和农业等方面。

（1）打破市场自然垄断而安排的投资。如铁路、邮政、供水、供电、供气等规模经济显著容易出现自然垄断的行业。

（2）基础投资。基础产业包括基础设施和基础工业。基础设施如交通运输、机场、港口、桥梁、通信、水利、城市设施等。

（3）高风险产业投资。高风险产业投资主要指新技术、新材料、新能源等高科技产业的发展需要进行的投资。

（4）对农业的投资。农业的发展状况对经济和社会的稳定具有重要意义，由于农业容易受气候等因素的影响而不稳定，因此许多国家对农业的投资支出都在财政支出中占有重要位置。

2. 中央和地方政府在公共投资中权限的划分

一般而言，对于中央和地方政府在公共投资中投资范围的划分可依照以下原则进行。

（1）受益原则。受益原则即按照公共产品和服务的受益范围来划分投资权限。如果政府行使某项投资职能，其受益范围遍及全国所有地区，受益对象为全体社会成员，则该项投资应由中央政府负责；如果受益范围基本上被限定在某一个区域内，受益者主要是本辖区的居民，则由地方政府负责。

（2）比较效率原则。一项公共投资，如果由中央政府负责，效率较地方政府高，则应由中央政府负责；反之则由地方政府负责。

因此，中央政府的投资范围主要包括：①为全国公民提供，而且受益在整个国家的范围内分布较为均匀的公共产品的投资，如国防方面的投资；②全国性的能源、交通运输、邮电、科教文卫等基础设施投资；③关系国计民生的重大生产建设项目投资，如农业、基础工业和高新技术产业等重点产业投资；④对具有正外部效应的开放性地方公共产品和服务，中央政府要给予一定的投资补助；⑤为稳定经济而进行的投资。

相应地，地方政府的投资范围主要包括：①投资兴建辖区内的基础设施；②地方性文化教育、社会治安、卫生保健、就业培训等投资；③与其他地区合作举办一些跨区域的基础设施投资。

3.5.4　成本-收益评价法

在公共投资中，成本-收益评价法是将公共投资中一切可能发生的成本与效益归纳起来，利用数量分析方法来计算成本和效益的比值，从而判断该投资项目的可行性。

1. 收益和成本的确定

准确地测定备选项目的成本和收益是一个关键步骤。公共投资项目的社会收益和社会成本非常复杂，需要全面深入分析、鉴定和衡量。

1）实际成本收益和金融成本收益

实际成本是指由于建设该项目而实际耗费的人力和物力，以及对社会经济和人民生活造成的实际损失。实际收益是指由于该工程建设而更多地生产出的社会财富，以及社会的发展和人民生活水平的提高。

金融的成本与收益，是指由于该工程的建设，使得社会经济的某些方面受到影响，致使价格上升或下降，从而使某些单位或个人增加或减少了收入。但甲方之得或失，恰为乙方之失或得，整个社会的总成本与总收益的对比并无变化，所以，此种成本和收益又称虚假成本和收益。

2）直接成本收益和间接成本收益

直接成本包括为建设、管理和维护该项工程而投入的人力和物力的价值；直接收益则指该工程直接增加的商品量和劳务量，以及使社会成本得以降低的价值。

间接成本，又称次级成本，主要指由于建设该工程而附带产生的人力和物力的耗费，以及通过连锁效应而引起相关部门产生的人力和物力的耗费；间接收益，亦称次级收益，主要包括与该工程相关联部门的产量的增加以及得到的其他社会福利。

3）有形成本收益和无形成本收益

有形成本与收益，指的是可以用市场价格计算的且按惯例应记入会计账目的一切成本和收益。无形成本与收益，则指的是不能经由市场估价的，因而也不能入账的一切成本和收益。

4）内部成本收益和外部成本收益

内部成本与收益，包括一切在建设工程实施区域内所发生的成本与收益。外部成本和收益，则包括一切在建设工程实施区域以外所发生的成本与收益。

5）中间成本收益和最终成本收益

中间成本与收益，是指在建设工程成为最终产品之前加入的其他经济活动所产生的一切成本与收益。最终成本与收益则指建设工程作为最终产品所产生的一切成本与收益。

2. 评价指标与评价准则

成本—收益评价法是货币化的收益与成本的比较评价，因而可以采用以下三种方法。

1）净现值法（net present value，NPV）

净现值法，是指在投资项目的寿命期内，将所有的成本和收益按照一定的贴现率折算为成本现值和收益现值，如果收益现值减去成本现值后的差额大于零，则该投资项目就是可行的。

$$\text{NPV} = \sum_{t=0}^{n} B_t (1+i)^{-t} - \sum_{t=0}^{n} C_t (1+i)^{-t} \quad (t = 0, 1, 2, \cdots, n)$$

式中：B_t 为第 t 年的收益；C_t 为第 t 年的成本；i 为基准贴现率；n 为项目的寿命年限或计算年限。

评价准则：若 NPV $\geqslant$ 0，则项目可以接受；若 NPV < 0，项目应拒绝。

2）现值指数法（present value index，PVI）

现值指数法，即收益—成本比率（benefit - cost rtatio，BCR），是指在投资项目的寿命期内，计算所有的收益现值与成本现值之比，如果该比率大于 1，则投资项目就是可行的。

$$\text{PVI} = (B/C) = \sum_{t=0}^{n} B_t (1+i)^{-t} / \sum_{t=0}^{n} C_t (1+i)^{-t} \quad (t = 0, 1, 2, \cdots, n)$$

式中：B_t，C_t，i，n 含义同上。

评价准则：若 PVI $\geqslant$ 1，则项目可以接受；若 PVI < 1，项目应拒绝。

3）内含报酬率法（internal rate of return，IRR）

内含报酬率是指能够使投资方案的净现值为零的贴现率。这种方法就是通过计算投资项目的未来所有成本和收益的净现值之差为零的贴现率，如果这一内含贴现率比要求的贴现率为高，则该投资项目就是可行的。

$$\text{NPV} = 0 = \sum_{t=0}^{n} B_t (1+\text{IRR})^{-t} - \sum_{t=0}^{n} C_t (1+\text{IRR})^{-t} \quad (t = 0, 1, 2, \cdots, n)$$

式中：IRR 为内含报酬率；B_t，C_t，n 含义同上。

评价准则：若 IRR 大于基点利率（benchmark interest rate），如社会贴现率，则项目可以接受；否则，项目应拒绝。

这三种方法具有不同的适用性。一般而言，如果投资项目是不可分割的，则应采用净现值法；如果投资项目是可分割的，则应采用现值指数法，优先采用现值指数高的项目；如果投资项目的收益可以用于再投资时，则可采用内含报酬率法。但在公共投资评价中，最常用的评价指标是现值指数法。

3. 成本-收益评价法的基本步骤

（1）时间期界的确定。时间期界确定的长与短，直接影响着项目成本与成本值。不同的项目，时间期界不同。在实践中，时间期界一般运用科学方法计算项目的使用寿命。

（2）未来各年成本、效益的估算。

（3）贴现率的确定。

（4）将各年份的成本和效益折成现值。

（5）计算项目的评价指标。主要包括净现值、现值指数和内部报酬率三个指标。

（6）分析评价。

4. 成本-收益评价法案例

例 3-1　某农业灌溉工程项目的经济分析

1. 项目背景

某地方政府拟出资修建引水灌溉工程，利用邻近的黄河水灌溉农田。为此，工程计划：①在临河处修建扬水站；②修建引水的主干水渠和若干分水渠；③一座集中式的蓄水库和人员分散的农户蓄水池；④抽水、分水和灌溉系统。

2. 成本与收益的识别、计算与经济评价

该项目经济分析人员仔细地分析了工程的受益区域和受益类别，对各类收益进行了预测和估算。

（1）直接灌溉收益。直接受益于该工程而得以灌溉的农田 150 万亩，预计每亩每年可增产农作物价值 120 元，由此每年直接受益 18 000 万元。

（2）节省抽水费用。50 万亩农田（直接受益的）原有机井可以不再使用，由此，每亩地每年可以节省抽水费用 10 元，每年节省抽水费用 500 万元。

（3）农业间接收益。在直接受益地区，农作物产出增加又会导致农产品加工与销售的增加，由此获得的间接净收益估计每年可达 800 万元。

（4）周边地区间接收益。直接受益区外的周边地区，其农田抽水机井会由于这项工程的供水而使地下水位上升，进而增加灌溉用水和农作物产出，促其相关经济发展，此项间接收益估计每年可达 500 万元。

（5）养鱼收益。集中式蓄水库养鱼净收益估计每年可达 50 万元。

本工程的成本费用主要是投资支出、占地损失（不在投资支出之内）、工程的管理、维护和设备更新费用。工程投资预计 3 年完成，总投资额预计 18 亿元。占地损失每年为 60 万元，管理维护等运行费用每年 250 万元。本工程的成本、收益及指标计算见表 3-5。

表 3-5　某水利灌溉项目的成本、收益及指标计算　（$i=8\%$）　　　　万元

	第 1 年年末	第 2 年年末	第 3 年年末	第 4 年年末	…	第 33 年年末
1. 收益						
1.1 直接灌溉收益				18 000	…	18 000
1.2 节省抽水成本				500	…	500
1.3 农业间接收益				800	…	800
1.4 周边地区间接收益				500	…	500
1.5 养鱼收益				50	…	50
收益合计（1.1+…+1.5）				19 850	…	19 850
2. 成本						
2.1 投资支出	40 000	90 000	50 000			
2.2 占地损失				60	…	60
2.3 管理、维护等运行支出				250	…	250
成本合计（2.1+2.2+2.3）	40 000	90 000	50 000	310	…	310
3. 净收益（收益合计-成本合计）	−40 000	−90 000	−50 000	19 540	…	19 540

3. 指标计算及评价结论

(1) 收益现值与成本现值

$$\sum_{t=1}^{33} B_t (1+8\%)^{-t} = 19\,850(P/A,8\%,30)(P/F,8\%,3) = 177\,388(万元)$$

$$\sum_{t=1}^{33} C_t (1+8\%)^{-t} = 40\,000(P/F,8\%,1) + 90\,000(P/F,8\%,2) + 50\,000(P/F,8\%,3) +$$
$$310(P/A,8\%,30)(P/F,8\%,3)$$
$$= 156\,653\,(万元)$$

上式中的年值、终值折现系数可查附录复利系数表。

(2) 收益成本比

$$B/C = 177\,388/156\,653 = 1.13$$

由计算可知，本项目收益成本比大于1，所以项目是可以接受的。

本 章 小 结

● 衡量财政支出规模的两个指标：绝对规模、相对规模。派生出的三个指标：财政支出增长率、财政支出增长弹性系数、财政支出增长边际倾向。

● 主要OECD成员国尽管政府支出的增长情况各不相同，且政府支出的增长情况有较大差异，但从长期和整体看，政府支出的不断增长构成了发展总趋势。发展中国家财政支出增长主要集中在购买性支出方面，而转移性支出有所下降。

● 经济学家们从不同的角度对财政支出增长现象进行了分析研究，典型的理论有瓦格纳法则、梯度渐进增长论、经济发展阶段论。

● 改革开放以来，中国财政支出的增长呈现出逐年下降后逐年上升的态势。

● 财政支出绩效评价的对象包括纳入政府预算管理的资金和纳入部门预算管理的资金。其评价的方法有成本—收益分析法、最低成本法、公众评判法和公共定价法等。

● 财政支出绩效评价指标体系包括：宏观效益的综合指标、微观效益的分类指标。

● 公共投资的范围集中于公益性服务领域及基础性投资领域。公共投资评价常用成本—收益评价法。

关 键 概 念

财政支出规模　财政支出增长率　E_g　MGP　瓦格纳法则　梯度渐进增长论　经济发展阶段论　公共投资　成本-收益评价法

思考与练习

1. 测量财政支出规模的指标有哪些？

2. 简述西方国家和发展中国家财政支出增长的特点。

3. 改革开放以来，中国财政支出占 GDP 比重的变化有何特点？并解释原因。

4. 简述瓦格纳法则的主要内容。

5. 简述经济发展阶段论的基本内容。

6. 简述财政支出绩效评价的目标和内容。

7. 简述公共投资与经济增长的联系。

8. 如何划分中央和地方政府在公共投资中的范围及权限？

【阅读材料】

我国财政支出绩效评价的实践进程

2003 年，党的十六届三中全会明确提出"建立预算绩效评价体系"。在此基础上，2004 年财政部下发了《中央经济建设部门项目绩效考评管理办法（试行）》，要求各地采取先行试点、由易到难、分步实施的原则，有效开展绩效评价工作；2009 年进一步制定《财政支出绩效评价管理暂行办法》，并于 2011 年进行了修订。

2014 年 8 月 31 日，全国人大常委会重新颁布了修订后的《中华人民共和国预算法》（以下简称《预算法》）（2015 年 1 月 1 日起施行），要求在规范预算绩效管理时，把绩效"参与性"摆在突出位置，明确要求各级政府、各部门、各单位应对预算支出情况开展绩效评价，编制预算要参考上一年度绩效评价结果；同时强化外部监督，明确界定人大预算审查的重点要涵盖资金的使用效果，并且要对提高资金绩效提出建议。

有学者认为，中国财政绩效化进程已形成以事后评价来改善资金使用效果、从人为分钱到制度分钱、以绩效预算促民主理财三种模式，并在地方层面取得了较大成功。概括而言，我国财政支出绩效评价的实践进程折射出五大趋势。

1）从地方探索到顶层设计

2004 年财政部要求各地采取先行试点、由易到难、分步实施的原则，逐步开展绩效评价。广东、江苏、厦门等地率先出台评价方案，但各地做法存在差异，评价思路、范围、方法、路径及结果应用有所不同，如广东采取分类项目建立指标，江苏针对类别支出（如教育）进行评价尝试。2011 年，中央批准财政部等 6 个部门作为全国政府绩效管理试点，将地方探索上升至全国性的制度层面，力图以顶层设计规范评价工作。随后，财政部出台和修订的《财政支出绩效评价管理暂行办法》、修订后的《预算法》对绩效评价以及预算支出做出法律规定。

2）从内部评价到外部实施评价

早期的评价服务于财政管理，主要由财政部门主导，一般由预算部门负责制定本部门绩效评价的规章制度并组织实施。广东率先改革，自 2009 年开始，省级财政资金绩效评价主要有三种方式：①凡 500 万元及以上支出项目均需按要求开展绩效自评，财政部门组织抽查或复核；②每个预算年度选择部分重点项目，在单位自评基础上由财政部门进行综合评价；③对影响较大或跨年较长的项目，由省财政厅直接组织中期绩效评价。

这些做法卓有成效，但体制内部评价中的角色冲突等弊端也逐渐呈现出来，2010 年以后，财政部门开始委托第三方机构实施评价。截至 2016 年，纳入第三方实施评价范围的省级财政资金累计超过 1 000 亿元，覆盖科技、环保、教育、民生、产业发展等领域，涉及万余个用款单位（子项目）。

3）从财政部门组织评价到人大作为评价主体

我国财政支出绩效评价缘起于财政部门。财政部将财政支出绩效评价界定为"财政部门和预算部门（单位）进行的评价"。2004年，广东省财政厅在全国率先成立绩效评价处，之后辽宁、广西、福建等省区也增设了内部专职机构。2014年，广东省人大尝试委托第三方对重要财政专项资金实施绩效监督，旨在加强人大预算监督职能、提升评价的民主性和公信力，在评价主体、理念、体系等方面率先突破，被视为开"全国先河"。应该说，人大主导的财政支出绩效评价参与主体更加广泛，立场更加超然，手段更加丰富，内容更加全面，结果更加公正。其他地方，如云南、浙江在内的多个省市近年也在不同程度地引入人大、政协等参与财政支出绩效评价。

4）从一般性评价到针对性、规范化评价

无论中央还是地方层面，早期纳入评价的多为一般性支出项目，导向性和针对性不强。随着评价工作深入，评价范围越发针对政府重大投资或重点项目、重大民生保障类或当前社会关注度高的财政支出，体现监督财政、回应社会诉求的评价功能。这种变化趋势，不仅吻合我国财政支出结构调整和优化（压缩专项预算、增加一般预算）的实践要求，也有利于建立一个覆盖范围更广、对象包容性更强的通用型财政支出绩效评价体系。

5）评价结果从内部通报到向社会公开

财政部、广东省及其他试点省市要求财政支出绩效评价结果应按政府信息公开条例在一定范围内公开，并作为下年度安排部门预算的重要依据。实际操作中，早期评价结果以政府或有关部门内部通报为主，公开范围和应用程度十分有限。

近几年来，这一状况逐步得到改进，如广东省财政厅网站在2011年设立了绩效管理信息公开专题，将所有被评资金信息与专业评价报告全文向社会公布，并已成为评价的刚性要求，其他省市亦有效仿。特别是《广东省人大常委会开展预算资金支出绩效第三方评价实施办法》中，明确规定第三方评价报告应采取新闻发布会等方式向全社会公开，评价结果印送省政府研究处理，财政部门应在次年的预算草案中就评价报告应用情况作专项说明，省人大常委会将对应用效果进行跟踪监督。2014年起，广东省人大组织代表委员对被评战略性新兴产业、农村危房改造等专项资金绩效结果应用情况实施了专题调研，对政府改进资金绩效形成强大的倒逼压力。

资料来源：郑方辉，廖逸儿，卢扬帆.财政绩效评价：理念、体系与实践［J］.中国社会科学，2017（04）：84－108.

第 4 章

财 政 收 入

【学习目标】

学完本章后，你应该能够：

● 理解财政收入的概念、分类、构成及形式；

● 知晓财政收入的原则与意义；

● 掌握财政收入规模的测量指标；

● 领会现阶段中国财政收入增长的趋势。

4.1 财政收入的分类、构成与形式

4.1.1 财政收入的含义

财政收入（fiscal revenue），是指政府为履行其职能、实施公共政策和提供公共物品与服务而筹集的一切资金的总和。这可从两个角度来理解：①从静态上看，财政收入所代表的是政府掌握一定量的资金，是政府维持自身正常运转、从事各种社会公共服务的物质基础；②从动态上看，可以把财政收入理解为政府运用各种手段从社会筹集财政资金的过程。

从理论上研究财政收入问题时，往往也是静态与动态相结合。①要从静态对表现为一定数量资金的财政收入进行研究。例如，考察一国政府财政收入的内容及形式，考察财政收入规模与政府职能履行之间的关系以及财政收入规模与社会经济发展之间的关系等问题。②要从动态上研究财政收入。例如，考察政府如何制定有关财政收入的制度和政策，考察财政收入筹集活动的运作过程以及政府对该过程的管理等。

财政收入表现为政府部门在一定时期内所取得的货币收入。财政收入是衡量一国政府财力的重要指标，政府在社会经济活动中提供公共物品和服务的范围及数量，在很大程度上决定于财政收入的充裕状况。统计数据显示，2017 年全国一般公共财政收入为 172 592.77 亿元，同比增长 8.1%；2018 年上半年，全国一般公共预算收入 104 331 亿元，同比增长 10.6%。

4.1.2 财政收入的分类

财政收入的分类，是指从不同的角度，按照一定的方法，对财政收入进行科学、系统的排列和组合。财政收入分类应该同时采用两个不同的标准：①以财政收入的形式为标准，主要反映财政收入过程中不同的征集方式以及通过各种方式取得的收入在总收入中所占的比

重；②以财政收入的来源为标准，主要体现在作为一定量的货币收入从何取得，并反映各种来源的经济性质及其变化。

1) 按统计分类，可分为税收收入和非税收入两大类

税收是国家财政收入中的主体收入，是国家凭借政治权力取得的。目前，我国税收收入主要包括：增值税、所得税、消费税、关税、资源税和土地增值税等。非税收入包括：专项收入、行政事业费收入、罚没收入、国有资本经营收入、国有资源（资产）有偿使用收入和其他收入。2017 年，全国一般公共财政收入决算数为 172 592.77 亿元，其中，税收收入 144 369.87 亿元，占比 83.6%；非税收入 28 222.90 亿元，占比 16.4%。

2) 按财政收入来源分类，可分为所有制结构和产业部门两个亚种

（1）以所有制结构为标准，财政收入可分为全民所有制经济收入、集体经济收入、私营经济收入、个体经济收入、外资企业经济收入、中外合资企业经济收入和收入股份制企业收入等。

（2）以产业部门为标准，财政收入可分为第一产业收入、第二产业收入和第三产业收入[①]。我国财政收入中，第一产业是财政收入的基本源泉，第二产业是财政收入的主要来源，第三产业提供的财政收入正在逐步增加。

按财政收入来源分类有助于研究财政与经济之间的制衡关系，有利于选择财政收入的规模和结构，并建立经济决定财政、财政影响经济的和谐运行机制。

3) 按财政管理体制分类，可分为中央财政收入和地方财政收入

国家财政收入由中央财政收入和地方财政收入组成，在中央统一领导下，实行中央和地方的分级管理。

中央财政是中央政府的一级财政。中央财政收入主要包括：①地方财政的上解；②中央所属企业，以及中央、地方双重领导而以中央管理为主的企业（如民航、外贸等企业）的缴款；③关税、消费税、车辆购置税、海关代征增值税，以及国内增值税、企业所得税、个人所得税、资源税、城市维护建设税和印花税中属于中央税收的部分；④银行结益的缴款、国债收入和其他收入等。

地方财政收入是指地方财政年度收入，包括地方本级收入、中央税收返还和转移支付，由省（自治区、直辖市）、县或市（自治州、自治县）的财政收入组成。

4.1.3　财政收入的价值构成与经济来源

1. 财政收入与社会总产品价值构成的关系

财政收入是一部分以货币形态表现的社会产品的价值，它来源于社会总产品，社会总产品由生产资料投入（C）、劳动力投入（V）和新创造的价值（M）构成。C、V、M 三部分之间存在此消彼长的关系，同时 M 是构成财政收入来源的主要因素。

因此要研究社会总产品价值构成同财政收入的关系，应着重研究社会总产品价值构成中成本因素 C 和 V 的变化对 M 进而对财政收入的影响。

（1）在社会总产品一定且 V 不变时，降低生产资料成本即 C，是增加 M 和增长财政收

---

① 有学者提出现代产业结构中，信息产业应为第四产业。20 世纪 80 年代初，美国学者森普尔（Semple）提出了第四产业（Quaternary Sector）的概念。

入的主要途径。

（2）在社会总产品一定且 C 不变时，V 部分增大，M 部分减少；相反，V 部分减少，M 部分则增大。因此，充分调动劳动者积极性，提高劳动生产率，对增加企业利润和财政收入有着重要的意义。

2. 财政收入的经济来源

1）M 是财政收入的主要来源

新创造的价值包括税金、企业利润和支付的费用，如利息。其中主要是税金和企业利润。在社会主义市场经济体制下，国家赋予国有企业经营自主权，具有相对独立的经济利益。根据事权与财权相一致的原则，国家只能参与一部分企业纯收入的分配，即国家以行政管理者身份参与分配，向企业收取税金，同时以资产所有者身份参与企业利润分配。

2）V 是财政收入的补充

V 实际上是以劳动报酬的形式付给劳动者个人的部分，即个人劳动收入。目前，我国来自 V 的财政收入主要有：①直接向个人征收的税，如个人所得税；②向个人收取的规费收入和罚没收入等；③居民购买的国库券；④高税率消费品的消费税。

从我国目前实际来看，V 虽构成财政收入的一部分，但它在全部财政收入中所占的比重很小。今后，随着我国经济体制的逐步建立和发展，人民生活水平的不断提高，以及个人所得税制的改革和完善，财政收入来自 V 的比重将逐渐提高。例如，1994 年个人所得税仅占全国税收总额的 1%，而 2011 年该比重已达到了 6.7%。

3）C 中的个别部分构成财政收入

补偿价值 C 中的基本折旧基金在计划经济体制下构成财政收入的一部分，在市场经济中一般已不适宜将折旧基金列为财政收入。

4.1.4　财政收入的具体形式

纵观财政发展的历史，财政收入基本上采用了税、利、债、费四种形式。

1）税收收入

税收是一种比较古老、也是最主要的财政收入形式，其使用范围相当广泛，且不用偿还，因此便天然地成为财政收入的基本形式。在许多国家，财政收入的 90% 以上要靠税收来保证，以至于可以近似地用税收收入的分析来观察整个财政收入的状况。近年来，随着我国经济结构的转型，税收收入占财政收入的比重一般在 80% 以上，具体见表 4-1。

2）国有资产权益收入

国有资产权益收入是国家凭借国有资产所有权取得的利润、租金、股息（红利）和资产占用费等收入的总称。主要包括：国有资产股份股息及红利收入、国有企业上缴利润、国有资产租金收入和其他形式收入（资源补偿费收入、资产占用费收入、国有股权证转让收入、国有资产转让收入等）。

3）债务收入

国家直接以债务人身份按有偿原则向国内和国外筹借的各种借款，包括国内公债和国外公债。公债具有有偿性、自愿性、灵活性和广泛性等基本特征，并能弥补财政赤字、调剂国库余缺、筹集财政资金和调控经济运行等多种功能，已成为现代社会不可或缺的一种重要的财政收入形式。

4）收费收入

收费收入是政府部门向公民提供特定服务、实施特定行政管理或提供特定公共设施时按照规定的标准收取的费用，具体包括规费和使用费。国家采取收费这种形式，主要是为了提高使用公共设施或服务的效率，调节社会经济生活。

（1）规费。规费是指政府为居民或企业提供某种特定服务或实施特定行政管理时所收取的手续费和工本费，通常包括两类：①行政规费，诸如经济规费（商标登记费、商品检验费、度量衡鉴定费）、教育规费（报名费、毕业证书费）、外事规费（护照费）、内务规费（户籍规费）及其他行政规费（会计师、律师、医师执照费等）；②司法规费，又可分为诉讼规费和非诉讼规费（出生登记费、财产转让登记费、遗产管理登记费、继承登记费等）。

（2）使用费。使用费是指按受益原则对享受政府所提供的特定公共产品或服务所收取的费用，如水电费、过路（桥）费、公办学校学费、公有住宅租金等。使用费的收取标准是通过特定的政治程序制定的，通常低于该种产品或服务的平均成本，平均成本与使用费之间的差额则是以税收形式作为收入来源的财政补贴。政府收取使用费有助于增进政府所提供的公共设施或服务的使用效率，有助于避免经常发生在政府所提供的公共设施上的拥挤问题。

5）其他收入

除了以上四种财政收入形式外的其他收入，包括对政府的捐赠、政府引致的通货膨胀、罚没收入、公产收入及杂项收入等。一般来说，其他收入在财政收入中占的比重很小。

4.1.5　政府预算收入科目分类

根据我国政府收入构成情况，结合国际通行分类方法，从 2007 年起，我国政府收支分类科目将收入划分为类、款、项、目四级。此后，每年都会对政府收支分类科目进行修订。

《2018 年政府收支分类科目》中，政府预算收入科目具体包括四类：一般公共预算收入、政府性基金预算收入、国有资本经营预算收入、社会保险基金预算收入。

1）一般公共预算收入科目

包括 4 类、38 款，两级科目设置情况如下。

（1）税收收入。分设 20 款：增值税、消费税、营业税、企业所得税、企业所得税退税、个人所得税、资源税、城市维护建设税、房产税、印花税、城镇土地使用税、土地增值税、车船税、船舶吨税、车辆购置税、关税、耕地占用税、契税、烟叶税、其他税收收入。

（2）非税收入。分设 8 款：专项收入、行政事业性收费收入、罚没收入、国有资本经营收入、国有资源（资产）有偿使用收入、捐赠收入、政府住房基金收入、其他收入。

（3）债务收入。分设 2 款：中央政府债务收入、地方政府债务收入。

（4）转移性收入。分设 8 款：返还性收入、一般性转移支付收入、专项转移支付收入、上解收入、上年结余收入、调入资金、债务转贷收入、接受其他地区援助收入。

根据财政部公布的数据，2015—2017 年全国一般公共预算收入构成如表 4-1 所示。

表 4-1   2015—2017 年全国一般公共预算收入构成

财政收入种类	2015 年		2016 年		2017 年	
	收入数额/ 亿元	占财政总收入 的比重/%	收入数额/ 亿元	占财政总收入 的比重/%	收入数额/ 亿元	占财政总收入 的比重/%
税收收入	124 922.20	82.04	130 360.73	81.68	144 369.87	83.65
非税收入	27 347.03	17.96	29 244.24	18.32	28 222.90	16.35
其中：专项收入	6 985.08	4.59	6 909.26	4.33	7 028.71	4.07
行政事业性收费 收入	4 873.02	3.20	4 896.01	3.07	4 745.27	2.75
罚没收入	1 876.86	1.23	1 918.34	1.20	2 394.14	1.39
国有资本经营收入	6 080.21	3.99	5 895.41	3.69	4 191.16	2.43
国有资源（资产） 有偿使用收入	5 463.89	3.59	6 926.70	4.34	7 454.60	4.32
其他收入	2 067.97	1.36	1 823.34	1.14	2 409.02	1.40
总计	152 269.23	100	159 604.97	100	172 592.77	100

注：财政收入中不包括国内外债务收入。

资料来源：根据财政部 2015—2017 年"全国财政决算"有关数据计算。

2) 政府性基金预算收入科目

包括 3 类、7 款，两级科目设置情况如下。

(1)非税收入。分设 2 款：政府性基金收入、专项债券对应项目专项收入。

(2)债务收入。分设 1 款：地方政府债务收入。

(3)转移性收入。分设 4 款：政府性基金转移收入、上年结余收入、调入资金、债务转贷收入。

3) 国有资本经营预算收入科目

包括 2 类、2 款，两级科目设置情况如下。

(1)非税收入。分设 1 款：国有资本经营收入。

(2)转移性收入。分设 1 款：国有资本经营预算转移性支付收入。

4) 社会保险基金预算收入科目

包括 2 类、7 款，两级科目设置情况如下。

(1)社会保险基金收入。分设 11 款：企业职工基本养老保险基金收入、失业保险基金收入、职工基本医疗保险基金收入、工伤保险基金收入、生育保险基金收入、新型农村合作医疗基金收入、城镇居民基本医疗保险基金收入、城乡居民基本养老保险基金收入、机关事业单位养老保险基金收入、城乡居民基本医疗保险基金收入、其他社会保险基金收入。

(2)转移性收入。分设 2 款：上年结余收入、社会保险基金上解下拨收入。

5) 未在四类预算收入科目反映的科目

(1)"非税收入"类分设的"教育收费"款。

(2)"贷款转贷回收本金收入"类。分设 4 款：国内贷款回收本金收入、国外贷款回收本金收入、国内转贷回收本金收入、国外转贷回收本金收入。

(3)"转移性收入"类分设的"收回存量资金"款。

4.2　财政收入的原则与意义

4.2.1　财政收入的原则

组织财政收入不仅关系到社会经济发展和人民生活水平的提高，也关系到正确处理国家、单位和个人三者之间、中央与地方两级利益的关系，还有公平与效率问题。为了处理好这些关系，在组织财政收入时，必须掌握好以下几项原则。

1. 发展经济、广开财源的原则

这是指组织财政收入时，必须从发展经济出发，并在发展经济的基础上，提高经济效益，扩大财政收入来源，大力组织收入，以增加国家财政收入。这也是经济决定财政，财政反作用于经济的原理在筹集财政资金中的具体运用。财政收入的规模、增长速度受许多因素的制约，其中经济发展水平是根本性的制约因素。一国的经济发展水平高，表明该国的国民生产总值也高，则该国的财政收入总额较大，占国民生产总值的比例也较高。

因此，要增加财政收入，必须提高经济发展水平，增加财源。离开了经济发展，财政资金的筹集就会成为无源之水、无本之木。也就是说，经济发展水平与财政收入之间存在源与流、根与叶的关系，经济是源与根，财政是流与叶，源远才能流长，根深才能叶茂。

2. 兼顾三者和两级利益原则

兼顾国家、企业和个人三者利益的原则，是指组织财政收入时，要正确处理好国家、企业和个人三者在利益上的分配关系。在筹集财政资金时，一方面必须保证国家财政收入的足额收缴与稳定增长；另一方面要给企业、个人留下发展生产、改善生活所必需的资金；要在发展生产的基础上，使三者的收入同方向变化，逐步有所增加。只有处理好三者之间的利益关系，才能充分发挥生产单位和个人的作用，调动他们的生产积极性和主动性，从而满足国家利益。若只顾一方的利益，就会使另外两方失去生产活力，使其缺乏积极性和主动性，导致财政收入下降。

兼顾中央和地方两级利益，是指政府在组织财政收入过程中，不能仅仅考虑中央财政收入，还得兼顾地方财政的利益关系，最终做到按事权合理分配中央财力与地方财力。目前，我国的国家财政是分别由中央预算和地方预算构成的两级财政。两级财政有各自具体职能，也形成各自的利益关系，因此在组织财政收入时应兼顾两级利益关系。

3. 公平与效率兼顾的原则

财政收入中的公平，是指国家财政收入的取得要使各个收入缴纳者承担的负担与其经济状况相适应，并使各个缴纳者之间的负担水平与负担能力协调一致，并保持均衡。财政收入中的公平原则要求经济能力或收入相同的人上缴给国家的税收相同，而经济能力或收入水平不同的人则缴纳不同的税收。有差别地对待不同经济能力和不同收入水平的社会成员，可以在一定程度上矫正收入分配不公，弥补市场机制的缺陷，因而可以促进效率的提高；反之，则会使效率低下。

财政收入中的效率，实际包含两层含义：①在筹集财政收入的过程中，财政收入的筹集对整个国民经济是有效率的，可以更好地配置资源，优化国民经济结构，平衡地区间的经济发展；②财政收入的筹集过程是有效率的，要以最少的费用投入获得最大的财政收入，保证财政收入征管工作的高效率。

公平与效率是经济学中一对难以协调的矛盾，绝对的公平和绝对的高效率都是没有的。比较理想的选择是公平与效率协调一致，即以效率实现公平，以公平促进效率。在我国现阶段的财政收入分配中，总体上必须兼顾公平与效率，但也不排除在个别税种和税率上，偏重于公平或偏重于效率。

4.2.2　财政收入的意义

财政收入是财政分配活动过程中的重要方面，体现了以国家为主体的财政分配关系，正确组织财政收入有着十分重要的意义。

1. 财政收入是财政支出的前提

财政收入是财政分配活动的第一阶段。要实现财政分配活动的全过程就必须通过财政收入进行再分配，即通过财政支出来实现。财政支出是对财政收入资金的运用。资金运用的前提是资金的筹集，财政收入的数量决定了财政支出的数量和规模。离开了财政收入，财政支出便是无源之水，无本之木。

2. 财政收入体现着以国家为主体的分配关系

组织财政收入的过程，可以改变各种经济成分占国民收入的份额，起到调节企业单位盈利水平的作用。生产单位实现的利润，如何在国家和生产单位之间进行分配，这是正确处理好国家和生产单位之间财政关系的核心，因为它涉及国家和生产单位两者支配财力的多少和财权大小的问题，也影响到职工个人的收入水平问题。国家通过税收等财政收入的形式在不同产业、不同地域、不同国有资产占有比例的生产单位之间进行调节，通过个人所得税对不同收入水平的个人进行调节。因此，财政收入体现着国家、生产单位和个人的分配关系。

3. 财政收入是实现国家职能的财力保证

财政收入是实现国家职能的直接财力保证。国家为了实现其职能必须拥有一定数量的国家行政事业工作人员，并建立相应职能部门和机构。而这些机构和部门以及人员是非生产性的，却需要消耗各种物质财富。因此，为满足国家的行政经费、公共事业经费、国防经费以及国家对国民经济宏观调控所需的经费，国家只有运用财政工具，通过税收等形式组织财政收入，无偿征集部分社会财富来满足实现国家职能所需的财力。

4.3　财政收入规模与结构

4.3.1　财政收入规模及衡量指标

1. 财政收入规模的概念

财政收入规模（scale of fiscal revenue）是指一个国家在一定时期内财政收入的总水平。财政收入规模通常作为衡量一国政府财力的重要指标，在很大程度上反映了政府提供公共产品的数量。保持财政收入的持续增长是现代社会加强政府职能的需要，也是一国政府的长期目标。

2. 衡量财政收入规模的指标

财政收入规模的衡量指标有两个：一个是绝对量指标，另一个是相对量指标。

1）绝对量指标

财政收入规模的绝对指标是指财政总收入。主要包括中央和地方财政总收入、中央本级财政收入和地方本级财政收入、中央对地方的税收返还收入、地方上解中央收入、税收收入等。财政收入的绝对量指标，适用于静态和个量分析，如财政收入的数量、构成、形式和来源，财政收入计划指标的确定、完成情况的考核以及财政收入规模变化的纵向比较。

2）相对量指标

财政收入规模的相对指标是指一个国家在一定时期内财政总收入占 GNP 或 GDP 的比率。财政收入的相对量指标，适用于动态和总体分析，如分析财政收入水平、财政收入的动态变化以及财政收入规模变化的纵向和横向比较。

财政收入规模过大或过小，都会对一国经济产生不利影响，科学合理的财政收入规模必须以促进国民经济持续、稳定、协调发展为前提，并根据其自身的客观规律和当前的经济发展水平来确定。

3）衡量财政收入规模的常用指标

（1）财政收入增长率。它表示当年财政收入比上年同期财政收入增长的百分比。

$$财政收入增长率＝（当年财政收入－上年财政收入）/上年财政收入$$

（2）财政收入弹性系数。这是指财政收入增长率与 GDP 增长率的比值。

$$财政收入弹性系数＝财政收入增长率/GDP 增长率$$

若财政收入弹性系数＞1，说明财政收入增长快于 GDP 增长，对增加财政收入有利；若弹性系数＜1，说明财政收入增长慢于 GDP 增长，对于涵养税源有利；若弹性系数＝1，说明财政收入增长与 GDP 增长同步。

（3）财政收入增长边际倾向。这是指财政收入增长额与 GDP 增长额之间的关系，即 GDP 每增加一个单位的同时财政收入增加了多少，或财政收入增长额占 GDP 增长额的比例。

$$财政收入增长边际倾向＝财政收入增长额/GDP 增长额$$

财政收入占 GDP 的比重、财政收入弹性系数、财政收入增长边际倾向三者之间的关系用公式表示为

$$财政收入占 GDP 的比重＝财政收入增长边际倾向/财政收入弹性系数$$

4.3.2 影响财政收入规模的因素

谋求财政收入的增长，通常是一国政府财政活动的重要目标之一，尤其是在公共需要范围日益扩大的现代社会，保证财政收入增长更为各国政府所重视。但财政收入能有多大规模、能以何种速度增长，不是或不完全是以政府的意愿为转移的，它受各种经济和社会因素的制约和影响。

1. 经济发展水平

经济发展水平和生产技术水平是决定财政收入规模的基础。两者之间是"源"和"流"的关系：前者是源，后者是流，源远则流长。一国的经济发展水平主要表现在人均占有 GDP 上，它表明一国生产技术水平的高低和经济实力的强弱，反映一社会产品丰裕程度及其经济效益的高低，是形成财政收入的物质基础。一般来说，随着经济发展水平的不断提

高，国民收入的不断增长，该国的财政收入规模也会不断扩大。比如美国，19 世纪末财政收入占 GDP 的比重一般为 10％左右，而到 20 世纪末，则上升到 30％～50％。从横向比较看，经济发展水平较高的发达国家财政收入水平一般高于经济发展水平较低的发展中国家。有统计表明，目前低收入国家的财政集中率平均为 21％，中下等收入国家平均为 25.7％，中等收入国家为 28.2％，高收入国家平均为 39.5％。

2. 政府职能范围

政府取得财政收入是为了履行其职能，显然，政府的职能范围越大，需要筹集的财政收入规模也就越大。所以，政府的职能范围是决定一国财政收入规模的直接因素。

在资本主义发展的早期，政府的职能范围十分有限，政府的职责主要是国防和维护国内法律秩序，故有"夜警国家"之称。在"越小的政府是越好的政府"的观念下，自然是"花钱越少的政府是越好的政府"，当时，发达国家的财政收入占 GDP 的比重一般都不到 10％。随着工业化、城市化的发展，社会要求政府提供社会福利的呼声日益高涨，到了 19 世纪后期，发达国家陆续开始实行社会保障制度。后来由于政治、经济等原因，发达国家政府担负的社会福利职能越来越强，相应地，各国政府的财政收支规模也不断攀升。目前，发达国家的财政收入占 GDP 的比重一般都在 30％以上，有的国家甚至高达 50％左右。而这些发达国家财政收入的 40％～50％都要用于社会福利、社会保障方面的支出。

3. 分配政策和分配制度

影响财政收入规模的另一个重要因素是收入分配政策，它是一国政府对收入再分配所采取的改革措施。若一国政府在收入分配中追求公平，政府就会掌握较多的财力，加大收入再分配的力度，因而政府的财政收入规模较大。

一般说来，实行计划经济体制的国家，政府在资源配置和收入分配上起主导作用，并会采取相应的收入分配政策使政府在一定的国民收入中掌握和支配较大的份额，从而有较大的财政收入规模。而实行市场经济体制的国家，政府活动定位于满足公共需要，市场机制在资源配置及收入决定中发挥基础性作用，收入分配政策的选择和实施以弥补市场缺陷为主，财政收入规模就相对较小。

改革开放后，我国由于收入分配政策的变化，导致财政收入占 GDP 的比重呈现逐年下降的趋势，收入分配格局明显向个人倾斜。有关资料显示，从最终收入分配格局来看，1978 年政府预算内收入、企业收入和个人收入的比重分别为 31.3％、18.2％和 50.5％，可是到了 1994 年则变为 12.0％、21.5％和 66.5％。

4. 价格因素

财政收入是一定量的货币收入，是在一定的价格体系下形成同时又按一定时点的现价计算的。因此，由价格变动引起的实际收入的变化也就成为影响财政收入规模的一个不容忽视的因素。财政收入是按照当年的现行价格水平计算出来的。这样，在其他条件一定的情况下，某个财政年度的价格水平上升，该年度的名义财政收入就会增加。但这种财政收入的增加完全是由于价格水平上升造成的，并不代表财政收入的真正增长。也就是说，这时名义财政收入虽然增加了，但实际财政收入并不一定增加。

财政收入增长率与价格水平的关系：①若财政收入的增长率＞物价上涨率，则财政收入增长等于实际增长加名义增长；②若财政收入的增长率＜物价上涨率，则财政收入名义上增长，而实际上是负增长；③若财政收入的增长率＝物价上涨率，则财政收入只有名义增长，而实际增长不变。

因而,物价水平上涨对财政取得收入并不一定有利。但如果物价上涨是由于财政赤字,中央银行被迫发行货币弥补赤字而引起的,那么这时的通货膨胀对财政来说是有利的。因为财政在引发通货膨胀的同时,多取得了一笔收入(即财政赤字部分),而企业和居民个人的实际收入则因通货膨胀而有所下降。财政安排这种靠中央银行发行货币弥补赤字的做法实际上是对企业和个人开征了一笔税收,人们通常把它称作"通货膨胀税"。另外,如果一国税制以累进的所得税为主,当出现通货膨胀时,企业和个人的名义收入水平就会提高,其适用的最高边际税率就可能相应提高,政府的财政收入水平就会提高。

此外,社会文化因素、特定时期的社会政治状况也会影响财政收入规模的变化。比如,在发生内外战争时,国家必须动员各种财力以稳固政权或维护国家利益,因而财政收入规模会急剧扩大。

4.3.3 财政收入结构

财政收入结构是指财政收入在国民经济各部门、各行业和各地区的比例和数量。

1. 财政收入的项目结构

这是指国家财政收入由不同的征集方式形成的结构。主要由各项税收、企业收入(企业上缴利润)、债务收入和政府性收费等组成。如表 4-2 所示。

表 4-2　我国各时期财政分项目收入　　　　　　　　　　　　　　亿元

时期	收入合计	各项税收	企业收入	企业亏损补贴	能源交通重点建设基金收入	预算调节基金收入	教育费附加收入	其他收入
经济恢复时期	361.07	227.80	96.50					36.77
"一五"时期	1 291.07	675.07	566.68					49.32
"二五"时期	2 108.64	916.55	1 171.66					20.43
1963—1965	1 215.11	550.61	649.88					14.62
"三五"时期	2 528.98	1 126.79	1 384.23					17.96
"四五"时期	3 919.71	1 741.70	2 138.57					39.44
"五五"时期	5 089.61	2 505.03	2 242.67					341.91
"六五"时期	7 402.75	5 093.64	1 211.19	−507.02	362.24			1 242.70
"七五"时期	12 280.60	12 170.82	277.92	−2 325.43	910.44	222.40		1 024.45
"八五"时期	22 442.10	21 707.30	184.15	−2 060.48	534.43	452.48	251.56	1 372.66
"九五"时期	50 774.39	47 670.75		−1 608.19	3.78	11.09	586.29	4 110.67
"十五"时期	115 050.69	105 889.36		−1 197.21			1 253.62	9 094.92
"十一五"时期	303 032.14	267 382.49					3 336.18	32 313.47

注:本表财政收入中不包括国内外债务收入。

资料来源:中华人民共和国财政部.中国财政年鉴:2011.北京:中国财政杂志社,2011.

2. 财政收入的所有制结构

这是指财政收入按经济成分划分的类型。主要有全民所有制经济的收入、集体经济收入、私营经济收入、个体经济收入、外资企业的收入、中外合资企业的经济收入和股份制企业的收入等。

　　3. 财政收入的部门结构（或产业结构）

　　这是指由工业、农业、商业、交通运输业、建筑业等部门提供的财政收入形成的收入结构。财政收入的部门结构也可按产业结构划分，形成第一产业、第二产业和第三产业的财政收入结构。一国或地区的产业结构在很大程度上决定了其税收结构，而税收又是财政收入的重要组成部分，因而可以通过对产业的税收贡献率的分析来揭示财政收入的产业结构情况。由表 4-3 可以看出，来自于工商税收的比重是最大的，而来自于农业部门的税收比重近年来有所下降。[①] 这是因为我国自 1985 年来以来大力发展第三产业，不断进行产业结构调整和升级，近年来不断加大对三农方面的财政扶持。

表 4-3　1978—2017 年中国税收分类收入

年份	合计	工商税收		关税		农业各税		企业所得税	
		亿元	比重/%	亿元	比重/%	亿元	比重/%	亿元	比重/%
1978	519.28	462.12	88.99	28.76	5.54	28.4	5.47		
1980	571.10	510.50	89.39	33.53	5.87	27.67	4.85		
1982	700.02	623.18	89.02	47.46	6.78	29.38	4.20		
1984	947.35	809.44	85.44	103.07	10.88	34.84	3.68		
1985	1 344.73	1 097.47	81.61	205.21	15.26	42.05	3.13	696.06	51.76
1988	1 714.43	1 485.72	86.66	155.02	9.04	73.69	4.30	676.04	39.43
1990	2 105.86	1 858.99	88.28	159.01	7.55	87.86	4.17	716.00	34.00
1991	2 259.04	1 981.11	87.70	187.28	8.29	90.65	4.01	731.13	32.36
1992	2 576.13	2 244.21	87.12	212.75	8.26	119.17	4.63	720.78	27.98
1993	3 576.70	3 194.49	89.31	256.47	7.17	125.74	3.52	678.6	18.97
1994	4 418.39	3 914.22	88.59	272.68	6.17	231.49	5.24	708.49	16.04
1995	5 159.60	4 589.68	88.95	291.83	5.66	278.09	5.39	878.44	17.03
1996	5 941.34	5 270.04	88.70	301.84	5.08	369.46	6.22	968.48	16.30
1997	8 234.04	6 533.89	79.35	319.49	3.88	397.48	4.83	963.18	11.70
1998	9 262.80	7 625.42	82.32	313.04	3.38	398.8	4.31	925.54	9.99
1999	10 682.58	8 885.44	83.18	562.23	5.26	423.5	3.96	811.41	7.60
2000	12 581.51	10 366.09	82.39	750.48	5.96	465.31	3.70	999.63	7.95
2001	15 301.38	11 348.29	74.17	840.52	5.49	481.7	3.15	2 630.87	17.19
2002	17 636.45	13 131.54	74.46	704.27	3.99	717.85	4.07	3 082.79	17.48
2003	20 017.31	15 302.90	76.45	923.13	4.61	871.77	4.36	2 919.51	14.58
2004	24 165.68	18 262.39	75.57	1 043.77	4.32	902.19	3.73	3 957.33	16.38

---

　　① 2005 年 12 月 29 日，第十届全国人民代表大会常务委员会第十九次会议决定：第一届全国人民代表大会常务委员会第九十六次会议于 1958 年 6 月 3 日通过的《中华人民共和国农业税条例》自 2006 年 1 月 1 日起废止。

　　2006 年 4 月 28 日，《中华人民共和国烟叶税暂行条例》（国务院令第 464 号）自公布之日起开始实施。

　　根据财政部统计口径，我国农业税包括契税、烟叶税和耕地占用税（1987 年开征）。自 2007 年以来农业税中的契税、耕地占用税出现了较快增长，2011 年契税收入 2 765.73 亿元，耕地占用税收入 1 075.46 亿元。

年份	合计	工商税收		关税		农业各税		企业所得税	
		亿元	比重/%	亿元	比重/%	亿元	比重/%	亿元	比重/%
2005	28 778.54	21 432.05	74.47	1 066.17	3.70	936.4	3.25	5 343.92	18.57
2006	34 804.35	25 538.93	73.38	1 141.78	3.28	1 084.04	3.11	7 039.6	20.23
2007	45 621.97	33 971.06	74.46	1 432.57	3.14	1 439.09	3.15	8 779.25	19.24
2008	54 223.79	39 588.82	73.01	1 769.95	3.26	1 689.39	3.12	11 175.63	20.61
2009	59 521.59	44 052.01	74.01	1 483.81	2.49	2 448.93	4.11	11 536.84	19.38
2010	73 210.79	54 907.57	75.00	2 027.83	2.77	3 431.85	4.69	12 843.54	17.54
2011	89 738.39	66 477.06	74.08	2 559.12	2.85	3 932.57	4.38	16 769.64	18.69
2012	100 614.28	73 549.32	73.10	2 783.93	2.77	4 626.5	4.60	19 654.53	19.53
2013	110 530.70	79 670.38	72.08	2 630.61	2.38	5 802.51	5.25	22 427.20	20.29
2014	119 175.31	85 488.91	71.73	2 843.41	2.39	6 200.80	5.20	24 642.19	20.68
2015	124 922.20	89 088.95	71.32	2 560.84	2.05	6 138.54	4.91	27 133.87	21.72
2016	130 360.73	92 446.19	70.92	2 603.75	2.00	6 459.43	4.96	28 851.36	22.12
2017	144 369.87	102 576.70	71.05	2 997.85	2.07	6 678.03	4.63	32 117.29	22.25

注:

1. 财政收入中不包括国内外债务收入。

2. 农业各税包括农业税、牧业税、耕地占用税、农业特产税和契税。

3. 企业所得税2001年以前只包括国有及集体企业所得税,从2001年起,企业所得税还包括除国有企业和集体企业外的其他所有制企业所得税,与以前各年不可比。

资料来源:中华人民共和国财政部.中国财政年鉴:2017.北京:中国财政杂志社,2017.

4. 财政收入的地区结构

这是指财政收入在中央和地方之间以及各地区之间的分布。进行地区结构分析,有利于国家财政统筹规划、合理分工,使地区之间优势互补、协调发展。"一五"以来,我国各时期中央和地方财政收入及比重如表4-4所示。

表4-4　中国各时期中央和地方财政收入及比重

时期	财政收入/亿元			比重/%	
	全国	中央	地方	中央	地方
"一五"时期	1 291.07	1 003.22	287.85	77.7	22.3
"二五"时期	2 108.64	736.56	1 372.08	34.9	65.1
1963—1965	1 251.1	335.8	879.3	27.6	72.4
"三五"时期	2 528.98	790.09	1 738.89	31.2	68.8
"四五"时期	3 919.71	576.43	3 343.28	14.7	85.3
"五五"时期	5 089.61	904.32	4 185.29	17.8	82.2
"六五"时期	7 402.75	2 583.02	4 819.73	34.9	65.1
"七五"时期	12 280.60	4 104.41	8 176.19	33.4	66.6
"八五"时期	22 442.10	9 038.39	13 403.71	40.3	59.7

时期	财政收入/亿元			比重/%	
	全国	中央	地方	中央	地方
"九五"时期	50 774.39	25 618.37	25 156.02	50.5	49.5
"十五"时期	115 050.69	61 888.28	53 162.41	53.8	46.2
"十一五"时期	303 032.14	159 290.52	143 741.62	52.6	47.4
"十二五"时期	642 976.85	301 461.67	341 515.18	46.9	53.1

注：财政收入中不包括国内外债务收入。

资料来源：中华人民共和国财政部. 中国财政年鉴：2017. 北京：中国财政杂志社，2017.

4.4 中国财政收入的增长趋势

4.4.1 中国财政收入规模的绝对变化

1978 年以来，中国财政收入的绝对规模随着经济的发展而不断增长，1978 年为 1 132.26 亿元，2017 年达到 172 592.77 亿元，增长了 151.4 倍。改革开放以来，我国财政收入绝对数的增长又可以分为以下三个阶段。

第一个阶段是 1978—1982 年，财政收入处于低水平徘徊阶段。1978 年的财政收入为 1 132.26 亿元，1982 年为 1 212.33 亿元，年平均增长率仅为 1.76%。

第二阶段是 1983—1992 年，财政收入处于缓慢增长阶段。财政收入由 1983 年的 1 366.95 亿元，增长到 1992 年的 3 483.37 亿元，年平均增长率为 11.27%。

第三阶段是 1993—2011 年，财政收入处于快速增长阶段。财政收入由 1993 年的 4 348.95 亿元上升到 2011 年的 103 874.43 亿元，年均增长率为 19.66%。2007 年财政收入增长率达到了 32.4%，但 2009 年由于受"国际金融危机"的影响，财政收入增长率下降为 11.7%，随后在国家财政政策刺激下，财政收入增长率有了改善，2011 年为 25.0%。

第四阶段是 2012 年至今，财政收入总量持续增长，而增速在持续下降。财政收入总量在继 2011 年突破 10 万亿后，2015 年又突破了 15 万亿，但同比增长率却在持续下降，年均增长率仅为 8.23%。在国家"减税降费""供给侧结构性改革"等积极财政政策作用下，2017 年全国财政收入为 172 592.77 亿元，同比增长 7.4%，自 2012 年以来我国财政收入增速首现回升。

1978—2017 年我国财政收入规模及增长指标具体情况如表 4-5 所示。

表 4-5 1978—2017 年我国财政收入规模及增长指标

年份	财政收入/亿元	财政支出/亿元	收支差额/亿元	增长率/%		GDP/亿元	财政收入占GDP的比重	财政收入弹性系数	财政收入增长边际倾向/%
				财政收入	财政支出				
1978	1 132.26	1 122.09	10.17	29.5	33.0	3 645.22	31.1	2.13	58.2
1979	1 146.38	1 281.79	−135.41	1.2	14.2	4 062.58	28.2	0.11	3.4
1980	1 159.93	1 228.83	−68.90	1.2	−4.1	4 545.62	25.5	0.10	2.8

续表

年份	财政收入/亿元	财政支出/亿元	收支差额/亿元	增长率/%		GDP/亿元	财政收入占GDP的比重	财政收入弹性系数	财政收入增长边际倾向/%
				财政收入	财政支出				
1981	1 175.79	1 138.41	37.38	1.4	−7.4	4 891.56	24.0	0.18	4.6
1982	1 212.33	1 229.98	−17.65	3.1	8.0	5 323.35	22.8	0.35	8.5
1983	1 366.95	1 409.52	−42.57	12.8	14.6	5 962.65	22.9	1.06	24.2
1984	1 642.86	1 701.02	−58.16	20.2	20.7	7 208.05	22.8	0.97	22.2
1985	2 004.82	2 004.25	0.57	22.0	17.8	9 016.04	22.2	0.88	20.0
1986	2 122.01	2 204.91	−82.90	5.8	10.0	10 275.18	20.7	0.42	9.3
1987	2 199.35	2 262.18	−62.83	3.6	2.6	12 058.62	18.2	0.21	4.3
1988	2 357.24	2 491.21	−133.97	7.2	10.1	15 042.82	15.7	0.29	5.3
1989	2 664.90	2 823.78	−158.88	13.1	13.3	16 992.32	15.7	1.01	15.8
1990	2 937.10	3 083.59	−146.49	10.2	9.2	18 667.82	15.7	1.04	16.2
1991	3 149.48	3 386.62	−237.14	7.2	9.8	21 781.50	14.5	0.43	6.8
1992	3 483.37	3 742.20	−258.83	10.6	10.5	26 923.48	12.9	0.45	6.5
1993	4 348.95	4 642.30	−293.35	24.8	24.1	35 333.92	12.3	0.80	10.3
1994	5 218.10	5 792.62	−574.52	20.0	24.8	48 197.86	10.8	0.55	6.8
1995	6 242.20	6 823.72	−581.52	19.6	17.8	60 793.73	10.3	0.75	8.1
1996	7 407.99	7 937.55	−529.56	18.7	16.3	71 176.59	10.4	1.09	11.2
1997	8 651.14	9 233.56	−582.42	16.8	16.3	79 715.00	10.9	1.40	14.6
1998	9 875.95	10 798.18	−922.23	14.2	16.9	85 195.50	11.6	2.06	22.3
1999	11 444.08	13 187.67	−1 743.59	15.9	22.1	90 564.40	12.6	2.52	29.2
2000	13 395.23	15 886.50	−2 491.27	17.0	20.5	100 280.10	13.4	1.59	20.1
2001	16 386.04	18 902.58	−2 516.54	22.3	19.0	110 863.10	14.8	2.12	28.3
2002	18 903.64	22 053.15	−3 149.51	15.4	16.7	121 717.40	15.5	1.57	23.2
2003	21 715.25	24 649.95	−2 934.70	14.9	11.8	137 422.00	15.8	1.15	17.9
2004	26 396.47	28 486.89	−2 090.42	21.6	15.6	161 840.20	16.3	1.21	19.2
2005	31 649.29	33 930.28	−2 280.99	19.9	19.1	187 318.90	16.9	1.26	20.6
2006	38 760.20	40 422.73	−1 662.53	22.5	19.1	219 438.50	17.7	1.31	22.1
2007	51 321.78	49 781.35	1 540.43	32.4	23.2	270 232.30	19.0	1.40	24.7
2008	61 330.35	62 592.66	−1 262.31	19.5	25.7	319 515.50	19.2	1.07	20.3
2009	68 518.30	76 299.93	−7 781.63	11.7	21.9	349 081.40	19.6	1.27	24.3
2010	83 101.51	89 874.16	−6 772.65	21.3	17.8	413 030.30	20.1	1.16	22.8
2011	103 874.43	109 247.79	−5 373.36	25.0	21.6	489 300.60	21.2	1.35	27.2
2012	117 253.52	125 952.97	−8 699.45	12.9	15.3	540 367.40	21.7	1.23	26.2
2013	129 209.64	140 212.10	−11 002.46	10.2	11.3	595 244.40	21.7	1.00	21.8
2014	140 370.03	151 785.56	−11 415.53	8.6	8.3	643 974.00	21.8	1.06	22.9
2015	152 269.23	175 877.77	−23 608.54	5.8	13.2	689 052.10	22.1	0.83	26.4

续表

| 年份 | 财政收入/亿元 | 财政支出/亿元 | 收支差额/亿元 | 增长率/% | | GDP/亿元 | 财政收入占GDP的比重 | 财政收入弹性系数 | 财政收入增长边际倾向/% |
				财政收入	财政支出				
2016	159 604.97	187 755.21	—28 150.24	4.5	6.3	743 585.50	21.5	0.57	13.5
2017	172 592.77	203 085.49	—30 492.72	7.4	7.7	827 121.70	20.9	0.66	15.5

注：1. 在国家财政收支中，价格补贴 1985 年以前冲减财政收入，1986 年以后列为财政支出。为了可比，本表将1985 年以前冲减财政收入的价格补贴改列在财政支出中。

2. 财政收入中不包括国内外债务收入。

3. 从 2000 年起，财政支出中包括国内外债务付息支出。

资料来源：根据中国统计年鉴（2017）计算得出，2017 年数据来自财政部、国家统计局相关数据。

4.4.2 中国财政收入规模的相对变化

1. 财政收入增长率与 GDP 增长率的波动性强，但振幅较大，时滞明显

由表 4-5 及表 3-4 可知，1978—2017 年，我国财政收入年平均增长率达 14.3%，远高于同期 GDP 年平均增长率（9.5%），其中 2007 年的增长率最大，为 32.4%。40 年间，有19 个年份财政收入增长率在 15% 以上，有 28 个年份的财政收入增长率高于 GDP 增长率。由图 4-1 可以看出，我国财政收入增长率与 GDP 增长率基本保持着同步增长，二者增长率同方向变化，波动性较强。1978—1992 年，财政收入增长率紧随着 GDP 增长率的变化而变化，二者交织在一起"亦步亦趋"，但时间表现上稍显滞后；1993—2011 年，财政收入增长率大于 GDP 增长率，财政收入增长率曲线在 GDP 增长率曲线上方同向波动；2012 年以来，财政收入增长率下降幅度快于 GDP 增长率幅度，甚至有两年低于 GDP 增长速度。

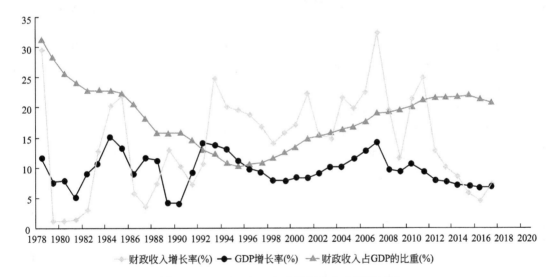

图 4-1 1978—2017 年中国财政收入增长速度

2. 财政收入占 GDP 的比重变化呈现 U 形，右侧具备"肩部"特征

从图 4-1 可以看出，改革开放以来，财政收入占 GDP 的比重变化呈现出典型的 U 形曲线。1978—1995 年，中国财政收入占 GDP 的比重呈现出不断下降的趋势，所占比重由1978 年的 31.1% 下降到 1995 年的 10.3%，降幅超过 20%；1996 年到现在为止，中国财政

收入占 GDP 的比重呈现出单边上扬的趋势，从 10.4％ 逐步上升到 2010 年的 20.1％，呈现出"慢牛"爬坡式增长趋势。2010—2017 年，财政收入占 GDP 的比重均值为 21.4％，几乎不再增长，趋于稳定，即图 4-1 中 U 形曲线的右侧呈现出"肩部"特征。

3. 财政收入弹性和增长边际倾向较小

财政收入弹性可用来分析和判断财政收入与经济增长是否保持同步，弹性系数大于 1 说明经济增长对财政增收拉动大。1978—1995 年，18 年间财政收入的弹性系数仅有 4 年大于 1，平均值为 0.65，经济增长对财政收入增长的拉动作用小；财政收入增长边际倾向平均值为 13.0％，1980 年仅有 2.8％，就是说，GDP 每增长 100 元，财政收入仅增加 2.8 元。

1994 年实施分税制后，财政收入弹性和增长边际倾向有了显著变化。1996—2014 年，财政收入的弹性系数均大于 1，平均值为 1.41，即财政收入增长速度相当于 GDP 增长速度的 1.41 倍；1996—2015 年，财政收入增长边际倾向有 16 年大于 20％，平均值为 22.3％，1999 年最大，为 29.2％，也就是说，GDP 每增长 100 元，财政收入会增加 29.2 元。

以分税制改革为分界，在此之前中国财政收入的增速低于 GDP 的增速，在此之后财政收入的增速高于 GDP 的增速。

本 章 小 结

● 政府筹集财政收入用于安排财政支出，财政收入是衡量政府财力的主要指标，是政府履行职能的财力保证。

● M 是财政收入的主要来源，V 是财政收入的补充，C 中的个别部分构成财政收入。

● 财政收入的取得形式有：税收收入、社会保险基金收入、非税收入、贷款转贷回收本金收入、债务收入和其他收入。

● 组织财政收入的原则：一是发展经济、广开财源原则；二是兼顾三者和两级利益原则；三是公平与效率兼顾原则。

● 财政收入规模的测量指标有两个：一个是绝对量指标，另一个是相对量指标。常用指标包括：财政收入增长率、财政收入弹性系数和财政收入增长边际倾向。

● 财政收入的规模受经济发展水平、生产技术水平、分配政策和分配制度、价格等因素的影响和制约。

● 财政收入的结构包括财政收入的项目结构、所有制结构、部门结构（或产业结构）和地区结构。

● 1978 年以来，中国财政收入的绝对规模随着经济的发展而不断增长。相对规模的特征有：财政收入增长率与 GDP 增长率的波动性强，财政收入占 GDP 的比重变化呈现 U 形，财政收入弹性和增长边际倾向较小。

▶ 关 键 概 念 ◀

财政收入　　财政收入规模　　财政收入增长率　　财政收入弹性系数　　财政收入增长边际倾

向　财政收入构成

思考与练习

1. 什么是财政收入？它的表现形式有哪些？
2. 简述财政收入的价值构成与经济来源。
3. 影响财政收入的主要因素有哪些？
4. 组织财政收入的原则和意义有哪些？
5. 财政收入中如何兼顾公平与效率？
6. 什么是财政收入规模？常用的衡量指标是什么？
7. 简述财政收入与经济发展的关系。
8. 为什么改革开放以来我国财政收入总量增加而其占 GDP 的比重下降？

【阅读材料】

2018 年上半年全国财政收入运行特点及趋势

今年上半年，全国财政收支运行情况良好。财政收入保持平稳较快增长，财政支出保持较高强度，支出进度总体加快，对重点领域和关键环节的支持力度进一步加大，有力促进了经济社会平稳健康发展。

1. 全国一般公共预算及政府性基金预算收入情况

1—6 月累计，全国一般公共预算收入 104 331 亿元，同比增长 10.6%。其中，中央一般公共预算收入 49 890 亿元，同比增长 13.7%；地方一般公共预算本级收入 54 441 亿元，同比增长 8%。全国一般公共预算收入中的税收收入 91 629 亿元，同比增长 14.4%；非税收入 12 702 亿元，同比下降 10.8%。

1—6 月累计，全国政府性基金预算收入 31 237 亿元，同比增长 36%。分中央和地方看，中央政府性基金预算收入 1 922 亿元，同比下降 1.9%；地方政府性基金预算本级收入 29 315 亿元，同比增长 39.6%，其中国有土地使用权出让收入 26 941 亿元，同比增长 43%。

2. 财政收入结构及运行特点

今年上半年，全国财政收入保持平稳较快增长，收入运行主要有以下特点。

（1）税收收入保持较快增长。1—6 月，全国税收收入同比增长 14.4%，延续去年以来的较快增长势头。其中，与经济运行密切相关的主要税种均保持较快增长。

① 受工商业、服务业保持较高景气度，部分产品价格上涨等带动，工商业增值税、改征增值税同比分别增长 15.5%、18.3%，合计拉高全国财政收入增幅 5.1 个百分点。

② 受企业效益持续改善，居民收入稳步增加等带动，企业所得税、个人所得税同比分别增长 12.8%、20.3%，合计拉高全国财政收入增幅 4.4 个百分点。

③ 受一般贸易进口保持较快增长等带动，进口环节税收同比增长 8.9%，拉高全国财政收入增幅 0.9 个百分点。

以上主要税种占全国财政增收总额的 96.7%，共计拉高全国财政收入增幅 10.4 个百分点，反映出今年以来我国经济继续保持稳中向好的发展态势。

（2）非税收入持续下降。1—6月，全国非税收入同比下降10.8%，延续去年5月以来的下降态势，主要受进一步落实各项降费措施等影响，同时也与部分地区清理、规范非税收入有关。相应地，1—6月全国税收收入占一般公共预算收入比重达到87.8%，比去年全年提高4.1个百分点，反映出财政收入质量进一步提高。

（3）第二、三产业税收总体保持协调较快增长。1—6月，全国税收收入中，第二产业税收、第三产业税收分别增长15.5%、13.2%，比去年全年分别提高3.4个、3.3个百分点。多数行业税收保持较快增长。

① 受能源、冶金、化工等工业品价格上涨带动，采矿业税收同比增长19.7%，化学原料和化学制品制造业、非金属矿物制品业、黑色金属冶炼和压延加工业税收同比分别增长27%、47.7%、92.4%；

② 受产业结构优化升级，新动能快速发展等带动，通用设备制造业、专用设备制造业、信息传输软件和信息技术服务业税收分别增长11.8%、13.1%、17.2%；

③ 受消费市场总体活跃，消费升级需求旺盛等带动，烟草制品业、批发和零售业、交通运输仓储和邮政业、文化体育和娱乐业税收同比分别增长21.2%、18.3%、19.4%、16%；

④ 受部分地区房地产投资交易相对活跃等带动，房地产业、建筑业税收分别增长15.5%、22.3%。

（4）多数地区收入增长平稳、增长较快。1—6月，东部、中部、西部、东北地区财政收入分别增长8.1%、10.1%、6.2%、5.9%。31个地区中，西藏、山西、海南、浙江等15个地区财政收入实现两位数增长；云南、河北、江苏、山东等12个地区为个位数增长；天津、内蒙古、新疆、吉林4个地区为负增长，主要受清理、规范非税收入及上年同期基数较高等因素影响。

综合来看，上半年全国财政收入保持平稳较快增长，主要是经济运行稳中向好为财政增收提供了基本面支撑，工业品价格处于较高水平为财政增收发挥了助推作用，新动能、新产业的发展等为财政增收拓宽了税源基础。

3. 下半年的财政收入走势

下半年，随着"供给侧结构性改革"深入推进，"放管服"等一系列举措持续发力，经济发展质量、效率、动力稳步提升，将继续为财政收入增长提供有力支撑。同时，也存在一些影响后期收入增长的因素，如国际贸易环境不稳定性、不确定性有所增加，年初政府工作报告明确的减税降费政策更多在下半年体现等。预计下半年财政收入增速将有所放缓。但总的看，财政收入运行将继续保持平稳，全年收入的预期目标能够实现。

资料来源：www.mof.gov.cn/index.htm.

第5章

税收与税制

【学习目标】

学完本章后，你应该能够：

● 知晓税收的概念、特征、作用；

● 理解税收负担及税收的转嫁与归宿；

● 理解税收制度及税收分类；

● 领会中国现行的主要税种；

● 了解中国税收制度的演变历程。

5.1　税　收　原　理

5.1.1　税收的概念及特征

1. 税收的概念

税收是国家为了实现其职能，凭借政治权力，按照法律规定的标准，强制地、无偿地取得财政收入的一种形式。

税收是人类社会发展到一定历史阶段的产物，剩余产品的出现为税收的产生提供了物质基础即可能性，而国家的存在则为税收的产生提供了前提条件。税收伴随着国家的产生而产生，也成为国家存在的物质基础。马克思说："赋税是政府机器的物质基础，而不是其他任何东西。"[①] 税收体现着以国家为主体的分配关系。税收不管是作为财政收入的形式和参与国内生产总值（GDP）分配的手段，还是作为特定分配关系的体现，都是与国家紧密联系在一起的。但税收的产生和发展并不唯一地决定于国家，其根本原因是生产力的发展及生产资料和产品私有制的出现。税收在一定的经济条件和社会条件下产生，也会在一定的经济条件和社会条件下消亡，但是，在税收产生和发展的经济条件和社会条件没有消失的情况下，税收也绝不可能退出历史舞台。

税收属于社会再生产过程中的分配范畴。征税的过程就是把一部分社会产品或国民收入从其他社会成员手中转变为国家所有的过程。这一分配过程，一方面体现着国家与纳税人之间的征纳关系；另一方面，国家征税，必然会引起各社会成员之间占有社会产品或国民收入

---

① 马克思，恩格斯. 马克思恩格斯选集：第 3 卷. 北京：人民出版社，1972：22.

比例的变化，因而它又体现着一定的分配关系。

2. 税收的征税依据

国家根据什么征税？关于这一问题，西方学者早已作过许多论述，大致可以概括为"交换说"与"义务说"。"交换说"指的是，税收是纳税人对国家向其提供安全保护和公共秩序所付出的一种代价，国家与纳税人之间是一种交换关系，国家征税的依据是其向纳税人提供了安全保护和公共秩序等利益。而"义务说"则可概括为，税收是国家为了满足实现其职能的需要，向纳税人所进行的强制课征，纳税人对国家负有纳税的义务，国家征税的依据即是纳税人具有这一纳税义务。

近年来，中国部分学者借鉴了西方的这些学说，结合中国的实际情况，对此问题做了不少有益的探讨，并提出了一些值得借鉴的观点，如权利分离说及社会公共需要说等。"权利分离说"从动态的角度阐述了税收产生发展的原因，认为是所有权与经营权的分离及商品经济的发展导致了税收的产生与发展；"社会公共需要说"则认为，税收是为满足社会公共需要所采取的分配形式，这是税收最本质的问题。这些观点并没有从最深层次去寻求国家征税的依据。

我们认为，国家凭借其政治权力征税，才是国家征税的最根本的依据，是"权力说"。国家为了满足实现其职能的需要必定要消耗一部分物质资料，但国家本身又不直接创造物质财富，因而只能凭借其政治权力，对纳税人进行强制课征。国家取得税收收入从来都是与国家权力相联系的，国家征税所依据的只能是其政治权力而非财产权利，不管是"交换说"，还是"义务说"，从根本上说来，国家都必须依据其政治权力征税。即使说税收是国家与纳税人之间的一种利益交换关系，但国家在征税时也必须依据其政治权力予以强制执行。

纳税是企业、单位和个人的义务，古今中外都把纳税作为一种义务。中国宪法也明确规定，纳税是"义务"。当然社会主义税收的"义务说"既是"权力说"，又以"利益说"为前提，可以称之为"权益说"，它是中国税收存在的基本依据。

3. 税与费的区别

与税收规范筹集财政收入的形式不同，费是政府有关部门为单位和居民个人提供特定服务，或被赋予某种权利而向直接受益者收取的代价。税和费的区别主要表现在以下方面。

（1）主体不同。税收的主体是国家，税收管理的主体是代表国家的税务机关、海关或财政部门；而费的收取主体多是行政事业单位、行业主管部门等。

（2）特征不同。税收具有无偿性，纳税人缴纳的税收与国家提供的公共产品和服务之间不具有对称性；费则通常具有补偿性，主要用于成本补偿的需要，特定的费与特定的服务往往具有对称性。税收具有稳定性，而费则具有灵活性。税法一经制定，对全国具有统一效力，并相对稳定；费的收取一般由不同部门、不同地区根据实际情况灵活确定。

（3）用途不同。税收收入由国家预算统一安排，用于社会公共需要支出；而费一般具有专款专用的性质。

4. 税收的特征

税收作为一种分配形式，与其他分配形式相比，具有强制性、无偿性、固定性的特征。这些特性通常被称为税收三性。

（1）强制性。税收的强制性是指国家征税是凭借国家政治权力，通过颁布法律、法令进行的，是一种强制的课征。税法是国家法律的一个重要组成部分，任何人必须遵守税法，依法纳税，否则就要受到法律制裁。税收的强制性源于国家的政治权力。从征税主体——国家来说，这种分配是神圣不可侵犯的；从纳税主体——纳税人来看，纳税是一种义务，他必须绝对服从于国家的这种分配。但这种强制性并非国家的暴政，征纳双方都被纳入国家的法律体系之中，是一种强制性与义务性、法制性的结合。

（2）无偿性。税收的无偿性是指国家征税以后，税款即成为国家所有，不再直接归还给纳税人，也不向纳税人支付任何代价或报酬。税收的这种无偿性，同国家债务收入所具有的偿还性是不同的。然而，国家征税并不是最终的目的，国家取得的税款最终转化为财政支出用于各种公共物品，满足社会公共需要，纳税人总会或多或少从中获得利益，尽管其所获利益与所纳税款价值上不一定相等。所以，税收的无偿性并不是绝对的，而是一种无偿性与非直接、非等量的偿还性的结合。

（3）固定性。税收的固定性，指国家征税前，税法就预先规定了征税的对象及统一的比例或数额，税法所规定的这些征收标准，国家和纳税人双方都必须遵守。纳税人只要取得了税法规定的应该纳税的收入，发生了应该纳税的行为，或者拥有了应该纳税的财产等，就必须按照预定的标准如数纳税，不得不纳、少纳或迟纳；同样，征税机关也只能按照这个预定的标准征税，不能随意更改，不得多征，不能随意减免税或改变纳税时间、地点等。

税收的上述三个基本特征之间是密切联系、相辅相成的。税收的强制性决定着税收的无偿性，而税收的强制性和无偿性又决定和要求征收的固定性，三者是统一的。

5.1.2　税收的作用

税收最重要、最基本的作用是筹集财政收入，但国家通过税收也可以调节经济。所以人们又把税收称为一种经济杠杆。

1）筹集资金的作用

筹集资金是税收的基本作用，税收是国家取得财政收入的主要形式和工具，是保障国家机器运行的经济基础。税收在财政收入中一直占有很大的比重。目前，我国各项税收已占财政收入的 90％以上。税收在组织财政收入方面的重要性不仅表现在它所占的比重上，而且还由于它具有强制性、无偿性和固定性的特征，因而能够保证财政收入的及时、均衡和稳定。

2）税收是调节经济的重要杠杆

国家在征税取得财政收入的同时，还可以利用税收对国民经济发挥一定的调节作用，这种调节作用主要表现在以下几个方面。

（1）调节社会总需求或社会总供给，使二者之间能够不断保持平衡。保持社会总供给与总需求间的平衡是经济稳定和发展的前提，税收在这方面可以发挥一定的调节作用。①政府可以采取"相机抉择"的所得税政策来调节社会的供求总量。例如，当经济过热，出现总需求大于总供给时，政府可以提高个人所得税的税率，减少居民部分的可支配收入，从而降低个人的消费需求，使社会总需求与总供给趋于平衡。另外，政府这时还可以在企业所得税方面采取减税措施，增加企业的税后利润，刺激企业的投资，从而达到增加社会总供给的目的。②累进的个人所得税可以发挥"自动稳定器"的作用，使社会总需求与总供给不断地自动达到平衡。

（2）调节产品的供求结构，实现供求在结构上的平衡。税收在这方面的作用主要是通过影响企业的投资结构来改变产品的供给结构，实现供求在结构上的平衡。例如，政府可以对长、短线生产部门的产品规定不同的税率，以达到对不同部门的投资产生不同的奖限作用。不过，在市场经济条件下，企业的生产结构主要还应由市场机制来调节，税收调节只是在必要的情况下起一些辅助作用。

（3）调节商品的价格水平，实现国家的社会经济政策。流转税是间接税，税款会加到商品的消费者价格中去。因此，为了实现社会公平的政策目标，国家在对商品普遍征税时，可以对一些人民生活必需品实行较低的税率或彻底不征税，以降低这些商品的市场价格。另外，还可以对一些奢侈品额外征收消费税，以提高奢侈品的价格。

（4）调节企业的级差利润，为企业之间的公平竞争创造条件。例如，自然资源的开采企业其利润水平的高低受其开采的自然资源的地理位置、品位高低等自然条件的影响。自然条件比较好的开采企业就可能取得超过平均利润水平的级差利润，而这种级差利润并不是企业主观努力造成的，这时国家通过开征资源税可以调节企业的级差利润，把不属于企业主观努力得到的利润剔除，从而使各个企业处于一种平等的竞争环境中。

（5）调节企业或个人具有外部负效应的经济行为。企业和个人的生产或消费活动有时存在外部负效应或外部不经济的问题，这时，由于企业、个人的生产或消费的私人成本小于社会成本，其生产或消费的数量就会大于社会所希望的数量，而且在存在负的外部效应的情况下，企业或个人的经济活动还会给社会利益造成一定的损害。例如，企业因生产造成严重的污染，社会治理污染要支出大量的费用，但这部分费用并没有打入该排污企业的生产成本，从而出现生产的私人成本低于社会成本的现象。由于没有考虑治理污染的成本，企业的生产量就会过大，对这种外部负效应问题，政府可以通过征税的手段来加以解决。

（6）调节个人的收入水平。在市场经济条件下，个人之间的收入差距拉大是一种必然现象，因为市场分配机制是根据个人所拥有的要素种类及要素的价格在社会成员之间分配收入的，而每个人所拥有的要素种类和要素的禀赋并不完全相同，这样，收入差距拉大甚至出现贫富悬殊就在所难免，也可以说这是一种经济上的公平。所以，政府从社会公正的角度要对社会的收入分配进行一定的干预，征收个人所得税就是一种干预的有效手段。

3）反映和监督的作用

税收的反映和监督作用，是通过税收征管、检查、审计等工作所提供的经济信息，对经济领域中的各种活动进行的反映和监督。税收涉及社会再生产的各个领域，在征收过程中，可以了解企业的盈利和生产流通状况；对纳税人如实申报与登记的各项经济指标进行检查核实，可以获得第一手资料，从而为国家经济决策提供大量的经济信息。同时，还可以通过对税收纪律的检查、督促和制裁，严肃处理经济领域中的各种不法行为。

5.1.3　税收负担

税收负担指整个社会或单个纳税人（自然人和法人）实际承受的税款，它表明国家课税对全社会产品价值的集中度及税款的不同分布所引起的不同纳税人的负担水平。依据考察的层次不同，税收负担主要分为宏观税收负担和微观税收负担。前者主要研究一国当年征收的税收总额与社会产出总量或总经济规模之间的对比关系，即社会的总体税负水平；后者主要研究单个纳税人向国家缴纳的税收与其产出的对比关系，即企业或个人的税负水平。由于流转税下纳税人与赋税人往往不一致，因此研究微观税负不能不考虑税负转嫁问题。

1. 宏观税收负担

税收负担要适度合理，这既是税收的本质要求，也是制定、执行税收制度和政策的基本原则。因此，在需要与可能的权衡中，确定一个合理的宏观税负水平是一个重要的理论和实际问题。由于一国的经济总规模可以用国民生产总值、国内生产总值及国民收入来表示，因此，衡量宏观税收负担的指标主要有国民收入税收负担率、国民生产总值税收负担率和国内生产总值税收负担率。

（1）国民收入税收负担率。是指一定时期内税收收入总额与国民收入总额的比率（T/NT）。其中，国民收入是一个国家在一定时期（通常为 1 年）内物质生产部门新创造的价值。

$$国民收入负担率(T/NT) = (税收收入总额/国民收入总额) \times 100\%$$

（2）国民生产总值税收负担率。是指一定时期内税收收入总额与国民生产总值的比率（T/GNP）。其中，国民生产总值是以一个国家的居民为依据计算的生产总值，包括居民在国境内外的全部最后产值和劳务总量，但不包括国境内非居民的部分。

$$国民生产总值负担率(T/GNP) = (税收收入总额/国民生产总值) \times 100\%$$

（3）国内生产总值税收负担率。是指一定时期内税收收入总额与国内生产总值的比率（T/GDP）。其中，国内生产总值是以国土范围为依据计算的生产总值，包括国家领土范围内居民和非居民的全部最后产值和劳务总量，但不包括居民在国境外的部分。

$$国内生产总值负担率(T/GDP) = (税收收入总额/国内生产总值) \times 100\%$$

各个国家的国情不同，宏观税负水平也不同，即使是同一国家，在不同的历史时期宏观税负水平也不是一成不变的。

2. 微观税收负担

微观税收负担按负税主体可分为企业税收负担和个人税收负担。

企业税收负担是指企业承受的税款。反映企业税收负担的指标可分为两大类，一类是企业整体税负率，一类是企业个别税种的税负率。通常采用以下指标反映企业整体税负率。

（1）企业税收总负担率＝（各种纳税总额/同期销售收入）×100％。

（2）企业净产值税收负担率＝（各种纳税总额/净产值）×100％。

若从税种的角度考察企业税收负担水平，通常采用的指标是：

（3）企业流转税负担率＝（流转税总额/同期销售收入）×100％。

（4）企业所得负担率＝（所得税额/同期利润所得和其他所得总额）×100％。

由于流转税存在转嫁问题，纳税人不一定是最后负税人，所以指标（3）只能反映企业名义的流转税负担率。

个人税收负担是指个人承受的税款。个人的税收负担来自多方面，如个人所得税、消费税、财产税等；另一方面，个人在购买消费品时，还负担被转嫁的流转税，如增值税、营业税等。由于税负转嫁的大小、难易程度不同，个人消费行为不定，再加上统计资料的困难，个人真实的综合税收负担率是无法计算的。可能有实际意义的指标是个人所得税负担率（个人所得税/同期个人所得总额）。采用这一指标，可就全体个人的税负来分析，也可以分高收入、中收入、低收入组别进行分析，以反映个人所得税对收入调节的程度，通过高收入者与低收入者税前、税后的收入差距对比，判断税收的收入分配效应。

5.1.4　税负的转嫁与归宿

1. 税负转嫁与归宿的概念及形式

所谓税负转嫁，就是纳税人不实际负担国家课于他们的税收，而通过购入或卖出商品价格的变动，将全部或部分税收转移给他人负担的过程。税负归宿是税负转嫁过程的终点，也是税收负担的实际承受者。这样就产生了纳税人可以是负税人、部分负税人和非负税人的不同情况。

税负转嫁的形式主要有以下几种。

（1）前转（顺转）。纳税人在进行交易时，按课税商品的流转方向，用提高价格的办法，把所纳税款向前转嫁给商品的购买者或消费者。这是税负转嫁的基本形式。

（2）后转（逆转）。纳税人用压低价格的办法把税款向后转嫁给货物或劳务的供应者。例如，纳税人通过压低购进原材料价格将税负转嫁给原材料生产者。

（3）混转（散转）。对一个纳税人而言，前转和后转可以兼有，也就是将税款一部分向前转嫁给商品购买者，另一部分向后转嫁给商品供应者。

（4）辗转转嫁，即转嫁行为发生多次。

（5）税收资本化。税负转嫁的一种特殊形式。即应税物品（主要是土地和其收益来源较具永久性的政府债券等资本品）交易时，买主将物品可预见的未来应纳税款从所购物品价格中做一次性扣除，此后名义上虽由买主按期纳税，实际上税款由卖主负担。

（6）消转，又称转化。指纳税人用降低课税品成本的办法使税负从新增利润中得到抵补。这既不是提高销价的前转，也不是压低购价的后转，而是通过改善经营管理、提高劳动生产率等措施降低成本、增加利润而抵消税负，所以称为消转。消转实质上是用生产者应得的超额利润抵补税收，实际上不转嫁，由纳税人自己负担。

2. 税负转嫁与供求弹性的关系

税负转嫁的程度取决于征税后的价格变动。如果征税后价格提高，税负就由卖方前转给买方；价格不变，税负就由卖方自己负担；价格上升幅度与税额相等，税负就全部转嫁；价格上升幅度小于税额，税负就发生部分转嫁；价格上升幅度大于税额，税负就全部转嫁，卖方还可获取额外利润，价格降低，税负就由卖方负担，且有可能损失部分利润。

而由征税引起的价格变动的程度，取决于商品的需求弹性和供给弹性。需求弹性即需求对价格的弹性，反映由价格变动所引起的需求量变动的程度。即：

$$E_{dp}=\frac{\Delta Q_d}{Q_d}\Big/\frac{\Delta P}{P}=\frac{\Delta Q_d}{\Delta P}\times\frac{P}{Q_d}$$

其中，E_{dp} 为需求弹性，Q_d 为需求量，ΔQ_d 为需求变动量，P 为价格，ΔP 为价格变动量，$\Delta Q_d/Q_d$ 为需求量变动系数，$\Delta P/P$ 为价格变动系数。需求弹性系数绝对值大于 1 为弹性高，小于 1 为缺乏弹性，等于 1 为有单位供给弹性，等于 0 为完全无弹性，等于 ∞ 为完全有弹性。一般说来，需求弹性越大，通过提高卖价把税负向前转嫁给购买者或消费者越困难。因为需求量对价格变动很敏感，价格上升一点，就会引起需求量的大幅度下降，卖者的销售量减少，利润下降。相反，需求弹性越小，税负越容易转嫁由购买者或消费者负担。例如，生活必需品价格再高，人们也要保证基本的生活需要。在这种情况下，购买者或消费者选择余地不大，税负容易转嫁。

供给弹性即供给对价格的弹性，反映价格变动所引起的供给量变动的程度。即：

$$E_{sp} = \frac{\Delta Q_s}{Q_s} \bigg/ \frac{\Delta P}{P} = \frac{\Delta Q_s}{\Delta P} \times \frac{P}{Q_s}$$

其中，E_{sp} 为供给弹性，Q_s 为供给量，ΔQ_s 为供给变动量，P 为价格，ΔP 为价格变动量，$\Delta Q_s/Q_s$ 为供给量变动系数，$\Delta P/P$ 为价格变动系数。供给弹性系数绝对值大于 1 为弹性高，小于 1 为缺乏弹性，等于 1 为有单位供给弹性，等于 0 为完全无弹性，等于 ∞ 为完全有弹性。某种产品的供给弹性高，意味着该产品的生产者能适应市场的变化调整生产结构，因而在与原材料厂商及消费者关系上处于比较主动的地位，易于把税负转嫁出去。相反，供给弹性低，则不易转嫁。

总之，税负转嫁的主要途径是价格的变动，转嫁的幅度取决于供求弹性。在其他条件不变时，就供给和需求的相对弹性来说，哪方弹性小，税负就向哪方转嫁，供给弹性等于需求弹性时，税负由买卖双方平均负担。

5.2　税收分类

税收按不同的标准可以分为不同的种类，对税收进行一定的分类有助于人们研究税收结构问题。通常税收有以下几种分类方法。

1. 按课税对象的性质分类

税收按课税对象不同可以分为流转税、所得税、财产税、资源税和行为税五大类。

（1）流转税。也称商品税，它是以流通中的商品为课税对象的税类。由于这类税的计税依据为流转额，所以又被称为流转税。流转税是一个税类，包括增值税、消费税、关税等一些具体的税种。目前，流转税是中国税收制度的主体，在全部税收中约占 60%。

（2）所得税。所得税作为一个税类是指对纳税人的收益或净收入进行的课税。所得税在国外主要包括两个税种，一是企业所得税，即对法人课征的所得税；二是个人所得税，即对自然人课征的所得税。另外，有人也将社会保险税看作是所得税，因为社会保险税是对雇主和雇员就雇员的工资薪金课征的税收，其课税对象也是所得额，但社会保险税又是一种目的税，其收入专款专用于社会保险计划，这一点又不同于一般的所得税。所得税在一些发达国家是税收制度的主体，但在发展中国家一般不在税制中占主体地位。目前中国的所得税只占全部税收收入的 25% 左右。

（3）财产税。财产税是对财产价值课征的税收。它分为一般财产税和特别财产税。一般财产税要对纳税人的全部财产价值课税，课税对象包括动产和不动产，一般财产税又称财富税。特别财产税一般只对土地、房屋等不动产进行课税。财产税不仅可以对纳税人拥有的财产课税，而且也可以对纳税人转移的财产课税，如遗产税、赠与税就是对纳税人转移的财产进行的课税。财产税包括遗产税、房产税、契税、车辆购置税和车船使用税等。

（4）资源税。资源税是以自然资源为课税对象的税收。企业或个人开采自然资源，利润率高低在很大程度上要取决于其开采的自然资源的品位状况和开采条件，有的企业或个人开采的资源状况好，开采成本低，就可能取得高于同行业水平的利润。目前，我国开征的资源税采用差别定额税率，同一种自然资源，开采企业不同，其适用的定额税率就不一定相同，自然资源的条件越好，企业适用的税率就越高。

（5）行为税。行为税是指以某种特定行为为课税对象的税类。开征这类税是为了贯彻国家某项政策的需要。目前，中国开征的行为税有：印花税、城市维护建设税及烟叶税。

2. 按税收的计量标准分类，可以分为从价税与从量税

从价税是以课税对象的计税价格（销售收入）为课税标准的税收。从量税是以课税对象的实物单位数量（数量、重量、容量等）为课税标准的税收。从税率的使用情况看，从价税使用比例税率，而从量税使用定额税率。例如，我国的增值税属于从价税；资源税和对啤酒、黄酒、汽油、柴油课征的消费税则属于从量税。

3. 按税收与价格的关系分类，可分为价内税与价外税

凡税金构成价格组成部分的，属于价内税。凡税金作为价格以外附加的，则属于价外税。与之相适应，价内税的计税价格称为含税价格，价外税的计税价格称为不含税价格。

一般认为，价外税比价内税更容易转嫁，价内税课征的侧重点为厂家或生产者，价外税课征的侧重点是消费者。西方国家的消费税大都采用价外税的方式。中国的流转课税以价内税为主。如消费税，课征时必须要将消费税税款包含在消费税的计税价格中，如在商品进口环节课征消费税时，消费税的计税价格中除了要包括到岸价格和关税税额之外，还应包含消费税税金，这时就需要计算出包含消费税税金的组成计税价格，即：

$$组成计税价格＝（关税完税价格＋关税）/（1－消费税税率）$$

我国的增值税就是价外税，即增值税的计税价格中不应含有增值税税金。假如企业采用销售额和增值税销项税额合并定价，销售收入中含有增值税税金，则应将增值税的税金从销售收入中剔除，得出增值税的计税依据。即：

$$应税销售额＝含税销售额/（1＋增值税税率）$$

4. 按税负能否转嫁分类，可分为直接税与间接税

税负转嫁是指纳税人通过提高价格等手段把税款转移给他人负担的一种经济行为或经济现象。按照税负能否转嫁，可将税收分为直接税和间接税两类。税款不能或很难转嫁的税收属于直接税，这类税收的纳税人也就是负税人，税款由负税人直接向税务机关缴纳。税款能够或很容易转嫁的税收称为间接税，这类税收的纳税人一般并不是负税人，或者说，负税人虽不直接向税务机关纳税，但却要负担税款，这实际上等于负税人间接地向税务机关缴纳了税款。一般认为，所得税和财产税属于直接税，这两类税的税款不容易转嫁；而商品税（流转税）则属于间接税，其税款很容易通过提高价格的办法转嫁出去，尤其是对需求价格弹性小的商品课征的商品税更容易转嫁。商品税的负税人往往是商品的最终消费者，消费者通过购买商品间接缴纳了商品税。

5. 按税收的管理权限分类，可分为中央税、地方税和中央地方共享税

中央税与地方税的划分在不同国家有所不同。有些国家的地方政府拥有税收立法权，可以自行设立税种，这种税显然是地方税，而中央政府开征的税种属于中央税。有些国家的税种由中央政府统一设立，但根据财政管理体制的规定，为了调动地方的积极性，将其中的部分税种的管辖权和使用权划给地方，称为地方税；而归中央管辖和使用的税种属中央税。此外，有的国家还设立共享税，其税收收入在中央与地方之间按一定比例分成。

自 2016 年 5 月 1 日起，我国全面实施营改增，属于中央税的税种有：消费税、车辆购

置税、关税、船舶吨税、进口环节增值税。属于地方税的有 8 个税种：城镇土地使用税、耕地占用税、土地增值税、房产税、车船税、契税、烟叶税、环境保护税。

中央和地方共享税有 6 个税种，分别为：国内增值税（营改增部分按 50％∶50％分享，其他部分按 75％∶25％分享）；企业所得税（铁道、银行总行及海洋石油企业缴纳的归中央，其余按 60％∶40％分享）；个人所得税（存款利息所得归中央，其他按 60％∶40％分享）；资源税（海洋石油企业缴纳的归中央，其他归地方）；城市维护建设税（铁道、银行总行、保险公司集中缴纳的归中央，其他归地方）；印花税（证券交易印花税 97％归中央，3％归地方）。

6. 按税收收入是否规定专门用途分类，可分为一般税和特定用途税

税收按其是否规定有专门的用途可以分为一般税和特定用途税。一般税的收入没有特定的用途，可以为政府的一般预算支出筹资。例如，我国征收的增值税、消费税、个人所得税等就都属于一般税。特定用途税又称为目的税，是税款有指定用途不可挪作他用的税收。例如，一些国家征收的社会保险税即为特定目的税，它的收入要专款专用于养老金等社会保险方面的支出，即使税款有结余也要储存在专门设立的基金中，不可为政府的其他预算支出筹资。我国目前还没有开征社会保险税，但我国预算中的教育费附加收入有些类似于特定用途税，因为，教育费附加收入是以增值税、消费税这两大流转税税金为计征依据征收的，实际上已具有税收的性质；同时，教育费附加收入要专门用于一般预算中的教育费附加支出，具有专款专用的性质。

此外，还有其他一些税收分类。例如，按税收收入的形态分类，可分为实物税和货币税。凡税款以实物形式缴纳的称为实物税，以货币形式缴纳的称为货币税。按税收的管辖对象分类，可分为国内税和涉外税，国内税的纳税人是国内企业或公民，而涉外税的纳税人是三资企业或外国人等。

5.3　税制结构与税收制度

5.3.1　税制结构

1. 税制结构的概念与分类

税制结构是指由若干个不同性质和作用的税种组成的具有一定功能的税收体系。以税种的多少为标准，税制结构可分为单一税制结构和复合税制结构。

单一税制结构是指只有一个税种的税收体系。这种税制结构在实践中几乎未推行过，只是一种理论上的主张，因而税收学上通常称之为单一税论。在不同的历史阶段，单一税论的主张也不同，有单一土地税论、单一消费税论、单一财产税论、单一所得税论等。

复合税制结构是指由多个税种构成且主次有序、相辅相成的税收体系。在复合税制结构中，各个税种的地位和作用是不同的，其中在税收收入中所占的比重较大、在税收调节经济活动中起主导作用的税种即为主体税种，其余处于次要或辅助地位的税种即为辅助税种。主体税种是税制结构的灵魂，也是区别不同税制结构的重要标志。

从理论上说，主体税种可以只有一个，也可以有多个，而且任何税种都可以充当主体税

种。但在税制实践中，大多数国家实行单一主体税种的税制结构，不过也有少数国家实行了双主体税种的税制结构，而且，充当主体税种的通常是流转税、所得税及财产税等。

1）以全值流转税为主体税种的税制结构

其特点是：在税制体系中，流转税居主要地位，发挥主导作用，其他税种居次要地位，起辅助作用。由于全值流转税是以商品和非商品的流转额为课税对象的，只要有商品或劳务的流转额发生，就能课征到税款。所以，这类税制征税范围广，而且不受生产经营成本费用变化的影响，税源充裕，不仅可以保证财政收入的及时性和稳定性，而且征管比较简便。在实行价内税的情况下，这类税的税金又是价格的组成部分，它能够与价格杠杆配合，调节生产消费，并在一定程度上调节企业的盈利水平。

其缺点是：税负转嫁，重复征税等。

2）以增值流转税（增值税）为主体税种的税制结构

其特点有：在税制体系中，增值税占主体地位，发挥主导作用。由于增值税是以商品或劳务流转的增值额为课征对象，因此以增值税为主体税种的税制结构既区别于以全值流转税为主体税种的税制结构，也不同于以所得税为主体税种的税制结构。在这类税制结构中，增值税征税范围广，涉及生产流通的各个阶段，对社会经济生活能够起普遍调节作用；在实行凭发票抵扣进项税额制度并实行电脑化征管的前提下，增值税征税过程会产生纳税人之间互相监督、连锁牵制的自动勾稽效应，能够有效地防止偷漏税或随意减免税，能够较充分地保证财政收入；而且在规范的增值税制度下，增值税的征收对经济运行呈中性影响，对生产者的决策和消费者的选择不产生干扰，因此，能在较大程度上保证市场机制的运转，保证自然资源的合理配置。

其不足之处有：税收成本相对较高，难以按国家社会经济政策和产业政策要求对社会经济的发展起调节作用。

3）以所得税为主体税种的税制结构

其特点是：在税制体系中，所得税居主体地位，发挥主导作用。由于这类税制结构对纳税人的纯收入课征，并且实行"多得多征，少得少征，无所得不征"的征税原则，因此，很好地体现了税收的公平原则，对收入分配起到了较好的调节作用。另外，由于所得税通常采用超额累进的税率制度，其具有"自动稳定器"的功效，对宏观经济的稳定发展起到了良好的作用：在经济发展的高涨时期，它能够通过税率的自动爬升，把更多的收入从纳税人手中征集到政府手中，从而降低整个社会的需求能力，在一定程度上缓解经济过热的局面，保持总供给与总需求的平衡；在经济萧条时期，它又能够通过税率的自动降低，把更多的收入留在纳税人手中，从而提高社会的购买能力，在一定程度上刺激了社会需求回升。

其缺陷是：由于是对纯收入课税，它在客观上受制于经济发展水平与经济发展效益，在主观上则受制于税收的征收管理水平。当经济发展水平不高、经济效益低下且税收征管水平有限时，采用这种税制结构难以保证国家税收收入的需要。

4）以流转税和所得税为双主体税种的税制结构

其特点是：在税制体系中，流转税和所得税并重，均居主体地位，并且作用相当，互相协调配合。它在发挥流转税征税范围广、税源充足、保证财政收入的及时性和稳定性、征收简便的同时，也能够发挥所得税按负担能力大小征收、自动调节经济和公平分配等特点，形成两个主体税种优势互补的局面。这类税制结构不仅在发展比较快的发展中国家采用，而且也开始引起一些发达国家的重视。

5）以财产税为主体税种的税制结构

其特点是：在税制体系中，财产税充当筹建国家税收收入和调节社会经济生活的主要手段，而流转税和所得税等只起辅助作用。财产税是古老的税种，在商品经济不发达的奴隶社会和封建社会中曾经发挥过重要的作用。但是，随着社会的进步和商品经济的发展，由于在组织收入、促进效率和调节公平等方面的局限性，它在整个税收体系中的地位逐渐降低，作用逐渐减弱。以财产税为主体税种的税制结构也不再被采用，财产税只是被作为一般的辅助税种在存量资产领域发挥作用。

2. 市场经济条件下中国税制结构的选择

关于在市场经济条件下中国该选择何种税制结构，目前主要有以下观点。

观点一：主张实行以流转税为主体税种的税制结构。理由是：这种税制结构能较大地满足国家财力的需要，并在中国市场发育不完善的情况下发挥税收的经济作用，较适合中国当前的税收征管水平。

观点二：主张实行以所得税为主体税种的税制结构。理由是：这种税制结构较能实现税负的公平，保证社会主义市场机制的正常运转，并通过"自动稳定器"的作用发挥税收的宏观调控功能。

观点三：主张实行以流转税和所得税为双主体税种的税制结构。理由是：这种税制结构更适应我国社会主义初级阶段的社会生产力水平和社会经济结构，可更好地发挥税收的财政经济双重职能和作用。

观点四：主张实行以流转税为主、以所得税为辅的税制结构。理由是：在社会发展的现阶段，流转税在组织收入和调节经济方面都发挥着比所得税更重要的作用，所得税只能暂时处于辅助地位。

那么，中国到底应该选择哪一种税制结构呢？根据实事求是、有利于经济发展、有利于税收财政经济双重功能发挥及有利于社会主义初级阶段经济环境的原则，中国应当坚持实行流转税与所得税并重的多种税、多环节的复合税制结构。从税制结构的功能上看，这种双主体税制是一种优势互补、协调搭配的理想税制。在这种税制结构下，可以发挥流转税与所得税各自的优点，克服各自的缺点，使之相得益彰。流转税以商品流转额和非商品流转额为课税对象，税基雄厚，征收面广，在组织财政收入方面具有其他税种无法比拟的优势，尤其是在中国目前人均国民收入水平低，经济效益不高的情况下更是如此。因此，以流转税为主体税种有利于保证国家财政收入的均衡、可靠与稳定增长。但是，流转税在调节经济方面有一定的局限性，它本身所具有的税负累退的特点也使得这种税制结构不利于公平税负原则的贯彻，而选择所得税为另一主体税种则可以弥补其不足。

5.3.2 税收制度

税收制度是国家规定的税收法规、条例和征收办法的总称。税收制度由纳税人、课税对象、纳税期限与纳税环节、税率、附加和减免、违章处理等基本要素构成。

1. 纳税人

纳税人是税法规定的直接负有纳税义务的单位和个人，任何一种税法都要明确规定该税的纳税人是谁。如增值税法规定，一切从事销售或进口货物、提供应税劳务的单位和个人都是增值税的纳税人。但纳税人和负税人并不是同一个概念，负税人是最终负担税款的单位或个人，负税人并不一定是税法中规定的纳税人，如增值税的负税人一般是产品的最终消费者，而不是税法规定的销售或进口货物的单位或个人（纳税人）。当然，对有些税种而言，纳税人和负税人是一致的。例如，个人所得税的纳税人就一定是负税人，这里的关键问题是税款能否转嫁，当税款可以完全转嫁出去时，纳税人就不等于负税人。

2. 课税对象

课税对象又称征税对象，它是纳税的客体，是国家征税的依据。每种税都有自己的课税对象。例如，所得税的课税对象是所得额；商品税的课税对象是商品；财产税的课税对象是财产。在实践中，税种的划分主要是依据课税对象的不同来进行的，可以说，课税对象是一种税区别于其他种税的主要标志。如商品税、所得税、财产税就是按照课税对象来划分的。

与课税对象密切相关的一个概念是税目，税目是课税对象的具体项目，它是对课税对象的具体划分。例如，所得税的课税对象是所得额，工资薪金、股息、利息、劳务费等就是税目，它们是所得额的具体的划分。有了税目，就比较容易规定征税的范围。还有中国消费税规定对香烟、酒类产品、成品油等14类消费品征收消费税。这14类消费品就是消费税的税目。税法通过指定税目就可以比较容易地确定征税范围。

3. 纳税期限与纳税环节

纳税期限是指纳税人的纳税义务发生以后必须向税务机关缴纳税款的时间期限。超过规定的期限，纳税人就要受到一定的处罚。例如，我国增值税法规定，增值税的纳税期限为1日、3日、5日、10日、15日或1个月。纳税人的具体期限由主管税务机关根据纳税人的应纳税额的大小分别核定，假定某个企业的增值税纳税期限是1个月，则在一笔纳税义务发生后的1个月内纳税人必须就这笔纳税义务向税务机关缴纳税款。显然，要严格遵守纳税期限，就必须了解纳税义务发生的时间，这在每个税法中都有明确的规定。例如，增值税的税法规定，纳税人销售货物或者应税劳务，其纳税义务发生的时间为收讫销售款或者取得索取销售款凭据的当天。

纳税环节是指商品从产制到零售的流通过程中国家对其课税的具体环节。例如，消费税的纳税环节一般为产制环节（金银首饰、钻石及钻石饰品除外，它们的纳税环节为零售环节），即生产企业销售应税消费品就要缴纳消费税。我国的增值税为多环节增值税，纳税环节包括产制、批发、零售和进口。

4. 税率

税率是税额与课税对象数额（计税依据）之间的比例。计税依据是征税时的具体课税标准。例如，商品税的计税依据为商品流转额；所得税的计税依据为减除税法规定的成本费用以后的应税所得额；计税依据与税率的乘积等于应纳税额。所以，在计税依据一定的情况下，税率越高，应纳税额就越大。由于税率决定着纳税人的税收负担，关系到国家的税收收入，所以税率是税收制度的中心环节。我国现行的税率可以分为三大类。

1）比例税率

顾名思义，比例税率是采用比例数形式的税率，在比例税率的情况下，不论课税对象数额的大小，都按同一个比例征税。例如，化妆品的消费税税率是30%，生产企业销售化妆品无论是销售 100 万元还是 1 000 万元，都要按 30％的税率纳税。比例税率一般适用于商品课税（流转课税）。

2）累进税率

累进税率是一种多档次的比例税率。在累进税率下，课税对象数额被分为若干个级次，每个级次分别规定一个税率，课税对象的数额越大，其对应的税率就越高。累进税率一般适用于所得税的征收。

累进税率从实际应用方法来看又可以分为全额累进税率和超额累进税率两种。全额累进税率是指把课税对象划分为若干等级，由低到高分别规定税率，在使用累进税率表时课税对象的全部数额都要按照与之对应的一个税率纳税。超额累进税率是指把课税对象的数额划分为若干个等级，由低到高分别规定税率，课税对象中的不同等级部分要分别按照与之对应的税率纳税，分别计算税额，一定数额的课税对象可以同时适用几个等级的税率。

全额累进税率与超额累进税率各有不同的特点。

（1）在名义税率相同的情况下，全额累进税率的累进程度高，税负重；超额累进税率的累进程度低，税负轻。因为全额累进税率要求课税对象的全部数额都要按照与较高级距对应的税率纳税，而超额累进税率则要求分段计税，课税对象中较低级距部分的数额可以按照较低的税率纳税，课税对象中只有最高级距部分的数额才需按照与之对应的较高的税率纳税。

（2）全额累进税率在课税对象数额级距的临界点附近税负会出现跳跃性，即税负的增加可能会大大超过课税对象数额的增加，这种税负的跳跃是很不合理的。而超额累进税率由于分段计税，课税对象数额增加超过某个级距，则只有超过的部分才适用较高的税率，从而大大地缓解了税负的跳跃。

（3）全额累进税率条件下税额的计算简便；而在超额累进税率情况下，由于需要分段计税，所以税额计算起来就比较复杂。

由于超额累进税率的税负较轻，累进程度较低，税负不存在明显的跳跃性，所以在实践中得到了普遍采用。例如，我国的个人所得税对工资薪金所得、个体户的生产经营所得和对企事业单位的承包经营和承租经营所得实行的就是超额累进税率。为了解决超额累进税率条件下税额计算复杂的问题，实践中可以采用一种运用"速算扣除数"的办法。所谓"速算扣除数"，是指按全额累进税率计算的税额减去按超额累进税率计算的税额之间的差额。用公式表示为：

$$速算扣除数＝全额累进税额－超额累进税额$$

当累进税率确定以后，人们就可以计算出每个级距的速算扣除数。这样，当按照超额累进税率计算一定数额的课税对象的应纳税额时，只需将课税对象的全部数额乘以课税对象数额中的最高级距所对应的税率，然后再减去该级距对应的速算扣除数即可。

3）定额税率

定额税率是指根据课税对象的一定实物单位直接规定一个应纳税额。例如，我国消费税规定，汽油的税率是每升 0.2 元；啤酒的税率是每吨 220 元。又如，资源税的税法规定，北方海盐的税率为每吨 25 元。这些都属于定额税率。定额税率是根据课税对象的实物单位确定的，计算应纳税额十分简便。但因它与价格无关，所以，当通货膨胀比较严重时，使用定额税率的税种，其税收收入并不会随物价大幅度增长而相应提高，这是定额税率最大的缺点。

5. 附加、加成和减免

附加、加成和减免都是调节纳税人税收负担的灵活性措施。附加和加成属于加重纳税人税收负担的措施；减免属于减轻纳税人税收负担的措施。税法中规定附加、加成和减免措施，是为了把税收制度的严肃性与必要的灵活性结合起来，使税收制度得到更好的贯彻。

1）附加

附加是地方附加的简称，是指地方政府在正税之外附加征收一部分税款，作为地方政府的收入来源。例如，2008 年以前的企业所得税的正税税率为 30%，地方附加税规定为 3%，这样，该税的合并税率为 33%。

2）加成

加成是加成征收的简称，是国家出于某种政策性考虑而对特定纳税人加税的一种措施。加一成等于加正税税额的 10%，加两成等于加正税税额的 20%，依此类推。例如，我国的个人所得税对劳务报酬所得就有加成征收的规定，即对劳务报酬的应纳税所得额一次超过 2 万元到 5 万元的部分，应纳税额加征五成；超过 5 万元的部分，加征十成。这样，劳务报酬所得实际上适用 20%、30%、40% 的三级超额累进税率。

3）减免

税收的减免措施包括以下几个方面。

（1）减税、免税。减税就是减征部分税款；免税即免交全部税款。例如，我国以前的外商投资企业和外国企业所得税的税法中就有一些减税、免税的规定：生产性外商投资企业，经营期在 10 年以上的，从开始获利的年度起，第一年和第二年免征企业所得税，第三年至第五年减半征收企业所得税。

（2）起征点、免征额。起征点是指税法中规定的课税对象开始被征税的起点，课税对象的数额达不到起征点不对其征税，超过了起征点要对课税对象的全部数额征税。例如，2018 年 7 月 11 日，财政部、国家税务总局联合发文，规定自 2018 年 1 月 1 日至 2020 年 12 月 31 日，符合条件的小型微利企业①，年应纳税所得额低于 100 万元（含 100 万元）的，其所得减按 50% 计入应纳税所得额，按 20% 的税率计算缴纳企业所得税。

免征额是指税法规定的课税对象中可免予征税的数额，课税对象的数额超过了免征额，国家只对超过免征额的部分征税。例如，中国个人所得税对中国居民的境内工资薪金所得规定有每月 3 500 元的免征额，如果某人的月工资收入低于 3 500 元，不纳税；月工资收入超过了 3 500 元，只需就超过 3 500 元的部分纳税。

6. 违章处理

违章处理是指税法中规定的对纳税人违反税法的行为给予的处罚。它是维护税收强制性和税法严肃性的重要保证。纳税人的违章行为包括：偷税、欠税、骗税、抗税等。偷税是指纳税人有意识地采取一些非法的手段不交或少交税款的行为。中国《税收征管法》规定：纳

---

① 小型微利企业，是指从事国家非限制和禁止行业，并符合下列条件的企业：（1）工业企业，年度应纳税所得额不超过 100 万元，从业人数不超过 100 人，资产总额不超过 3 000 万元；（2）其他企业，年度应纳税所得额不超过 100 万元，从业人数不超过 80 人，资产总额不超过 1 000 万元。

税人采取伪造、变造、隐匿、擅自销毁账簿、记账凭证，在账簿上多列支出或者不列、少列收入，或者进行虚假的纳税申报的手段，不缴或者少缴应纳税款的，是偷税。欠税是指纳税人不按规定的纳税期限缴纳税款。骗税是指企事业单位利用假报出口等欺骗手段，从中骗取国家的出口退税。抗税是指以暴力、威胁方法拒不缴纳税款的行为。对于纳税人的各种违章行为，《税收征管法》中都规定有处罚措施，如处以罚款、由司法机关追究刑事责任等。

5.4 中国税收制度的改革

1949 年 11 月，首届全国税务会议在北京召开，制定了《全国税政实施要则》，并于1950 年 1 月颁布施行。随着中国社会、经济、政治的发展，税收制度也发生了多次变革。

5.4.1 计划经济时期的税制改革

1. 1950 年统一全国税制

为了统一全国税政，建立新税制，中央人民政府于 1949 年 11 月在北京召开了首届全国税务会议，制定了《全国税政实施要则》，并于 1950 年 1 月公布执行。这一要则规定，除农业税外，全国统一开征 14 种工商税。新税制的确立，保证了当时国家财政的需要，促进了国民经济的发展，也基本上做到了统一课税、税负公平，从而为我国税制的进一步发展和建设奠定了良好的基础。

2. 1953 年的修正税制

从 1953 年起，中国进入了第一个五年计划时期。随着形势的变化，出现了原有税制与经济结构、经营方式变化不适应的矛盾。这次税制修正的内容有：①试行商品流通税；②修订货物税和营业税；③取消特种消费行为税，取消或停征除牲畜交易税以外的其他交易税。

3. 1958 年的税制改革

1956 年中国完成了社会主义改造，社会经济结构由多种经济成分并存转变为基本单一的社会主义公有制经济，因而建立在原有经济结构基础上的税制必须改革。这一次改革的原则是"基本上在原有税负基础上简化税制"。具体内容包括：①实行工商统一税，取代原有的商品流通税、货物税、营业税和印花税；②建立工商所得税，即把原有的工商业税中的所得税改为一个独立的税种；③统一全国农业税制度。

4. 1973 年的工商税制改革

"文化大革命"时期，由于受"非税论"和"左"倾思想的影响，财政税收制度被当作"管、卡、压"的工具而受到批判。1973 年工商税制改革继续贯彻"简化税制"原则。主要内容如下。①合并税种。把工商统一税及其附加、对企业征收的城市房地产税、车船使用牌照税、盐税和屠宰税合并为工商税。合并以后，对国有企业只征收工商税，对集体企业只征收工商税和工商所得税。②简化税目税率。税目由原来的 108 个减为 44 个，税率由原来的141 个减为 82 个。③简化征收办法。

经过 1973 年的税制改革，中国的税制结构实质上已从复合税制转向单一税制。税收只是筹集财政资金的一种形式，其他作用已基本消失。

5.4.2　有计划商品经济时期的税制改革

从 1979 年开始的税制改革主要包括以下内容：①在流转税方面，将原工商税按性质划分为产品税、增值税、营业税和盐税，对关税进行了适当改革；②在所得税方面，陆续开征了国有企业所得税、集体企业所得税、城乡个体工商户所得税、私营企业所得税、个人收入调节税等；③在财产和资源税方面，陆续恢复和开征了城市房产税、土地使用税、车船使用税、资源税等；④在行为和目的税方面，陆续开征了燃油特别税、建筑税（后改为固定资产投资方向调节税）、奖金税、国有企业工资调节税、城市维护建设税、筵席税等；⑤在涉外税收方面，陆续开征了中外合资经营企业所得税、外国企业所得税（后来这两种税合并为外商投资企业和外资企业所得税）、个人所得税。经过以上改革，已经形成了包括 30 多个税种的多种税、多环节、多层次的复合税制体系，使税收成为财政收入的主要来源和形式，成为国家调节经济的重要杠杆。

5.4.3　社会主义市场经济时期的税制改革

1. 原工商税制的不足

原工商税制仍存在一些不完善之处，不能完全适应发展市场经济的要求。主要表现在：①税负不公平，不利于不同所有制、不同地区、不同企业和产品之间的公平竞争；②国家和企业的分配关系犬牙交错，很不规范；③中央与地方在税收收入与税收管理权限划分上，不能适应分税分级财政体制的要求，地方税收体系不健全且规模过小，权力有限；④税收调控的范围和力度，不能适应生产要素全面进入市场的要求，税收对资金市场和房地产市场等领域的调节，还远远没有到位；⑤内外资企业分别实行两套税制，矛盾日益突出；⑥税收征管制度不够科学严密，征管手段落后，税收流失现象较为严重。

2. 1994 年税收制度的全面改革

1994 年工商税制改革的总体指导思想是：统一税法、公平税负、简化税制、合理分权，规范分配方式，理顺分配关系，强化税收的组织收入和宏观调控功能，建立符合社会主义市场经济要求的税制体系。

这次工商税制改革的基本内容包括以下几个方面。

（1）流转税制的改革。建立以增值税为主体，并与消费税、营业税相配套的新的流转税体系，即在生产环节、商品批发和零售环节普遍实行增值税。在此基础上，选择少数消费品再征收一道消费税，对不实行增值税的劳务交易，转让无形资产和销售不动产的征收营业税。取消对外资企业征收的原工商统一税，统一实行新的流转税制。

（2）企业所得税制的改革。对内资企业实行统一的企业所得税，取消原来按所有制分别设置的国有企业所得税、国有企业调节税、集体企业所得税和私营企业所得税。同时，国有企业不再执行承包企业所得税的做法。

（3）个人所得税制的改革。改革的基本原则是调节个人收入差距，缓解社会分配不公的矛盾。为此，个人所得主要对收入较高者征收，对中低收入者少征或不征。改革的主要内容是将原来的个人所得税、个人收入调节税和城乡个体工商业户所得税合并统一为新的个人所得税。

（4）其他税种的改革。调整、撤并和新开征了一些税种。如调整了资源税、城市维护建设税、房产税与城镇土地使用税、车船使用税；取消了集市交易税、牲畜交易税、燃油特别税、奖金税和工资调节税；开征土地增值税，证券交易税，遗产税和赠与税等。

经过上述改革，税种设置由原来的 30 多个减至 18 个左右，初步实现了税制的简化与高效的统一。

3. 2018 年国税地税征管体制改革

2018 年 2 月 28 日，党的十九届三中全会通过的《深化党和国家机构改革方案》指出，国税地税机构改革，可降低征纳成本，理顺职责关系，提高征管效率，为纳税人提供更加优质、高效、便利的服务。7 月 20 日，中共中央办公厅、国务院办公厅印发了《国税地税征管体制改革方案》。

（1）合并省级及省级以下国税、地税机构。先把省级税务局改革做稳妥，再扎实推进市级税务局、县级税务局改革的步骤，逐项重点工作、逐个时间节点抓好落实。

（2）实行以国家税务总局为主与省级政府双重领导的管理体制。着眼建立健全职责清晰、运行顺畅、保障有力的制度机制，坚持统一领导、分级管理、整体设计、分步实施，采取先挂牌再落实"三定"规定（三定主要是指：定部门职责、定内设机构、定人员编制）。

（3）将社会保险费和非税收入交由税务部门统一征收。从 2019 年 1 月 1 日起，将基本养老保险费、基本医疗保险费、失业保险费、工伤保险费、生育保险费等各项社会保险费交由税务部门统一征收。按照便民、高效的原则，合理确定非税收入征管职责划转到税务部门的范围。

5.5　中国现行的主要税种

目前，我国共有增值税、消费税、关税、企业所得税、个人所得税、城镇土地使用税、土地增值税、印花税、烟叶税等 18 个税种。其中，16 个税种由税务部门负责征收；关税和船舶吨税由海关部门征收，另外，进口货物的增值税、消费税也由海关部门代征。

5.5.1　流转税类

流转课税又称商品课税，是指以流转额为课税对象的税类。流转额包括商品流转额和非商品流转额。商品流转额是指在商品交换过程中发生的交易额。对卖方来说，具体表现为商品销售额；对买方来说，则是购进商品支付金额。它们都可以成为流转税的课税对象。非商品流转额是指交通运输、邮电通信及各种服务性行业的营业收入额。

此外，流转课税既可以全部流转额作为课税对象，又可以部分流转额作为课税对象。流转课税有以下几个特点。①以商品交换为前提，课征普遍。流转税的征收必须以商品交换为前提，同时流转课税中的许多问题，像计征价格、纳税环节，重复征税、税负转嫁等，都直接同商品交换相联系。②税额与价格关系密切。在税率已定的条件下，流转税额的大小直接依存于商品、劳务价格的高低及流转额的多少，而与成本、费用水平无关。③除少数税种实行定额税率外，普遍实行比例税率。④计征简便。

1. 增值税

1）增值税的概念

增值税是以商品（含应税劳务）在流转过程中产生的增值额作为计税依据而征收的一种流转税。从计税原理上说，增值税是对商品生产、流通、劳务服务中多个环节的新增价值或商品的附加值征收的一种流转税。所谓增值额，就企业而言，是指其在生产经营过程中新创造的价值，表现为企业的销售收入扣除企业外购的原材料、燃料等劳动对象消耗的价值以及固定资产价值中所含的税款后的余额。

增值税实行价外税，也就是由消费者负担，有增值才征税，没增值不征税。国内增值税由国家税务总局负责征收，进口环节的增值税由海关负责征收，税收收入全部为中央财政收入。增值税已经成为中国最主要的税种之一，2017 年国内增值税收入 56 378.18 亿元，同比增长 38.5％，占税收总收入的 39.1％。自 2012 年试点"营改增"以来，国内增值税增长明显，2016 年 5 月 1 日起，我国全面推开营改增试点，营业税正式退出历史舞台。营改增试点自 2012 年实施以来已累计减税近 2 万亿元。2017 年国家支持"大众创业、万众创新"税收优惠政策减税超过 5 000 亿元，其中，符合条件的小型微利企业减半征收企业所得税、月销售额 3 万元以下小微企业免征增值税等支持小微企业发展的税收优惠政策共减税超过 1 600 亿元，惠及纳税人超过 3 600 万户；高新技术企业减按 15％税率缴纳所得税，促进软件产业健康发展、支持集成电路产业发展减免增值税、企业所得税等税收优惠政策共减税 2 400 多亿元；固定资产加速折旧减免企业所得税 130 亿元；研发费用加计扣除税收优惠政策减税将超 1 000 亿元，减税效应进一步扩大。①

2）增值税的类型

根据对外购固定资产所含税金扣除方式的不同，增值税可分为以下几种类型。

（1）生产型增值税。生产型增值税指在征收增值税时，只能扣除属于非固定资产项目的那部分生产资料的税款，不允许扣除固定资产价值中所含有的税款。该类型增值税的征税对象大体上相当于国民生产总值，因此称为生产型增值税。

（2）收入型增值税。收入型增值税指在征收增值税时，只允许扣除固定资产折旧部分所含的税款，未提折旧部分不得计入扣除项目金额。该类型增值税的征税对象大体上相当于国民收入，因此称为收入型增值税。

（3）消费型增值税。消费型增值税指在征收增值税时，允许将固定资产价值中所含的税款全部一次性扣除。这样，就整个社会而言，生产资料都排除在征税范围之外。该类型增值税的征税对象仅相当于社会消费资料的价值，因此称为消费型增值税。

世界上采用增值税税制的绝大多数市场经济国家，实行的都是消费型增值税。因为它有利于企业进行设备更新改造，因而颇受企业的欢迎。我国从 2009 年开始实行消费型增值税。

3）增值税的特征

增值税作为一种流转税，既保留了按流转额征税的长处，又避免了按流转额全值征税的弊端，其特点主要有以下内容。

（1）多环节征税、税基广泛。增值税的征税范围可以广泛涉及商品生产、批发、零售和各种服务业以及农业等诸多领域。凡从事销售应税商品或应税劳务，取得增值额的，均应缴纳增值税。

（2）在按照销售额征税的同时，允许扣除外购货物和劳务的进项税额。增值税是按货物或劳务的整体税负计算的，并同时实行税款抵扣制度。也就是纳税人销售货物或提供应税劳务时，根据货物或应税劳务销售额，按规定的税率计算税款，然后从中扣除上一道环节已纳

①　吴秋余．营改增累计减税近 2 万亿元［N］．人民日报，2018－01－18（001）．

增值税款，其余额即为纳税人应缴纳的增值税。

（3）能够避免重复征税。增值税以增值额作为征税对象，只对销售额中本企业新创造的、尚未征过税的新增价值额征税，而对销售额中由以前各环节创造、已征过税的转移价值额不再征税，所以从理论上不存在重复征税的问题。但由于采用的增值税类型不同，有的还存在部分重复征税的问题，如生产型增值税。

4）增值税的主要内容

2017 年 11 月 19 日，国务院公布的《中华人民共和国增值税暂行条例》（第二次修订）对增值税的征税范围、纳税人等内容进行了调整。

（1）征税范围：包括销售货物或者加工、修理修配劳务，销售服务、无形资产、不动产以及进口货物。

（2）纳税人：凡在中国境内销售货物或者加工、修理修配劳务，销售服务、无形资产、不动产以及进口货物的单位和个人，均为增值税的纳税人。

（3）计税依据：不含增值税税额的销售额为增值税的计税依据。若销售额中包含了增值税税额（如价税合并定价），则需将其换算成不含税的销售额，计算公式为：

$$不含税销售额＝含税销售额/（1＋增值税税率或征收率）$$

（4）税率：一般纳税人适用 17％、11％ 和 6％ 的税率，其中 17％ 为基本税率；小规模纳税人适用 3％ 的征收率。税率的调整，由国务院决定。

17％ 的税率适用于：纳税人销售货物、劳务、有形动产租赁服务或者进口货物，另有规定除外。

11％ 的税率适用于：纳税人销售交通运输、邮政、基础电信、建筑、不动产租赁服务，销售不动产，转让土地使用权。销售或者进口下列货物：①粮食等农产品、食用植物油、食用盐；②自来水、暖气、冷气、热水、煤气、石油液化气、天然气、二甲醚、沼气、居民用煤炭制品；③图书、报纸、杂志、音像制品、电子出版物；④饲料、化肥、农药、农机、农膜；⑤国务院规定的其他货物。

6％ 的税率适用于：纳税人销售服务、无形资产，另有规定除外。

零税率适用于：①纳税人出口货物，但国务院另有规定的除外；②境内单位和个人跨境销售国务院规定范围内的服务、无形资产。

税率的调整，由国务院决定。财政部、国家税务总局规定（财税〔2018〕32 号）：自 2018 年 5 月 1 日起，纳税人发生增值税应税销售行为或者进口货物，原适用 17％ 和 11％ 税率的，税率分别调整为 16％、10％。

纳税人兼营不同税率的货物或者应税劳务，应当分别核算不同项目的销售额；未分别核算销售额的，从高适用税率。纳税人兼营免税、减税项目的，应当分别核算免税、减税项目的销售额；未分别核算销售额的，不得免税、减税。

（5）应纳税额计算：增值税应纳税额的计算分一般纳税人和小规模纳税人两种。

① 一般纳税人的应纳税额。一般纳税人是指年应纳增值税销售额超过小规模纳税人标准①的企业和企业性单位。一般纳税人的特点是增值税进项税额可以抵扣销项税额。

---

① 财税〔2018〕33 号文件规定：自 2018 年 5 月 1 日起，增值税小规模纳税人标准为年应征增值税销售额 500 万元及以下。

一般纳税人增值税应纳税额的计算采用购进扣税法，实行凭发票注明税金进行税款抵扣的制度。应纳税额的计算公式为：

$$应纳税额＝当期销项税额－当期进项税额$$

当期销项税额小于当期进项税额不足抵扣时，其不足部分可以结转下期继续抵扣。

销项税额是纳税人发生应税销售行为，按照销售额和规定的税率计算收取的增值税额。销项税额计算公式为：

$$当期销项税额＝当期销售额×适用税率$$

销售额为纳税人发生应税销售行为收取的全部价款和价外费用，但是不包括收取的销项税额。纳税人发生应税销售行为的价格明显偏低并无正当理由的，由主管税务机关核定其销售额。

进项税额是纳税人购进货物、劳务、服务、无形资产、不动产支付或者负担的增值税额。

准予从销项税额中抵扣的项目包括：

● 从销售方取得的增值税专用发票上注明的增值税额。

● 从海关取得的海关进口增值税专用缴款书上注明的增值税额。

● 购进农产品，除取得增值税专用发票或者海关进口增值税专用缴款书外，按照农产品收购发票或者销售发票上注明的农产品买价和11％的扣除率计算的进项税额，国务院另有规定的除外，该进项税额计算公式为：进项税额＝买价×扣除率。

● 自境外单位或者个人购进劳务、服务、无形资产或者境内的不动产，从税务机关或者扣缴义务人取得的代扣代缴税款的完税凭证上注明的增值税额。

准予抵扣的项目和扣除率的调整，由国务院决定。财政部、税务总局规定（财税〔2018〕32号）：自2018年5月1日起，纳税人购进农产品，原适用11％扣除率的，扣除率调整为10％。纳税人购进用于生产销售或委托加工16％税率货物的农产品，按照12％的扣除率计算进项税额。

纳税人购进货物、劳务、服务、无形资产、不动产，取得的增值税扣税凭证不符合法律、行政法规或者国务院税务主管部门有关规定的，其进项税额不得从销项税额中抵扣。

不得从销项税额中抵扣进项税额的项目包括：

● 用于简易计税方法计税项目、免征增值税项目、集体福利或者个人消费的购进货物、劳务、服务、无形资产和不动产。

● 非正常损失的购进货物，以及相关的劳务和交通运输服务。

● 非正常损失的在产品、产成品所耗用的购进货物（不包括固定资产）、劳务和交通运输服务。

● 国务院规定的其他项目。

②小规模纳税人的应纳税额。小规模纳税人是指年销售额在规定标准以下，并且会计核算不健全，不能按规定报送有关税务资料的增值税纳税人。会计核算不健全，是指不能正确核算增值税的销项税额、进项税额和应纳税额。

小规模纳税人发生应税销售行为，实行按照销售额和征收率计算应纳税额的简易办法，并不得抵扣进项税额。应纳税额计算公式为：

$$应纳税额＝销售额×征收率$$

小规模纳税人的标准由国务院财政、税务主管部门规定。小规模纳税人增值税征收率为

3％，国务院另有规定的除外。

小规模纳税人发生应税销售行为，采用销售额和应纳税额合并定价方法的，可按下列公式计算销售额，即把含税销售额换算为不含税销售额：

$$销售额＝含税销售额/（1＋征收率）$$

2018 年 4 月，《财政部国家税务总局关于统一增值税小规模纳税人标准的通知》（财税〔2018〕33 号）规定：按照《中华人民共和国增值税暂行条例实施细则》第二十八条的规定已登记为增值税一般纳税人的单位和个人，在 2018 年 12 月 31 日前，可转登记为小规模纳税人，其未抵扣的进项税额作转出处理。

国家税务总局规定：自 2018 年 5 月 1 日起，同时符合以下 2 个条件的一般纳税人可转登记为小规模纳税人：①按照《增值税暂行条例》和《增值税暂行条例实施细则》的有关规定，已登记为一般纳税人；②转登记日前连续 12 个月（按月申报纳税人）或连续 4 个季度（按季申报纳税人）累计应税销售额未超过 500 万元。如果纳税人在转登记日前的经营期尚不满 12 个月或 4 个季度，则按照月（季度）平均销售额估算 12 个月或 4 个季度的累计销售额。

（6）起征点。增值税起征点的适用范围限于个人，销售货物或提供应税劳务的，为月销售额 5 000～20 000 元；按次纳税的，为每次（日）销售额 300～500 元。

（7）纳税人进口货物，按照组成计税价格和规定的税率计算应纳税额。组成计税价格和应纳税额计算公式为：

$$组成计税价格＝关税完税价格＋关税＋消费税$$
$$应纳税额＝组成计税价格×适用税率$$

（8）出口退税。纳税人出口货物适用退（免）税规定的，应当向海关办理出口手续，凭出口报关单等有关凭证，在规定的出口退（免）税申报期内按月向主管税务机关申报办理该项出口货物的退（免）税；境内单位和个人跨境销售服务和无形资产适用退（免）税规定的，应当按期向主管税务机关申报办理退（免）税。

具体办法由国务院财政、税务主管部门制定。财税〔2018〕32 号规定：自 2018 年 5 月 1 日起，原适用 17％税率且出口退税率为 17％的出口货物，出口退税率调整至 16％。原适用 11％税率且出口退税率为 11％的出口货物、跨境应税行为，出口退税率调整至 10％。财税〔2018〕47 号规定：自 2018 年 5 月 1 日起，增值税一般纳税人生产销售和批发、零售抗癌药品，可选择按照简易办法依照 3％征收率计算缴纳增值税；对进口抗癌药品，减按 3％征收进口环节增值税。

出口货物办理退税后发生退货或者退关的，纳税人应当依法补缴已退的税款。

（9）免税项目。①农业生产者销售的自产农产品；②避孕药品和用具；③古旧图书；④直接用于科学研究、科学试验和教学的进口仪器、设备；⑤外国政府、国际组织无偿援助的进口物资和设备；⑥由残疾人的组织直接进口供残疾人专用的物品；⑦销售的自己使用过的物品。

2. 消费税

消费税是在对货物普遍征收增值税的基础上，选择少数消费品再征收的一个税种，主要是为了调节产品结构，引导消费方向，保证国家财政收入。消费税实行价内税，在应税消费品的生产、委托加工和进口以及销售环节缴纳。

自 1994 年税制改革设立消费税以来，国内消费税收入增长较快，但 2016 年以来由于受卷烟、成品油产销量下滑的影响，国内消费税收入一度出现下滑，2013—2017 年的增长率分别为 4.52％、8.21％、18.36％、—3.08％和 0.08％，年均增长率为 5.61％，国内消费税占税收总收入的比重基本在 7.5％左右，详细情况可见表 5-4。

（1）征税范围。①过度消费对人体有害或不利于社会秩序、生态环境的消费品，如香烟、酒、鞭炮等；②奢侈品，如化妆品、贵重首饰、珠宝玉石、高档手表等；③高能耗的高档消费品，如小汽车等；④不可再生和替代的稀缺资源消费品，如汽油、柴油、实木地板、木制一次性筷子等；⑤税基宽广并具有一定财政意义的消费品，如护肤护发品等。

（2）纳税人。凡在中国境内生产、委托加工和进口应税消费品的单位和个人为消费税的纳税义务人。

（3）计税依据：分别采用从价和从量两种计税方法。实行从价计税办法征税的应税消费品，计税依据为应税消费品的销售额；实行从量定额办法计税时，通常以每单位应税消费品的重量、容积或数量为计税依据。

（4）税目、税率。比例税率最低为 1％，最高为 56％。具体见表 5-1。

表 5-1　消费税税目税率一览表

税　目	子　税　目			税　率
一、烟	1. 卷烟	工业	（1）甲类卷烟（每标准条调拨价≥70 元）	56％加 0.003 元/支
			（2）乙类卷烟（每标准条调拨价<70 元）	36％加 0.003 元/支
		商业批发		11％加 0.005 元/支
	2. 雪茄烟			36％
	3. 烟丝			30％
二、酒	1. 白酒			20％加 0.5 元/500 克（毫升）
	2. 黄酒			240 元/吨
	3. 啤酒	（1）甲类啤酒（每吨出厂价≥3 000 元）		250 元/吨
		（2）乙类啤酒（每吨出厂价<3 000 元）		220 元/吨
	4. 其他酒（符合一定标准）			10％
三、高档化妆品	生产销售（进口环节完税）价格（不含增值税）在 10 元/毫升（克）或 15 元/片（张）及以上			15％
四、贵重首饰及珠宝玉石	1. 金银首饰、铂金首饰和钻石及钻石饰品			5％
	2. 其他贵重首饰和珠宝玉石			10％
五、鞭炮、焰火				15％
六、成品油	1. 汽油			1.52 元/升
	2. 柴油			1.20 元/升
	3. 石脑油			1.52 元/升
	4. 溶剂油			1.52 元/升
	5. 润滑油			1.52 元/升
	6. 燃料油			1.20 元/升
	7. 航空煤油			1.20 元/升

续表

税　　目	子　税　目		税　率
七、摩托车	1. 气缸容量（排气量）＝250 毫升		3%
	2. 气缸容量（排气量）＞250 毫升		10%
八、小汽车	1. 乘用车		
	（1）气缸容量（排气量，下同）≤1.0 升		1%
	（2）1.0 升＜气缸容量≤1.5 升		3%
	（3）1.5 升＜气缸容量≤2.0 升		5%
	（4）2.0 升＜气缸容量≤2.5 升		9%
	（5）2.5 升＜气缸容量≤3.0 升		12%
	（6）3.0 升＜气缸容量≤4.0 升		25%
	（7）气缸容量＞4.0 升		40%
	2. 中轻型商用客车		5%
	3. 超豪华小汽车	生产（进口）环节	按子税目 1、2 的规定征收
		零售环节	10%
九、高尔夫球及球具			10%
十、高档手表			20%
十一、游艇			10%
十二、木制一次性筷子			5%
十三、实木地板			5%
十四、铅蓄电池			4%
十五、涂料			4%

注：

1. 高档美容、修饰类化妆品和高档护肤类化妆品是指生产（进口）环节销售（完税）价格（不含增值税）在 10 元/mL(g) 或 15 元/片（张）及以上的美容、修饰类化妆品和护肤类化妆品。

2. 超豪华小汽车征收范围为每辆零售价格 130 万元（不含增值税）及以上的乘用车和中轻型商用客车。

3. 无汞原电池、金属氢化物镍蓄电池、锂原电池、锂离子蓄电池、太阳能电池、燃料电池和全钒液流电池免征消费税。

4. 对施工状态下挥发性有机物（VOC）含量低于 420 g/L（含）的涂料免征消费税。

资料来源：http://www.chinatax.gov.cn/.

（5）税额计算：消费税实行从价定率、从量定额，或者从价定率和从量定额复合计税的办法计算应纳税额。应纳税额计算公式为：

实行从价定率办法计算的应纳税额＝销售额×比例税率

实行从量定额办法计算的应纳税额＝销售数量×定额税率

实行复合计税办法计算的应纳税额＝销售额×比例税率＋销售数量×定额税率

（6）进口应税消费品：进口的应税消费品，按照组成计税价格计算纳税。

实行从价定率办法计算纳税的组成计税价格计算公式为：

组成计税价格＝（关税完税价格＋关税）/（1－消费税比例税率）

实行复合计税办法计算纳税的组成计税价格计算公式为：

组成计税价格＝（关税完税价格＋关税＋进口数量×消费税定额税率）/（1－消费税比例税率）

《财政部　国家税务总局关于对超豪华小汽车加征消费税有关事项的通知》（财税〔2016〕129号）：自2016年12月1日起，对超豪华小汽车，在生产（进口）环节按现行税率征收消费税基础上，在零售环节加征消费税，税率为10%。将超豪华小汽车销售给消费者的单位和个人为超豪华小汽车零售环节纳税人。国内汽车生产企业直接销售给消费者的超豪华小汽车，消费税税率按照生产环节税率和零售环节税率加总计算。

3. 关税

关税是一国政府对进出本国国境的货物和物品征收的一种流转税。根据货物在国境上的流通方向不同，可将关税分为进口关税和出口关税。进口关税对进口商品课征，目前是各国最主要的关税。出口关税对出口商品课征，但为了鼓励本国的商品出口，许多国家已不再课征出口关税。另外，各国课征进口关税主要是为了保护本国经济，取得财政收入不是其主要目的，所以目前各国的关税基本上都是保护关税，而非财政关税。2017年关税收入2 997.85亿元，同比增长15.1%，占税收总收入的比重为2.1%。进口环节增值税、消费税15 970.67亿元，同比增长24.9%，占税收总收入的比重为11.1%，出口退税13 870.37亿元，同比增长14.1%，占税收总收入的比重为9.6%。

关税的主要内容如下所述。

（1）课税对象：关税的课税对象是进出中国国境的货物和物品。货物是指贸易性商品；物品包括入境旅客随身携带的行李物品、个人邮递物品、各种运输工具上的服务人员携带进口的自用物品、馈赠物品及以其他方式进入中国国境的个人物品。

（2）纳税人：贸易性商品进口关税的纳税人是经营进口货物的收、发货人，包括外贸进出口公司、工贸或农贸结合的进出口公司及其他经批准经营进出口商品的企业。物品进口关税的纳税人包括入境旅客随身携带的行李、物品的持有人、各种运输工具上服务人员入境时携带自用物品的持有人、馈赠物品及以其他方式入境的个人物品的所有人、进口个人邮件的收件人。

（3）税率：关税的税率采用差别比例税率，税率分为进口税率和出口税率。进口货物按照必需品、需用品、非必需品、限制进口品等分成若干级别分别规定不同的税率。必需品进口税率低于需用品税率，需用品税率低于非必需品税率，限制进口品的税率最高。另外，关税的差别税率还体现在进口货物的生产国别上。对原产于未与中国定有关税互惠协定的国家或地区的进口货物要按照普通税率征税；对原产于与中国定有关税互惠协议的国家或地区的进口货物则按照优惠税率征税。

（4）税额计算：应纳税额＝进（出）口应纳税货物数量×单位完税价格×适用税率

关税的完税价格相当于一般流转税的计税价格，它是计算应税进出口额时应使用的价格。进口货物以海关审定的成交价格为基础的到岸价格作为完税价格。到岸价格是指货物采购价加上货物运抵中国关境内输入地起卸前发生的包装费、运费、保险费和其他劳务费之和。出口货物的完税价格等于货物的离岸价格扣除出口关税后的余额。

5.5.2　所得税类

1. 企业所得税

新的企业所得税法于2007年3月16日由第十届全国人大第五次会议通过，并于2008年1月1日起实施。统一的企业所得税法结束了内资、外资企业适用不同税法的历史，统一了有关纳税人的规定，统一并适当降低了企业所得税税率，统一并规范了税前扣除办法和标准，统一了税收优惠政策。2017 年 2 月 24 日第十二届全国人大常务委员会第 26 次会议通对了《中华人民共和国企业所得税法》的修改。2017 年企业所得税收入完成 32 117.29 亿元，同比增长 11.3%，占税收总收入的比重为 22.3%。

（1）课税对象：在中国境内，企业和其他取得收入的组织为企业所得税的纳税人，依照本法的规定缴纳企业所得税。所得是指以货币形式和非货币形式从各种来源取得的收入。包括销售货物收入、提供劳务收入、转让财产收入、股息与红利等权益性投资收益收入、利息收入、租金收入、特许权使用费收入、接受捐赠收入及其他收入。

（2）纳税人：企业分为居民企业和非居民企业。居民企业是指依法在中国境内成立，或者依照外国（地区）法律成立但实际管理机构在中国境内的企业。非居民企业，是指依照外国（地区）法律成立且实际管理机构不在中国境内，但在中国境内设立机构、场所的，或者在中国境内未设立机构、场所，但有来源于中国境内所得的企业，不包括个人独资企业、合伙企业。

（3）计税依据：企业所得税的计税依据为应纳税所得额。企业的应纳税所得额是指企业每一纳税年度的收入总额减去不征税收入、免税收入、各项扣除及允许弥补的以前年度亏损后的余额。其计算公式为：

应纳税所得额＝收入总额－不征税收入－免税收入－准予扣除项目金额

上述公式中的"收入总额"是指企业在纳税年度中以权责发生制为原则确定的各项收入总额。居民企业来源于中国境内和境外的收入。非居民企业在中国境内设立机构、场所的，应当就其所设机构、场所取得的来源于中国境内的所得，以及发生在中国境外但与其所设机构、场所有实际联系的收入；非居民企业在中国境内未设立机构、场所的，或者虽设立机构、场所但取得的所得与其所设机构、场所没有实际联系的，应当就其来源于中国境内的收入。

"不征税收入"是指财政拨款；依法收取并纳入财政管理的行政事业性收费、政府性基金；国务院规定的其他不征税收入。

"免税收入"是指：①国债利息收入；②符合条件的居民企业之间的股息、红利等权益性投资收益；③在中国境内设立机构、场所的非居民企业从居民企业取得与该机构、场所有实际联系的股息、红利等权益性投资收益；④符合条件的非营利组织的收入。

"准予扣除项目"是指企业实际发生的与取得收入有关的、合理的支出，包括成本、费用、税金、损失和其他支出（除成本、费用、税金、损失外，企业在生产经营活动中发生的与生产经营活动有关的、合理的支出）；年度利润总额 12% 以内的公益性捐赠支出；超过年度利润总额 12% 的公益性捐赠支出，准予结转以后 3 年内在计算应纳税所得额时扣除；按照规定计算的固定资产折旧；无形资产摊销费用；按照规定摊销的长期待摊费用；企业使用或者销售存货，按照规定计算的存货成本；企业转让资产的净值。

另外，税法还规定，企业纳税年度发生的亏损，准予向以后年度结转，用以后年度的所得弥补，但结转年限最长不得超过 5 年。

（4）税率：企业所得税实行比例税率，税率为 25%。非居民企业在中国境内未设立机构、场所的，或者虽设立机构、场所但取得的所得与其所设机构、场所没有实际联系的，应当就其来源于中国境内的所得，按照 10% 的税率缴纳企业所得税（俗称"预提所得税"）。符合条件的小型微利企业，减按 20% 的税率征收企业所得税。另外，年应纳税所得额低于

100 万元（含 100 万元）的小型微利企业，其所得减按 50％计入应纳税所得额，即实际税率仅为 10％。对国家需要重点扶持的高新技术企业减按 15％的税率征收企业所得税。

（5）税额计算公式为：

$$应纳税额＝应纳税所得额×适用税率－减免税额－抵免税额$$

公式中的减免税额和抵免税额，是指依照企业所得税法和国务院的税收优惠规定减征、免征和抵免的应纳税额。已在境外缴纳的所得税税额，是指企业来源于中国境外的所得依照中国境外税收法律以及相关规定应当缴纳并已经实际缴纳的企业所得税性质的税款。

抵免限额，是指企业来源于中国境外的所得，依照企业所得税法和本条例的规定计算的应纳税额。除国务院财政、税务主管部门另有规定外，该抵免限额应当分国（地区）不分项计算，计算公式为：

$$抵免限额＝（中国境内、境外所得依法计算的应纳税总额×$$
$$来源于某国（地区）的应纳税所得额）/中国境内、境外应纳税所得总额$$

（6）企业所得税减免：《中华人民共和国企业所得税法实施条件》原则规定了两项减免税优惠，①民族区域自治地方的企业需要照顾和鼓励的，经省级人民政府批准，可以实行定期减税或免税；②法律、行政法规和国务院有关规定给予减税免税的企业，依照规定执行。对税制改革以前的所得税优惠政策中，属于政策性强，影响面大，有利于经济发展和维护社会安定的，经国务院同意，可以继续执行。

2. 个人所得税

个人所得税是对个人收入所得征收的一种税。个人所得税实行分类征收的方法，将个人所得分为工资薪金所得、个体工商户生产经营所得、承包承租经营所得、劳务报酬所得、稿酬所得、特许权使用费所得、利息股息红利所得、财产租赁所得、财产转让所得、偶然所得和其他所得等 11 个征税项目，并相应规定了每个应税项目的适用税率、费用扣除标准及计税办法。2017 年我国个人所得税 11 966.37 亿元，同比增长 18.6％，占税收总收入的比重为 8.3％。自 2013 年以来，个人所得税增长速度明显加快，在税收总收入中的比重不断增加，五年来的增长速度分别为 12.2％、12.9％、16.8％、17.1％和 18.6％。详细情况可见表 5－4。

2018 年 6 月 29 日，全国人大公布了《中华人民共和国个人所得税法修正案（草案）》（以下简称为"草案"），并开始为期 30 天向公众征求意见的法定程序。这是自《个人所得税法》1980 年出台以来的第 7 次修订，也是最大的一次修订。

（1）纳税人：居民个人就其从中国境内、境外取得的所得；非居民个人就其从中国境内取得的所得。居民个人是指在中国境内有住所，或者无住所而一个纳税年度内在中国境内居住满 183 天的个人。非居民个人是指在中国境内无住所又不居住，或者无住所而一个纳税年度内在中国境内居住不满 183 天的个人。

划分居民纳税人和非居民纳税人的主要意义在于两者的征税对象（所得范围）不同。居民纳税人应就其来源于中国境内、境外的全球所得纳税，而非居民纳税人仅就其来源于中国境内的所得纳税。

在中国境内有住所的个人，是指因户籍、家庭、经济利益关系而在中国境内习惯性居住的个人。所谓习惯性居住，是判定纳税义务人是居民或非居民的一个法律意义上的标准，不是指实际居住或在某一个特定时期内的居住地。如因学习、工作、探亲、旅游等而在中国境外居住的，在其原因消除之后，必须回到中国境内居住的个人，则中国即为该纳税人习惯性居住地。

（2）征税范围：纳税人的各项个人所得，包括以下几项。①工资、薪金所得。②劳务报酬所得。③稿酬所得。④特许权使用费所得。⑤经营所得。⑥利息、股息、红利所得。⑦财产租赁所得。⑧财产转让所得。⑨偶然所得。⑩经国务院财政部门确定征税的其他所得。

其中，①～④项所得为综合所得，适用统一的超额累进税率，居民个人按年合并计算个人所得税，非居民个人按月（次）分项计算个人所得税；⑤～⑩项所得，依法规定分别计算个人所得税。

（3）计税依据：应纳税所得额是个人所得税的计税依据。应纳税所得额的计算及费用扣除标准如下。

① 居民个人的综合所得，以每一纳税年度的收入额减除费用 60 000 元以及专项扣除、专项附加扣除和依法确定的其他扣除后的余额，为应纳税所得额。

全年应纳税所得额＝年收入额－年扣除费用－专项扣除－专项附加扣除－其他扣除

专项扣除包括居民个人按照国家规定的范围和标准缴纳的基本养老保险、基本医疗保险、失业保险等社会保险费和住房公积金等（即"三险一金"）；专项附加扣除包括子女教育、继续教育、大病医疗、住房贷款利息和住房租金等支出。

② 非居民个人的工资、薪金所得，以每月收入额减除费用 5 000 元后的余额为应纳税所得额；劳务报酬所得、稿酬所得、特许权使用费所得，以每次收入额为应纳税所得额。

③ 经营所得，以每一纳税年度的收入总额减除成本、费用以及损失后的余额，为应纳税所得额。

④ 财产租赁所得，每次收入不超过 4 000 元的，减除费用 800 元；4 000 元以上的，减除 20％的费用，其余额为应纳税所得额。

⑤ 财产转让所得，以转让财产的收入额减除财产原值和合理费用后的余额，为应纳税所得额。

⑥ 利息、股息、红利所得，偶然所得和其他所得，以每次收入额为应纳税所得额。

稿酬所得的收入额按照所取得收入的 70％计算。个人将其所得对教育事业和其他公益慈善事业捐赠的部分，按照国务院有关规定从应纳税所得中扣除。专项附加扣除的具体范围、标准和实施步骤，由国务院财政、税务主管部门等有关部门确定。对储蓄存款利息所得开征、减征、停征个人所得税及其具体办法，由国务院规定。

（4）税率：按个人所得的不同类型而分别确定。

① 综合所得，适用七级超额累进税率，最低为 3％，最高为 45％，具体见表 5 - 2。

表 5 - 2　综合所得适用税率及速算扣除数表

级　　数	全年应纳税所得额	税率/％	速算扣除数
1	不超过 36 000 元的	3	0
2	超过 36 000 元至 144 000 元的部分	10	2 520
3	超过 144 000 元至 300 000 元的部分	20	16 920
4	超过 300 000 元至 420 000 元的部分	25	31 920
5	超过 420 000 元至 660 000 元的部分	30	52 920
6	超过 660 000 元至 960 000 元的部分	35	85 920
7	超过 960 000 元的部分	45	181 920

② 经营所得，适用五级超额累进税率，最低为 5%，最高为 35%，具体见表 5-3。

表 5-3 经营所得适用税率及速算扣除数表

级 数	全年应纳税所得额	税率/%	速算扣除数
1	不超过 30 000 元的	5	0
2	超过 30 000 元至 90 000 元的部分	10	1 500
3	超过 90 000 元至 300 000 元的部分	20	10 500
4	超过 300 000 元至 500 000 元的部分	30	40 500
5	超过 500 000 元的部分	35	65 500

③ 利息、股息、红利所得，财产租赁所得，财产转让所得，偶然所得和其他所得，适用比例税率，税率为 20%。

（5）税收优惠：分为免纳个人所得税和减征个人所得税两种情形。

免纳个人所得税的情形：①省级人民政府、国务院部委和中国人民解放军军以上单位，以及外国组织、国际组织颁发的科学、教育、技术、文化、卫生、体育、环境保护等方面的奖金；②国债和国家发行的金融债券利息；③按照国家统一规定发给的补贴、津贴；④福利费、抚恤金、救济金；⑤保险赔款；⑥军人的转业费、复员费、退役金；⑦按照国家统一规定发给干部、职工的安家费、退职费、基本养老金或者退休费、离休费、离休生活补助费；⑧依照我国有关法律规定应予免税的各国驻华使馆、领事馆的外交代表、领事官员和其他人员的所得；⑨中国政府参加的国际公约、签订的协议中规定免税的所得；⑩经国务院财政部门批准免税的所得。

减征个人所得税的情形：①残疾、孤老人员和烈属的所得；②因严重自然灾害造成重大损失的；③其他经国务院财政部门批准减税的。

（6）纳税调整：税务机关有权按照合理方法进行纳税调整，需要补征税款的，应当补征税款，并依法加收利息。

可进行纳税调整的情形：①个人与其关联方之间的业务往来，不符合独立交易原则且无正当理由；②居民个人控制的，或者居民个人和居民企业共同控制的设立在实际税负明显偏低的国家（地区）的企业，无合理经营需要，对应当归属于居民个人的利润不作分配或者减少分配；③个人实施其他不具有合理商业目的的安排而获取不当税收利益。

5.5.3 资源税类

资源税类主要包括资源税和城镇土地使用税。

1. 资源税

资源税是对资源开采单位和个人按照资源的销售量征收的一种税。目前国家仅对自然资源中的矿产品和盐征收资源税。资源税的税基是应税资源产品的销售量或自用量。2017 年资源税收入 1 353.32 亿元，同比增长 42.3%，占税收总收入比重为 0.9%。

（1）征税范围：资源税的课税对象是自然资源，但目前并非所有的自然资源都应被课税。应税的自然资源只包括矿产品和盐两大类，水资源、森林资源等暂不课税。具体而言，资源税的税目包括 7 个税目，即原油、天然气、煤炭、其他非金属矿原矿、黑色金属矿原矿、有色金属矿原矿和盐。

（2）纳税人：凡在中国境内开采应税资源的矿产品或者生产盐的单位和个人为资源税的纳税义务人。中外合作开采石油、天然气暂不征收资源税，但要征收矿区使用费。

（3）计税依据：资源税采用定额税率，其计税依据为课税数量。

（4）税率：资源税的税率为差别定额税率。不同种类的应税产品税率不尽相同；同一应税产品不同的开采企业或不同的产品等级税率也不尽相同。

（5）税额计算：应纳税额＝课税数量×单位税额

2. 城镇土地使用税

国家开征城镇土地使用税的目的是加强对土地的管理，提高土地的使用效益，理顺国家与土地使用者之间的分配关系。2017 年城镇土地使用税收入 2 360.55 亿元，同比增长 4.6%，占税收总收入比重为 1.6%。

（1）征税范围：城镇土地使用税的征税范围包括在城市、县城、建制镇和工矿区内的国家所有和集体所有的土地。

（2）纳税人：城镇土地使用税的纳税人为拥有城镇土地使用权的单位和个人，或者实际使用城镇土地的使用人和代管人。

（3）税率：城镇土地使用税的税率采用差别定额税率，具体税额如下。①大城市，每平方米 1.5～30 元。②中等城市每平方米 1.2～24 元。③小城市每平方米 0.9～18 元。④县城、建制镇、工矿区每平方米 0.6～12 元；各省、自治区、直辖市政府可根据本地的情况在上述幅度内确定本地区的适用税率。

（4）税额计算：全年应纳税额＝实际占用应税土地面积(平方米)×适用税率

5.5.4 特定目的税类

特定目的税类主要有土地增值税、城市维护建设税及耕地占用税。下面主要介绍前两种特定目的的税种。

1. 土地增值税

土地增值税是对单位和个人有偿转让国有土地使用权、地上建筑物及其他附着物，取得的增值收益征收的一种税。在实际征收过程中，对纳税人转让房地产所取得的收入额减除规定的扣除项目金额后的余额计算征收，实行四级超率累进税率。2017 年土地增值税收入 4 911.28亿元，同比增长 16.6%，占税收总收入比重为 3.4%。

（1）课税对象和征税范围：土地增值税的课税对象是纳税人转让房地产取得的增值额。这里的转让房地产包括两种情况：①转让国有土地的使用权；②连同国有土地使用权一并转让地上的建筑物及其附着物。

（2）纳税人：土地增值税的纳税人为转让国有土地使用权、地上建筑物及其附着物并取得收入的单位和个人。这里的单位包括一切企事业单位、国家机关和社会团体等组织。外商投资企业、外国企业及外国公民也是该税的纳税人。

（3）计税依据：土地增值税的计税依据为其转让房地产取得的增值额。这里的增值额是指纳税人转让房地产取得的各项收入（包括货币收入、实物收入和其他收入）减去国家规定的各项扣除项目后的余额。

（4）税率：土地增值税实行四级超率累进税率，累进的依据为增值额与允许的扣除项目金额之比。土地增值税的税率如下：①增值额未超过扣除项目金额 50% 的部分，税率为

30%；②增值额超过扣除项目金额 50%、未超过扣除项目金额 100%的部分，税率为 40%；③增值额超过扣除项目金额 100%、未超过扣除项目金额 200%的部分，税率为 50%；④增值额超过扣除项目金额 200%的部分，税率为 60%。

（5）税额计算：应纳税额＝$\sum$（每级距的土地增值额×适用税率）

2. 城市维护建设税

城市维护建设税是一种具有特定目的的附加税，它以纳税人实际缴纳的增值税、营业税税额为计税依据，税款专门用于城市的公用事业和公共设施建设。2017 年城市维护建设税收入 4 362.15 亿元，同比增长 8.1%，占税收总收入的比重为 3.0%。

（1）纳税人：凡是缴纳增值税、消费税、营业税的单位和个人，除了外商投资企业和外国企业，都是城市维护建设税的纳税人。

（2）税率：城市维护建设税的税率有 3 档，分别适用于位于不同地区的纳税人。①纳税人所在地为市区的，其适用税率为 7%；②纳税人所在地为县、镇的，税率为 5%；③纳税人所在地不在市区、县和镇的，税率为 1%。

（3）计税依据：城市维护建设税的计税依据为纳税人实际缴纳的增值税、消费税、营业税的税额。如果纳税人享受增值税、消费税、营业税这"三税"减税或免税的，其同时可以享受城市维护建设税的减税或免税。纳税人缴纳"三税"时，要同时缴纳城市维护建设税。

5.5.5　其他税类

1. 房产税

房产税属于财产税，是对纳税人拥有的房屋财产课征的税收。目前房产税只对国内的单位和个人征收，对外资企业和外籍个人征收城市房地产税。

（1）纳税人：房产税的纳税人为在中国境内拥有房屋产权的单位和个人。房屋产权属于国家所有的，房屋的经营管理单位为纳税人；产权属于集体或个人所有的，纳税人为集体单位或个人。2017 年房产税收入 2 604.33 亿元，同比增长 17.3%，占税收总收入的比重为 1.8%。

（2）课税对象和征税范围：房产税的课税对象为位于城市、县城、建制镇和工矿区的房屋。位于农村的房屋不属于房产税的课税对象。

（3）计税依据：房产税的计税依据为房屋的计税价值或者是房产的租金收入。房产的计税价值等于房产的原值减除其 10%～30%后的余额。

（4）税率：房产税的税率为比例税率。按房产计税价值征收的，税率为 1.2%；按房产租金收入课征的，税率为 12%。但从 2001 年起，个人按市场价格出租居民住房用于居住的，可减按 4%的税率缴纳房产税。

（5）税额计算：按房产计税价值课征的房产税，应纳税额的计算公式为：
$$应纳税额＝应税房产原值×（1－扣除比例）×1.2\%$$
按照房产租金收入课征房产税时，应纳税额＝租金收入×12%（或 4%）

2. 契税

契税是对土地使用权和房屋产权的转让征收的一种税，属于对转移财产的课税，它也是一种财产税。中国的土地使用税和房产税是对纳税人拥有的土地使用权和房产所有权课征的财产税；而契税是对纳税人转让的土地使用权和房屋产权课征的财产税。受部分地区商品房销售较快增长等影响，2016 年契税收入 4 300 亿元，同比增长 10.3%，占税收总收入的比重为 3.3%；2017 年契税收入 4 910.42 亿元，同比增长 14.2%，占税收总收入的比重为 3.4%。

（1）课税对象：契税的课税对象是在中国境内转移的土地、房屋的权属，具体包括以下几项。①国有土地使用权的出让。②土地使用权的转让。③房屋买卖。④房屋赠与。⑤房屋交换。

（2）纳税人：契税的纳税人为在中国境内转移土地、房屋权属，承受的单位和个人。

（3）税率：契税实行 3%～5% 的幅度税率。各省、自治区、直辖市政府可根据本地的具体情况在该税率幅度内选择本地的适用税率。

（4）计税依据：①国有土地使用权出让、土地使用权出售、房屋买卖，以成交价格为计税依据。②土地使用权赠与、房屋赠与，由征收机关参照土地使用权出售、房屋买卖的市场价格核定。③土地使用权交换、房屋交换，以所交换的土地使用权、房屋的价格的差额为依据。

（5）税额计算：应纳税额＝计税依据×税率

3. 印花税

印花税是一种很古老的税种，被许多国家采用，是政府筹集财政收入的手段。印花税在我国税收中占的比例不高，基本在 1% 左右，2016 年为 2 209.37 亿元（其中，证券交易印花税 1 250.55 亿元，同比下降 51.0%），同比下降 35.8%；2017 年为 2 206.39 亿元（其中，证券交易印花税 1 068.5 亿元，同比下降 14.5%），同比下降 0.2%。

（1）征税范围：印花税的课税对象为具有法律效力的凭证，征税范围包括各种合同、产权转移书据、营业账簿、权利许可证照等。

（2）纳税人：印花税的纳税人为在中国境内书立、使用、领受印花税应税凭证的单位和个人。单位是指各类内外资企事业单位、机关团体、部队等组织以及个体工商业户和其他个人。这些单位和个人又可以分为立合同人、立据人、立账簿人、领受人和使用人五种。对于应税凭证，凡是两方或两方以上当事人共同书立的，其当事人各方都应是印花税的纳税人。

（3）税率：设有比例税率和定额税率两类。各类合同、产权转移书据、营业账簿中记载资金的账簿，适用比例税率；权利、许可证照和营业账簿中的其他账簿适用定额税率（每件贴花 5 元）。

比例税率设有五档：①借款合同 0.05‰；②购销合同、技术合同、建筑安装工程承包合同 0.3‰；③加工承揽合同、建筑工程勘察设计合同、货物运输合同、产权转移、记载资金的营业账簿 0.5‰；④财产租赁合同、仓储保管合同、财产保险合同 1‰；⑤股票交易 1‰。

（4）税额计算：应纳税额＝应税凭证计税金额（或应税凭证件数）×适用税率

4. 环境保护税

环境保护税是由英国经济学家庇古（A. C. Pigou）最先提出的，他的观点已经为西方发达国家普遍接受。1969 年，荷兰率先对地表水污染征税，相继又开征了噪声税、垃圾税、排污税、燃料税、钓鱼税等；法国开征森林砍伐税；意大利开征了废物回收费用。欧美各国的环保政策逐渐减少直接干预手段的运用，越来越多地采用生态税、绿色环保税等多种特指税种来维护生态环境，针对污水、废气、噪声和废弃物等突出的"显性污染"进行强制征税。

2018年1月1日起，《中华人民共和国环境保护税法》《中华人民共和国环境保护税法实施条例》正式施行，《排污费征收使用管理条例》同时废止。

（1）课税对象和征税范围：《环境保护税法》所附《环境保护税税目税额表》《应税污染物和当量值表》规定的大气污染物、水污染物、固体废物和噪声。其中，①大气污染物44项；②水污染物总计75项（第一类10项，第二类51项）；③固体废物如煤矸石，尾矿，危险废物，冶炼渣、粉煤灰、炉渣、其他固体废物（含半固态、液态废物）；④工业噪声。

（2）纳税人：在中国领域和中国管辖的其他海域，直接向环境排放应税污染物的企业事业单位和其他生产经营者。依法设立的城乡污水集中处理、生活垃圾集中处理场所超过国家和地方规定的排放标准向环境排放应税污染物。综合利用的固体废物不符合国家和地方环境保护标准的。

（3）计税依据：根据应税污染物类别来确定计税依据。

① 应税大气污染物按照污染物排放量折合的污染当量数确定。

② 应税水污染物按照污染物排放量折合的污染当量数确定。

③ 应税固体废物按照固体废物的排放量确定。

④ 应税噪声按照超过国家规定标准的分贝数确定。

（4）应纳税额：根据应税污染物类别来确定其应纳税额。

① 应税大气污染物的应纳税额为污染当量数乘以具体适用税额，计算公式为：

$$应纳税额＝当期该污染物的污染当量×适用税额$$
$$＝（当期该污染物的排放量/该污染物的污染当量值）×适用税额$$

② 应税水污染物的应纳税额为污染当量数乘以具体适用税额，计算公式为：

$$应纳税额＝当期该污染物的污染当量×适用税额$$
$$＝（当期该污染物的排放量/该污染物的污染当量值）×适用税额$$

③ 应税固体废物的应纳税额为固体废物排放量乘以具体适用税额，计算公式为：

$$固体废物的排放量＝当期应税固体废物的产生量－当期应税固体废物的贮存量－$$
$$当期应税固体废物的处置量－当期应税固体废物的综合利用量$$

④ 应税噪声的应纳税额为超过国家规定标准的分贝数对应的具体适用税额。

（5）税收优惠：分为免征环境保护税和减征环境保护税两种情形。

暂予免征环境保护税的情形：①农业生产（不包括规模化养殖）排放应税污染物的；②机动车、铁路机车、非道路移动机械、船舶和航空器等流动污染源排放应税污染物的；③依法设立的城乡污水集中处理、生活垃圾集中处理场所排放相应应税污染物，不超过国家和地方规定的排放标准的；④纳税人综合利用的固体废物，符合国家和地方环境保护标准的；⑤国务院批准免税的其他情形。

纳税人排放应税大气污染物或者水污染物的浓度值，低于国家和地方规定的污染物排放标准30%的，减按75%征收环境保护税；低于国家和地方规定的污染物排放标准50%的，减按50%征收环境保护税。

税收收入是中国财政收入的主要来源。在税收收入中，流转税依然是主体税种，2017年增值税、消费税实现的收入占全部税收的57.2%；此外，进出口货物增长明显，进口环节增值税、消费税增长率为 24.9％，出口退税增长率为 14.1％。关税增长率为 15.1％。随着企业经营效益和居民收入水平的提高，所得税收入的比重也在逐年提高，尤其是个人所得税增长显著，2017 年企业所得税和个人所得税占税收的比重已经达到了 30.5％。2015—2017 年我国主要税种收入、增长率及占税收比重的详细情况可见表 5-4。

表 5-4 2015—2017 年中国主要税种收入、增长率及占税收比重　　　　　　亿元

税种	2015			2016			2017		
	收入	增长率/%	占税收比重/%	收入	增长率/%	占税收比重/%	收入	增长率/%	占税收比重/%
国内增值税	31 109.5	0.82	24.90	40 712.1	30.87	31.23	56 378	38.48	39.05
国内消费税	10 542.2	18.36	8.44	10 217.2	−3.08	7.84	10 225	0.08	7.08
进口货物增值税、消费税	12 533.4	−13.12	10.03	12 784.6	2.00	9.81	15 969	24.91	11.06
出口货物退增值税、消费税	−12 867.2	13.30	−10.30	−12 154.5	−5.54	−9.32	−13 870	14.11	−9.61
关税	2 560.8	−9.94	2.05	2 603.8	1.68	2.00	2 998	15.14	2.08
营业税*	19 312.8	8.61	15.46	11 501.9	−40.44	8.82	—	—	—
企业所得税	27 133.9	10.11	21.72	28 851.4	6.33	22.13	32 111	11.30	22.24
个人所得税	8 617.3	16.82	6.90	10 089.0	17.08	7.74	11 966	18.60	8.29
城市维护建设税	3 886.3	6.63	3.11	4 033.6	3.79	3.09	4 362	8.14	3.02
车船税	2 792.6	−3.21	2.24	2 674.2	−4.24	2.05	3 281	22.69	2.27
印花税	3 441.4	123.47	2.75	2 209.4	−35.80	1.69	2 206	−0.15	1.53
其中：证券交易印花税	2 552.8	282.77	2.04	1 250.6	−51.01	0.96	1 069	−14.52	0.74
资源税	1 034.9	−4.51	0.83	950.8	−8.13	0.73	1 353	42.30	0.94
契税	3 898.6	−2.55	3.12	4 300.0	10.30	3.30	4 910	14.19	3.40
土地增值税	3 832.2	−2.11	3.07	4 212.2	9.92	3.23	4 911	16.59	3.40
房产税	2 050.9	10.76	1.64	2 220.9	8.29	1.70	2 604	17.25	1.80
城镇土地使用税	2 142.0	7.50	1.71	2 255.7	5.31	1.73	2 360	4.62	1.63
耕地占用税	2 097.2	1.85	1.68	2 028.9	−3.26	1.56	1 652	−18.58	1.14
车辆购置税	613.3	13.35	0.49	682.7	11.31	0.52			
船舶吨税	47.0	3.85	0.04	48.0	2.24	0.04	944**	8.55	0.65
烟叶税	142.8	1.23	0.11	130.5	−8.57	0.10			
其他税收	0.4	−8.89	0.00	8.4	1 951.22	0.01			
税收总收入	124 922.2	4.82	100	130 360.7	4.35	100	144 360	10.74	100

注：

1. *自 2016 年 5 月 1 日起，中国全面推开营改增试点，将建筑业、房地产业、金融业、生活服务业全部纳入营改增试点，至此，营业税退出历史舞台。

2. **2017 年的数据为车船税、船舶吨税、烟叶税及其他税收收入之和。

3. 2017 年的数据来自财政部 2018 年 1 月公布的数据。

资料来源：http://gks.mof.gov.cn/zhengfuxinxi/tongjishuju/201801/t20180125_2800116.html.

本 章 小 结

● 国家凭借其政治权力征税，这是国家征税的最根本的依据。
● 税收的形式特征有：强制性、无偿性和固定性。
● 税收的作用有：筹集资金、调节经济、反映监督。
● 税收的负担可以通过宏观和微观两方面来衡量。
● 税负的转嫁程度主要取决于供求的弹性。
● 税收按不同的标准可以分为不同的种类，这有助于人们研究税收结构问题。
● 主体税种的差异导致税制结构不同。中国税制目前实行以流转税和所得税为双主体的税制结构。
● 中国税收制度经历了三次变革。现行的税收制度是由 1994 年税制改革确立的。

▷ 关键概念 ◁

税收　征税依据　税收负担　税负转嫁　税负归宿　流转税　所得税　财产税　资源税
行为税　从价税　从量税　税制结构　税收制度

思考与练习

1. 简述税收的概念及其特征。
2. 征税依据有哪些？你认为哪种更合理？
3. 为什么税收是调节经济的重要杠杆？
4. 税负转嫁有哪些类型？税负转嫁的影响因素有哪些？
5. 什么是税制结构？中国当前实行哪种税制结构？
6. 中国现行的主要税种有哪些？
7. 简述增值税的概念及其优点。
8. 简述 1994 年税制改革的总体指导思想的基本内容。

【阅读材料】

苏东坡王安石税改之争

苏东坡与王安石均是宋代的文坛巨匠，在当时的政治舞台上也各有建树，尤其是王安石变法影响很大。然而，十分敬重王安石学识的苏东坡，却是王安石变法的反对派，特别是在赋役制度改革方面，两人分歧较大。

公元 1069 年，宋神宗任命王安石为参知政事，主持变法。王安石在赋役制度方面推出了均输法、募役法等改革措施。

当时，政府除了征收田赋外，还要向各地征收土特产作为贡品。每年不论丰歉，州府都要按定额发送京城。改革中，王安石推行均输法，设发运使统管淮南富庶六路（省区），凡京城所需贡品，就近直输京城，过剩贡品就地卖掉。同时，政府拨款五百万缗（贯），丰年低价购储部分物资，移丰补歉。苏东坡却反对均输法，认为这既加重了政府的财政负担，又影响了国家的商税收入。国家"五百万缗以予之，此钱一出，恐不可复。纵使其间薄有所获，而征商（税）之额所损必多"，是"亏商税而取均输之利"（《宋史·食货志》）。

改革中，王安石还推行募役法，规定应服役之户，一律依照政府划分的等级，随同夏秋两税缴纳免役钱，不再服差役。政府用这些免役钱雇人服役。苏东坡认为："自古役人必用乡户，犹食之必用五谷……虽其间或有他物充代，然终非天下所可常行。"（《苏东坡集·奏议集》）改百姓出力为出钱，是对百姓利益的一种损害。尤其是遇灾年可免赋税，但役钱不能免，等于增加一项苛税。"二害轻重，盖略相等，今以彼易此，民未必乐"，因此坚决反对。

但苏东坡并非像司马光一样保守，只是反对王安石急于求利，他希望通过缓和的改革，兴利除弊。他主张"轻赋役"，提出减免零售商的赋税，刺激商业的发展，增加商税收入。"小商人不出税钱，则所在争来分买；大商既不积滞，则轮流贩卖，收税必多。"他在被贬为地方官时，曾减赋赈荒，不断兴革，也颇有政声。

两人虽政见上有分歧，但在许多方面仍互相欣赏。王安石去世后，苏东坡撰文写下了"瑰玮之文，足以藻饰万物；卓绝之行，足以风动四方"，给予王安石高度评价。

第6章

国际税收

【学习目标】

学完本章后，你应该能够：
- 知晓国际税收的概念、本质及特点；
- 理解税收管辖权的内涵；
- 领会国际双重征税的产生与消除；
- 了解国际避税与反避税措施。

6.1 国际税收概述

6.1.1 国际税收的概念

目前，理论界关于国际税收的概念尚有分歧，① 国际税收的概念有狭义与广义之说。狭义说认为，国际税收仅指两个或两个以上的国家在凭借政治权力对从事跨国活动的纳税人征税时所形成的国家与国家之间的税收利益分配关系。广义说认为，国际税收除了指国家与国家之间的税收利益分配关系外，一国的税收征纳活动中具有涉外因素并足以引起国家与国家之间税收利益分配关系的那一部分税收征纳活动，也属国际税收范畴。

本书采用以下定义：国际税收，是指在开放的经济条件下因纳税人的经济活动扩大到境外及国与国之间税收法规存在差异或相互冲突而带来的一些税收问题和税收现象。②

在开放的国际经济条件下，从事国际贸易和跨国经营的纳税人将面临两个或两个以上国家的税收课征，即国际重复征税。同时，跨国纳税人往往利用国与国之间税制的差异和各国税收法规的漏洞，通过合法手段规避和减少纳税义务，进行国际避税。国际重复征税不利于国际经济技术交流的发展，国际间必须对各国的税收权加以协调，防止和缓解国际重复征税；国际避税减轻了跨国纳税人的税收负担，但是损害有关国家的税收利益。所以，国际税收的两大主要问题是国际重复征税和国际避税。

---

① 邱文华，蔡庆辉. 国际税收概念与国际税法概念新探. 北方经贸，1999 (5)：140 - 141.
② 朱青. 国际税收. 2版. 北京：中国人民大学出版社，2004.

6.1.2　国际税收的产生和发展

1. 国际税收的产生

国际税收既是一个经济范畴，也是一个历史范畴，它不是从来就有的，而是历史发展到一定阶段的产物。从社会发展史看，在奴隶社会和封建社会的早期、中期，社会经济是锁国经济，生产、交换、分配、消费基本上是以一国的领土、疆域为限；所征收的税收，也是以该国的领土、疆域为界，在政府权力管辖范围内征收。到封建社会后期和资本主义初期，商品经济发展了，锁国经济瓦解，商品流通也超越国界，扩展到国际市场进行跨国交易。随着国际经济技术交往的不断发展和扩大，以及生产、交换、分配、消费、资本的国际化，导致收入的国际化；由于收入的国际化，从而产生税收的国际化，于是产生了国际税收。

所以，国际税收是国际经济交流发展的产物，纳税人收入的国际化是国际税收形成的经济前提。所得税的普遍实施，对跨国所得重叠征税是国际税收形成的直接动因。所得税国际化的特点，必然带来国与国之间的财权利益关系矛盾，这才促使国际税收的最终形成。

2. 国际税收的发展

国际税收形成于 19 世纪末 20 世纪初，距今还不到 200 年的历史。纵观国际税收的发展，大致可划分为三个阶段。

（1）国际税收的萌芽阶段。在 1843 年由比利时和法国签订世界上第一个双边税收协定之前，国际税收还处于一个萌芽阶段。在这一时期，所得税已经创立，一些纳税人的经营活动越出国境，国际税收问题也随之出现。对国际税收的分配及国际税收问题的处理，只是从一国国内法的角度单方面规范来实现的。

（2）非规范化的税收协定阶段。随着国际经济交流的不断发展，纳税人所得国际化的广泛出现，从一国国内法的角度，单方面对国际间双重征税作出暂时的权宜处理，已经不能适应形势发展的需要。1843 年，由比利时和法国签订了互换税收情报的双边税收协定，标志着国际税收进入了非规范化的税收协定阶段。

（3）税收协定的规范化阶段。在国际税收实践中，有关国家不断总结经验，税收协定由单项向综合、由双边向多边发展，逐步实现规范化。真正具有普遍意义并为大多数国家所接受的、规范化的国际税收协定出现于 20 世纪 60 年代，即经济合作与发展组织制定的《关于对所得和财产避免双重征税的协定范本》和联合国专家小组制定的《关于发达国家与发展中国家间避免双重征税的协定范本》。这两个范本的公布，也标志着国际税收的发展进入了较成熟的阶段，它作为国际间处理国际税收关系经验的总结，虽然对世界各国并没有任何法律约束力，但对于协调国际税收关系却起着重要的指导作用。

6.1.3　国际税收的本质

国际税收的本质是国与国之间的税收权力和利益的分配关系。它包括两方面内容。

（1）国际税收是国与国之间的税收分配关系。国与国之间的税收分配关系是对同一课税对象由哪一国征税和征多少税的税收权益分配问题，也是与相关国家的切身经济利益密切相关的问题。

（2）国际税收是国与国之间的税制协调关系。税收是国家的主权，任何主权国家有权决定对什么征税和征多少税。但是，在当代国际经济一体化的大环境中，国与国之间在经济上是相互依存的，这使各国不仅不能随意行使自己的征税权，还要考虑本国与其他国家的经济交往，协调国与国之间的征税权和税制关系。为了避免所得的国际重复征税，有关国家之间通过签订国际税收协定的方式协调各自的征税权。

6.1.4　国际税收的特点

国际税收与国家税收不同，主要有以下特点。

（1）国际税收不同于国家税收。国际税收是经济国际化和收入国际化的产物，也是国际间经济关系发展产生的结果。国际税收以国家税收为基础，但是不具有强制性的特征，而是协调国与国之间的征税权和税制关系。

（2）国际税收并不是一个独立的税种。国际税收是各国税务当局执行本国税收法律，结合国际税收惯例，以及签订国际税收协议所形成的结合体。所以，国际税收不是一种具体的课征形式，没有具体的税种。

（3）国际税收的征收依据。国际税收基于国际法上公认的各国政府对税收的征收权力，即各国政府拥有的税收管辖权，这是国家的主权之一。

（4）国际税收的着重点。国际税收的着重点是理顺国家与跨国纳税人之间的征纳关系，以及协调国家之间的权益分配关系。根据国际税收征纳关系的复杂性和各国税收权益分配矛盾的尖锐性，以及需要协调的紧迫性，国际上一般都把所得税、财产税和关税作为理顺和协调的重点。

6.2　税收管辖权的内涵

6.2.1　税收管辖权的概念及范围

税收管辖权是一个主权国家根据其法律所拥有和行使的征税权力，它是国家主权在税收领域的集中表现。在国际法上，税收管辖权被公认为国家的基本权利。一国领域内的一切人、物、行为、事件都应受该国法律的约束和管辖。任何一个主权国家都有权按照各自的政治、经济和社会制度选择最适合本国权益的原则来确定和行使其税收管辖权，规定对什么征税、征什么税及征多少税。对此，外国无权干涉。

一个国家行使税收管辖权的范围：①在地域上，是指该国的领域，通常以一国的领土疆域空间为划分标准，包括领陆、领水、领空及其地下；②在人员上，是指该国的所有公民和居民，包括本国人、外国人、双重国籍人、无国籍人和法人。

6.2.2　税收管辖权的原则

税收是国家权力的产物，国际上确定税收管辖权有两种原则。

（1）属人原则。属人原则也称属人主义，就是以纳税人（包括自然人和法人）的国籍登记注册所在地，或者住所、居所和管理机构所在地为标准，确定其税收管辖权。凡属该国的公民和居民（包括自然人和法人），都是该国的纳税人，对该国负有无限纳税义务，受该国税收管辖权的管辖。

（2）属地原则。属地原则也称属地主义，就是以一个国家的领域范围为标准，确定其税收管辖权。凡是该国领域内的一切人（包括自然人和法人），无论是本国人还是外国人，都是该国的纳税人，对该国负有有限纳税义务，受该国税收管辖权管辖。

6.2.3　税收管辖权的选择

1. 税收管辖权的类型

根据上述税收管辖权行使范围的两大原则，各国在所得税的征收上可以确立以下三种税收管辖权。

（1）公民税收管辖权。这是指一个国家对拥有本国国籍的公民行使税收管辖权。

（2）居民税收管辖权。这是指一个国家对本国税法规定的居民（包括自然人和法人）行使税收管辖权。

（3）地域税收管辖权。地域税收管辖权又称来源地税收管辖权，是指一个国家对来源于本国境内的所得行使税收管辖权。

前两类是根据属人原则确定的税收管辖权，后一类是根据属地原则确定的税收管辖权。所以，税收管辖权可以归纳为居民（公民）税收管辖权和地域税收管辖权。

2. 各国税收管辖权的类型

税收管辖权属于国家主权，各国根据国家的权益、国情、政策和在国际上所处的经济地位选择适合自己的税收管辖权类型。目前，世界上大多数国家为了维护本国的经济利益，都同时实行地域管辖权和居民管辖权。在这种情况下，一国有权对本国居民的国内所得、本国居民的国外所得及外国居民的本国所得征税。

中国所得税的管辖权采取地域管辖权和居民管辖权并行的类型。另外，个别国家（如美国）为了强调本国的征税权范围，在实行地域管辖权和居民管辖权的同时，还实行公民管辖权。不过，也有一些国家和地区出于吸引外资等原因目前仅实行单一的地域管辖权，而不实行居民管辖权，如阿根廷、乌拉圭、巴拿马、肯尼亚、赞比亚等国就属于这种情况。

6.2.4　居民及所得来源地的判定标准

1. 居民的判定标准

一国要想准确地行使居民管辖权和地域管辖权，必须首先确定本国判定居民身份和所得来源地的标准。

（1）对公民个人，以其国籍为标准。凡具有某一个国家的国籍，并享受该国公民权利与承担该国公民义务的自然人，就是这个国家的公民个人。对公民法人则是以登记注册为标准，凡是按照某一国家的法律进行注册登记的法人，就成为这个国家的公民法人。采用这一标准的国家有美国、墨西哥、瑞典、芬兰等。

（2）对居民个人适用于住所标准和居住时间标准。个人在某国领域内拥有永久住所，或者非永久性但习惯性居所，则这个人就被确定为这个国家的居民个人。目前，大多数国家都采用这一标准。中国税法以户籍、家庭和经济利益关系作为住所的验定标准。居住时间标准是指以纳税人在本国居住的时间是否达到规定的天数为依据来判定其居民身份。这方面各国的规定也不完全相同，有的以一年为标准，有的以半年（183 天）为标准。中国税法规定的居住时间标准为一年，即在一个纳税年度内居住满一年（365 日，临时离境不扣减日数）的个人，即为中国的税收居民。

（3）对于法人居民的确定标准较为复杂。法人居民身份的判定标准主要有公司注册地标准、管理机构所在地标准和总机构所在地标准。目前，大多数国家都同时采用公司注册地标准和管理机构所在地标准，但也有的国家只采用公司注册地标准或管理机构所在地标准。不过，各国税法对法人居民的确定，有的采用一种标准，有的同时采用两种标准，如表 6-1 所示。如澳大利亚为防止逃税，扩大税收管辖权的范围，既采用了公民法人的登记注册标准，又采用了居民法人的实际管理中心标准。中国判定法人企业居民身份采用的是公司注册地标准和总机构标准，二者必须同时满足，缺一不可，即只有依据中国的法律在中国注册，同时总机构设在中国境内的企业才是中国的法人居民企业。

表 6-1　部分国家居民税收身份的判定标准

国家	判定自然人居民身份的标准	判定法人居民身份的标准
瑞士	1. 在瑞士有合法住宅并打算定居；2. 因从事有收益的活动而在瑞士停留 3 个月以上；因从事非收益的活动而停留 6 个月以上	在瑞士注册成立或管理中心设在瑞士。
英国	1. 在访问英国的年度中在英国有可供其使用的住房；2. 在纳税年度中在英国停留 183 天以上（不一定连续停留）；3. 在连续 4 年中到英国访问平均每年达到 91 天或以上	在英国境内登记注册或中心管理和控制机构在英国
德国	在国内有永久住所或在一个纳税年度内在暂时住所居住满 6 个月	依据德国法律注册登记或其管理机构设在德国
法国	1. 在法国有住所；2. 受雇或从业地点在法国，经济利益中心在法国；3. 有 5 年以上经常居所	在法国境内登记注册或者管理机构、控制中心设在法国
美国	在美国境内居住满一年，或据本人意愿情况而定	依据美国联邦或州的法律登记注册
加拿大	在加拿大境内有永久居住场所，或在一个公历年度内居住满 183 天	管理机构和经营控制中心在加拿大境内
澳大利亚	1. 在澳大利亚有住所或长期居住地；2. 在纳税年度内连续或累计在澳大利亚停留半年以上	1. 在澳大利亚注册、经营；2. 中心管理和控制机构在澳大利亚；3. 投票权被澳大利亚居民股东控制
新西兰	在新西兰境内居住满 1 年	在新西兰境内登记成立或总管理机构、主要办事处在新西兰境内

续表

国家	判定自然人居民身份的标准	判定法人居民身份的标准
日本	在日本国内有永久性住所或居所，连续居住在 1 年以上	按照日本法律注册登记或在日本境内设有总机构、总店或总办事处
新加坡	在一个公历年度居住或就业满 183 天	公司的实际管理机构与控制机构在新加坡境内
中国	在中国境内有住所，或者无住所而在境内居住满 1 年	在中国境内成立或依照外国（地区）法律成立但实际管理机构在中国境内的企业

2. 所得来源地的判定标准

对所得来源地的判定标准各国也不完全相同。例如，经营所得的来源地，有的国家以常设机构为标准，有的国家以交易地点为标准。所谓常设机构，是指一个企业进行全部或部分经营活动的固定营业场所，它的范围包括管理机构、营业机构、办事机构、工厂、开采自然资源的场所，建筑、安装、勘探等工程作业的场所和提供劳务的场所，以及营业代理人。中国目前采用常设机构标准判定经营所得的来源地，凡是在中国境内设有上述常设机构的企业（包括外国企业），通过该常设机构取得的经营所得都属于来源于中国境内的所得。又如，个人劳务所得的来源地，有的国家采用劳务提供地标准，有的国家则采用劳务所得支付地标准。中国采用的是劳务提供地标准。中国税法规定，因任职、受雇、履约等而在中国境内提供劳务取得的所得，无论支付地点是否在中国境内，均为来源于中国境内的所得。再如，对于股息、利息、特许权使用费投资所得，有的国家以股权、债权、特许权所有人的居住地为标准判定来源地，有的国家则以股本金、贷款、特许权的使用地为标准判定来源地。中国采用的是后一种标准。

6.3　国际双重征税的产生与消除

6.3.1　双重税收管辖权

双重税收管辖权是指一个跨国纳税人同时受到两个或两个以上国家的税收管辖权的管辖，并对这些国家负有纳税义务。双重税收管辖权有三种情况。

1）双重居民（公民）税收管辖权

双重居民（公民）税收管辖权是指两个国家根据各自税法的规定，同时认定同一个跨国纳税人为各自国家的居民或公民，对其行使居民（公民）税收管辖权。例如，某个跨国自然人，在 A 国有永久性住所，被 A 国确定为其居民个人；同时，由于在 B 国居住 6 个月以上，又被 B 国确定为其居民个人。这样，他本人就具有双重居民个人身份，同时成为 A 国和 B 国两国的居民（公民）税收管辖权的双重行使对象。

2）双重地域税收管辖权

双重地域税收管辖权是指两个国家根据各自税法的规定，对来源地或者产地的理解和规定不同，而使得同一个跨国纳税人同时受到两个国家地域税收管辖权的双重管辖。

3）双重居民（公民）和地域税收管辖权

双重居民（公民）和地域税收管辖权是指两个国家根据各自税法的规定，对同一个跨国纳税人，甲国对其行使居民（公民）税收管辖权，乙国对其行使地域税收管辖权，同时受到两个国家两种不同税收管辖权的双重管辖。

6.3.2   国际双重征税产生的原因

国际双重征税是指两个或两个以上国家在同一时期内，对同一纳税人或不同纳税人的同一征税对象或税源征收相同或类似的税收。

所得的国际双重征税产生的原因主要有以下两方面。

（1）不同税收管辖权的重叠。不同种类的税收管辖权相互重叠有三种情况：居民管辖权与地域管辖权的重叠，公民管辖权与地域管辖权的重叠，公民管辖权与居民管辖权的重叠。由于世界上大多数国家都同时实行地域管辖权和居民管辖权，因此，这两种税收管辖权的交叉重叠最为普遍，此乃造成国际重复征税的一个主要原因。

例如，A国居民在B国从事经济活动并在当地取得了一笔所得，A国依据居民管辖权有权对这笔所得征税，B国依据地域管辖权也有权对这笔所得征税。这样，A、B两国的税收管辖权就在该A国居民的同一笔所得上发生了重叠。如果A、B两国都行使自己的征税权，则这笔所得势必受到国际重复征税。

（2）同种税收管辖权的重叠。国与国之间同种税收管辖权的相互重叠主要有居民管辖权与居民管辖权的重叠、地域管辖权与地域管辖权的重叠两种情况。造成同种税收管辖权相互重叠的原因，主要是有关国家判定居民或所得来源地的标准不尽相同，从而使同一跨国纳税人具有双重居民的身份，或同一笔所得被两个国家同时判定为来自本国，致使两个国家对同一跨国纳税人的同一所得同时享有居民管辖权或地域管辖权。

例如，A、B两国判定法人居民身份的标准各不相同：A国采用注册地标准，即凡是在本国注册登记的法人企业均为本国的法人居民，而不论该法人企业的管理机构是否设在本国；B国采用管理机构所在地标准，即凡是管理机构设在本国的法人企业均为本国的法人居民，而不论该法人企业是否在本国注册登记。在这种情况下，如果某个法人企业注册地在A国而管理机构在B国，那么，该法人企业就要同时成为A、B两国的法人居民，A、B两国都可依据居民管辖权向其征税。

双重税收管辖权造成国际双重征税，加重了跨国纳税人的负担。这样不仅影响跨国投资者的投资，也不利于国际间资金、资源、商品、劳务、人才、技术的流动和运用，对各国经济和国际经济的发展产生阻碍作用。为此，各国政府都采取相应措施，避免或者消除国际双重征税。

6.3.3   减除国际双重征税的方法

目前，所得国际重复征税问题的解决方法主要有两种。

（1）有关国家通过缔结国际税收协定，约束各自的税收管辖权，以避免两国因制定居民身份或所得来源地的标准相互冲突而对同一个纳税人或同一笔所得同时行使居民管辖权或同时行使地域管辖权。目前在约束各国税收管辖权方面已经有比较成熟的规范。例如，当判定法人居民身份的注册地标准与管理机构所在地标准发生冲突时，注册地标准要服从于管理机构所在地标准，即当同一法人被一个采用注册地标准的国家和一个采用管理机构所在地标准的国家同时判定为本国居民时，则应由该法人的管理机构所在国对其行使居民管辖权，其注册地所在国则应放弃对它的居民管辖权。

（2）当一个国家的居民管辖权与另一个国家的地域管辖权相互重叠时，实行居民管辖权的国家承认所得来源国的优先征税地位，并在行使本国征税权的过程中采取必要的措施减轻或消除国际重复征税。

国际双重征税减除的方式，有单边减除和双边减除。前者是指一国政府单方面地采取措施，减除本国纳税人的双重税收负担，而不管对方国家是否同意。后者是指两个国家通过谈判，签订避免双重征税协定，来协调双方的税收关系。不论单边减除还是双边减除，前提都是确认地域税收管辖权的国家有优先征税权。

目前，减除双重征税的方法有以下几种。

（1）免税法，也称豁免法，是指行使居民（公民）税收管辖权的国家，对本国居民（公民）来源于国外的所得或财产收益，单方面无条件地放弃征税权，不予征税，以免除国际间的重复征税。免税法又分为全部免税法和累进免税法。其中，全部免税法较少国家采用；而累进免税法则多数国家采用。这种方法可以有效地避免和消除国际重复征税。

（2）扣除法，是指行使居民（公民）管辖权的国家，准许本国居民（公民）把其在国外取得的所得或拥有的财产收益所缴纳的所得税，在向国内汇总申报应税所得额时，作为一个扣除项目从来源国的所得中扣除，仅对扣除后的余额部分汇总计算征税。这种方法只能减轻而不能免除国际重复征税。

（3）抵免法，是指行使居民（公民）税收管辖权的国家，对本国居民（公民）取得的国内外所得或者拥有的财产收益在汇总计算应纳所得税税额时，准许把国外所得或收益在国外已缴纳的所得税税额，在应向本国缴纳的所得税税额中予以相抵扣除。根据适用的对象和计算方法的不同，抵免法又分为直接抵免法和间接抵免法。这种方法可以有效地免除国际重复征税。由于抵免法既承认所得来源国的优先征税地位，又不要求居住国放弃对本国居民国外所得的征税权，有利于维护各国的税收权益，因而得到世界各国的普遍采用。

（4）低税法，是指行使居民（公民）税收管辖权的国家，对其居民（公民）取得的来源于国外的所得，单独制定较低的税率征收所得税，以减轻其双重税收负担。这种方法可以在一定程度上缓解国际双重征税的矛盾，但没有完全解决国际双重征税问题。

6.3.4 税收饶让

税收饶让是税收抵免的一种特殊形式，是指行使居民（公民）税收管辖权的国家，对其居民（公民）在国外享受的所得税减免的税额，视同在国外实际缴纳的税额一样给予税收抵免。

税收饶让一般在发达国家与发展中国家之间进行。发达国家对到发展中国家投资的跨国纳税人给予税收饶让，对于发展中国家吸引外资具有十分重要的意义。发展中国家为了吸引外资，往往要向发达国家的投资者提供税收减免等优惠待遇。但根据税收抵免办法的规定，发展中国家对发达国家的投资者减征或免征的税款最后还要由发达国家补征。这样，发展中国家的税收优惠措施不仅不能使发达国家的投资者得到任何实惠，起不到吸引外资的作用，而且还会使发展中国家的一部分税收收入转化为发达国家的税收收入。为了解决这个问题，发展中国家要求发达国家实行税收饶让，对发达国家的投资者在发展中国家得到的减免税不再予以补征。税收饶让是税收抵免的进一步延伸，它的实行和推广有利于发达国家的资本和技术的输出，也有利于发展中国家的资本和技术的输入，从而促进了国际经济的发展和技术的交流。

6.4　国际避税与反避税措施

6.4.1　国际逃税与国际避税

国际逃税是指纳税义务人有意违反税法规定，涂改、伪造或销毁票据、记账凭证或者账簿，虚列与多报成本、费用，稳瞒与少报应纳税所得额或者收入额，逃避纳税或者骗回已缴纳税款等违法行为。而国际避税是一种合法行为，指跨国纳税人利用国与国之间的税制差异及各国涉外税收法规和国际税法中的漏洞，在从事跨越国境的活动中，通过种种合法手段，规避或减小有关国家纳税义务的行为。

虽然国际逃税和避税在定义上存在非法和合法之别，但在国际税收实践中，对跨国纳税人减轻税负行为进行合法和非法的区分是很困难的，因为各国税法的规定不同，同样的减轻税负行为在 A 国可能合法，而在 B 国可能非法。

产生国际避税的主要原因是：国与国之间税收负担不平衡，有的国家税负轻，有的国家税负重，促进了跨国纳税人把收入和资产，由高税国家或地区向低税国家或地区转移。跨国纳税人经济活动的国际化和收入的多元化为国际避税提供了条件。各国行使税收管辖权的交叉和重叠，形成双重征税，对国际避税产生了催化作用。税收制度不完备，征管网络不严密，提供了国际避税的环境。跨国纳税人过度追逐高额利润是产生国际避税的根本原因。

6.4.2　国际避税的主要途径

1）从高税国移居到低税国或避税地

在实行居民管辖权的国家，居民纳税人必须就其在全球所得向本国政府负无限纳税义务。若该国是一个高税国，那么该国居民的全球所得都要按较高的税率纳税，即使有些所得来自于那些低税或无税的国家，纳税人也要就这些所得向本国政府补交税款。而如果纳税人从这个高税国迁往低税国，不再属于这个高税国的居民，那么这个纳税人就只需就来源于该高税国的所得按较高的税率向该国纳税，而来自于其他国家的所得就可以按自己目前居住的低税国的税率纳税。如果纳税人迁往一个纯避税地，或迁往一个仅实行地域管辖权的国家，成为那里的居民，那么他来自于其他国家的所得就只需在来源国缴税，不必再向其居住国纳税。假如纳税人的所得来自于一个低税国或能够在来源国享受到税收优惠，则纳税人从高税国移居到避税地就可以使其总税收负担大大下降。

2）跨国关联企业把集团的部分利润从高税国转移到低税国实现

跨国关联企业之间进行经济交往，与其同非关联企业进行交往一样，也要按照一定的标准计价收费，以便考核各企业的经营成果，实施对企业的经营管理。但跨国关联企业之间作价有一定的特殊性。非关联企业之间的交易价格一般要按照市场竞争的原则，经过双方讨价还价来确定。而跨国关联企业由于在经营管理和经济利益等方面具有相关性，因而相互之间进行交易可以通过跨国企业集团内部的转让定价来进行。这种内部交易价格可以根据跨国关联企业集团的整体利益来制定，并不一定要符合市场竞争的原则，与市场价格相比，转让定价所确定的内部交易价格既可以等于市场价格，也可以不等于市场价格。跨国关联企业集团内部作价制度的这种特殊性，使其有可能在有关国家税率存在差异的情况下，利用转让定价，在设在不同国家的关联企业之间分配业务收入和费用开支时，尽可能地将所得从高税国企业转移到低税国企业，从而达到最大限度地减轻总税负的目的。例如，跨国关联企业集团如果压低高税国企业向低税国企业销售产品的价格，把收入尽量多地分配到低税率国家的关联企业，或者提高低税国企业向高税国企业提供劳务、转让技术的收费价格，把费用尽量多地分配到高税率国家的关联企业，就可以实现国际避税的目的。

3）滥用国际税收协定避税

滥用国际税收协定，一般是指一个第三国居民利用其他两个国家间签订的国际税收协定获取其本不应得到的税收利益。跨国纳税人通过滥用国际税收协定往往可以达到避税的目的。国与国之间签订的国际税收协定中，一般都有互相向对方国家的居民提供所得税尤其是预提所得税的税收优惠。

例如，各国对本国居民向非居民支付的股息、红利，一般要征25%～35%的预提所得税，但根据国际税收协定，这种股息预提税的税率就可以降到15%以下。A、B两国间签订的税收协定本应使A、B两国的居民相互受益，而第三国居民不应从中渔利。然而第三国居民往往可以通过一定的手段从A、B两国签订的税收协定中得到好处。其手段主要是在A、B两国中的一国设立子公司，并使其成为当地的居民公司，该子公司完全由第三国居民所控制。这样，A、B两国签订的税收协定中的优惠待遇该子公司就可以享受，然后该子公司再通过其与第三国居民之间的关联关系把受益传递给该第三国居民，从而使该第三国居民间接地得到A、B两国间税收协定的好处。

4）选择有利的公司组织形式避税

跨国法人在对外投资时，可以选择建立子公司或分公司和其他分支机构等不同的组织形式。这些组织形式的法律地位不同、财务处理不同，税收待遇也不同。例如，高税居住国跨国纳税人的一种常见选择方案，是在国外经营初期，以分支机构形式从事经营活动，因为由此产生的亏损可以冲抵总机构的利润，以减少在居住国的纳税。而当分支机构由亏转盈之后，再及时转变成子公司，从而享受延期纳税的好处。针对这种方式，有些国家制定了相应的限制措施，以防跨国纳税人"两头受益"。

6.4.3 国际避税的防范措施

国际避税尽管是一种合法行为，但其给政府税收收入造成的有害后果与非法的国际偷税行为却是一样的。因此，各国在打击国际偷税行为的同时，也都把矛头指向了国际避税。

1）运用正常交易价格原则

正常交易原则又称"独立竞争"原则，是指将跨国关联企业的母公司和子公司、总机构和常设机构、子公司之间、常设机构之间的交易，当作相互独立的按照市场标准进行竞争的企业之间的交易，它们之间的营业往来、成本费用分配按市场公平价格计算，如有人为提高、调低或分配现象发生，有关国家的税务机关有权依照在同样条件下从事相同或类似交易、彼此没有关联的独立企业在公平市场上达成的价格标准进行调整或重新分配。

利用转让定价在跨国关联企业之间进行收入和费用的分配及利润的转移，是跨国公司进行国际避税最常用的一种手段。不合理的转让定价必然会造成收入和费用不合理的国际分配格局，从而影响有关国家的切身利益。

2）制定对付避税地的立法

跨国公司纳税人进行国际避税的重要手段之一，就是在避税地建立一个外国公司，然后利用避税地低税或无税的优势，将许多经营业务通过避税地公司开展，通过转让定价等手段，把跨国纳税人的一部分利润转移到避税地公司的账户上，并借助一些国家推迟课税的规定，将利润长期积累在避税地公司，从而逃避跨国纳税人所在的高税国的税收。

在上述情况下，避税地公司实际上充当了跨国纳税人进行国际避税的基地，所以人们通常将这种建在避税地的外国公司称为基地公司。在避税地投资建立基地公司的股东一般为跨国公司，但也可以是公民个人。显然，要想阻止跨国公司利用避税地基地公司进行避税，就必须取消对国外分得股息推迟课税的规定。如果跨国公司的基地公司无论是否将股息、红利汇给母公司，母公司所在国都要对这笔利润征税，那么，跨国公司利用避税地基地公司避税的计划就不能得逞。这种取消推迟课税的规定，以阻止跨国纳税人利用其在避税地拥有的基地公司进行避税的立法，被称为对付避税地的立法。

3）在双边国际税收协定中加进反滥用条款

为防范第三国居民滥用协定避税，在协定中增加了一定的防范条款。比较常见的方法如下所述。

（1）纳税义务法，即一个中介性质的公司若其所得在注册成立的国家没有纳税义务，则该公司不能享受税收协定的优惠。

（2）排除法，即在协定中注明协定提供的税收优惠不适用于某一类纳税人。例如，美国1962年与卢森堡签订的税收协定中就规定，在卢森堡注册成立的控股公司不属于该协定适用的纳税人。

（3）真实法，即规定不是出于真实的商业经营目的，只是单纯为了谋求税收协定优惠的纳税人，不得享受协定提供的税收优惠。例如，英国与荷兰、荷属安第列斯签订的税收协定中规定，如果债务和特许权交易是为了利用协定而不是由于真正的商业原因而发生，则该协定对利息、特许权使用费规定的预提税减免就不对其适用。

（4）受益所有人法，即规定协定提供的税收优惠的最终受益人必须是真正的协定国居民，第三国居民不能借助在协定国成立的居民公司从协定中受益。

（5）禁止法，即不与被认为是国际避税地的国家（地区）缔结税收协定，以防止跨国公司在避税地组建公司作为其国际避税活动的中介性机构。

4）限制跨国公司利用改变公司组织形式进行避税

适时地改变国外附属机构的组织形式是跨国公司国际避税的方式之一，当国外分公司开始盈利时，将其重组为子公司。为了防止跨国公司利用这种方式避税，一些国家在法律上也采取了一些防范性措施。例如，美国税法规定，外国分公司改为子公司以后，分公司过去的亏损所冲减的总公司利润必须重新计算清楚，并就这部分被国外分公司亏损冲减的利润进行补税。

5）加强税务行政管理

主要方法有在税务征管与税务司法中运用"实质重于形式"的原则，加强纳税申报制度，把举证责任转移给纳税人，加强税务调查和税务审计，通过国际税收协定加强国际税收合作，建立税务情报交换制度，以及争取与银行的合作等。

本 章 小 结

● 国际税收是国际经济交流发展的产物，纳税人收入的国际化是国际税收形成的经济前提。随着纳税人所得国际化和世界各国普遍采用所得课税后，必然带来国与国之间的财权利益关系矛盾，这些都促使了国际税收的最终形成。

● 国际税收的本质是国与国之间的税收权力和利益的分配关系。国际税收的征收依据是各国政府拥有的税收管辖权。

● 国际上对税收管辖权的确定有属人和属地两种原则。

● 税收管辖权的三种类型：公民税收管辖权、居民税收管辖权、地域税收管辖权。

● 中国所得税的管辖权采取地域管辖权和居民管辖权并行的类型。

● 各国行使税收管辖权的差异引起了国际间重复征税。

● 双重税收管辖权的类型：双重居民（公民）税收管辖权、双重地域税收管辖权、双重居民（公民）和地域税收管辖权。

● 消除国际间重复征税的基本方法有：免税法、扣除法、抵免法和低税法。

关 键 概 念

国际税收 税收管辖权 公民税收管辖权 居民税收管辖权 地域税收管辖权 国际双重征税 免税法 扣除法 抵免法 税收饶让 国际逃税 国际避税

思考与练习

1. 简述国际税收的概念及其特点。

2. 简述国际税收的本质及其征税依据。

3. 国际上税收管辖权的确定原则及类型有哪些？

4. 为什么会出现国际间重复征税？消除的方法有哪些？

5. 产生国际避税的原因有哪些？

6. 简述国际避税的主要途径及其防范措施。

【阅读材料】

2017年特朗普税改法案

北京时间2017年12月2日，美国参议院投票通过了美国近31年来调整规模最大的税法改革方案《减税与工作议案》（"The Tax Cuts and Jobs Act"），引起了全球的关注。此次税改围绕在个人所得税、企业所得税等多个方面进行较大规模的改革。美国作为全球最大的经济体，特朗普税改政策的目标是拉动国内消费需求，刺激全球资本向美国的回流，促进经济恢复活力。美国作为全球资本市场的核心腹地，如此重大的税改政策，必将对全球经济和资本市场造成深远影响。

1. 个人所得税改革

与世界其他国家的征税相同，美国的个人所得税征税收入是远远高于企业所得税的，因此美国税收政策改革的重点之一就在于个人所得税的改革。

（1）降低个人所得税税率。美国的个人所得税征收同中国一样采取超额累进税率，改革前税率分别为10%、15%、25%、28%、33%、35%和39.6%，从2018—2025年，七级税率变为10%、12%、22%、24%、32%、35%和37%。从影响的人群看，由于个税税基级距的调整，低、高收入群体减税，但部分中高收入群体、高税率州人群的税收可能增加。具体而言，对于单身人士，年收入15.7万美元以下全部减税，年收入42万～50万美元以上的人群税率下降，从39.6%下降到35%，50万美元以上税率从39.6%下降为37%。但是15.7万～19.5万美元，税率从28%提高到32%；年收入20万～42万美元，适用税率从33%提高到35%。

（2）增加扣除额。税改法案将标准扣除额改为个人申报12 000美元/年，夫妻联合申报24 000美元/年。据测算，中等收入（年收入7.3万美元）的四口之家减少2 059美元个税。此外，美国个人所得税扣除标准每年根据通货膨胀情况进行指数化调整。除了标准扣除外还有专项扣除，但只能选择适用其中一个。简化专项扣除额，仅保留：允许上限1万美元的州和地方房产税、所得税及消费税扣除；允许75万美元以下的房屋抵押贷款利息扣除，废除了住房抵押贷款的税前扣除。子女税收抵免标准从1 050美元/人增加到2 000美元/人。

（3）取消可替代最低税（AMT）。可替代最低税的设置就是一种兜底条款，其是为了防止有些纳税人享受了过多的税收优惠后导致纳税额度过低，因此若纳税额不足可替代最低税时需要进行补税。可替代最低税的取消，将会降低那些实际税额低于"可替代最低税"额的纳税人的税负。

2. 企业所得税改革

税改法案中对企业所得税的改动较大，主要聚焦在降低税率、废除替代性最低限额税、保留对投资的税前扣除、限制利息费用的税前扣除，意在鼓励研发和投资，控制杠杆率（利息）盲目提高。

（1）降低企业所得税税率。美国的企业所得税税率将从现在的35%降低到21%，这已经低于OECD国家25%的平均税率水平。企业所得税率的降低将会减轻企业负担，刺激企业在美国的创立与投资。

（2）研发费用扣除方面，美国税改前规定部分研发支出允许当期全额税前扣除，税改法案保留了研发抵免，但自2022年起，特定研发支出需要资本化，并在5年内摊销。2022年前仍鼓励研发，但为确保财政收入不至于大幅下降，2022 年后抵扣力度弱化。

（3）加紧对导管企业所有者的征税。导管企业所有者是指为了避税在海外设立的企业，原有的征税标准是按照个人所得税的税率征税，改革后将会适用企业税率 21%，这对于企业和富人来说避税难度将加大。

（4）企业一次性利润汇回税的降低。美国现行税法要求美国企业的海外利润将在汇回美国时被征 35% 的税，而改革后当美国将留存海外的利益汇回美国时所征收的税率将会降低，这会大大刺激跨国公司的海外盈余大幅度的回流美国。

3. 遗产税的取消

现行美国税法规定需征收遗产税，每人 543 万美元的免税额度，超出部分将根据遗产价值的大小征收 18%～48% 不等额度的遗产税。改革后将会取消遗产税的征税，这对美国的富人阶级来说是一个利好消息。

4. 净投资所得税的取消

现行税法规定美国个人年收入超过 20 万美元以及家庭年收入超过 25 万美元的投资者需要征税 3.8% 的投资税。税改取消了净投资所得税，将会促使美国中产阶级及富人阶级更加有意愿进行投资。

5. 从全球征税的属人原则改为属地原则

在整体所得税制方面，美国税改前实施的是全球征税制，同时存在的境外税收抵免制度用以消除双重征税，税务机关对美国企业在全球范围内的收入来源征税。税改法案对此改变为实施属地征税制，即美国企业取得的源于境外企业的股息红利可享受 100% 免税，美国企业的海外利润只需要在利润产生的国家缴税，而无需再向美国政府缴税。这有利于资本流入美国，增加投资和就业。

境外利润汇回税方面，此前未完税的境外利润在汇回美国后应缴纳 35% 的企业所得税，税改法案规定免税，同时对此前未完税境外利润给予一次性优惠，即现金或现金等价物适用 15.5% 税率，非现金形式资产适用 8% 税率，可在 8 年内分期缴纳，鼓励海外利润回流美国，增加投资。

6. 增加边境调节税

税法改革方案中还增设了边境调节税。所谓边境调节税，就是要以企业所得税税率对进口进行征税，但是企业出口所得收入免于征税。这一政策一旦通过，将极大地利好美元，另外还将对美国和世界其他国家的贸易关系产生巨大的影响。向进入美国的所有商品和服务征税，是一项有争议的提议，其是否可行还需要时间的检验。

资料来源：陈阳. 美国国际税收政策改革及影响. 合作经济与科技，2018（8）：140 - 142.（有改动）

第 7 章

公债与公债市场

【学习目标】

学完本章后，你应该能够：

● 知晓公债的概念、特征及功能；

● 理解公债的发行与偿还；

● 领会公债的规模及结构；

● 了解公债的发行及交易市场。

7.1 公债概述

7.1.1 公债的含义、性质与分类

1. 公债的含义

公债指的是政府为筹措财政资金，凭其信誉按照一定程序向投资者出具的，承诺在一定时期支付利息和到期偿还本金的一种格式化的债权债务凭证。

(1) 公债是各级政府借债的统称。中央政府的债务称为中央债，又称国债；地方政府的债务称为地方债。目前，我国地方政府无权以自身名义发行债务，2009 年开始，财政部代地方政府发行地方政府公债，即"代发代还"。

(2) 公债是政府收入的一种特殊形式。其特殊性在于：第一，与税收相比，不仅具有有偿性，而且具有自愿性；第二，公债是政府进行宏观调控、保持经济稳定、促进经济发展的一个重要经济杠杆；第三，公债是一个特殊的债务范畴，它不以财产或收益作为担保物，而是依靠政府的信誉发行。一般情况下，公债比私债要可靠得多，而且收益率也高于普通的银行存款，所以通常被称为金边债券。

(3) 公债是政府信用或财政信用的主要形式。政府信用是指政府按照有借有还的商业信用原则，以债务人身份来取得收入、或以债权人身份来安排支出，或称为财政信用。公债只是财政信用的一种形式。财政信用的其他形式，包括政府向银行借款、财政支农周转金以及财政部门直接发放的财政性贷款等。

(4) 公债是政府可以运用的一种重要的宏观调控手段。

2. 公债的性质

(1) 公债是一种虚拟的借贷资本。公债体现了债权人（公债认购者）与债务人（政府）之间的债权债务关系。公债在发行期间是由认购者提供其闲置资金，在偿付阶段是由政府主

要以税收收入进行还本付息。公债资本与其他资本存在的区别在于公债资本（用于非生产性开支）并不是现实资本，而只是一种虚拟的资本。用于生产性开支的公债则表现为不能提取的公共设施等国家的现实资本。

（2）公债体现一定的分配关系，是一种"延期的税收"。公债的发行，是政府运用信用方式将一部分已作分配、并已有归宿的国民收入集中起来；公债资金的运用，是政府将集中起来的资金，通过财政支出的形式进行再分配；而公债的还本付息，则主要是由国家的财政收入（主要是税收）来承担。因此，从一定意义上讲，公债是对国民收入的再分配。

3. 公债的分类

1）按发行期进行分类

按发行期，公债可分为短期公债、中期公债和长期公债。

短期公债是指发行期限在 1 年之内的公债，又称为流动公债。短期公债流动性大，因而成为资金市场主要的买卖对象，是执行货币政策、调节市场货币供应量的重要政策工具。

中期公债是指发行期限在 1 年到 10 年之内的公债，政府可以在较长时间内使用这笔资金，因此在许多国家占有重要地位。

长期公债是发行期限在 10 年以上的公债，其中还包括永久公债或无期公债，发行长期公债，政府长期使用资金，但由于发行期限过长，持券人的利益会受到币值和物价波动影响，因此长期公债的推销往往比较困难。

2）按发行地域进行分类

按发行地域，公债可分为国内公债和国外公债。

政府在本国的借款和发行债券为国内公债，简称内债。发行对象是本国的公司、企业、社会团体或组织以及个人。发行和偿还用本国货币结算支付，一般不会影响国际收支。

政府向其他国家的政府、银行或国际金融组织的借款，以及在国外发行的债券等，为国外公债，简称外债。

3）按可否自由流通进行分类

按可否自由流通，公债可分为上市公债和不上市公债。

可以在债券市场上出售，并且可以转让的公债，称为上市公债。上市公债增强了公债的流动性，在推销时比较顺利。多数的公债都是可以进入证券市场自由买卖的。

不可以转让的公债，称为不上市公债。为了保证发行，政府通常必须在利率和偿还方法上给予某些优惠。

4）按举债形式进行分类

按举债形式，公债可分为契约性借款和发行公债券。

政府契约性借款，是政府和债权人按照一定的程序和形式共同协商，签订协议或合同，形成债权债务关系。

发行公债券，即向社会各单位、企业、个人的借债采用发行债券的形式。发行债券具有普遍性，应用范围广。

5）其他分类方法

如按发行主体，可分为中央公债和地方公债；按公债计量单位，可分为实物公债和货币公债；按利息状况，可分为有息公债和有奖公债；按公债用途，可分为生产性公债和非生产性公债。

4. 公债与税收

公债和税收都是现代世界各国政府财政活动的重要内容,二者的区别和联系如下。

(1) 税收活动的根本依据是国家的政治权力,具有政治上的强制性和经济上的无偿性。政府通过税收取得财政收入,既不需要偿还,也不需要对纳税人付出任何代价。公债活动的根本依据是政府信用,政府必须承担归还本金和支付公债利息的义务。

(2) 公债与税收所组织的财政收入的性质和来源不同。税收收入来源于国民收入分配和再分配环节。而公债收入来源于社会的闲置资金。

(3) 公债与税收各自的经济效应不尽相同。从总体上看,政府运用公债和税收均可在一定程度上对社会需求水平进行调控,进而实现对社会经济宏观控制的目的。但从实践上看,税收和公债在运用过程中对社会经济影响的侧重点有所不同。税收对社会经济影响的针对性较强,往往通过征税环节、税率高低及减免税等方式实现经济结构调整的目标。而公债对经济的影响通常具有总量效应,公债是通过改变货币流通量或货币供应量进而对经济总量进行调节的。

(4) 公债与税收存在一定的替代关系。由于税收具有固定性特征,当政府出现收不抵支的临时之需时,开征新税或提高税率都难以济急,此时公债便成为税收的替代手段而被政府采用。此外,公债还本付息的资金最终来源于税收。因此,公债与税收存在天然的替代关系。

7.1.2　公债的起源

公债的起源晚于税收。恩格斯说:"随着文明时代的向前发展,甚至捐税也不够用了。国家就发行期票,借债,即发行公债。"[①] 可见,公债的产生与国家职能的扩展密切相关。

据有关文献记载,公债在奴隶社会就开始萌芽了。在公元前 4 世纪,希腊和罗马曾出现过国家向商人、高利贷者和寺院借债的情形。到了封建社会,公债有了更进一步的发展。但在前资本主义时期,由于生产力发展水平较低,商品经济规模较小及封建势力的束缚,封建制国家在社会经济生活中所起到的作用远远不如现代。在封建时代,政府发行的公债具有规模较小、制度不完整等特征。

公债真正大规模的发展,是在资本主义时期。原因如下。

(1) 从支出需要看,国家对外扩张等职能引起了财政支出的过度膨胀,迫使资本主义国家不得不扩大公债的规模。

(2) 从发行条件看,经济增长促使闲置资本规模的扩大,给公债发行提供了大量稳定的资金来源。

(3) 从利益分配角度看,在公债发行中获得最大经济利益的是资产阶级。新兴资产阶级通过大量认购国债而获得巨额利息,并借机得到一些特权。例如,东印度公司就曾以贷款方式从英国政府手中换取了对有关地区的贸易特权,同时,它们通过认购国债,向政治领域渗透,不断地同封建王室和地主贵族集团争夺国家的政治权利。

(4) 从经济理论和财政实践看,赤字财政理论和赤字财政政策在西方各国的流行和推广,为公债的膨胀提供了理论上和制度上的保证。在 20 世纪 30 年代以前,公债发行规模相

---

① 马克思,恩格斯. 马克思恩格斯全集:第 21 卷. 北京:人民出版社,1972:195.

对有限。此后，凯恩斯主义在西方国家盛行，为刺激总需求、缓和经济危机，不少发达国家纷纷推行赤字财政政策，大规模发行公债。在公债数额与日俱增的同时，有关的制度安排也逐渐完善，更为重要的是公债已越来越成为各国政府干预经济生活的重要工具。

7.1.3　公债存在的条件

1）公债存在和发展的必要性

公债总是与国家的职能紧密联系在一起的。早期的公债主要是财政困难的产物，而财政困难却往往源于战争，每当国家财政的经常性收入不足以支撑或满足庞大的军事开支时，国家就会发行公债。然而，随着社会经济的向前发展和国家职能的不断扩大，国家对经济的干预已成为各国经济发展不可或缺的内容。要实现国家干预经济、调节经济的职能，就有必要借助公债这个重要工具。

2）公债存在和发展的基础

①充裕的闲置资金。只有当商品货币经济发展到一定水平时，社会上才会有充足和稳定的闲置资金，这是发行公债的物质条件。②金融机构的发展和信用制度的完善是发行公债必需的技术条件，否则公债发行便缺乏有效的手段和工具。③在一个毫无民主和人权可言的专制国家里，人民无法确立对国家的信用，即使美其名曰"公债"，也实际上与捐税毫无区别。可见，公债的存在和发展还必须与商品货币经济下的社会意识观念相适应。

7.1.4　公债的特征

公债作为政府财政活动的重要内容，与其他政府财政活动相比，具有明显的形式特征。

（1）有偿性。所谓有偿性，是指政府发行公债必须如期偿还本金，并且按照预先的规定支付一定数额的利息。公债发行是政府作为债务人以还本付息为条件，而向公债认购者借取资金的暂时使用权，政府和认购者之间必然具有直接的返还关系。有偿性的特征使得公债与税收、利润等财政收入形式相区别。

（2）自愿性。所谓自愿性，是指公债的发行或认购建立在认购者自愿承购的基础上，认购者买与不买、购买多少，完全由认购者自己决定。公债发行以政府信用为依托，政府发行公债以借贷双方自愿互利为基础，按约定条件与公债认购者结成债权债务关系。当然，在某些特定时期，政府也可以通过强制摊派的方式发行公债，这时发行的强制公债类似于税收。

（3）灵活性。所谓灵活性，是指公债的发行与否及发行多少，通常由政府根据财政资金的需求情况灵活确定，而不通过法律形式预先规定。这是公债所具有的一个非常重要的特征。公债的发行既不具有发行时间上的连续性，也不具有发行数额上的相对固定性，而是何时需要何时发行，需要多少发行多少，这也是公债与税收、国有企业上缴利润等财政收入形式相区别的重要标志。

公债的以上三个特征是一个紧密联系的整体，公债的有偿性决定了公债的自愿性，因为如果是无偿的分配形式就不会是自愿认购。而公债的有偿性和自愿性，又决定了发行上的灵活性。公债的有偿性、自愿性和灵活性是统一的整体，缺一不可，只有同时具备这三个特征，才能称为公债。

7.1.5　公债的功能

现代公债不仅是政府筹集资金的手段，也是政府调节经济运行的重要工具。它的功能表现在以下三个方面。

1）弥补财政赤字，平衡财政收支

随着社会经济的发展，政府职能不断扩大，财政支出也日益增加，仅仅依靠税收已经不能满足政府支出的需要，政府只能采取借债的方法来弥补财政资金的不足，公债便由此产生。弥补财政赤字是公债最原始、最基本的功能。从历史的角度考虑，引致政府发行公债的原因很多。例如，筹集军费，这是发行公债最古老的原因，无论是战争经费，还是养兵维持费，都构成各国财政支出的重要部分。军费激增导致财政预算失衡，是许多国家发行公债的重要原因。再如，调剂季节性资金余缺。在一个预算年度内，政府财政资金在季节上存在不均衡，有时财政收入多而财政支出少，有时财政支出多而财政收入少。为解决这一矛盾，许多国家采取发行短期债券的办法进行调剂，在资金紧张时发行债券，在资金有余时还本付息。

与弥补财政赤字的其他方式相比较，发行公债一般不会影响经济发展，可能产生的副作用也很小。因为，发行公债只是部分社会闲置资金使用权的暂时转移，使潜在的购买力在一定期间集中到政府手中，流通中的货币总量一般不会改变，通常不会导致通货膨胀。同时，公债的认购一般采取自愿的原则，发行公债取得的资金基本上是社会资金运动中游离出来的，也是私人部门闲置不用的资金，将这部分资金集中使用，不会对经济发展产生不利影响。

2）筹集建设资金

发行公债为政府从事经济建设投资提供了重要的资金来源。许多国家发行公债时对公债资金来源、公债资金用途有明确规定，有些国家还以法律的形式对公债发行加以约束。如中华人民共和国成立初期发行的"国家经济建设公债"和改革开放初期发行的"国库券"就明确规定了发行的目的是筹集建设资金。从公债收入的性质上看，公债筹集建设资金的功能隐含着公债可以是稳定的、长期的收入，政府发行公债就可以在经常性收入之外安排更多的支出。

公债作为稳定的、长期的收入是可行的。这是因为：①社会资金的运动是一个连续不断的过程，而在这一过程中游离出来的闲散资金也具有持续性和稳定性，发行公债具有可靠的来源保证；②公债发行遵循自愿认购和有借有还的信用原则，容易为公众接受；③世界各国经济发展程度不同，资金占有量及充裕程度也不同，因而不仅可以发行内债筹集本国资金，而且可以发行外债引进其他国家资金。

3）调节宏观经济

随着社会经济的发展，政府职能的不断扩大，对国民经济运行实施宏观调控已经成为国家的重要任务。适时适当地利用公债政策，可以有效地调节和影响国民经济的发展。发行公债意味着政府集中支配的财力增加，而公债收入投放方向的不同，对社会经济结构的影响也不相同，这部分财力用于生产建设，则扩大社会的积累规模、改变既定积累与消费的比例关系，这部分财力用于消费，则扩大社会的消费规模，使积累与消费比例关系向消费倾斜；这部分财力若用于弥补财政赤字，就是政府平衡社会总供给和社会总需求关系的过程；公债还是中央银行进行公开市场业务操作的重要手段。总之，公债作为政府宏观调控的工具，它的作用主要表现在调节国民收入的使用结构、调节国民经济的产业结构、调节社会的货币流通和资金供求等方面。

7.2　公　债　制　度

7.2.1　公债的分类

现代公债种类繁多，公债性质和用途各异。要正确认识公债，把握公债经济运行规律，必须了解和掌握对公债进行分类的方法、分类标准，从不同的角度，依据不同标准，对公债进行分类。

1. 国内公债和国外公债

公债按发行地域分类，可以分为国内公债和国外公债。国内公债是指在国内发行的公债。国内公债的债权人通常是本国的企业、组织（团体）和居民个人。国内公债的发行、债券流通和偿还一般是在一国范围内进行的。它并不影响国内资源总量，也不存在本国资源向国外转移的问题。但是，发行国内公债可以导致国内资源的重新配置。国内公债的发行和本息偿还一般以本国货币支付。

国外公债是指本国政府向国外发行的公债。国外公债的债权人一般是外国政府、外国银行、企业、团体和居民个人。与国内公债不同，国外公债的发行和还本付息通常会影响到本国资源存量的增减变化。

债权人所在地域不同实际上意味着公债资金来源的地域性差异，这正是将公债区分为国内公债和国外公债的实际意义所在；国内公债和国外公债的资金来源不同，决定了两类公债所产生的作用和影响不同。一般来说，发行国内公债不会影响本国的国际收支。发行国外公债，由于吸收了一定量的国外资金，利用了外资，会影响本国的国际收支，也有利于促进国内经济发展。但是，偿还国外公债本金和利息的同时意味着将本国的一部分资源转移到国外，并且，如果国外公债发行过多，还本付息压力过大，会引起本国国际收支不平衡，甚至导致债务危机。

2. 有期公债和无期公债

公债偿还期限即公债债务期限，是指公债债务的存续时间。按照公债债务期限的长短，可以将公债分为有期公债和无期公债。

1）有期公债

有期公债是指政府规定有还本付息期限的公债。对于有期公债，根据偿还期限的长短，还可以将其划分为短期公债、中期公债和长期公债三种。

① 短期公债。按照目前世界上大多数国家的划分标准，短期公债通常是指偿还期为 1 年或 1 年以内的公债。政府发行短期公债，通常是由于在一个财政年度内，国库暂时入不敷出，而发行短期公债以解决临时周转之用。短期公债偿还期短，发行规模、利息和还本付息期限等均可由政府灵活掌握，流动性比较强，因此，有些国家也称短期公债为流动公债。

② 中期公债。中期公债通常指偿还期在 1 年以上 10 年以内的公债。中华人民共和国成立初期发行的"人民胜利折实公债"（偿还期为 5 年）、"国家经济建设公债"（偿还期为 10

年）及 1981 年开始发行的"国库券"（1981 年至 1984 年期间发行的偿还期为 5～9 年，1985 年至 1987 年发行的为 5 年，1988 年以后发行的通常为 3～5 年）等均属于中期公债。

与短期公债相比，中期公债偿还期限长，有利于政府吸收、利用和约束相应闲置期限的资金。在许多国家，政府通常通过发行中期公债弥补财政赤字或进行经济建设投资。

③ 长期公债。长期公债一般是指偿还期限在 10 年以上的有期公债。长期公债期限长，但偿还期限毕竟有限度。世界各国发行的长期公债，其偿还期限短则一二十年，长则四五十年，甚至更长。长期公债还本期限较长，但政府通常按预先确定的利率逐年支付利息，这样，既可以免于失信之弊，又可以长期、有效地降低社会资金的流动性，减少公债调换的烦琐和滥用。

2）无期公债

无期公债也称永久公债。即政府永远不归还本金，只需按期支付利息。这类公债的债权人只有权按期索取利息，无权要求清偿本金，因这类公债的债券通常为上市债券，所以，债权人也有随时售卖以取回资金的便利。不过，由于无确定的偿还期限，致使债权人常常因债券价格波动而遭受经济损失。在政府方面，作为债务人，有权通过在市场上买入该种债券并予以注销的方式收回此类公债，但在法律上，却只有按期支付利息的义务。迄今为止，只有英国和法国等少数几个国家曾经发行过无期公债。

3. 货币公债和实物公债

按照公债本位对公债进行分类，可以将公债划分为货币公债和实物公债两类。这里的公债本位是指由政府指定的或由债务双方协议确定的在公债的发行、债券流通和公债偿本付息中执行计量标准职能的物品或商品、货币。迄今为止，在公债中被指定作为公债本位、执行计量标准职能的主要有两类：实物和货币。因此，按照公债的本位，可以将公债分为货币公债和实物公债两大类。

1）货币公债

货币公债即以货币为本位的公债。根据货币的种类，可将其进一步划分为本币公债和外币公债。本币公债即以本国货币为本位的公债，外币公债则是以外国货币为本位的公债。通常情况下，一国政府所发行的国内公债都是本币公债，而国外公债常以债权国的货币或国际上某种具有代表性的国家货币为本位，即外币公债。

货币公债具有应债资源的普遍性和计算方法的简便性等特点，这是由货币作为一般等价物的商品所决定的。但是，在流通制度下，当货币币值波动幅度较大时，同一货币额的公债代表的实际价值在发行期和偿还期之间会产生较大差距，公债债权人往往因此遭受经济损失。因而，为了保证债权人的经益，在通货膨胀较严重时，有些国家有时也发行实物公债。

2）实物公债

实物公债即以某种实物为本位的公债。按照实物执行公量标准职能的方式，我们还可以将公债进一步分为单一实物公债和折实公债。

单一实物公债是直接以某一种实物为本位的公债，执行计量标准职能的实物具有单一性，即只有一种实物执行该职能，作为本位的实物自身的计量单位就是公债的计量单位。

折实公债通常是将若干种类的实物及其相应的数量折合成一种综合的、在一定范围内通用的公债计量单位，这种"折合"实际上是借助于各类商品的市场价格完成的。

与货币公债相比，实物公债具有价值稳定、信用高的特点，但其计算方法比较复杂，适应性较差。因此，许多国家往往在币值不稳定、物价波动幅度较大、波动频繁的情况下，发行实物公债，以维持政府债务的稳定性，增强公债的吸引力。

4. 自由公债和强制公债

按照应募条件，可以将公债分为强制公债和自由公债两类。公债的应募条件是政府为了便于推销公债而对应募者所规定的条件，其主要内容是规定应募者应当具备的承购公债的条件和必须承购的最低额度。

1）强制公债

强制公债是指政府发行的规定有应募者范围及其最低承购额度的公债。应募者的范围依据公债应募条件中所给的标准确定。应募者的最低承购额度一般按相对数计算，即按收入或财产的最低比例确定。

按照强制公债的具体推销办法，又可以将其进一步分为直接强制公债和间接强制公债。直接强制公债是指按照政府事先确定的条件直接强制推销给应募者的公债；而间接强制公债是指政府以公债券代替货币，用于支付雇员薪金或购买物品。强制公债的强制性接近于税收。不过，强制公债仍然具有有偿性，一旦债务期满，政府仍需还本付息，政府同强制公债的应募者的关系仍是债务人和债权人之间的对等关系；而不是政府与纳税人之间的那种不对等的关系。强制公债的发行往往与应债环境较差或与人们应债的潜力较低有关。在这种情况下，若依据自愿原则，社会难以完全吸收政府所发行的公债。政府若不分时间、场合，经常地或大量地发行强制公债，其结果必将失信于民，增加以后公债发行的难度。因此，一旦应募环境得到改善，公众应债能力得到提高，政府轻易不发行强制公债。自由公债将成为政府筹措资金、调控经济的重要手段。

2）自由公债

自由公债也称为自由认购公债，即不附带任何强制性条件，由应募者自由认购的公债。真正意义的自由公债通常指政府在金融市场上出售的公债。政府对这部分公债的发行一般不施加任何附带条件，由应募者自由认购。

从形式上看，发行自由公债时，政府所处的借贷地位与企业或个人是相同的，处于对等地位。但是，由于政府拥有政治权利，在公债活动中，政府可以给予债权人税收优惠或某种投资便利，这是企业和个人不可比的。此外，政府经济实力雄厚，债信较高，除非政治原因，政府一般不会因为负债而破产，对于投资者来说，公债收益稳定，风险较小。因此，现代世界各国大多数发行自由公债，强制公债较为少见。

5. 上市公债和不上市公债

按照公债是否被允许上市或是否可以流通为标准，可以将公债划分为上市公债和不上市公债。上市公债，也称可转让公债，是指可以在金融市场上自由流通的公债。认购者购入公债后，可随时视本身的资金需求状况和金融市场行情而将债券拿到市场上出售，也就是说，这种债券的认购者不一定是债券的唯一或最终持有者。世界各国政府目前发行的大都是上市公债，西方发达国家上市公债的比例甚至达到 70% 左右。

不能在金融市场上自由流通的公债称为不上市公债，也即不可转让公债。持有者即使急需资金也不可能将持有的公债拿到市场上脱手转让，但通常情况下可以在一定时间之后向政府要求贴现。由于不上市公债的不流动性，发行空间较小，一般在政府公债中所占比重不大。

7.2.2　公债的发行

1. 公债发行的条件

公债的发行是指公债售出或被银行、企业和个人认购的过程。公债发行是公债进行的起点和基础环节。公债发行条件是指国家对所发行公债及其与发行有关诸多方面以法律形式所作的明确规定。发行条件主要包括以下几个方面：公债品种、公债发行权限、公债发行对象、公债发行数额、公债券票面金额、公债发行价格、利息率、对公债流动性和安全性的规定等。

1）发行权限的规定

公债的债务主体是政府。作为公债债务主体除了按约定条件承担还本付息的义务外，还意味着它具有发行公债的权利。从各国公债的实践看，公债的债务主体并不一定拥有发行公债的全权，一般来说，国债的发行权属于国家的最高立法机关或行政机关。而地方公债发行权限或者由国家最高立法机构或行政机构授权，或者在国家宪法等有关法律许可范围内由地方当局自己予以规定和行使，但往往都要受最高立法机关或最高行政当局的制约。

2）发行对象和发行额度

公债的发行对象也就是公债认购者的范围。一般来说，凡未被列入公债发行对象的，即不属于公债认购者范围，不得认购该类公债。确定公债发行对象的依据一般有政府对债务收入投向、特定范围内公债认购者的承受能力等因素，而这又是决定公债发行额度的重要因素。

政府发行公债数量的多少，一般取决于发行者对资金的需求量、市场的承受能力、未来的债务负担、发行者的信誉及债券的种类等因素。此外，还取决于政府贯彻实施有关财政政策的客观需求。公债发行额度一经确定，合理确定公债发行对象便是决定能否完成公债发行计划的重要因素。公债发行对象与发行额度是两个密切相关的发行条件。

3）发行价格、利率和票面金额

公债的发行价格是债券票面价值的货币表现。在债券市场上，受债券供求关系的影响，公债发行价格围绕公债票面价格上下波动，而造成这种变动的基本原因则是利率。一般情况下，公债发行价格与公债利率成正比，同市场利率成反比。在债务发行时规定的公债利率如果高于或低于市场利率，债券发行价格就可能高于或低于票面值。

依据公债发行价格与其票面之间的对比关系，通常将公债的发行价格分为三类：①平价发行，即公债发行价格与公债票面值相同，公债利率与市场利率相当；②溢价发行，即公债发行价格高于债券票面值；③折价发行，即公债发行价格低于票面值。

公债利率是指公债利息与本金的比率。对于发行者来说，公债利率的高低影响其未来利息支付水平，构成未来的支出，对于投资者来说，年利率就是年收益率。利率越高，发行者成本越高，认购者收益越大；反之则小。公债利率的确定要考虑发行的需要，也要兼顾偿还的可能，权衡政府的经济承受能力和发行收益及成本的对比。利率有固定利率和浮动利率两种形式。公债利率确定有两种方式，一种由债务人决定，即政府直接决定利率；另一种由市场决定，通常是由发行者公布每一次公债的期限、规模等条件，然后由国债一级自营商或机构投资者投标竞价，决定公债利率。此外，公债利率还可以由债务人和债权人协商确定。

公债票面金额是指由政府核定的一张公债券所代表的价值。因为该价值印制在公债券的正反两面，故称票面价值或票面金额。公债票面金额的大小应根据公债的性质、发行对象及其购买力的大小来决定，上市的公债还应适应证券市场交易的习惯，以利于市场交易。

4）发行时间与公债凭证

何时发行，应募者缴款的截止日期及有关公债凭证问题的规定，也是公债发行的基本条件。在我国，规定公债发行截止日期是历年历次公债条例均须载明的条款，公债发行时间比较集中，一般从年初开始，一直持续到 9 月份。大量的公债集中在一次或几次发行，发行任务比较繁重，公债款项入库时间也比较集中，没有形成在一年内各季度之间的合理分布。

公债凭证即给债权人以何种凭证及何时给凭证问题。公债凭证的发放时间一般有两种：第一种，即时发放凭证，即在收款时当即发给债券凭证；第二种，延时发放凭证，即在收款时仅发给收条，待收足款项后再发给债券凭证，或予以登记。

公债凭证一般采用三种形式，即登记公债、公债券和公债收款单。登记公债是对应募者认购公债的事项，逐一登记在公债登记簿上，作为其债权依据。公债券作为债权凭证表明持有人凭此向债务人索取利息、索回本金及享有其他相关权益。公债收款单即在认购者交毕认购款时，由公债发行部门开具并作为债权凭证，它是介于登记公债与公债券之间的一种公债凭证形式。

5）关于公债流动性与安全性的规定

公债流动性主要是指公债券能否转让、能否贴现和能否作为贷款抵押品等方面的规定。公债的安全性主要是指公债券能否记名、挂失等方面的规定。若公债券可记名、挂失，则增强了债权人持有公债券的安全性，但在一定程度上会影响公债的流动性。所以通常情况下，对不允许上市流通或某些认购金额比较大的债权人所持有公债券可以允许其记名、挂失。

2. 公债发行的方法

公债发行方法是指采用何种方法和形式来推销公债。公债发行方法很多，可以从不同角度根据不同标准对公债发行方法进行分类。

1）直接发行法和间接发行法

按照政府在公债发行过程中同应募者之间的联系方式，可以将公债发行方法分为直接发行法和间接发行法。直接发行法是政府直接向应募者发行公债，中间不经过任何中介机构，政府直接承担发行组织工作，直接承担发行风险的方法。而间接发行方法则是政府不直接担当发行业务，而委托给专业的中介机构进行公债发行的方法。

2）公募法与非公募法

从公债发行对象的角度，可以将公债发行方法分为公募法与非公募法。

公募法是指政府向社会公众公开募集，不指定具体公债发行对象的公债发行方法。它包括直接公募法、间接公募法和公募招标法三种。

直接公募法是指政府国库或其他代理机关自任发行公债之职，或者由总发行机关委托全国邮政局代办发行业务，向全体国民公开招募，其发行费用与损失皆由政府负担。直接公募法可分为强制招募法和自然认购法两类。

间接公募法是政府将发行事项委托银行机构、集团，规定一定的条件，由银行分摊认领一定金额，然后转向公众募集。同时，政府按推销额向接受委托的银行支付一定比例的手续费。间接公募法通常采用两种方式，即委托募集和承包募集。

公募招标法就是政府提出一个最低的发行条件，向全社会的证券承销商招标，应标条件最优者中标，负责包销发行，政府按包销额的一定比例支付给中标者手续费。招标发行方式按照中标价格的确定方式，分为美国式（多种价格）招标和荷兰式（单一价格）招标；按照招标的标的物分为价格招标、收益率招标和划款期招标；按照招标阶段性划分，可分为多次招标的复式招标和一次招标的单式招标；按照招标发行额划分，可以分为全额招标和差额招标。招标发行公债对发行者和投资者双方都是公平的，也更贴近市场，并且在一级市场中引入了竞争，使政府能更准确地根据竞标情况了解行情，降低发行成本，同时也能防止政府在债券市场上过度筹资。

非公募法也称私募法，是指不向社会公众公开募集，而是对有些特别的机构发行公债的方法。通常包括银行承受法和特别发行法。

银行承受法也称银行承办法，是指政府发行的公债，由银行全部承受，并只能由最初的认购者持有。特别发行法是指政府向由政府管理的某些非银行金融机构直接发行的公债。这种发行方法具有非公开性，是政府内部资金的调剂。

3）市场销售法和非市场销售法

从政府是否通过市场发行公债的角度，可以将公债发行方法分为市场销售法和非市场销售法。

市场销售法是指通过证券市场销售公债的方法，银行承受法和公募法等就属于市场销售法。非市场销售法则是指不通过债券市场发行公债的方法，这种发行方法具有行政分配的特点，特别发行法、强制招募法、交付法等就属于非市场销售法。交付法是指政府在需要支付经费时，不用现金，而是以公债代替现金支付。政府通常在公债调换、支付某些事业费等财政经济活动中，通过支付公债券而实现公债发行的目的。

7.2.3　公债的偿还

公债的偿还是指国家依照事先约定，对到期公债支付本金和利息的过程，它是公债运行的终点。公债的偿还主要涉及两个问题：一是偿还的方法；二是偿还的资金来源。

1. 公债偿还方法

公债偿还的方法大致有以下几种。

（1）买销法。买销法又称购销法，或买进偿还法，是指政府委托证券公司或其他有关机构，从流通市场上以市场价格买进政府所发行的公债。这种方法对政府来说，虽然要向证券公司等支付手续费，但不需要花费广告宣传费用，偿还成本较低，操作简单，同时以市场价买进债券，可以及时体现政府的政策意图。

（2）比例偿还法。比例偿还法是政府按公债数额，分期按比例偿还。该方法是政府直接向公债持有者偿还，不通过市场，所以又称为直接偿还法。这种方法包括平均比例偿还、逐年递增比例偿还、逐年递减比例偿还等具体形式。比例偿还法的优点是能够严格遵守信用契约，缺点是偿还期限相对固定，政府机动灵活性小。

（3）抽签偿还法。抽签偿还法是指政府通过定期抽签确定应清偿公债的方法。一般以公债的号码为抽签依据，一旦公开抽签确定的应清偿公债的号码之后，该号码的公债即同时予以偿还，这种方法也是一种直接偿还方法。中国1981—1984年发行的国库券，都是采用抽签比例偿还方法。

（4）一次偿还法。一次偿还法是指政府定期发行公债，在公债到期后，一次还清本息。

中国自 1985 年以来发行的国库券都是规定发行限期届满一次还本付息完毕。

2. 公债偿还的资金来源

政府公债的偿还，需要有一定的资金来源。偿还债务的资金来源主要依靠预算直接拨款、预算盈余、发行新债偿还旧债及偿债基金。

（1）预算直接拨款，是政府从预算中安排一笔资金来偿还当年到期公债的本息。预算拨款的具体数额，取决于当年到期公债券本息的数额。

（2）预算盈余偿还，是指以政府预算盈余资金作为偿清资金来源的做法，这种方法的前提是政府预算有盈余。从目前世界各国的财政收支状况看，这个前提条件并不具备，因而这种方法不具实践价值。

（3）发行新债偿还旧债法，即从每年新发行的公债收入中，提取一部分来偿还旧债的本息。从本质上说，这并不是一种好的偿还方法，容易使政府陷入恶性的债务循环之中。

（4）建立偿债基金，这是政府每年从预算收入中拨出一定数额的专款，作为清偿债务的专用基金。基金逐年累积、专门管理，以备偿债之用。其优点是，为偿还债务提供了一个稳定的资金来源，它可以均衡各年度的还债负担，有利于把政府的正常预算和债务收支分离，对制定正确的财政政策十分有益。

7.3　公债市场

公债市场是证券市场的重要组成部分，它是政府债券及人们对既发债券进行转让、买卖和交易的场所。公债市场通常由发行市场（一级市场）和流通市场（二级市场）组成。公债一级市场和二级市场是紧密联系、相互依存的。

7.3.1　公债市场的作用

公债市场的作用体现在以下几个方面。

（1）为政府的发行和交易提供了有效的渠道。一方面，它使得政府能够通过债券的发行来吸收社会闲散资金，用于投资活动和进行公共建设方面的开支；另一方面，它又使得债券持有者在必要时能够通过债券市场迅速脱手转让而获利，从而大大增强了债券的吸引力。

（2）可以进一步引导资金流向，实现资源要素的优化配置。资金统一由公债市场实现再分配，通过利益和风险引导筹资者和投资者，因而使债权债务关系依赖于利益的变化。资金不断流向效率高、经营好的筹资者手中，优胜劣汰，进而实现资源的优化配置。

（3）它是传播和获取经济信息的重要场所。公债市场行情可以反映各种债券及金融状况，债券交易者通过相互转手买卖，可以彼此了解各行业的情况，并可以从债券价格行情中选择投资目标。公债市场是金融状况好坏的晴雨表。由于债券交易的需要，交易所有大量专门人员长期从事商情研究和分析，并且经常和各类工商企业直接接触，故能了解企业的动向。

（4）还能够为社会闲置资金提供良好的投资场所。由于政府债券风险小，投资收益回报稳定，故而成为投资者青睐的理想对象。

7.3.2　公债发行市场

公债的发行市场，是指以发行债券的方式筹集资金的场所，又称为公债的一级市场。公债的发行市场没有集中的具体场所，是无形的观念上的市场。在发行市场上，政府具体决定公债的发行时间、发行金额和发行条件，并引导投资者认购及办理认购手续，缴纳款项等。公债发行市场的主体由政府、投资人和中介人构成。公债发行市场的中介人主要有投资银行、承购公司和受托公司等证券承销机构，它们分别代表政府和投资人处理一切有关债券发行的实际业务和事务性工作。公债在直接发行时，由政府自行办理债券的发行手续；而在间接发行时，则由政府委托中介机构办理债券的发行手续。因此，在公债发行市场上，由政府、投资银行等中介机构和投资者三方面构成。

中国公债发行市场自 1981 年恢复发行国内公债以来，现已基本成形。其基本机构是以差额招标方式向一级承销商出售可上市公债，以承销方式向商业银行和财政部所属国债经营机构等承销商销售不上市的储蓄国债（凭证式国债），以定向私募方式向社会保障机构和保险公司等出售定向国债。这种发行市场是一种多种发行方式搭配使用并适应中国目前实际的发行市场结构。

7.3.3　公债流通市场

公债流通市场是指投资者买卖、转让已经发行的公债的场所，又称为公债流通市场、转让市场或二级市场。流通市场一般具有明确的交易场所，是一种有形的市场。它为债券所有权的转移创造了条件，是公债机制正常运行和稳步发展的基础和保证。

1. 公债流通市场的功能

公债流通市场的功能主要有以下方面。

（1）为短期闲置资金转化为长期建设资金提供了可能性，有利于政府运用信用形式筹集长期资金。能有效解决投资者希望资金的短期性和发行者希望资金的长期性之间的矛盾。

（2）增强公债投资者信心和风险承受能力，是公债发行顺畅有效的基本保证。如果禁止转让，投资人就会担心在未来资金周转不开时无法及时兑现。公债流通市场降低了诸如此类的风险，增强了投资者对公债的信心。

（3）有利于发挥公债的筹资、投资、融资等经济职能。公债流通性的增强，可部分代替高利率的作用，吸引投资者，因此公债市场有利于降低发行成本。政府可以抓住有利时机发行公债，筹措资金。投资机构可进行公债及其衍生金融工具的交易，作为投资、融资的手段，个人投资者也可以通过对公债、股票和企业债券投资组合的变化，获取更多的收益。

（4）便于中央银行开展公开市场业务，进行金融宏观调控。当市场货币供应量超过预定指标、物价上涨时，中央银行抛售政府债券、吸收资金，使货币市场利率上升，以收缩信用；反之，中央银行可从市场中大量购进公债、放出资金，使货币市场利率下跌，以扩大信用。中央银行在开展此类业务时，要求买卖的资产具有较高的信誉和较强的流动性，符合这些条件的资产就是公债。因此，中央银行的公开市场业务多是买卖公债，特别是短期政府债券。

2. 公债流通市场类型

通常，公债流通市场由场内交易和场外交易两大交易系统构成，介于场内交易和柜台交易的还有"第三市场"和"第四市场"两种新型的市场。

1）场内交易

场内交易指在证券交易所进行的债券买卖，又称交易所交易。交易主体主要有证券经纪商和交易商等。经纪商代理客户买卖债券，赚取手续费，不承担交易风险；交易商为自己买卖债券，赚取差价，承担交易风险。公债的转让价格是通过竞争形成的，交易原则是"价格优先"和"时间优先"。

场内交易的特点包括：①有集中的、固定的交易场所和交易时间；②有较严密的组织和管理规则；③采用公开竞价交易方式；④有完善的交易设施和较高的操作效率。

2）柜台交易

柜台交易指在证券交易所以外的市场进行的债券交易，又称"店头交易"或"场外交易"。交易的证券大多数为未在交易所挂牌上市的证券，但也包括一部分上市证券。

柜台交易的特点有：①为个人投资者投资于公债二级市场提供更方便的条件，可以吸引更多的投资者；②场内交易的覆盖面和价格形成机制不受限制，便于中央银行进行公开市场操作；③有利于商业银行低成本、大规模地买卖公债等；④有利于促进各市场之间的价格、收益率趋于一致。

3）第三市场

第三市场指在柜台（店头）市场上从事已在交易所挂牌上市的证券交易。近年来这类交易量大增，地位日益提高。但准确地讲，第三市场既是场外交易市场的一部分，又是证券交易所市场的一部分，它实际上是"已上市证券的场外交易市场"。

4）第四市场

第四市场是指各种机构投资者和个人投资者完全绕开证券商，相互间直接进行公债的买卖交易。第四市场目前只在美国有所发展，其他一些国家正在尝试或刚刚开始。这种市场虽然也有第三方介入，但一般不直接介入交易过程，也无须向公众公开其交易情况。

7.3.4　公债发行市场与流通市场的关系

公债发行市场与流通市场是整个公债市场的两个重要组成部分，两者相辅相成。

1）从发行市场看，公债发行市场是流通市场的前提和基础环节

①任何种类的公债，都必须在发行市场上发行，否则政府就无法实现预定的筹资计划，投资者也就无处认购公债。因此，发行市场是流通市场的基础和前提。②发行市场上公债的发行要素，如发行条件、发行方式、发行时间、发行价格、发行利率等，对流通市场上公债的价格及流通性都会产生重大影响。

2）从交易市场看，公债流通市场又是公债顺利发行的重要保证

① 公债流通性的高低，直接影响和制约着公债的发行。债券的流通性是人们选择投资工具的重要衡量标准之一。如果一种债券在市场上的流通性好、变现性强，投资者认购的热情就高涨；反之，投资者就不愿认购，造成发行困难。

② 公债在流通中的转让价格、收益率及其变化，对公债的发行起反作用。在发行条件一定的情况下，流通中的公债价格高、收益率低，新债发行就比较容易；反之，发行就相对困难，这时要保证新券发行顺利，其利率应相对提高。

③ 发达、活跃的流通市场是国家进行宏观调控的理想场所。当流通中的公债收益率偏高时，中央银行可以适当购进，以改变供求关系，使其价格上扬，收益率下降，为新券的发行创造良好的条件。由此可见，公债要成功发行，必须重视流通市场。

3）发行市场和流通市场是一个有机的整体

两者之间的统一是公债市场体系发展的趋势和必然结果。发达国家都把公债的发行市场

和流通市场看成一个有机的整体，十分重视连接这两个市场的各个环节。以美国为例。美国国债市场的核心，是多家交易商及其经纪商所组成的甲级交易商系统。它们是由政府根据多种指标衡量所选出的实力雄厚、市场信誉高的证券公司，在发行市场上必须参与每一次的招标承销，在流通市场中必须随时对每一种国债进行报价，即扮演好市商的角色，而且必须保持一定的中标额和成交额，否则可能会被取消资格。经纪商仅仅是交易商之间交易的桥梁，并不参加交易。他们帮助交易商互通有无，起到增加市场流通性的作用。在这种市场体系下，交易商以旧债收益率为依据，以新债特征为参考，招标前已在市场上进行新债远期合约的交易，所以招标时市场的价格就有效地反映了新债的供求平衡，此后新债直接开始流通。这样国债的发行与交易就浑然一体，紧密连接起来了。

理想的公债市场体系既有利于降低发行成本，又有助于投资者降低变现成本，这就要求公债的发行与流通市场有机地衔接起来，实现发行与交易一体化。中国要建立合理的公债市场体系，关键也就在于逐步实现公债发行机制与交易机制的一体化。

7.4 公债管理

政府对公债运行过程所进行的决策、组织、规划、指导、监督和调节，就是公债管理。政府对公债的管理是从内债、外债两方面来进行的。

7.4.1 公债规模

公债规模是一个国家政府在一定时期内举借债务的数额及其制约条件。公债规模是一个事关国家全局的宏观经济问题，必须把公债规模放在国民经济发展的大环境中去研究，把握好公债规模与宏观经济政策、经济增长率和宏观经济发展水平、金融市场化程度、政府管理债务水平之间的关系。2005—2016 年我国中央财政债务余额情况见表 7-1。

表 7-1 2005—2016 年我国中央财政债务余额　　　　　　　　　　　　　　　　亿元

年份	合计	国内债务	国外债务	GDP	公债负担率/%
2005	32 614.11	31 848.59	765.52	187 318.90	17.41
2006	35 015.26	34 380.24	635.02	219 438.50	15.96
2007	52 074.65	51 467.39	607.26	270 232.30	19.27
2008	53 271.54	52 799.32	472.22	319 515.50	16.67
2009	60 237.68	59 736.95	500.73	349 081.40	17.26
2010	67 548.11	66 987.97	560.14	413 030.30	16.35
2011	72 044.51	71 410.80	633.71	489 300.60	14.72
2012	77 565.70	76 747.91	817.79	540 367.40	14.35
2013	86 746.91	85 836.05	910.86	595 244.40	14.57
2014	95 655.45	94 676.31	979.14	643 974.00	14.85
2015	106 599.61	105 467.50	1 132.11	689 052.10	15.47
2016	120 066.71	118 811.20	1 255.51	743 585.50	16.15

资料来源：根据中国财政年鉴（2017）、国家统计局年度数据计算。

1. 影响公债规模的因素

一个国家在不同的历史时期维持经济良性发展的债务规模是不同的。不同国家在同一时期所需的债务规模也是不同的。影响债务规模的因素很多，主要有以下几条。

（1）政治背景。不同的政治背景决定着不同的公债发行量限制。一般来说，当政治背景允许发行强制性公债时，公债规模就相对大一些，如在西方国家，战争时强制发行了远比平时规模大得多的公债；反之，当公债进行经济发行时，其规模要相对小一些。此外，如公众舆论的压力，以及像美国国会对公债发行规模规定最高限额等，也将成为影响公债规模的因素。

（2）生产关系类型。不同生产关系，不同社会经济制度的国家，其举借公债的规模有很大的不同，最明显的是社会主义制度与资本主义制度的区别。由于资本主义公债主要用于弥补财政赤字，是将生产经营资本转用于非生产性方面，这样相对于其经济规模来说，资本主义赤字公债的举借就应小一些；社会主义公债则不同，它主要用于筹集建设资金，而且社会主义公债的发行对社会再生产的正常运行的危害性可能相对小一些，这样，社会主义公债的发行规模可以相对大些。当然，社会主义公债的发行也有其客观限制，并不因公债收入被用于经济建设而例外。

（3）经济发展水平。经济发展水平是影响公债规模的主要因素。经济发展水平的高低是政府债务规模大小的决定因素。对于债务人政府来说，经济发展水平越高，意味着社会所创造的财富越多，政府从社会所创造的国民收入中能够筹集到的税收等其他财政收入也就越多，这无疑会提高政府的偿债能力。此外，对于债权人来说，经济发展水平越高，意味着他们的收入水平越高，从而手中闲散的资金也就越多，而这些闲置资金的存在是公债收入的最终来源。

（4）国家职能范围。国家职能范围的大小在某种程度上决定了一国财政赤字的规模，而财政赤字的存在则是公债产生的最初动因。公债最初是作为弥补财政赤字的手段而产生的。19 世纪末，德国财政出现了以瓦格纳（Adolgh Wagner）和施泰因（Lorenz von Stein）为代表人物的社会政策学派。瓦格纳在总结德国预算支出逐渐增长的基础上提出了"经费膨胀规律"的观点。他认为，一是由于扩充和加强国家职能内容的经费增加引起的内涵性经费膨胀；二是由于国家新职能的产生而导致的外延性经费膨胀。既然经费膨胀不可避免，租税收入不足以支付经费开支，发行公债就在所难免。

（5）财政政策选择。一个国家在特定时期实行何种财政政策也会在一定程度上影响公债的规模。财政政策通常包括扩张性财政政策和紧缩性财政政策。如果实行紧缩性财政政策，财政赤字规模就小，公债规模也会相对减小；但若实行扩张性财政政策，拉动总需求必然以扩大公债发行为条件。

（6）金融市场状况。公债作为货币政策的一种重要工具，主要是通过公开市场业务来操作的，而公开市场业务能否顺利进行要看金融市场的发育状况。中央银行开展公开市场业务要以一定规模的公债为条件。就公开市场业务而言，如果公债规模过大导致公债难以卖出，或者公债规模过小，中央银行吞吐的公债规模量不足以影响货币供应量，公开市场业务都难以发挥应有的作用。

（7）公债管理水平。政府对债务管理方面的水平高低也会影响公债的规模。如果政府的债务管理水平很高，具体表现在公债发行费用很低、公债的种类结构、利率结构、期限结构合理、公债资金使用效率较高等方面，以相对较小规模的公债就能产生较高的经济效应和社会效应。反之，如果政府管理公债的水平较差，那么就需要较大量的公债才能产生同样的效益。因此，公债规模还受政府债务管理水平的影响。

2. 公债规模的衡量

通常来说，判断公债适度规模的标准有：①社会上是否有足够的资金来承受债务的规模；②政府是否有足够的能力在今后偿还逐渐累积的债务；③政府债务将在多大程度上影响价格总水平；④政府债务有多大的所谓的"挤出效应"；⑤证券市场需要和能够容纳多少政府债券。

五个标准中，最重要的是前两个，这两个又可以分为四个衡量公债适度规模的指数。

1）国民应债能力

公债分为国内公债和国外公债两种形式。国外公债来源于国外，它形成对国外居民的负担。而国内公债的资金来源是储蓄，这里的储蓄包括国内储蓄和国外储蓄。银行存款、股票和各种债券都是将储蓄转化为投资的形式。一国筹集资金的最大限度就是该国的储蓄水平。

2）社会资金应债能力

社会资金主要包括社会保险基金、企事业单位预算外资金及证券投资基金等。我国财政部每年向国内企业职工养老基金和失业保险基金管理机构发行一部分定向国债。

3）公债适度规模的衡量指标

目前国际上衡量公债适度规模的指标通常有四个，即公债依存度、公债负担率、借债率和偿债率。

① 公债依存度。公债依存度是指一国当年的公债收入与财政支出的比例关系。

$$公债依存度＝（当年公债发行额/当年的财政支出额）\times 100\%$$

公债依存度反映了一个国家的财政支出有多少是依靠发行公债来维持的。当公债的发行过大，公债的依存度过高时，表明财政支出过分依赖公债收入，财政处于脆弱状态，并对财政未来的发展构成潜在的威胁。根据这一指标，国际上公认的控制线（或安全线）是国家财政的公债依存度为 15%～20%，中央财政的公债依存度为 25%～30%。

② 公债负担率。公债负担率衡量一定时期公债累积额与同期国内生产总值的比重情况。

$$公债负担率＝（当年公债余额/当年 GDP）\times 100\%$$

这个指标从国民经济总体和全局，而不仅仅是从财政收支上来考察和把握公债的数量界限。国际上一般以欧盟《马斯特里赫特条约》规定的 60% 作为一国或地区的公债负担率的警戒水平。根据各国经验，发达国家公债累积额度最多不能超过当年 GDP 的 45%，由于发达国家财政收入占国内生产总值的比重较高，一般为 45% 左右，所以公债累积额度大体相当于当年财政收入总额，这是公认的公债最高警戒线。

③ 借债率。借债率是指一个国家当年公债发行额与当年 GDP 的比率。

$$借债率＝（当年公债发行额/当年 GDP）\times 100\%$$

这个指标反映了当年 GDP 增量对当年公债增量的利用程度，反映当期的债务状况。这个指标的高低，反映了一国当年对公债利用程度的高低，也说明国民负担的高低。世界各国经验表明，该指标一般为 3%～10%，最高不得超过 10%。

④ 偿债率。偿债率是指一年的公债还本付息额与财政收入的比例关系。

$$公债偿债率＝（当年公债还本付息额/当年财政收入总额）\times 100\%$$

这个指标放映了一国政府当年所筹集的财政收入中有多大份额用来偿还到期债务。关于这一指标，一般认为应控制在 10% 左右。

1953—2005 年我国公债发行情况及相关指标如表 7-2 所示。

表 7-2　1953—2005 年我国公债发行情况及相关指标　　　　　　　　　　　亿元

年份	合计	国内债务	国外债务	国内其他债务	财政支出	GDP	公债依存度/%	借债率/%
1953	9.62		9.62		219.21	824	4.39	1.17
1954	17.20	8.36	8.84		244.11	859	7.05	2.00
1955	22.76	6.19	16.57		262.73	910	8.66	2.50
1956	7.24	6.07	1.17		298.52	1 028	2.43	0.70
1957	6.99	6.84	0.15		295.95	1 068	2.36	0.65
1958	7.98	7.98			400.36	1 307	1.99	0.61
1979	35.31		35.31		1 281.79	4 062.58	2.75	0.87
1980	43.01		43.01		1 228.83	4 545.62	3.50	0.95
1981	121.74	48.66	73.08		1 138.41	4 891.56	10.69	2.49
1982	83.86	43.83	40.03		1 229.98	5 323.35	6.82	1.58
1983	79.41	41.58	37.83		1 409.52	5 962.65	5.63	1.33
1984	77.34	42.53	34.81		1 701.02	7 208.05	4.55	1.07
1985	89.85	60.61	29.24		2 004.25	9 016.04	4.48	1.00
1986	138.25	62.51	75.74		2 204.91	10 275.18	6.27	1.35
1987	223.55	63.07	106.48	54.00	2 262.18	1 2058.62	9.88	1.85
1988	270.78	92.17	138.61	40.00	2 491.21	1 5042.82	10.87	1.80
1989	407.97	56.07	144.06	207.84	2 823.78	16 992.32	14.45	2.40
1990	375.45	93.46	178.21	103.78	3 083.59	18 667.82	12.18	2.01
1991	461.40	199.30	180.13	81.97	3 386.62	21 781.50	13.62	2.12
1992	669.68	395.64	208.91	65.13	3 742.20	26 923.48	17.90	2.49
1993	739.22	314.78	357.90	66.54	4 642.30	35 333.92	15.92	2.09
1994	1 175.25	1 028.57	146.68		5 792.62	48 197.86	20.29	2.44
1995	1 554.36	1 510.86	38.90	4.60	6 823.72	60 793.73	22.78	2.56
1996	1 967.28	1 847.77	119.51		7 937.55	71 176.59	24.78	2.76
1997	2 476.82	2 412.03	64.79		9 233.56	79 715.00	26.82	3.11
1998	3 310.93	3 228.77	82.16		10 798.18	85 195.50	30.66	3.89
1999	3 715.03	3 702.13		12.90	13 187.67	90 564.40	28.17	4.10
2000	4 180.10	4 153.59	23.10		15 886.50	100 280.10	26.31	4.17
2001	4 604.00	4 483.53	120.47		18 902.58	110 863.10	24.36	4.15
2002	5 679.00	5 660.00		19.00	22 053.15	121 717.40	25.75	4.67
2003	6 153.53	6 029.24	120.68	3.61	24 649.95	137 422.00	24.96	4.48
2004	6 879.34	6 726.28	145.07	7.99	28 486.89	161 840.20	24.15	4.25
2005	6 922.87	6 922.87			33 930.28	187 318.90	20.40	3.70

注：1. 从 1999 年起，国内其他债务项目为债务收入大于支出部分增列的偿债基金。

　　2. 从 2006 年起实行国债余额管理。

　　资料来源：根据中国财政年鉴（2017）、国家统计局年度数据计算。

7.4.2　建立合理的内债结构

1. 合理的期限结构

① 合理的公债期限结构，能促使公债年度还本付息的均衡化，避免形成偿债高峰，也有利于公债管理和认购，满足不同类型投资的需要。公债期限结构的形成是十分复杂的，它不仅取决于政府的意愿和认购者的行为取向，也受到客观经济条件的制约。

② 对政府而言，发行更多的长期公债是有利的；而对于认购者而言，长期公债的流动性和变现力较差，他们更愿意购买中、短期公债。政府必须兼顾自身和应债主体两个方面的要求和愿望，同时考虑客观经济条件，对公债的期限结构作出合理的抉择。

2. 合适的持有者结构

应债主体的存在是公债发行的前提，应债主体结构对公债发行具有较大的制约作用。应债主体结构是指社会资金或收入在社会各经济主体之间的分配格局，即各类企业和各阶层居民各自占有社会资金的比例。公债持有者结构是政府对应债主体实际选择的结果。合适的公债持有者结构，可以使公债的发展具有丰裕的源泉和持续的动力。

3. 合适的公债利率水平与结构

利率水平及其结构是否合理，直接关系到偿债成本高低的问题。公债利率的选择和确定也是公债管理的重要内容。在发达国家，公债利率具有多极化和弹性化特征，制约公债利率的主要因素是证券市场上各种证券的平均利率水平。公债利率必须与市场利率保持大体相当的水平才能使公债具有吸引力，才能保证公债的发行不遇到困难。

7.4.3　外债及外债结构

1. 外债的主要形式

1）外国政府贷款

这是指一国政府利用本国财政资金向另一国政府提供的优惠贷款。其利率较低，甚至是无息；贷款期限较长，一般可达 20 年至 30 年，是一种带有经济援助性质的优惠贷款。但这种贷款往往规定专门的用途，且一般以两国政治关系较好为前提。

2）国际金融机构贷款

这主要包括国际货币基金组织贷款和世界银行集团贷款。

3）外国银行贷款

这是由国际商业银行用自由外汇（即硬通货）提供的商业性贷款。有的还要求借款国的官方机构予以担保。利率大多以伦敦银行以同业拆借利率为基础加上一定幅度的差价。其用途不受限制，资金期限以中、短期为主，利率较高且大部分是浮动利率，信贷方式灵活多样。

4）出口信贷

这是指国家专门机构或银行以利息补贴或信贷国家担保方式，对出口贸易提供的含有官方补贴性质的贷款，包括卖方信贷和买方信贷。出口信贷是国家支持商品出口、加强贸易竞争的一种手段。

5）发行国际债券

这是指以各种可兑换货币为面值发行的国际债券。这种形式正在成为国际信贷的主要形式。特点是：对发行国和发行机构的资信要求较高；筹资金额较大；期限较长；资金可以自由使用；发行手续比较烦琐；发行费用和利率均较高。

2. 建立合理的外债结构

建立合理的外债结构意义重大，可以扩大本国借款的能力，维护国际信誉，有效减轻债务负担，避免出现偿债高峰期和在国际环境发生变化时产生债务危机。

1）外债的来源结构

外债的来源结构包括两层含义：①债务资金的地区、国别来源；②债务资金的机构来源。在债务资金来源上，不能依靠某一国或某一机构，而应采取多来源、多渠道、多方式的借债策略，以使债务国有可靠、稳定、均衡的外部资金来源，避免因国际金融市场动荡而出现借入困难和偿还成本的提高。另外，从国际政治角度考虑，也应拓宽来源渠道。

2）外债的期限结构

合理的外债期限结构要求各种期限的债务之间保持适当的比例，长、中、短期搭配合理，以适应多方位、多层次的需要。在债务的期限分布上要求不同时间到期的外债数量要与本国在各个时期内的偿债能力相适应，尽量避免形成偿债高峰。

3）外债的币种结构

外债的币种结构指借入外债时所作的外币币种选择、不同外币在债务中各自所占的比重及其变化情况。应结合汇率、利率，以及需要进口商品的轻重缓急，从总体上安排币种的选择，调整"篮子"中各种币种的比重，以降低借债的实际成本。国际金融市场是动荡多变的，为了避免因汇率变化所导致的损失，建立适当的外债币种结构十分必要。

4）外债的利率结构

利率是构成债务总成本的主要内容。利率结构要均衡，浮动利率与固定利率的比重需适当控制。其中，浮动利率债务的控制是关键，因为国际金融市场变化多端，浮动利率外债过多，很有可能因为利率上升而增加，当然也有可能得到好处，但比较而言，风险相对大些。同时，浮动利率易使债务总额变化不定，不便于国家对外债进行宏观控制，也无法计算某年确切的偿还额。如果恰逢国内经济不景气，国际债务利率上升，债务负担加重，这样偿还债务就会陷入困境。对外债利率结构的合理规划，是外债结构管理的重要环节。

5）外债借入者结构

外债借入者结构指债务国内部借款人（公共部门、私人部门和金融机构）的构成及其相互间的关系。公共部门借款主要是指政府部门、国有企业的借款；私人部门借款主要是指私营企业、事业单位的对外借债；金融机构借款主要是指各种银行和其他金融组织的对外借债。

通常来说，外债借款人与外债的使用投向是紧密联系的。如果债务国内部借款人结构合适，外债资金的投向就合理，使用效益会比较好，也就不容易出现债务支付困难；反之，则容易造成还债困难。国家应对借入者结构进行适当的计划和控制，以防债务负担过重。

2008—2017 年中国国家外债余额情况如表 7 - 3 所示。

表 7 - 3　2008—2017 年中国国家外债余额结构情况　　　　十亿美元

年份		2008	2009	2010	2011	2012	2013	2014	2015	2016	2017
外债余额		390.16	428.65	548.94	695.0	736.99	863.17	1 779.90	1 382.98	1 415.80	1 710.62
来源结构	外国政府贷款	32.47	34.92	32.08	33.30	31.05	26.52	23.22			
	国际金融组织贷款	27.05	33.38	35.55	35.00	34.10	33.28	42.14			
	国际商业贷款	201.03	198.65	270.11	377.50	380.34	466.87	495.70			
	贸易信贷	129.60	161.70	211.20	249.20	291.50	336.50	334.40			
期限	长期债务	163.88	169.39	173.24	194.1	196.06	186.54	481.7	495.57	549.76	611.58
	短期债务	226.28	259.26	375.7	500.9	540.93	676.63	1 298.2	887.41	866.04	1 099.04
衡量指标	偿债率/%	1.8	2.9	1.6	1.7	1.6	1.6	2.6	5.0	6.1	6.9
	负债率/%	8.6	8.5	9.1	9.3	8.7	9.1	17.2	12.5	12.6	14.0
	债务率/%	24.7	32.2	29.2	33.3	32.8	35.6	69.9	58.6	64.4	70.6

注：1. 偿债率是指当年外债还本付息额（中长期外债还本付息额加上短期外债付息额）与当年国际收支口径的货物与服务贸易出口收入的比率。

2. 负债率是指年末外债余额与当年 GDP 的比率。计算负债率时将 GDP 按国家外汇管理局公布的年平均交易中间价折算为美元。

3. 债务率是指年末外债余额与当年国际收支统计口径的货物与服务贸易出口收入的比率。

4. 为保证数据的可比性，将 2014 年末外债数据相应调整为全口径外债数据，由于全口径外债较原来的外币外债增加了人民币外债（余额略低于外币外债余额），因此，2014 年和 2015 年的"偿债率"这一外债风险指标较 2013 年有所上升，但仍在公认的安全线（20%）以内。

资料来源：http://www.safe.gov.cn/.

本 章 小 结

● 公债是政府信用的主要形式，是政府实施宏观调控、促进经济稳定的一种工具。

● 公债的特征：有偿性、自愿性、灵活性。

● 公债的功能：弥补财政赤字，平衡财政收支；筹集建设资金；调节宏观经济。

● 公债发行条件：公债品种、公债发行权限、公债发行对象、公债发行数额、公债券票面金额、公债发行价格、利息率、对公债流动性和安全性的规定等。

● 公债偿还的方法：买销法、比例偿还法、抽签偿还法、一次偿还法。

● 公债市场通常由发行市场（一级市场）和流通市场（二级市场）组成。公债一级市场和二级市场是紧密联系、相互依存的。

● 公债的管理要考虑适度的规模及内外债结构。

关 键 概 念

公债　国债　地方债　政府信用　短期公债　中期公债　长期公债　国内公债　国外公债　有期公债　无期公债　货币公债　实物公债　上市公债　不上市公债　柜台交易　公债

依存度　公债负担率　借债率　偿债率

思考与练习

1. 简述公债的特征与功能。
2. 简述公债与政府信用、国债的区别。
3. 公债发行的条件有哪些？
4. 简述公债市场的作用。
5. 影响公债规模的因素有哪些？
6. 简述判断公债适度规模的标准及指标。
7. 试述如何确定合理的内外债结构。

【阅读材料】

我国地方债管理制度的探索

1995 年施行的《中华人民共和国预算法》规定，不允许地方预算出现赤字。地方政府收支缺口，不得不通过各种各样的债务来解决。

1998 年，为实施积极的财政政策，财政部采取国债转贷给地方政府的方式，部分满足了地方债务融资的需求。从 2009 年开始，财政部开始代发地方债：2009—2011 年，每年发行地方债 2 000 亿元，2012 年发行 2 500 亿元；2013 年发行 3 500 亿元。自行发债试点从 2011 年开始进行。当年 10 月，国务院批准上海、浙江、广东、深圳四地在中央确定的地方政府债券年度发行总规模内试点自行发债，地方政府债券期限包括 3 年和 5 年两种，分别占国务院批准的发债规模的 50%。2012 年，自行发债试点仍局限于原试点省（市），债券期限作了调整，有 3 年、5 年和 7 年三种，其中 7 年系新增。自行发债的规模较小。2011 年、2012 年地方自行发债规模分别为 229 亿元和 289 亿元。2013 年地方政府自行发债试点增加了江苏省和山东省，这样，试点扩大到 6 个省（市），债券期限仍为 3 年、5 年和 7 年三种。地方可以根据需要选择发行不超过这三种期限的债券，但每种发行额不得超过本地区发债限额的 50%。

试点地区发行政府债券实行年度发行额管理，全年发债总额不得超过所批准的当年发债规模限额。当年发债规模限额当年有效，不得结转下年。试点省（市）自行发债收支实行预算管理，具体事项参照财政部《关于印发〈2009 年地方政府债券预算管理办法〉的通知》有关规定办理。据此，地方政府债券收支实行预算管理。地方政府债券收入全额纳入省级财政预算管理，市、县级政府使用债券收入的，由省级财政转贷，纳入市、县级财政预算。地方政府债券收入安排的支出纳入地方各级财政预算管理。用地方政府债券发行收入安排支出的部门和单位，要将支出纳入部门预算和单位预算，严格按照预算制度管理。

地方债管理采取堵后门、开前门的办法。2009 年后，地方融资平台发展迅速。如不加以规范，则可能酿就财政金融危机。这就要求加强地方政府融资平台管理，做好地方政府债券发行工作。同时，做好地方政府性债务统计报告制度的完善工作，动态监控地方政府性债务。2010 年，《国务院关于加强地方政府融资平台公司管理有关问题的通知》要求加强平台公司管理。《财政部、发展改革委、人民银行、银监会关于贯彻国务院关于加强地方政府融资平台公司管理有关问题的通知相关事项的通知》要求抓紧清理核实截至 2010 年 6 月 30 日的融资平台公司债务，并分三类管理：因承担公益性项目建设运营举借、主要依靠财政性资金偿还的债务；因承担公益性项目建设运营举借、项目本身有稳定经营性收入并主要依靠自身收益偿还的债务；因承担非公益性项目建设运营举借的债务。

2012年，财政部、国家发展改革委、人民银行和银监会联合印发《四部门关于制止地方政府违法违规融资行为的通知》，严禁地方政府直接或间接吸收公众资金违规集资，切实规范地方政府以回购方式举借政府性债务行为，加强对融资平台公司注资行为管理，坚决制止地方政府违规担保承诺行为。此外，地方政府性债务统计报告制度得到进一步完善。财政部依托地方政府性债务管理系统，建立了地方政府性债务月报、季报和年报制度，全面动态监控地方政府性债务。

第8章

国家预算

【学习目标】

学完本章后，你应该能够：

● 知晓国家预算的概念、组成及原则；

● 理解国家预算的编制、执行和决算；

● 领会部门预算改革及预算外资金管理；

● 了解中国现行的国家预算管理体制。

8.1 国家预算的含义、分类及原则

8.1.1 什么是国家预算

国家预算也称政府预算，是政府的基本财政收支计划，即经法定程序批准的国家年度财政收支计划。国家预算是实现财政职能的基本手段，反映国家的施政方针和社会经济政策，规定政府活动的范围和方向。

国家预算产生于 17 世纪的英国，是新兴的资产阶级与封建贵族斗争的产物。在封建社会，王室贵族横征暴敛，政府的财政收支既不民主也不公开，每年政府征多少税，税款花在什么地方，事先和事后并不告知广大民众。随着资产阶级力量的壮大，他们不满封建贵族的这种做法，强烈要求政府编制一个财政收支计划，并事先得到议会的批准才能生效。迫于新兴资产阶级的压力，英国封建政府最终同意了这一要求。这就是国家预算产生的历史过程。

我国的国家预算是在清末宪政改良时期参酌中西制度，从外国引进的。1889 年 6 月 11 日，光绪皇帝接受变法，推行新政时才真正提出"清理财政，筹办预算"；1907 年颁布"清理财政章程"；1910 年宣统皇帝又拟定"预算册式及例言"，同时公布了"统一国库章程"，并逐渐形成了半殖民地、半封建性质的国家预算。新中国成立后，正式建立了新民主主义国家财政预算；1956 年社会主义的国家预算也随之建立。

8.1.2 国家预算的分类

随着政府在社会经济中作用的加强，国家财政活动也越来越复杂化，国家预算逐步形成包括各种预算形式和预算方法在内的复杂系统。因而很有必要根据不同的标准对国家预算进行分类。

1. 单式预算和复式预算

以预算编制方式的差别为依据，国家预算可分为单式预算和复式预算。

单式预算是指在预算年度内，将全部财政收支编制在一个总预算内，而不区分各项财政收支经济性质的预算形式。单式预算简洁、清楚、全面，便于编制和审批，但只进行总额控制，没有按财政收支的经济性质分别编列和平衡，看不出各收支项目之间的对应平衡关系，不利于国家进行宏观调控。

复式预算是指在预算年度内，把全部财政收支按收入来源和支出性质进行划分，分别汇编成两个或两个以上的收支对照表，从而编成两个或两个以上的预算。编制复式预算，以特定的预算收入来源保证特定的预算支出，并使两者具有相对稳定的对应关系，有利于提高财政支出的经济效益，有利于实行宏观决策和管理。

2. 增量预算和零基预算

根据预算编制方法不同，可分为增量预算和零基预算。

增量预算是指新的财政年度的收支计划指标以上年度指标执行数为基础，并考虑本年度经济发展实际情况后调整确定。其优点是保留了过去遗留的各种约束，考虑了基期预算收支的实际情况，并可结合国家经济发展战略予以确定预算收支；缺点是导致预算资金的刚性增长，且难以消除基数中的不合理预算安排，不利于控制财政支出和预算平衡。世界各国的预算，无论是单式预算还是复式预算，主要仍采用增量预算法。

零基预算是指在编制预算时，对预算年度内所有财政收支不考虑以往基数和水平，一律以零为起点，以当时社会经济发展的实际为依据，编制收支预算计划。

严格地说，它是指在编制年度预算时，对每个部门的工作任务进行全面审核，然后再确定各部门支出预算。零基预算的一个重要特点是编制预算时，不仅对年度内新增的任务要进行审核，而且要对以前年度确定的项目也要进行审核。从预算支出角度来看，就是不仅要对预算年度中新增支出进行审核，而且要对以前年度形成的基数支出进行审核。由于零基预算在编制时工作量过大，编制技术要求高，因此通常只应用于一些具体收支项目，尚未形成一种比较完善的预算方法。零基预算于20世纪70年代首先在美国被引入政府预算，并在以后对许多国家的预算改革产生了一定的影响。

3. 中央预算和地方预算

按照国家预算组成环节的层次不同，可分为中央预算和地方预算。

中央预算是指经法定程序批准的中央政府的财政收支计划。中央预算是中央履行职能的基本财力保证，在政府预算体系中居于主导地位。地方预算是指经法定程序批准的地方各级政府的财政收支计划的统称。地方预算是保证地方政府职能实施的财力保证，在政府预算体系中居于基础性地位。

世界各国因政权构成结构的差异，国家预算体系的组成环节也不尽相同。例如，以中国为代表的一些国家，国家预算是由中央预算和地方预算汇总而成的，即地方预算包含在国家预算之中。但是以美国、英国、法国、日本等为代表的另一些国家，中央（联邦）预算与地方预算各自独立，地方预算不参与中央（联邦）预算的汇总，即国家预算只包括中央（联邦）预算，而不包括各级地方预算。

以上是国家预算常见的几种分类方法，当然，根据收支管理范围不同，国家预算还可分为财政总预算、部门预算和单位预算；按照预算的成立时限差异，国家预算也可分为正式预算、临时预算和追加预算。

8.1.3 国家预算的组成及其结构

1. 国家预算的组成

世界各国无论是联邦制国家还是单一制国家，一般都实行分级管理，都设有中央政府和地方政府，中央政府和地方政府分别履行职能。中央政府和地方政府要行使职权，就需要有相应的财力作保证，就要设置相应的预算。

国家预算的组成是指国家预算体系的组成环节。自 2015 年 1 月 1 日起施行的《中华人民共和国预算法》明确规定：全国预算由中央预算和地方预算组成；地方预算由各省、自治区、直辖市总预算组成。国家实行一级政府一级预算，设立中央，省（自治区、直辖市），设区的市（自治州），县（自治县、不设区的市、市辖区），乡（民族乡、镇）五级预算。政府的全部收入和支出都应当纳入预算。

从预算内容的分合关系来看，国家预算分为总预算和单位预算。单位预算是指实行预算管理的国家机关、社会团体和其他单位的收支预算。总预算是由本级政府预算和汇总的下一级总预算组成，如我国的省总预算是由省级各部门的单位预算和所属市（自治州）总预算组成，国家总预算由中央各部门的单位预算和省（自治区、直辖市）总预算组成。

2. 国家预算的结构

在我国，国家预算按照复式预算编制，由一般公共预算、政府性基金预算、国有资本经营预算和社会保险基金预算四大部分组成，即全口径预算体系，其中一般公共预算是主体。

1）一般公共预算

一般公共预算的收入主要是税收，约占 82%，其余为专项收入、行政事业费收入、罚没收入、国有资本经营收入、国有资源（资产）有偿使用收入等非税收入。一般公共预算的支出主要是用于保障和改善民生、推动经济社会发展、维护国家安全、维持国家机构正常运转等方面的资金需要。一般公共预算可以安排赤字，如 2018 年，中央一般公共预算的赤字 15 500 亿元，地方一般公共预算的赤字 8 300 亿元。

中央一般公共预算包括中央各部门（含直属单位）的预算和中央对地方的税收返还、转移支付预算。中央一般公共预算收入包括中央本级收入和地方向中央的上解收入。中央一般公共预算支出包括中央本级支出、中央对地方的税收返还和转移支付。

2）政府性基金预算

政府性基金预算是对依照法律、行政法规的规定在一定期限内向特定对象征收、收取或者以其他方式筹集的资金，专项用于特定公共事业发展的收支预算。

政府性基金预算收入主要包括：国有土地使用权出让金收入、国有土地收益基金收入、彩票公益金收入、城市基础设施配套费收入、新增建设用地土地有偿使用费收入、车辆通行费收入、铁路建设基金收入、民航发展基金收入、地方教育附加收入等。

政府性基金预算支出，目前主要是为国有土地使用权出让收入安排的支出。该支出可分为两大类：一类为成本性支出，包括征地拆迁补偿支出、土地出让前期开发支出、补助被征地农民支出等，这类支出为政府在征收、储备、整理土地等环节先期垫付的成本，通过土地出让收入予以回收，不能用于其他开支。另一类为非成本性支出，从扣除成本性支出后的土地出让收益中安排，依法用于城市建设、农业农村、保障性安居工程三个方面，使城乡居民共享土地增值带来的收益。

3）国有资本经营预算

国有资本经营预算是对国有资本收益作出支出安排的收支预算。其收入只要为国有企业的上缴利润、股利股息收入、产权转让收入、清算收入等。支出主要用于国有企业的发展和改革，如资源勘探信息、交通运输、商业服务业、教育、科技、文化体育、社会保障与就业、节能环保、城乡社区等方面。国有资本经营预算应当按照收支平衡的原则编制，不列赤字，并安排资金调入一般公共预算。目前，我国国有资本经营预算的收支规模一般较小。

4）社会保险基金预算

社会保险基金预算是专项预算，其通过社会保险缴款、一般公共预算安排和其他方式筹集资金，专项用于社会保险的支出。国家预算法规定，社会保险基金预算应当按照统筹层次和社会保险项目分别编制，做到收支平衡。

上级政府不得在预算之外调用下级政府预算的资金。下级政府不得挤占或者截留属于上级政府预算的资金。

8.1.4   国家预算的原则

国家预算的原则是指国家确定预算形式和编制预算的指导思想与准则。国家预算原则是伴随着国家预算制度的产生、发展而产生和发展变化的。实践中影响较大，并为多数国家所接受的主要有以下原则。

① 公开性。这是指国家预算反映政府的活动范围、方向和政策，与公众的切身利益息息相关，因而国家预算及其执行情况必须经过人代会（议会）审查批准，并向社会公布，使之置于人民监督之下。

② 完整性。这是指国家预算应包括政府的全部收入和支出，不准少列收支、造假账、预算外另列预算。国家允许的预算外收支，也应在预算中有所反映。

③ 统一性。这是指国家预算是由中央级预算和地方总预算组成的，下级预算都要包括在上级预算中，各级预算都要统一在国家预算中。这就要求设立统一的预算科目，每个科目都要严格按统一口径、程序计算和填列。

④ 可靠性。这是指预算收支数字依据必须可靠，计算正确，不能估算、假定，更不能任意编造。

⑤ 年度性。这是指国家预算必须按年度编制，要列清全年的财政收支，不允许将不属于本年度财政收支的内容列入本年度的国家预算之中。

预算年度，亦称财政年度，即国家预算收支起止的有效期限，通常为一年。世界上许多国家的预算年度采用历年制，即从公历 1 月 1 日起至 12 月 31 日止，这些国家有中国、法国、德国、西班牙等。有些国家采取跨年制，如英国、日本等国家的预算年度从当年的 4 月 1 日起至次年 3 月 31 日止；美国、泰国等国的预算年度从当年的 10 月 1 日起至次年 9 月 30 日止。

⑥ 法律性。这是指编制的国家预算一旦经过国家最高权力机关批准之后，就具有法律效力，必须贯彻执行。我国预算法规定，经人民代表大会批准的预算，非经法定程序，不得调整。各级政府、各部门、各单位的支出必须以经批准的预算为依据，未列入预算的不得支出。

8.1.5 国家预算的作用

国家预算是国家财政的收支计划，财政收入反映着国家支配的财力规模和来源，财政支出反映着国家财力分配使用的方向和构成，财政收支的对比反映着国家财力的平衡状况。这样，通过编制国家预算就可以有计划地组织收入和合理地安排支出，贯彻国家的方针政策，保证国家各项职能的实现。

（1）确定政府可获得的资源，有利于全面安排支出。政府通过编制预算，可事先进行预测，并能根据财力的多少和支出的需要来确定支出，也就是我们常说的要量入为出。如在2018 年预算中，全国一般公共预算收入 186 030 亿元，相应地安排支出 209 830 亿元，财政赤字 23 800 亿元。

（2）反映政府的活动范围和方向。预算上的一收一支，决不仅仅是数字的排列，它必然要反映在政府的各项活动上。从预算收入安排上看，每一笔收入都必须落实到项目上，在某一个收入项目上征多少，减多少，能反映出政府的政策取向。例如，自 2012 年试点到 2016全面营改增以来，五年累计减税规模近 2 万亿元，这反映出政府继续深入推进"供给侧结构性改革"，继续抓好"三去一降一补"，大力简政、减税、减费的政策。

（3）有利于人民参与对国家事务的管理。对预算的讨论决定和对预算执行的监督是人民参与国家事务管理的重要体现。预算草案编出后要送由人民代表组成的权力机关进行审查，经其批准后预算才能成立。倘若预算草案不符合人民的意愿，权力机关有权进行修改，有权不予批准。国家权力机关对预算的批准，实质上是对政府工作安排的批准。当预算经国家权力机关批准后，其执行还要受到权力机关的监督。政府在年度终了要向权力机关报告执行结果，权力机关对执行结果还要进行审查，并决定是否批准。

（4）有利于政府活动的有序进行。由于预算对政府一年要做哪些事，做某件事要给多少钱都事先作出了安排，在新的年度开始后，征收部门按法律规定组织收入，财政部门按预算拨付资金，相关职能部门得到资金后按事先安排开展工作。这样就有利于政府及其部门早作准备，按计划开展工作，避免工作的盲目性。

8.2 国家预算的编制、审批、执行和决算

8.2.1 国家预算的编制

国家预算的编制是预算管理的起点，是预算管理过程中的一个关键性步骤。预算收支计划安排是否妥当，是国家预算能否顺利实现的前提。一般来说，预算编制工作是由政府主管财政的行政机关负责。预算编制工作大体可分为两步：①预算草案的集体编制。预算草案是指编制完成但尚未经国家立法机关审查批准的年度预算收支计划。国家预算的法律效力由法定程序所规定，未通过法定程序批准之前，通称"草案"。②预算草案的核定。

世界各国的预算编制程序因行政、立法和司法体制不同而有所区别。根据主持预算草案编制工作的机构不同，可分为：①由财政部主持编制工作。财政部负责指导政府各部门编制支出预算草案并进行审核和协调，同时根据各种经济统计资料和预测编制收入预算草案，在

综合收入和支出两部分的基础上形成国家预算草案。如中国、英国、德国、日本等一些国家。②由政府特设的预算机关主持预算编制工作,财政部只负责编制收入预算。如美国、法国和意大利等国。

预算的核定与国家的政体相关,西方的国家预算有三种核定类型:由总统核定预算草案,如美国;由内阁核定预算草案,如英国、法国等;由委员会核定预算草案,如瑞士。

1)准备工作

一般来说,我国国家预算编制的准备工作主要包括:①对本年度预算执行情况进行评价;②拟定下年度预算收支控制指标;③颁发编制国家预算草案的指示和具体规定;④修订国家预算科目和制定总预算表格。

2)编制的依据

地方各级政府编制年度预算草案的依据包括:①法律、法规;②国民经济和社会发展计划、财政中长期计划以及有关的财政经济政策;③本级政府的预算管理职权和财政管理体制确定的预算收支范围;④上一年度预算执行情况和本年度预算收支变化因素;⑤上级政府对编制本年度预算草案的指示和要求。

各部门、各单位编制年度预算草案的依据包括:①法律、法规;②本级政府的指示和要求以及本级政府财政部门的部署;③本部门、本单位的职责、任务和事业发展计划;④本部门、本单位的定员定额标准;⑤本部门、本单位上一年度预算执行情况和本年度预算收支变化因素。

3)编制的内容

中央预算的编制内容包括:①本级预算收入和支出;②上一年度结余用于本年度安排的支出;③返还或者补助地方的支出;④地方上解的收入。

地方各级政府预算草案的编制内容:①本级预算收入和支出;②上一年度结余用于本年度安排的支出;③上级返还或者补助的收入;④返还或者补助下级的支出;⑤上解上级的支出;⑥下级上解的收入。

4)国家预算编制的程序

我国的中央预算由国务院编制,具体由财政部负责,国务院各部门编制本部门的预算。由于我国实行分级预算管理体制,地方各级人民政府负责编制本级政府预算。

国家预算的编制程序一般是自下而上、自上而下、上下结合、逐级汇总的程序。首先,由各地区和中央各部门提出计划年度预算收支建议数并报送财政部。然后,财政部参照这些建议数,根据国民经济和社会发展计划指标拟定预算收支指标,报经国务院批准后下达。

中央各部门和各省、自治区、直辖市根据中央下达的预算收支控制指标,按照统一规定的预算表格和编制预算的要求,结合本地区、本部门的经济发展情况,编制本单位、本地区的年度预算草案,上报财政部审查汇总。财政部经过审核汇总,汇编成国家预算草案,并附以简要的文字说明,上报国务院。经国务院核准后,提请全国人民代表大会财经委员会审查。

8.2.2　国家预算的审查和批准

中央预算由全国人民代表大会(简称全国人大)审查和批准。地方各级预算由本级人民代表大会审查和批准。国务院财政部门应当在每年全国人大会议举行的 45 日前,将中央预算草案的初步方案提交全国人大财经委员会进行初步审查。

提交全国人大审查批准的预算包括三类表格：一般公共预算收支表、中央政府性基金预算收支表和有关附表。

1）一般公共预算收支表

一般公共预算收支表反映一般预算收支规模、收入来源和支出方向，包括：上一预算年度全国预算收入执行情况表、中央预算收入执行情况表、地方预算收入执行情况表、全国预算支出执行情况表、中央预算支出执行情况表、地方预算支出执行情况表；新的预算年度的全国预算收入表、中央预算收入表、地方预算收入表、全国预算支出表、中央预算支出表、地方预算支出表。

2017 年，中央一般公共预算收入预算执行情况见表 8-1，中央一般公共预算支出预算执行情况见表 8-2。

表 8-1　2017 年中央一般公共预算收入预算执行情况表　　　　　　亿元

项目	2016 年执行数	2017 年预算数	预算数为上年执行数的%
一、税收收入	68 449.08	70 412	102.9
国内增值税	26 067.36	26 850	103
国内消费税	10 217.23	10 270	100.5
进口货物增值税、消费税	12 780.71	13 220	103.4
出口货物退增值税、消费税	−12 154.48	−13 000	107
企业所得税	18 715.71	19 565	104.5
个人所得税	6 053.93	6 460	106.7
资源税	31.43	34	108.2
城市维护建设税	153.28	155	101.1
印花税	1 250.55	1 300	104
其中：证券交易印花税	1 250.55	1 300	104
船舶吨税	48	48	100
车辆购置税	2 673.95	2 850	106.6
关税	2 603.29	2 660	102.2
其他税收收入	8.12		
二、非税收入	7 278.18	8 200	112.7
专项收入	719.31	570	79.2
行政事业性收费收入	479.47	420	87.6
罚没收入	66.65	70	105
国有资本经营收入（部分金融机构和中央企业上缴利润）	5 413.17	6 541	120.8
国有资源（资产）有偿使用收入	482.15	494	102.5
其他收入	117.43	105	89.4
中央一般公共预算收入	75 727.26	78 612	103.8
中央财政调入资金	1 315.06	1 633	124.2

续表

项目	2016 年 执行数	2017 年 预算数	预算数为上年 执行数的％
从中央预算稳定调节基金调入	1 000	1 350	135
从政府性基金预算调入	69.06	26	37.6
从国有资本经营预算调入	246	257	104.5
支出大于收入的差额	14 000	15 500	110.7

注：1. 中央一般公共预算支出大于收入的差额＝支出总量（中央一般公共预算支出＋补充中央预算稳定调节基金）
　　　－收入总量（中央一般公共预算收入＋中央财政调入资金）

2. 为便于比较，本表中 2016 年执行数做了部分调整：一是从 2017 年起新增建设用地土地有偿使用费等 3 个项
目从政府性基金预算转列一般公共预算，将相关政府性基金 2016 年执行数 584.95 亿元调整列入相关收入科
目；二是根据全面推开营改增试点、实施调整中央与地方增值税收入划分过渡方案情况，对相关收入科目执
行数进行了同口径调整。

资料来源：http://yss.mof.gov.cn/2017zyys/201703/t20170324 _ 2565785. html.

表 8 - 2　　2017 年中央一般公共预算支出预算执行情况表　　　　　亿元

项目	2016 年 执行数	2017 年 预算数	预算数为上年 执行数的％
一、中央本级支出	27 781.04	29 595.00	106.5
一般公共服务支出	1 209.15	1 260.67	104.3
外交支出	479.73	546.03	113.8
国防支出	9 545.97	10 225.81	107.1
公共安全支出	1 741.91	1 838.55	105.5
教育支出	1 447.85	1 520.00	105.0
科学技术支出	2 686.11	2 841.87	105.8
文化体育与传媒支出	247.95	274.57	110.7
社会保障和就业支出	890.58	991.86	111.4
医疗卫生与计划生育支出	91.16	137.04	150.3
节能环保支出	295.49	297.07	100.5
城乡社区支出	19.76	11.10	56.2
农林水支出	780.70	737.79	94.5
交通运输支出	1 187.53	1 157.60	97.5
资源勘探信息等支出	325.92	331.89	101.8
商业服务业等支出	36.68	23.05	62.8
金融支出	752.22	788.81	104.9
国土海洋气象等支出	313.13	285.80	91.3
住房保障支出	437.44	433.92	99.2
粮油物资储备支出	1 451.98	1 476.03	101.7
其他支出	432.17	619.83	143.4
债务付息支出	3 374.45	3 749.36	111.1
债务发行费用支出	33.16	46.35	139.8

续表

项目	2016 年执行数	2017 年预算数	预算数为上年执行数的％
二、中央对地方税收返还和转移支付	62 479.26	65 650.00	105.1
中央对地方转移支付	52 803.91	56 512.00	107.0
一般转移支付	31 977.35	35 030.49	109.5
专项转移支付	20 826.56	21 481.51	103.1
中央对地方税收返还	9 675.35	9 138.00	94.4
三、中央预备费		500.00	
中央一般公共预算支出	90 260.30	95 745.00	106.1
补充中央预算稳定调节基金	782.02		

注：1. 为便于比较，本表中 2016 年执行数做了部分调整：一是从 2017 年起新增建设用地土地有偿使用费等 3 个项目从政府性基金预算转列一般公共预算，将相关政府性基金 2016 年执行数 584.95 亿元调整列入相关科目；二是根据全面推开营改增试点、实施调整中央与地方增值税收入划分过渡方案情况，对相关支出科目执行数进行了同口径调整；三是按照 2017 年政府收支分类科目调整情况，对部分科目数据进行了同口径调整；四是根据 2017 年转移支付清理整合情况，对相关项目按新的口径进行了调整。

  2. 2017 年中央一般公共预算支出预算数为 95 745 亿元，加上使用以前年度结转资金 2 078.99 亿元，2017 年中央一般公共预算支出为 97 823.99 亿元。具体情况见中央本级支出、中央对地方税收返还和转移支付预算表说明。

  资料来源：http：//yss.mof.gov.cn/.

2）中央政府性基金预算收支表

按照规定，政府性基金实行收支两条线管理，收入全额上缴国库，先收后支，专款专用，并在预算上单独编列，自求平衡，结余结转下年继续使用。中央政府性基金主要包括电力建设基金、三峡工程建设基金、铁路建设基金、民航基础设施建设基金、港口建设费、市话初装费基金、民航机场管理建设费、水利建设基金、外贸发展基金、碘盐基金、旅游发展基金、茧丝绸发展基金、供配电贴费、文化事业建设费、土地有偿基金、煤代油基金、邮政专项资金、适航基金、育林基金、农网还贷资金、国家电影事业发展专项资金、库区维护建设基金、烟草商业税后利润、南水北调工程基金、森林植被恢复费等。

3）有关附表

包括中央对地方税收返还和补助支出明细表、中央财政支农支出表、中央财政科技支出表、中央财政教育支出表、中央财政社会保障支出表、中央财政医疗卫生支出表。

国务院在全国人大举行会议时，向大会作关于中央和地方预算草案以及中央和地方预算执行情况的报告。

全国人大对预算草案及其报告、预算执行情况的报告重点审查：①上一年预算执行情况是否符合本级人民代表大会预算决议的要求；②预算安排是否符合预算法的规定；③预算安排是否贯彻国民经济和社会发展的方针政策，收支政策是否切实可行；④重点支出和重大投资项目的预算安排是否适当；⑤预算的编制是否完整，是否符合预算法的规定；⑥对下级政府的转移性支出预算是否规范、适当；⑦预算安排举借的债务是否合法、合理，是否有偿还计划和稳定的偿还资金来源；⑧与预算有关重要事项的说明是否清晰。

全国人大财经委员会向全国人民代表大会主席团提出关于中央和地方预算草案及中央和

地方预算执行情况的审查结果报告。包括：①对上一年预算执行和落实本级人民代表大会预算决议的情况作出评价；②对本年度预算草案是否符合本法的规定，是否可行作出评价；③对本级人民代表大会批准预算草案和预算报告提出建议；④对执行年度预算、改进预算管理、提高预算绩效、加强预算监督等提出意见和建议。

全国人大根据其财经委员会对预算草案审查的报告作出批准或修改的决议。国务院根据全国人大的修改决议对原预算草案进行调整，并分别向各地区和中央各部门批复预算。

8.2.3　国家预算的执行与调整

1. 预算的执行

1）预算执行主体

各级预算由本级政府组织执行，具体工作由本级政府财政部门负责。各部门、各单位是本部门、本单位的预算执行主体，负责本部门、本单位的预算执行，并对执行结果负责。

预算年度开始后，各级预算草案在本级人民代表大会批准前，可以安排下列支出：①上一年度结转的支出；②参照上一年同期的预算支出数额安排必须支付的本年度部门基本支出、项目支出，以及对下级政府的转移性支出；③法律规定必须履行支付义务的支出，以及用于自然灾害等突发事件处理的支出。

预算经本级人民代表大会批准后，按照批准的预算执行。

2）收入征收与支出划拨

预算收入征收部门和单位，必须依照法律、行政法规的规定，及时、足额征收应征的预算收入。不得违反法律、行政法规规定，多征、提前征收或者减征、免征、缓征应征的预算收入，不得截留、占用或者挪用预算收入。各级政府不得向预算收入征收部门和单位下达收入指标。政府的全部收入应当上缴国家金库（简称国库），任何部门、单位和个人不得截留、占用、挪用或者拖欠。对于法律有明确规定或者经国务院批准的特定专用资金，可以依照国务院的规定设立财政专户。

各级政府财政部门必须依照法律、行政法规和国务院财政部门的规定，及时、足额地拨付预算支出资金，加强对预算支出的管理和监督。各级政府、各部门、各单位的支出必须按照预算执行，不得虚假列支。各级政府、各部门、各单位应当对预算支出情况开展绩效评价。

各级预算的收入和支出实行收付实现制。特定事项按照国务院的规定实行权责发生制的有关情况，应当向本级人民代表大会常务委员会报告。

3）国库支配权与集中收付

县级以上各级预算必须设立国库；具备条件的乡、民族乡、镇也应当设立国库。中央国库业务由中国人民银行经理，地方国库业务依照国务院的有关规定办理。各级国库应当按照国家有关规定，及时准确地办理预算收入的收纳、划分、留解、退付和预算支出的拨付。

各级国库库款的支配权属于本级政府财政部门。除法律、行政法规另有规定外，未经本级政府财政部门同意，任何部门、单位和个人都无权冻结、动用国库库款或者以其他方式支配已入国库的库款。各级政府应当加强对本级国库的管理和监督，按照国务院的规定完善国库现金管理，合理调节国库资金余额。已经缴入国库的资金，依照法律、行政法规的规定或者国务院的决定需要退付的，各级政府财政部门或者其授权的机构应当及时办理退付。按照规定应当由财政支出安排的事项，不得用退库处理。

国家实行国库集中收缴和集中支付制度，对政府全部收入和支出实行国库集中收付管理。

4）政府的领导与职责

各级政府应当加强对预算执行的领导，支持政府财政、税务、海关等预算收入的征收部门依法组织预算收入，支持政府财政部门严格管理预算支出。财政、税务、海关等部门在预算执行中，应当加强对预算执行的分析；发现问题时应当及时建议本级政府采取措施予以解决。各部门、各单位应当加强对预算收入和支出的管理，不得截留或者动用应当上缴的预算收入，不得擅自改变预算支出的用途。

5）预算超收、短收处理

各级预算预备费的动用方案，由本级政府财政部门提出，报本级政府决定。各级预算周转金由本级政府财政部门管理，不得挪作他用。

各级一般公共预算年度执行中有超收收入的，只能用于冲减赤字或者补充预算稳定调节基金。各级一般公共预算的结余资金，应当补充预算稳定调节基金。省、自治区、直辖市一般公共预算年度执行中出现短收，通过调入预算稳定调节基金、减少支出等方式仍不能实现收支平衡的，省、自治区、直辖市政府报本级人民代表大会或者其常务委员会批准，可以增列赤字，报国务院财政部门备案，并应当在下一年度预算中予以弥补。

2. 预算的调整

1）预算调整

经全国人大批准的中央预算和经地方各级人大批准的地方各级预算，在执行中出现下列情况之一的，应当进行预算调整：①需要增加或者减少预算总支出的；②需要调入预算稳定调节基金的；③需要调减预算安排的重点支出数额的；④需要增加举借债务数额的。

在预算执行中，各级政府一般不制定新的增加财政收入或者支出的政策和措施，也不制定减少财政收入的政策和措施；必须作出并需要进行预算调整的，应当在预算调整方案中作出安排。

2）调整的程序

在预算执行中，各级政府对于必须进行的预算调整，应当编制预算调整方案。预算调整方案应当说明预算调整的理由、项目和数额。在预算执行中，由于发生自然灾害等突发事件，必须及时增加预算支出的，应当先动支预备费；预备费不足支出的，各级政府可以先安排支出，属于预算调整的，列入预算调整方案。

国务院财政部门应当在全国人大常委会举行会议审查和批准预算调整方案的 30 日前，将预算调整初步方案送交全国人大财经委员会进行初步审查。中央预算的调整方案应当提请全国人民代表大会常务委员会审查和批准。县级以上地方各级预算的调整方案应当提请本级人民代表大会常务委员会审查和批准；乡、民族乡、镇预算的调整方案应当提请本级人民代表大会审查和批准。未经批准，不得调整预算。

经批准的预算调整方案，各级政府应当严格执行。未经预算法规定的程序，各级政府不得作出预算调整的决定。对违反前款规定作出的决定，本级人民代表大会、本级人民代表大会常务委员会或者上级政府应当责令其改变或者撤销。

3）专项转移支付与预算调整

在预算执行中，地方各级政府因上级政府增加不需要本级政府提供配套资金的专项转移支付而引起的预算支出变化，不属于预算调整。接受增加专项转移支付的县级以上地方各级政府应当向本级人民代表大会常务委员会报告有关情况；接受增加专项转移支付的乡、民族乡、镇政府应当向本级人民代表大会报告有关情况。

各部门、各单位的预算支出应当按照预算科目执行。严格控制不同预算科目、预算级次或者项目间的预算资金的调剂，确需调剂使用的，按照国务院财政部门的规定办理。地方各级预算的调整方案经批准后，由本级政府报上一级政府备案。

8.2.4　国家决算

国家决算是国家预算执行的总结和终结，它反映着在某一财政年度中政府财政的实际收支情况，是国家经济活动在财政上的集中反映。决算草案应当与预算相对应，按预算数、调整预算数、决算数分别列出。一般公共预算支出应当按其功能分类编列到项，按其经济性质分类编列到款。国家决算与国家预算的数字往往不一致，收支数额可能大于也可能小于国家预算的数字。例如，2017 年，中央一般公共预算收入的预算数为 78 612 亿元，决算数为81 123.36 亿元，决算数为预算数的 103.2%，实际超收了 2 511.36 亿元。一般而言，财政的"超收"是指当年的收入决算数（实际执行数）超过收入预算数的金额，如 2017 年中央财政超收 2 511.36 亿元；而财政的"增收"是指当年财政收入的决算数比上年收入的决算数增长的金额，例如 2016 年全国一般公共财政收入的决算数为 159 604.97 亿元，2017 年全国一般公共财政收入的决算数为 172 592.77 亿元，那么可以认为 2017 年全国一般公共财政增收 12 987.8 亿元。

国务院财政部门编制中央决算草案，经国务院审计部门审计后，报国务院审定，由国务院提请全国人民代表大会常务委员会审查和批准。

县级以上各级人民代表大会常务委员会和乡、民族乡、镇人民代表大会对本级决算草案重点审查：①预算收入情况；②支出政策实施情况和重点支出、重大投资项目资金的使用及绩效情况；③结转资金的使用情况；④资金结余情况；⑤本级预算调整及执行情况；⑥财政转移支付安排执行情况；⑦经批准举借债务的规模、结构、使用、偿还等情况；⑧本级预算周转金规模和使用情况；⑨本级预备费使用情况；⑩超收收入安排情况，预算稳定调节基金的规模和使用情况；⑪本级人民代表大会批准的预算决议落实情况；⑫其他与决算有关的重要情况。

县级以上各级人民代表大会常务委员会应当结合本级政府提出的上一年度预算执行和其他财政收支的审计工作报告，对本级决算草案进行审查。各级决算经批准后，财政部门应当在 20 日内向本级各部门批复决算。各部门应当在接到本级政府财政部门批复的本部门决算后 15 日内向所属单位批复决算。

地方各级政府应当将经批准的决算及下一级政府上报备案的决算汇总，报上一级政府备案。县级以上各级政府应当将下一级政府报送备案的决算汇总后，报本级人民代表大会常务委员会备案。

国务院和县级以上地方各级政府对下一级政府依法报送备案的决算，认为有同法律、行政法规相抵触或者其他不适当之处，需要撤销批准该项决算的决议的，应当提请本级人民代表大会常务委员会审议决定；经审议决定撤销的，该下级人民代表大会常务委员会应当责成本级政府依照《预算法》规定重新编制决算草案，提请本级人民代表大会常务委员会审查和批准。

2017 年，我国中央一般公共预算收入决算结果见表 8-3，中央一般公共预算支出决算结果见表 8-4。

表 8-3 2017 年中央一般公共预算收入决算表 亿元

项目	预算数	决算数	决算数为预算数的％	决算数为上年决算数的％
一、税收收入	70 412.00	75 697.15	107.5	110.6
国内增值税	26 850.00	28 166.02	104.9	108.1
国内消费税	10 270.00	10 225.09	99.6	100.1
进口货物增值税	12 630.00	15 284.77	121.0	125.1
进口货物消费税	590.00	685.90	116.3	120.4
出口货物退增值税	−12 983.00	−13 855.15	106.7	114.2
出口货物退消费税	−17.00	−15.22	89.5	88.6
企业所得税	19 565.00	20 422.79	104.4	109.1
个人所得税	6 460.00	7 180.73	111.2	118.6
资源税	34.00	42.78	125.8	136.1
城市维护建设税	155.00	158.03	102.0	103.1
印花税	1 300.00	1 068.50	82.2	85.4
其中：证券交易印花税	1 300.00	1 068.50	82.2	85.4
船舶吨税	48.00	50.40	105.0	105.0
车辆购置税	2 850.00	3 280.67	115.1	122.7
关税	2 660.00	2 997.85	112.7	115.1
其他税收收入		3.99		49.1
二、非税收入	8 200.00	5 426.21	66.2	74.5
专项收入	570.00	508.55	89.2	75.9
行政事业性收费收入	420.00	440.07	104.8	87.6
罚没收入	70.00	232.04	331.5	347.2
国有资本经营收入（部分金融机构和中央企业上缴利润）	6 541.00	3 624.10	55.4	66.9
国有资源（资产）有偿使用收入	494.00	532.31	107.8	104.0
其他收入	105.00	89.14	84.9	75.9
中央一般公共预算收入	78 612.00	81 123.36	103.2	107.1
中央财政调入资金	1 633.00	1 633.37	100.0	124.2
从中央预算稳定调节基金调入	1 350.00	1 350.00	100.0	135.0
从政府性基金预算调入	26.00	26.37	101.4	38.2
从国有资本经营预算调入	257.00	257.00	100.0	104.5
支出大于收入的差额	15 500.00	15 500.00	100.0	110.7

注：1. 中央一般公共预算支出大于收入的差额＝支出总量（中央一般公共预算支出＋补充中央预算稳定调节基金）−收入总量（中央一般公共预算收入＋中央财政调入资金）

2. 按照预算法规定，中央一般公共预算超收收入 2 511.73 亿元（含政府性基金实际多调入一般公共预算的 0.37 亿元），用于补充中央预算稳定调节基金。

资料来源：http://yss.mof.gov.cn。

表 8-4   2017 年中央一般公共预算支出决算表   亿元

项目	预算数	决算数	决算数为预算数的%	决算数为上年决算数的%
一、中央本级支出	29 595.00	29 857.15	100.9	107.5
一般公共服务支出	1 260.67	1 271.46	100.9	105.2
外交支出	546.03	519.67	95.2	108.3
国防支出	10 225.81	10 226.35	100.0	107.1
公共安全支出	1 838.55	1 848.94	100.6	106.1
教育支出	1 520.00	1 548.39	101.9	107.0
科学技术支出	2 841.87	2 826.96	99.5	105.2
文化体育与传媒支出	274.57	270.92	98.7	109.3
社会保障和就业支出	991.86	1001.11	100.9	112.4
医疗卫生与计划生育支出	137.04	107.60	78.5	118.0
节能环保支出	297.07	350.56	118.0	118.6
城乡社区支出	11.10	23.45	211.3	118.7
农林水支出	737.79	708.74	96.1	90.8
交通运输支出	1 157.60	1 156.42	99.9	97.4
资源勘探信息等支出	331.89	374.11	112.7	114.8
商业服务业等支出	23.05	49.51	214.8	135.0
金融支出	788.81	853.21	108.2	113.4
国土海洋气象等支出	285.80	298.35	104.4	95.3
住房保障支出	433.92	420.67	96.9	96.2
粮油物资储备支出	1 476.03	1 597.48	108.2	110.0
其他支出	619.83	590.12	95.2	136.5
债务付息支出	3 749.36	3 777.67	100.8	111.9
债务发行费用支出	46.35	35.44	76.5	106.9
二、中央对地方税收返还和转移支付	65 650.00	65 051.78	99.1	104.3
中央对地方转移支付	56 512.00	57 028.95	100.9	108.0
一般转移支付	35 030.49	35 145.59	100.3	110.0
专项转移支付	21 481.51	21 883.36	101.9	105.1
中央对地方税收返还	9 138.00	8 022.83	87.8	83.5
三、中央预备费	500.00			
中央一般公共预算支出	95 745.00	94 908.93	99.1	105.3
补充中央预算稳定调节基金		3 347.80		382.1

注：1. 按照预算法规定，2017 年中央一般公共预算超收收入为 2 511.73 亿元（含政府性基金实际多调入一般公共预算的 0.37 亿元）和支出结余 836.07 亿元，用于补充中央预算稳定调节基金。

2. 2017 年中央财政一般公共预算支出决算数为 94 908.93 亿元，加上使用以前年度结转资金 1 090.96 亿元，实际支出为 95 999.89 亿元。具体情况见中央本级支出、中央对地方税收返还和转移支付决算表及说明。

3. 中央对地方税收返还决算数为 8 022.83 亿元，完成预算的 87.8%，主要是根据全面推开营改增试点以后有关政策据实安排。

资料来源：http://yss.mof.gov.cn/.

8.2.5 决算监督

全国人民代表大会及其常务委员会对中央和地方预算、决算进行监督。县级以上地方各级人民代表大会及其常务委员会对本级和下级预算、决算进行监督。乡、民族乡、镇人民代表大会对本级预算、决算进行监督。各级人民代表大会和县级以上各级人民代表大会常务委员会有权就预算、决算中的重大事项或者特定问题组织调查，有关的政府、部门、单位和个人应当如实反映情况和提供必要的材料。

各级人民代表大会和县级以上各级人民代表大会常务委员会举行会议时，人民代表大会代表或者常务委员会组成人员，依照法律规定程序就预算、决算中的有关问题提出询问或者质询，受询问或者受质询的有关的政府或者财政部门必须及时给予答复。

各级政府监督下级政府的预算执行；下级政府应当定期向上一级政府报告预算执行情况。各级政府财政部门负责监督检查本级各部门及其所属各单位预算的编制、执行，并向本级政府和上一级政府财政部门报告预算执行情况。

县级以上政府审计部门依法对预算执行、决算实行审计监督。对预算执行和其他财政收支的审计工作报告应当向社会公开。

公民、法人或者其他组织发现有违反《预算法》的行为，可以依法向有关国家机关进行检举、控告。接受检举、控告的国家机关应当依法进行处理，并为检举人、控告人保密。任何单位或者个人不得压制和打击报复检举人、控告人。

8.3 部门预算改革

部门预算是市场经济国家比较通行的预算编制方法。随着中国社会主义市场经济进程的加快，对财政预算的公开、透明、细化提出了新的要求。对此，财政部制定了《财政部关于改进 2000 年中央预算编制的意见》，正式提出了中国实行部门预算改革的计划。2007 年，财政部又出台了《中央本级基本支出预算管理办法》(财预〔2007〕37 号)，进一步要求编制基本支出预算，严格控制基本支出的开支范围和标准。2015 年，为全面推进预算绩效管理工作，进一步规范中央部门预算绩效目标管理，提高财政资金使用效益，财政部印发了《中央部门预算绩效目标管理办法》(〔2015〕88 号)。

8.3.1 部门预算的概念

部门预算是部门依据国家有关政策规定及其职能的需要，审核、汇总所属基层预算单位的预算和本部门机关经费预算，经财政部门审核后提交立法机关批准的涵盖本部门各项收支的财政计划。

部门预算与传统预算的区别如下。

(1) 预算编制的分类基础不同。传统的国家预算，也称为功能预算，是采取收入按类别、支出按功能编制的，其特点是在编制预算时，不以预算部门为划分标准，而是根据政府的职能和经费性质对支出分类编制。部门预算是按部门分类编制预算，预算在部门内又根据职能不同安排不同的功能支出。

（2）预算的涵盖范围不同。传统的功能预算仅包含预算内资金收支，而部门预算涵盖了部门的全部收支，既包括一般预算收支，也包括政府性基金收支。

（3）预算管理的侧重点不同。传统的功能预算侧重财政收支结构和财政宏观情况分析，部门预算侧重反映某一部门的全部收支状况，实现了预算向微观管理层次的延伸。

（4）预算管理的方式不同。传统预算中，一个部门的不同功能的经费由财政部门内部不同的机构管理。部门预算是一个部门的不同功能的经费由财政部门内部同一机构管理。

8.3.2　编制部门预算的必要性

（1）有利于对财政预算的审查和监督。传统的功能预算，很难看出一个部门的所有收支，而部门预算实现了"一个部门一本预算"的目标，有利于人大代表和公众的审查和监督。

（2）有利于预算编制的公开、透明，提高了财政资金使用效益。部门预算明确了各单位作为部门预算编制主体的地位，增强了各单位认真编制预算的自觉性，提高了部门管理资金的责任心。

（3）有利于预算编制方法的科学性。传统的预算编制方法是"基数＋增长"，这种方式简单易行，但缺乏科学依据，在实际执行中往往形成只增不减的增量预算。部门预算在编制方法上实行零基预算，即取消往年的基数，根据部门和单位的职责、任务和目标，结合财力可能，重新测算各部门和单位的各项预算，使预算分配更科学、合理。

（4）部门预算是完整的功能预算的基础。部门预算是综合预算，涵盖了部门的所有预算收支，财政部门将各部门的预算审核汇总后，形成按部门列示的本级部门预算，并可以在此基础上形成涵盖所有预算收支的按功能列示的本级财政综合预算，替代过去只反映预算内收支的传统功能预算，从而扭转大量预算外资金游离于预算管理之外的局面。

8.3.3　中央部门预算编制程序

部门预算编制流程实行"两上两下"。

"两上"是指：①各部门编制、汇总和上报本部门的预算建议数；②各部门根据预算控制数编制预算，上报财政部。

"两下"是指：①财政部业务司局按照其管理职能，分别对部门预算建议数进行审核，并下达预算控制数；②财政部再对部门预算数进行审核汇总，报送国务院审定后再报送全国人民代表大会批准。批准后，由财政部在规定时间内批复给各部门。

财政部 2018 年部门预算——公共预算收支总表，如表 8-5 所示。

表 8-5　2018 年财政部部门预算收支总表

万元

收入		支出	
项目	预算数	项目	预算数
一、本年收入	1 325 020.93	一、本年支出	1 333 998.08
（一）一般公共预算拨款	1 325 020.93	（一）一般公共服务支出	147 133.07

续表

收入		支出	
项目	预算数	项目	预算数
（二）政府性基金预算拨款		（二）外交支出	1 132 565.79
		（三）教育支出	22 150.08
二、上年结转	8 977.15	（四）科学技术支出	8 403.74
（一）一般公共预算拨款	8 977.15	（五）文化体育与传媒支出	2 700.40
（二）政府性基金预算拨款		（六）社会保障和就业支出	10 844.05
		（七）医疗卫生与计划生育支出	1 323.07
		（八）农林水支出	1 805.54
		（九）住房保障支出	7 072.34
		二、结转下年	
收入总计	1 333 998.08	支出总计	1 333 998.08

资料来源：http://bgt. mof. gov. cn/zhengwuxinxi/gongzuodongtai/201804/P020180413300901890348.pdf

8.3.4　部门预算的执行和调整

1. 部门预算的执行

部门财务司局负责所属各预算单位预算执行的具体工作，对所属各预算单位提出的预算资金拨付申请或用款计划进行审核，并要对所属各预算单位的预算执行情况追踪分析，组织业务司局对项目支出预算追踪问效。

部门业务司局的主要职责是配合财务司局对职责范围内的基本支出预算和项目支出预算进行追踪问效。

2. 部门预算的调整

在部门预算执行过程中，如遇国家政策发生变化或重大自然灾害等不可预见因素，由预算单位向上级部门提出预算调整申请，部门财务司局组织部门业务司局对所属预算单位的预算调整申请进行审核后，对符合预算调整条件的，报财政部申请调整预算。预算调整申请应包括调整的事项、原因、必要性和金额等。

以部门预算改革为中心的预算管理制度改革，实际上是多种力量共同作用的结果。在这一阶段，预算改革以支出管理为重点，进行了多种与公共财政相适应的预算管理制度的探索，并形成了与市场经济和社会发展基本适应的预算管理制度。在这一阶段，推动预算改革的不只是财政部门，审计部门在推动预算支出的规范化中的监督作用也至关重要，全国人大在《预算法》修改、对预决算的审查批准中发挥了重要作用，推动预算改革的还有地方力量。

8.4　国家预算管理体制

8.4.1　国家预算管理体制的概念

国家预算管理体制是处理中央和地方以及地方各级政府间划分财政收支范围和明确财政

资金管理权限的一项基本制度。它在国家财政管理体制中占主导地位，也是预算制度的一个组成部分。

预算管理体制的实质是财政资金分配上的集权与分权问题。在我国，国家的各项职能是由各级政府共同完成的。为了保证各级政府完成本级承担的政治和经济任务，必须在中央和地方以及地方各级政府之间，明确划分各自的财政收支范围、财政资金支配权和财政管理权。一般而言，各级政府的事权应与财权相适应。

8.4.2 国家预算管理体制的内容

预算管理体制的根本任务是通过划分预算收支范围和规定预算管理职权，促使各级政府明确各自的责权利，促进国民经济和社会事业发展。

1. 预算管理的主体和分级

按照 2014 年修正的《预算法》，一级政府构成一级预算管理主体。因而，我国的预算管理主体分为五级：中央；省、自治区、直辖市；设区的市、自治州；县、自治县、不设区的市、市辖区；乡、民族乡、镇。

各级政府的财权和财力是以各级政府的职能为基础的。中央财政居主导地位，主要担负全国性的行政管理、宏观调控、重点建设、国防、外交与援外支出，以及地方财政的财力调剂。地方财政主要担负本地的行政管理、公共服务和公共工程等公益性支出。

2. 预算管理权限

《预算法》明确规定了各级人民代表大会、各级人民代表大会常务委员会和各级政府在预算的编制、审查和批准、执行、调整、决算、监督等方面拥有的权限和应负的责任。具体为：①人大，审查批准本级草案及执行报告。②人大常委会，监督执行，审查批准本级调整方案及决策。③政府，编制预决算草案、向人大汇报、汇总下一级、组织执行、决定动用、编制调整方案、监督各部门及下级的执行。④财政部门，具体编制草案及调整，定期汇报。

3. 预算收支范围

明确国家财力在中央与地方及地方各级政府之间如何分配，这是预算管理体制的核心内容。在国家财力总规模一定的前提下，如何划分收支范围会直接决定各级政府财力的强弱。为提高资源配置效率，调动中央和地方的积极性和主动性，收支范围通常按照"统筹兼顾，全面安排""事权与财权相统一""收支挂钩，责权结合"等原则来确定。

4. 预算调整制度和方法

预算收支的划分并不能完全解决各级次和各地方政府财政收支均衡的问题，在既定的预算收支范围划分基础上进行收支水平的调节是必要的。预算调节包括各级预算级次间的纵向调节（纵向转移支付）和各地区预算间的横向调节（横向转移支付）。

由财政部门提出并编制预算调整方案，经同级人大常委会审查批准后方可执行，并报上一级政府备案。

8.4.3 我国预算管理体制的沿革

新中国成立以来，我国的预算管理体制经历了多次变动（见表 8-6），总的趋势是由高度集中的管理体制逐步过渡到实行多种形式的在中央统一领导下的分级管理体制。多次改革的目的就是适应政治经济形势的需要，处理财政的集权与分权，调整中央与地方之间的财政分配关系。

表 8-6   新中国成立以来预算管理体制沿革

实行时间		财政体制简述
统收统支阶段	1950 年	高度集中、统收统支
	1951—1957 年	划分收支，分级管理
	1958 年	以收定支，五年不变
	1959—1970 年	收支下放，计划包干，地区调剂，总额分成，一年一变
	1971—1973 年	定支定收，收支包干，保证上缴（或差额补贴），结余留用，一年一定
	1974—1975 年	收入按固定比例留成，超收另定分成比例，支出按指标包干
	1976—1979 年	定收定支，收支挂钩，总额分成，一年一变 部分省（市）试行"收支挂钩，增收分成"
分灶吃饭阶段	1980—1985 年	划分收支，分级包干
	1985—1988 年	划分税种、核定收支、分级包干
	1988—1993 年	财政包干
分税制	1994 年至今	按照统一规范的基本原则，划分中央地方收支范围，建立并逐步完善中央对地方财政转移支付制度

资料来源：http://yss.mof.gov.cn/.

8.4.4   分税制预算管理体制

分税制，是指在合理划分各级政府事权范围的基础上，主要按税收来划分各级政府的预算收入，各级预算相对独立，负有明确的平衡责任，各级次间和地区间的差别通过转移支付制度进行调节。它是市场经济国家普遍推行的一种财政管理体制模式。

1. 主要内容

1994 年，我国开始实施分税制，延用包干体制下的中央地方财政支出范围；将税种统一划分为中央税、地方税和中央地方共享税；核定地方净上划中央收入基数，实行税收返还和增量返还；逐步建立较为规范的转移支付制度。其主要内容如下。

（1）中央与地方的事权和支出划分。根据现行中央政府与地方政府事权的划分，中央财政主要承担国家安全、外交和中央国家机关运转所需经费，调整国民经济结构、协调地区发展、实施宏观调控所必需的支出以及由中央直接管理的社会事业发展支出。地方财政主要承担本地区政权机关运转所需支出以及本地区经济、社会事业发展所需支出。

（2）中央与地方的收入划分。根据事权与财权结合的原则，按税种划分中央与地方收入。将维护国家权益、实施宏观调控所必须的税种划分为中央税；将同经济发展直接相关的主要税种划分为中央与地方共享税；将适合地方征管的税种划分为地方税，充实地方税税种，增加地方税收入。分设中央与地方两套税务机构，中央税务机构征收中央税和中央与地方共享税，地方税务机构征收地方税。[①]

---

① 2015 年 12 月，中共中央办公厅、国务院办公厅发布《深化国税、地税征管体制改革方案》，明确国税地税"合作"。同年，国家税务总局印发《国家税务局 地方税务局合作工作规范（1.0 版）》，推进各级国税部门加强合作。

（3）政府间财政转移支付制度。分税制在重新划分中央财政收入与地方财政收入的基础上，相应地调整了政府间财政转移支付数量和形式，除保留原体制下中央财政对地方的定额补助、专项补助和地方上解外，根据中央财政固定收入范围扩大、数量增加的新情况，着重建立了中央财政对地方财政的税收返还制度。具体办法是，中央税收上缴完成后，通过中央财政支出，将一部分收入返还给地方使用。

（4）预算编制与资金调度。实行分税制后，中央和地方都要按照新口径编报预算。同时将中央税收返还数和地方的原上解数抵扣，按抵扣后的净额占当年预计中央消费税和增值税收入的比重，核定一个"资金调度比例"（1∶0.3），由金库按此比例划拨消费税和中央分享增值税给地方。

2. 分税制的特点

分税制克服了包干制、分成制的缺陷，是一种较理想的财政管理体制，符合我国政治体制和经济体制的要求。

（1）分税制根据事权与财权相结合的原则划分中央和地方财政收支范围，具有合理性和稳定性。

（2）分税制划分税种的方法比较科学。在税种划分的依据上，改变按企业行政隶属关系划分税收收入的办法，依据税的特征、受益和便利原则划分税源。在税收划分的方法上，以划分税源为主，改变总额分成的办法。这种分税办法有利于地方政府减少对企业的干预和对市场的封锁。

（3）对中央税、中央和地方共享税由中央税务机构负责征收管理，对地方税由地方税务机构负责征收管理，有利于提高征收管理效率，防止为地方利益随意减免中央税、共享税。

（4）中央对地方按因素法进行公式化转移支付，不再按基数法或定额进行补助，比较规范、透明。

（5）完善的分税制必然有完备的法律与之配套，因而分税制是一种透明度高、稳定性强的财政管理体制。

3. 存在的问题

（1）事权范围和支出职责缺乏科学合理的划分。目前实施的分税制没有重新界定政府职能，各级政府事权维持不甚明确，存在交叉重叠，会出现越位与错位的现象，进而导致财政支出范围的错位与越位。

（2）地方税收体系不健全。目前，地方税除所得税外，基本都属于收入规模较小、水源分散的小额税种，县、乡级财政缺乏稳定的税收来源，收入不稳定。地方税的管理权限高度集中在中央，地方对地方税种的管理权限相对过小。

（3）省级以下预算管理体制不够完善。地方各级政府间较少实行按事权划分财政收支的分权式财政管理体制，各级政府的收入划分大都依据国务院颁布的分税制实施办法，采用共享税、比例分成等办法将地方税收收入在各级政府之间逐级分成，严格来说，这并不是真正意义上的分税制。

（4）转移支付方式和支付额度的确定办法有待科学规范化。规范转移支付制度是分税制建设的重要内容，尽管相关部门出台了较多的转移支付管理办法，但仍然存在一些问题：一是制度建设缺乏全面性，目前规范的主要是一般转移支付，缺乏全国范围内的专项转移支付额度和转移支付方法等内容的规定；二是相关制度的法律约束性还不够强，目前的政府间转移支付制度主要是财政部制定并颁发的规章，缺乏约束力更强、反映内容更全面和更系统的相关法律或制度规定。

8.5 国家治理背景下的预算管理制度改革及未来方向

8.5.1 新时代的预算管理制度改革

党的十八届三中全会将财政视为国家治理的基础和重要支柱，"改进预算管理"是建立现代财政制度的重要内容之一，我国已形成包括一般公共预算、政府性基金预算、国有资本经营预算和社会保险基金预算在内的全口径预算体系。预算管理制度正在按照国家治理体系和治理能力现代化的要求，全面规范、公开透明的精神进行改革。

1. 全面推行绩效管理，提高配置效率

2014 年修正的《预算法》的出台填补了绩效预算领域的法律空白，并从多方面对预算绩效管理提出了要求。为落实新《预算法》的要求，2015 年以来中央及地方各级政府出台了各类改革办法，积极探索创新模式。如财政部出台的《中央部门预算绩效目标管理办法》和《中央对地方专项转移支付绩效目标管理暂行办法》。2016 年，中央预算部门 10.3 万个支出项目均设定了绩效目标，涉及金额 7 598 亿元，并形成了包括产出、效益、满意度在内的多维度绩效指标；同时，选取教育部等 15 个中央部门作为绩效监控试点，及时纠正预算执行过程中的偏差，并在 2017 年扩展到所有中央部门。

此外，地方预算绩效管理改革在操作层面上更具灵活性和创新性，如上海"闵行模式"广东"南海模式"。2016 年，财政部组织 360 名行业专家和 8 家第三方机构的 160 人参与中央预算的初评，已完成评审的 109 个中央部门中，审减额达 344 亿元，平均审减率为 38%。这预示着绩效与预算资金相连接的机制已逐渐建立。

2. 确立跨年度平衡机制，编制中期财政规划

众所周知，预算具有时间性，而年度预算难以在政策与预算间建立联结机制，很难反映政策重点和公共支出的优先顺序。实践表明，除了合规性，年度预算在满足公共支出管理的其他目标（如财政纪律、优先性资源配置、营运绩效、财政风险和财政可持续）方面表现差强人意。

因此，20 世纪 90 年代以来，世界各国纷纷开展了中期预算改革，致力于建立中期预算框架，从跨年度视角重新审视公共预算，跨年度平衡机制的确立要求实行中期预算管理。2013 年，世界银行将中期支出框架（Medium - Term Expenditure Framework，MTEF）划分为三个发展阶段：中期财政框架（MTFF）、中期预算框架（MTBF）和中期绩效框架（MTPF）。其中，中期财政框架是中期支出框架的初级发展阶段。跨年度平衡机制的确立要求实行中期预算管理，我国也开始了此方面的探索，如《中共中央关于全面深化改革若干重大问题的决定》《国务院关于深化预算管理制度改革的决定》《国务院关于实行中期财政规划管理的意见》（指出"中期财政规划是中期预算的过渡形态"）及《中华人民共和国预算法》（2014 年修正）等均强调建立跨年度预算平衡机制，实行中期财政规划（Mid - Term Financial Planning，MTFP）。

参照世界银行的分类，中期财政规划可分为三个层次：①中期财政框架，仅具有财政预测功能，属最低层次；②中期预算框架；③中期绩效框架，属最高层次。第②层次和第③层次的中期财政规划具有约束功能。2008 年，财政部便选取河北省、焦作市、芜湖县作为中期滚动预算的省级、市级和县级试点单位。目前，我国采用三年滚动方式编制中期财政规划。2015 年，中央各部门和各地方政府开始编制 2016－2018 年度滚动财政规划，中期财政规划呈现"由点到面"的发展路径。

中期财政规划应充分体现并服务于国家政策目标。不论是哪个层次的中期财政规划，都对年度预算具有指导意义。最低限度的中期财政规划，应能指导年度预算的编制与执行。随着中期财政规划和年度预算的逐步完善，中期财政规划应逐步成为具有约束性作用的中期预算框架。最终，中期财政规划应能为政府绩效评价提供必要的支持。

3. 积极探索参与式预算，发挥人民在预算改革中的积极作用

参与式预算是一种允许公民直接或间接参与公共资源分配使用决策的机制。该模式产生于巴西，随后在拉丁美洲传播，并逐渐扩展至全球，如今依然充满活力。随后也传入我国，如浙江温岭的"民主恳谈"、上海的"公共项目民众点菜"等。总结我国多地进行参与式预算改革的实践经验，未来应从以下方面积极进行探索。

(1) 参与式预算实施的重点在基层政府。基层政府积极推行参与式预算，可推进基层政府预算制度的完善、让政府预算与基层人民群众的公共服务需求更好地联系起来，提高基层政府的公信力。未来我国应继续发挥人大代表在基层政府预算过程中的作用，同时鼓励人民群众积极参与。

(2) 参与式预算的着力点可更多地放在项目经费预算上，放在与人民群众关系密切的民生投资项目上。为规范相关工作，在参与式预算实施中，可要求财政投资评审机构对项目进行评估，提出有价值的参考意见，帮助人民群众参与决策，以提高参与式预算的效率。

(3) 参与式预算需有制度保障。可在《预算法》及其实施条例，或其他相关法律法规中明确参与式预算在基层政府预算工作中的地位，同时制定更具有可操作性的制度，规范参与者的选择机制，规范参与过程和形式，规范参与者意见的综合。

4. 强化受托责任，阳光财政方兴未艾

党的十八届三中全会以来预算公开不断深化，并进一步纳入法制化轨道。《预算法》(2014 年修正)、《关于进一步推进预算公开工作的意见》均要求扩大预算公开范围，公开预决算信息，细化公开内容，加快公开进度，规范公开方式。2017 年，公开部门预算的中央部门已由 7 年前的 75 个增加到 105 个，并搭建了"中央预决算公开平台"，公开的内容由最初的 2 张表增加为包括收支总表、"三公"经费支出表等在内的 8 张报表。科技部、教育部等部门首次公开了 10 个重点项目的预算，并同步公开了项目支出绩效目标。同时，地方政府的预算公开进程不断提速。据统计，在地方 26.1 万家预算单位中，未公开部门预算和部门决算的单位大幅减少，平均降幅为 98.3%，且地方预决算信息公开的完整性、规范性和及时性等指标的达标率均超过 90%。近年来，我国财政透明度一直呈小幅稳步攀升的趋势，为提高资金使用效率和政府公信力奠定了基础。

8.5.2 国家治理背景下预算管理制度改革的方向

2013 年 5 月，国务院提出推动建立公开、透明、规范、完整的预算体制。2015 年，中共中央要求实施全面规范、公开透明的预算制度。因此，我国预算管理制度改革的总方向应该是"全面规范、公开透明"。

突出预算在国家治理中的地位。《中共中央关于全面深化改革若干重大问题的决定》要求："审核预算的重点由平衡状态、赤字规模向支出预算和政策拓展。"因而，收入任务不再是重点，更多体现收入预测。这在很大程度上解决了依法治税难题，消除了征收"过头税"，将税收留在企业等的制度弊端。

支出安排是预算的重点。支出应当充分体现政策目标，要与国家治理目标紧密相联。"清理规范重点支出同财政收支增幅或生产总值挂钩事项，一般不采取挂钩方式"，这有助于更好地发挥预算资金的统筹功能，避免了财政支出的被动肢解。跨年度平衡机制突破年度预算平衡的约束，在一定程度上可突破年末突击花钱的短期效应，更多地突出国家治理的中长期目标。

权责发生制的政府综合财务报告制度的建立能够进一步提高财政透明度，改善财政决策的信息支持系统。债务管理风险直接影响财政的可持续性。如财政不可持续，所谓的国家治理目标就无法实现。为此，国务院要求预算改革在按照建立"全面规范、公开透明的"预算管理制度的要求下加快进行。

本 章 小 结

● 国家预算是国家的财政收支计划，它反映着国家的财政收支状况，决定着政府活动的范围、方向和政策。

● 国家预算应遵循公开性、可靠性、完整性、统一性和年度性等原则。

● 复式预算是指在预算年度内将全部财政收支按经济性质分别编成两个或两个以上的预算，通常分为经费预算和资本预算。

● 预算程序一般要经历编制、批准、执行和决算等四个阶段。

● 部门预算是市场经济国家比较通行的预算管理方式。中国实行部门预算改革具有重要意义。

关 键 概 念

国家预算 地方预算 复式预算 部门预算 预算外资金 预算管理体制

思考与练习

1. 简述国家预算的概念及其组成。
2. 国家预算的原则有哪些？
3. 简述中国复式预算的现状及其改革方向。

4. 论述中国部门预算改革的必要性。

5. 如何加强预算外资金管理？

【阅读材料】

改革正当时：新时代国税地税机构合并面面观

2018 年 6 月 15 日，全国各省（自治区、直辖市）级以及计划单列市国税局、地税局同时宣告合并，36 个省级新税务机构统一挂牌，标志着国税地税征管体制改革迈出关键一步。

1. 国税地税"分久必合"

1994 年 1 月 1 日之前，中国只有一套税务体系和税制。此后，原税务机构一分为二，税收分为国税、地税两部分，中央政府设立国家税务总局，省及省以下税务机构分设为国家税务总局和地方税务局两个系统。尽管分税制改革排除了来自地方的某些干扰，对保障我国中央政府的财政收入发挥了积极作用，但也问题多多：征税成本过高；纳税手续烦琐；税负过高和市场不甚公平；税收资源需重新配置，如"营改增"后，国税与地税在机构、人员流动方面问题突出。

2015 年 12 月，中共中央办公厅、国务院办公厅发布《深化国税、地税征管体制改革方案》，明确国税地税"合作"。同年，国家税务总局印发《国家税务局地方税务局合作工作规范（1.0 版）》，推进各级国地税部门加强合作。2018 年 3 月中共中央印发《深化党和国家机构改革方案》，提出改革国税地税征管体制，将省级和省级以下国税地税机构合并。2018 年 7 月，中办、国办印发了《国税地税征管体制改革方案》，明确了国税地税征管体制改革的指导思想、基本原则和主要目标，提出了改革的主要任务及实施步骤、保障措施，并就抓好组织实施提出工作要求。

2. 合并用意深，主因"营改增"

（1）国税地税合并是推动国家治理体系和治理能力现代化的重要举措

改革国税地税征管体制，构建优化高效统一的税收征管体系，划转社保费和非税收入征管职责，使税收职能更加完善强大，税务部门在组织收入、调节经济运行、服务社会治理中的作用更加凸显。这不仅有利于税收执法服务标准和征管业务流程更加统一规范，税收征管更加公平、高效，而且有利于更好地激发中央和地方积极性，进一步理顺统一税制与分级财政的关系，从而为优化营商环境、服务现代化经济体系建设和推进经济高质量发展提供有力支撑。

（2）国税地税合并是坚持以人民为中心的改革发展的内在要求

税收一头连着国家治理，一头连着纳税人。国税地税征管体制改革涉及省市县乡四级税务机构、十多亿纳税人和缴费人，是全社会关注的大事。国税地税合并后，将彻底消除"多头跑、反复跑"现象，真正实现"进一扇门，办所有事"，纳税人无疑将成为最大受益者。国税地税机构合并后，可以解决办税"多头跑"、政策"多口径"、执法"多头查"等问题，切实维护纳税人和缴费人权益，减轻办税和缴费负担。同时，国税地税机构合并后，还将担负起社会保险费和非税收入征收管理职能，在执行上更具刚性，这将保障职工的养老保险、基本医疗保险、失业保险等社会保险权益不打折扣，真正落到实处。

（3）国税地税合并是适应新形势的现实需要

随着 2016 年 5 月"营改增"试点在全国范围推开、营业税退出历史舞台，国税与地税的征管范围和征管职责发生了很大变化，这为改革创造了条件。从征管能力来看，税收征管系统的完善与电子化，让国税地税机构合并有了现实基础。特别是金税三期系统实现了统一国税地税征管应用系统，通过一套系统掌握绝大多数税收信息，消除了信息不对称。

（4）国税地税合并是税收法定的必要准备

完善地方税体系，个人所得税、消费税、房地产税等的改革，以及一系列税收立法，都是下一步的重点任务。2018年的政府工作报告中提到"税收"有31次，税收改革和减税举措多达18项。任何税制改革和减税举措的设计和落地都离不开征管的保障。在全面提高税收征管能力建设水平的同时，为国家财政收入的可持续增长奠定良好的体制机制基础，为进一步深化税制改革提供强有力的征管保障。为未来税费制度改革，统一政府收入体系、规范收入分配秩序创造条件，夯实国家治理现代化基础。

3. 统筹兼顾不容易，"双重领导"破难题

国税地税合并以后，如何协调统筹，调动中央和地方积极性是一大挑战。《国务院机构改革方案议案》提出，国税地税机构合并后，实行以国家税务总局为主与省（区、市）人民政府双重领导管理体制。

目前各地税收自由裁量权较大，很多地方针对招商引资出台税收优惠政策，部分为地方的"恶性竞争"做法。十八届三中全会提出要规范税收优惠政策。国税地税合并，有利于减少这种不规范性。国地税合并之后，税收政策执行上全国将统一，以前地方政府或松或紧的征管差异会降低。至于双重管理体制，在我国实践中并不少见。双重领导在海关、审计、统计等中央直管系统很常见，地方署局长任命仍需得到地方党委政府认同。例如，国家税务总局的司长可以调派到各省国税局出任局长，各省国税局局长也可以任总局司长，未来双重管理以税务总局为主，税务总局主要是指导业务，全国征管制度要统一，人员任命也能实现统一调配。

4. 进展顺利，看点多多

（1）开启税收征管体制改革新进程

2018年6月，以合并省级及以下国税、地税机构为主的国税地税征管体制改革正式启幕，新时代税收征管体制改革迈出实质性、关键性的第一步。相比以往，此次改革力度大、涉及面广、情况复杂、任务更艰巨，涉及国税地税机构合并、税费管理制度和中央与地方税务行政管理体制三个方面的改革，其中最重要的就是国税地税机构合并改革。

（2）提高服务效率

国税地税机构合并后，还将极大地提高服务效率，为广大纳税人提供更多便利。税务部门工作效率低，是群众在政府部门办事的"痛点"之一。在缴税环节，由于国地税之间沟通协调不畅等问题，往往需要纳税人重复报送涉税资料，纳税人在办理不同业务时还要多次跑腿。例如，企业缴纳增值税需要到国税局，代扣代缴个人所得税则要到地税局。另外，纳税人平时还要分别接受两个系统的税务检查等，缴税纳税双方的相关成本都比较高。国地税机构合并将一举填平许多"沟沟坎坎"，从根本上解决了"两头跑""两头查"的问题，这将大大提升纳税体验，让纳税人分享改革红利。

（3）推动税收征管规范、统一，提高征管效率

国家税务总局透露，改革后税收管理机构将在规章文件、执法标准等多方面实现统一和规范，无疑将对推进税收治理现代化产生深远影响。目前，从中央到地方各级税务机关正同

步开展文件清理，逐件逐条梳理税务系统现行文件，确保国税地税机构合并后执法依据和执法尺度统一。

下一步国家税务总局将进一步推进税收征管和信息系统的整合优化工作，由"物理反应"过渡到"化学反应"，建成一套制度体系、一套运行机制、一套岗责流程、一套信息系统，推动构建优化高效统一的税收征管体系。

（4）社保费等交由税务部门征收

国税地税机构合并完成后，2019年开始，将基本养老保险费、基本医疗保险费、失业保险费等各项社会保险费交由税务部门统一征收。在税收征管体制改革后，将非税收入和社会保险费纳入税务部门征收管理，由于税务部门能够根据个税情况了解和掌握缴费基数，那么过去那种隐瞒和压低社保缴费基数的做法就会失灵。这无疑将使非税收入和社保收入在制度上更具规范性，在执行上更具刚性。税务部门征管范围的扩大，也会消除之前部门间的信息壁垒，强化一些非税收入的征缴，有利于建立可持续性的社保基金制度，为劳动者提供更有力的保障。

资料来源：佚名. 国税地税征管体制改革面面观 ［J］. 中国总会计师，2018（6）：152-153.

第 9 章

金融导论

【学习目标】

学完本章后，你应该能够：

● 知晓金融的概念及其作用；

● 领会货币的概念、本质及其职能；

● 领会信用的概念及基本特征，了解信用形式及信用工具种类；

● 领会利率的概念，了解利率的类型。

9.1　金融的基本范畴

9.1.1　金融的概念及其基本范畴

1. 金融的概念和范畴

金融这个概念，是从西方引进的，词源为 finance。其实 finance 的本义是"货币资财及其管理"，包含政府的资财及其管理。因此，有时候 finance 也被译为"财政"。在国内，通常把 finance 翻译为"金融"。

理论界对于金融的含义有较大分歧，金融一般有广义和狭义之分。狭义的金融是指资本市场，指资本市场的微观运营机制。广义金融是指与货币、信用和金融机构（主要是银行）直接相关的经济活动的总称。在现实经济生活中，货币发行机构发行货币、企业和个人的存款储蓄、银行等机构的贷款发放、国际货币市场上的汇兑、有价证券的发行，还有保险、信托等都是金融活动，甚至财政、财务及房地产融资等一切与资金运动相关的活动，都被视为金融的范畴。这就是说，广义的金融，既包括专业金融活动，也包括国家、企业、社会组织、个人的非专业金融活动。社会上的整个资金运动都是金融活动。广义的金融概念得到了普遍的认同。

2. 直接金融和间接金融

金融可按不同的标准进行分类。根据供需双方进行资金借贷时，是否通过银行等中介机构，可划分为直接金融和间接金融。直接金融是指货币资金供给者和需求者在金融市场上直接进行资金借贷，不通过银行等中介的融资活动。一般采取发行股票或债券的方式。间接金融是指资金供需双方以银行等作为中介进行融资的活动，银行等金融机构为资金供需双方起牵线搭桥的作用。

9.1.2　金融的产生及发展

金融是商品货币关系发展的产物，只要存在商品货币关系，就必然会在商品货币关系发展到一定程度时产生金融活动。在商品货币关系发展的初期，货币以实物形态和铸币形态存在，由于货币本身是具有内在价值的商品，因此与信用无关，不依赖信用的创造。但信用对货币流通起到了推动作用。到了资本主义社会，由于资本主义生产关系的不断深入，货币信用关系得到飞速发展。欧洲开始出现了现代银行，本身无价值的银行券代替铸币执行货币的基本职能，银行间转账结算业务也广泛开展起来，此时货币制度与信用制度的联系越来越紧密。直到金币本位货币制度崩溃，世界各国进入纸币本位制度后，流通中的货币本身就是中央银行对公众的一种负债，是一种信用货币，此时货币与信用在现代商品经济条件下紧密结合起来，形成了金融范畴。

20 世纪 80 年代后，金融业发生了巨大而深刻的变化，有人称之为金融创新，也有人称之为金融革命。与过去相比，主要有以下几方面的变化。

（1）金融业务扩展化。与过去传统的存款、贷款、汇兑等业务相比，现代的金融业务扩展了许多。储蓄、存款、抵押贷款、信托、投资、保险、债券股票的买卖、信用卡、旅行支票等，以及新兴金融业务，如期货、期权、房地产金融业务等，金融业务的内容越来越丰富。

（2）金融服务扩大化。现代金融服务的对象涉及政府、厂商、组织、居民户和消费者个人等；金融服务的领域从国际间的金融活动延伸到居民家庭，现代金融服务已经扩展到整个经济生活的所有领域中，金融已深入到现代经济社会的每一个角落。

（3）金融组织体系多元化。现代金融体系已形成以中央银行为核心，以商业银行为主体，多种银行和非银行机构并存的繁荣局面。

（4）金融信息化。随着电子技术的发展，电脑和信息技术在金融业的操作管理中应用越来越普遍。网络技术的发展使网络银行得到了迅速发展。

（5）金融自由化。过去为了金融业的稳定，许多国家制定法律法规，对金融机构的业务加以限制，随着经济的发展，这种管制在不断放松，甚至被取消，金融自由化的时代揭开了序幕。

9.1.3　金融的作用

金融作为社会资金运动的调节器，作为国民经济的枢纽，对促进经济发展有着重要的作用。主要表现在以下几个方面。

1）筹集融通资金的重要渠道

资金是最重要的生产要素之一，它在经济发展中起着极为重要的作用。社会主义国家建设资金的来源主要有两大方面：①财政的无偿筹集；②金融的有偿筹集和融通。作为社会资金总枢纽的金融对于融通和运用社会资金，促进现代经济的发展起着极大的推动作用。随着经济的发展，金融已成为筹集、分配资金的主要渠道。金融市场在筹集资金方面已经发挥了重大作用，而且随着现代经济的发展，这种作用还将不断加强。

2）调剂流通中的货币供给量

经济发展需要的货币量应与流通中的货币供应量相适应，一旦货币供应量过多，就会出现物价上涨，货币贬值，通货膨胀。商业银行和中央银行根据国民经济运行的具体情况，可随时调剂流通中的货币量，使之与经济发展相适应。

3）引导资金流向，提高社会资金的使用效率

经济要快速发展，就必须实现资金结构合理化，有效地配置和合理利用资金。应用不同的金融工具作为杠杆来引导资金，使其从资金使用效率较低的生产部门或地区向资金使用效率较高的生产部门或地区流动，促使企业充分利用资金，提高经济效益。

4）促进经济发展

金融与经济的关系是互相影响、相互作用的。一方面，经济是金融产生和发展的基础，随着经济的发展，人们收入增加，对金融服务的需求也相应增加，对金融业的发展起着刺激作用；另一方面，健全的金融能有效地吸收资金和调控经济，通过聚集、分配、调节各经济主体之间的资金余缺，促进社会资源的有效配置，从而对经济发展起推动和促进作用。为此金融业被称为现代市场经济的主导产业和支柱产业。

5）加强国际经济联系与交流

随着商品生产和交换国际化的发展，世界各国的经济联系日趋紧密，金融在国际经济交流、促进对外开放、加速经济国际化中的作用日益加强。例如，改革开放以来，中国金融机构在引进外资、引进先进设备和技术、加强与国际金融同业间的往来、支持工商企业发展外向型经济及扩大出口创汇能力等方面，发挥了应有的作用，特别是在金融对外开放方面迈出了较大的步子。时间证明金融对外开放是我国对外开放的重要组成部分，对加强国际交往，发展我国经济建设具有重要的促进作用。

9.2 货币与货币制度

9.2.1 货币的起源和发展

货币的产生，已有几千年的历史，它不是某个人的发明创造，也不是人们协议商讨的结果，更不是国家权力的产物，货币是在商品交换的漫长历史过程中，为了适应经济发展的需要自发产生的，即商品生产和交换的产生和发展对货币的产生提出了迫切的需求。商品是用来交换的劳动产品，它具有价值和使用价值。商品的使用价值千差万别，不能作为交换的标准。对商品生产者而言有用的是商品的价值，而不是使用价值。价值是凝结在商品中无差别的人类劳动，在生产中它们都耗费了一般人类劳动。商品的价值是内在的、抽象的、看不见的，只有通过一般等价物来体现，通过交换，价值才取得了可以实现的外在形式，即价值形式。货币就是价值形式发展的结果。而价值形式随着商品交换的发展而发展，经历了以下四阶段的长期演变，最终产生了货币。

1. 简单的、偶然的价值形式

在原始社会末期，由于生产力水平极低，社会分工还很落后，产品的剩余具有偶然性的特征，这就决定了商品交换的范围很小，商品与商品之间的交换是在非常偶然的情况下发生的。尽管这种交换具有偶然性，且交换方式很简单，但这种偶然发生的物物交换，却使得商品的价值形式得以实现，即一种商品的价值通过另一种商品表现出来。因此，马克思指出，

价值形式的一切秘密都隐藏在简单的偶然的价值形式中。因此，这种最初的物物交换是价值形式发展的初级阶段，是货币产生的萌芽阶段。

2. 扩大的价值形式

随着生活和社会分工的发展，商品交换迅速发展，不仅参加交换的商品生产者增多，而且用于交换的商品数量、种类也多起来，出现了一种商品和多种商品相交换的情况。一种商品的价值就会通过其他多种商品表现出来，而所有商品都可成为表现某一特定商品价值的等价物，这就是扩大的价值形式。但是，这种扩大的物物交换所依赖的特殊等价物也日益暴露了它的局限性，即需求的双重巧合性矛盾。这就需要从商品世界中分离出一种固定充当一般等价物的商品，来克服扩大的价值形式的局限性。

3. 一般价值形式

随着商品生产的发展和交换的扩大，有的商品由于进入交换的次数多，成为商品生产者都愿意接受的商品。这种商品就逐渐成为所有其他商品价值的表现形式，这就是一般价值形式，这种商品就称为一般等价物。于是直接的物物交换就发展为初级的间接交换，即交易者可将自己的商品先换成一般等价物，然后再用这种一般等价物来购买自己所需的商品。一般等价物已经有了货币的一般性质。从扩大的价值形式到一般价值形式，是一次质的飞跃，它促进了商品生产和交换的快速发展。但一般等价物在初期是非固定的，在不同时期、不同地区由不同商品充当，在历史上，许多商品都充当过一般等价物，如贝壳、羊皮、家畜等。但是，这些充当一般等价物的商品都有很大的缺陷，如不能分割为小单位来计量、容易损坏、质地不统一、不便于携带和保存等，而且充当一般等价物的商品的多样性和不固定性也为交换的扩大带来了诸多不便。这就要求形成一种统一的、固定的价值形式。

4. 货币形式

经过长期的商品交换活动的演变，一般等价物最终固定到金银上，由金银来固定地充当商品交换的媒介，这就是货币价值形式。货币价值形式是商品交换发展的必然结果，是商品价值形式发展的结晶。"金银天然不是货币，但货币天然是金银"[①]。金银之所以成为货币，是因为金银具有高价值、易保存、易携带、易分割、不易变质腐烂等自然属性，这些属性决定了它们最适宜充当货币，因此马克思指出，货币的本质是固定地充当一般等价物的特殊商品。

在货币发展历史上，曾出现过多种货币形态，其中主要是金属铸币。如铜铸币、铁铸币、金银铸币等。作为本位币的金属货币，如金币，一般都是足值货币，即其名义价值（作为交换中介的价值）和实际价值（作为商品的价值）完全相等。但由于金属铸币在流通过程中会磨损、易腐蚀，且金银的开采比较困难，金银的生产量难以满足流通中对金银的需求量等原因，货币最终放弃了这种形式。货币的作用是在流通中充当商品交换的媒介，是转瞬即逝的因素，当信用关系在社会上普遍建立起来之后，人们对于货币是否有价值并不关心，而更关注的是其能否购买到商品与服务，即货币的购买能力。因此，一些代表金银币执行货币职能的银行券开始出现。最初银行券是代金符号，具有与金属铸币自由兑换的特性，但随着金本位制度的崩溃，这种自由兑换性完全丧失，世界上各个国家的中央银行发行本身无价值的纸币。纸币并不具有商品那样的价值，它只是一种标志，赋予持有者支取商品和劳务的权

---

① 马克思，恩格斯. 马克思恩格斯全集：第 23 卷. 北京：人民出版社，1965：107.

利。随着信用的发展，一些信用工具可以代替货币充当支付手段和流通手段，如银行券、期票、汇票、支票等。信用货币同纸币一样可用来支付商品和劳务费用，并且具有纸币所不具有的优点。

随着现代电子技术的发展和在金融领域中的广泛应用，"电子货币"开始出现并得到了迅速发展。"电子货币"已成为商品交换过程中普遍使用的支付手段，如信用卡。"现金"将逐渐被"电子货币"或"数字货币"所取代，一个"无现金"的时代即将到来。

9.2.2 货币的定义和职能

1. 货币的定义

西方经济学中关于货币的概念五花八门，对货币的定义仍然存在很大的争论，最初是以货币的职能下定义，后来又形成了作为一种经济变量或政策变量的货币定义。货币定义主要有以下几种。

(1) 人们普遍接受的用于支付商品劳务和清偿债务的物品。

(2) 充当交换媒介，价值、贮藏、价格标准和延期支付标准的物品。

(3) 超额供给或需求会引起对其他资产超额需求或供给资产。

(4) 购买力的暂栖处。

(5) 无需支付利息，作为公众净财富的流动资产。

(6) 与国民收入相关最大的流动性资产等。

马克思认为货币是"价值尺度职能和流通手段职能的统一"。因此，货币通常被定义为：任何一种在债务清偿、商品和劳务支付中被普遍接受的物品。

2. 货币的职能

货币作为一般等价物，主要职能有：价值尺度、流通手段、支付手段、贮藏手段和世界货币。其中，价值尺度和流通手段是货币的基本职能，其他三种职能为货币的派生职能。

1) 价值尺度

价值尺度是指货币具有表现商品价值、衡量商品价值量大小的作用，是商品价值的一种尺度或"计量单位"。作为价值尺度，货币使商品之间在量上有了可比性。货币之所以能充当价值尺度，就是因为货币本身也是商品，也有价值，就像衡量长度的尺子本身也具有长度一样。货币在执行价值职能时，并不需要现实的货币，而是采取观念上的货币。当商品和劳务的价值用货币来表现时，就成了商品和劳务的价格。商品的价格是商品价值的货币表现。在足值的金属货币流通条件下，价格变化往往要依存于商品价值和货币价值这两个基本要素的变化。一般来说，商品的价格与商品价值成正比例变化，而与货币价值呈反方向变动。中国用人民币、美国用美元、英国用英镑等来表示本国的商品和劳务的价值。

为了能够计量和衡量各种商品的价值量，也为了交换的方便，必须要规定货币本身的计量单位，即在技术上把某一标准固定下来，再把这一单位划分为若干等分，这种货币本身的计量单位及其等分，称作价格标准。如以黄金作为货币，就要把黄金划分为两、钱、分等作为计量单位。货币的价格标准则是货币充当价值尺度的前提条件。

2) 流通手段

流通手段是货币充当商品交换的媒介，这也是货币的基本职能之一。在没有货币的物物交换（W—W）条件下，商品所有者只能拿着自己的商品去找持有自己所需商品的所有者交换，且商品的买和卖在时间和空间上必须是一致的。有了货币，则只需把商品换成货币，再用货币来换所需商品（W—G—W）。这样货币就成了商品买卖的媒介。以货币为媒介的商品买卖，就是商品流通。充当流通手段的货币必须是现实的货币。最初充当流通手段的货币是以金属条块出现的，后来出现了不足值的铸币及不存在任何内在价值的纸币。货币充当交换媒介的职能对经济效率的提高和商品流通范围的扩大起到了积极的促进作用。

3）支付手段

货币的支付手段就是货币用来延期付款、清偿债务或缴纳赋税、租金，以及支付工资等的职能。货币作为支付手段是由赊账的商品交易引起的，债务人（赊买者）到约定的日期，以货币清偿他对债权人（赊卖者）的债务，这时商品的让渡和货币的支付已经在时间上分离开来，价值表现为单方面的转移。现实经济生活中，工资的支付、银行吸收存款和发放贷款、税款的缴纳和支出、水电费的支付等，都是货币作为支付手段职能的表现。货币支付手段职能的出现极大地促进了产品生产和流通的发展。

4）贮藏手段

贮藏手段是指货币作为独立的价值形态和社会财富的一般代表，在退出流通领域之后，可以被人们保存起来的职能。货币作为一般等价物，可以随时换成任何一种商品，因而成为社会财富的一般代表，成为人们储备财富的首要形式。但作为储藏手段的货币必须具备一个前提，即货币必须是本身有实际价值的、足值的金属货币，这样才能确保贮藏价值的稳定。在现代纸币流通的条件下，流通中的货币全部都是有形的纸币或无形的"数字符号"，这些货币本身是无价值的，其存在的意义就在于拥有与其他商品相交换的能力。如果这个能力丧失了，货币也就不存在了。因此现代社会中，纸币不会真正退出流通领域，人们普遍采用的银行存款和储蓄是货币再次进入到流通的一种有效渠道。此外，现代纸币如果超经济发行，还会出现贬值现象。在这种情况下，货币不是唯一的价值贮藏手段，金银和一些金融资产成为了人们贮藏价值的有效选择形式。

金属货币制度下，由于货币贮藏是真正财富的积累，因而货币贮藏可以自动地调节流通中的货币量。若流通中的货币数量过多，则过多的货币会退出流通而贮藏起来；流通中货币数量不足，则贮藏的货币又会进入流通。在现代纸币货币制度下，货币制度的这种"蓄水池"的作用丧失了。

5）世界货币

世界货币是指货币越出国内流通领域，在世界市场上执行一般等价物的职能。在国际货币流通领域内，一国以贵金属特别是黄金作为世界货币的代表。但目前执行世界货币职能的不只是黄金，而是国际间广泛使用的货币，如世界各国大多采用美元作为计价、结算和转移财富的世界货币代表。此外，欧元、英镑、日元等也在一定范围内起着世界货币的作用。原因就是这些国家的经济实力比较强，外汇储备多，币值相对稳定。

9.2.3　货币制度

货币制度，又称币制或货币本位制，是指国家对货币的有关要素、货币流通的组织与管理等以法律的形式加以规定所形成一个体系。完善的货币制度能够保证货币和货币流通的稳定，保障货币正常发挥各项职能。

1. 货币制度的内容

货币制度的内容主要包括货币的币材，货币单位，通货的铸造、发行与流通，纸币的发行制度和金准备制度等。

（1）货币币材。这是一个国家建立货币制度的基础。选用的货币材料不同，就构成了不同的货币制度。历史上曾出现过两大货币制度：一是以一定的金属作为货币币材，如使用银作货币材料，则为银本位制；使用金作为材料，则为金本位制；如果同时使用金、银作为材料，则为金银复本位制。二是以无价值的纸作为货币币材，则为纸币本位制。由于金属货币材料充当币材受制于本国的经济发展和生产水平等因素，所以又称其为束缚本位制。纸币本位制由于没有含金量的规定，不受金属材料充足与否的约束，因而又被称为"自由本位制"。现在世界各国都实行不兑现的货币制度，法令中则无任何金属材料充当货币的规定。

（2）货币单位。货币单位就是指规定货币单位的名称及其单位货币所包含的货币金属量和成色。如英国的货币单位名称为"Pound Sterling"（英镑），1816 年 5 月的金币本位法案规定，1 英镑含纯金 113.003 先令。美国货币单位为美元，根据 1934 年 1 月的法令，1 美元含纯金 0.888671 克。在现代不兑现的货币制度下，纸币是一种价值符号，不代表黄金的价值，而只代表一般商品的价值。中国的货币名称为"人民币"，是一种信用货币，没有规定含金量。

（3）通货的铸造、发行与流通。在金属货币制度下，流通中的货币一般有本位币和辅币之分。本位币是指用法定货币金属材料按国家规定的货币单位所铸造成的货币，它是一国的基本通货，具有名义价值（面值）与实际价值（金属本身价值）一致的特点。本位币实行"自由铸造"的原则，即国家允许公民自由的将金银送往国家造币厂铸造，允许公民自由地将铸币熔化退出流通。本位币在流通中实行"无限法偿"的原则。所谓无限法偿，是指货币无限的法定支付能力，即不论数额多少，不论是何种性质的支付，受款人不得拒绝接受。辅币是本位币以下的小额货币，主要用于日常零星交易和找零之用。辅币一般用贱金属铸造，往往实际价值小于名义价值，辅币不允许自由铸造，只有国家有权铸造，实行"有限法偿"原则。有限法偿指在支付中如超过一定的数额，受款人可以拒绝接受。

在现代纸币本位制下，货币的发行与管理主要由中央银行来进行。国家通过中央银行发行的纸币是一个国家法定的支付手段，具有无限法偿性，任何人不得拒收。此外，各国都规定，本国货币是国内流通的唯一法定货币，外国货币不允许在本国范围内自由流通。

（4）金准备制度。金准备制度分为两种情况：①在金属货币与银行券同时流通条件下，为了避免银行券过多发行、保证银行券信誉，发行机构按照银行券的实际规模保持一定数量的黄金；②在纸币流通条件下，发行纸币的金融机构维持一定规模的黄金。发行货币机构按照一定要求与规则持有黄金就是黄金储备制度，是货币制度的一项重要内容，也是一国货币稳定的基础。多数国家的黄金储备都集中由国家中央银行进行管理。

金准备数量多少，是一国经济实力的标志之一。在金属货币流通的条件下，金准备制度主要有三种作用：一是用于国际支付；二是调节货币流通；三是支付存款和兑换银行券。现阶段，世界各国的黄金外汇储备主要用于支付国际收支差额、干预外汇市场和作为政府向外借款的信用保证。各国中央银行为了保证有充足的国际支付手段，除了持有黄金之外，还可以选择储备外汇资产，具体选择何种外汇资产，既取决于该外汇资产所对应的外国货币作为国际支付手段的可接受性，也要考虑国际金融市场上的汇率变动以及各种不确定性因素。由于面临汇率风险，中央银行外汇储备应考虑持有适当的外汇资产组合而不是单一外汇资产。

2. 货币制度的历史

货币制度是为消除货币流通的分散和混乱现象以适应商品生产和商品流通扩大的需要而形成的。16—18 世纪，与当时资本主义经济发展初期状况相适应，新兴的资本主义国家货币制度广泛采用复本位制。随着资本主义大工业和批发商业的进一步发展，复本位制的不稳定性等缺陷日益突出，到 19 世纪初便开始了由复本位制向单本位制的过渡。英国首先于 1816 年实行金单本位制；至 19 世纪 50 年代，大部分国家相继采用金本位制；20 世纪初叶，金本位制已在各国广泛实行。1929—1933 年世界经济危机期间及以后，各国又都先后放弃各种金本位制，实行不兑现的信用货币制度。

3. 货币制度的具体形式

1）银本位制

银本位制是最早的金属货币制度，其基本内容包括：白银为货币材料，银币为本位币，可自由铸造无限法偿，银行券可自由兑换白银，白银可自由输出输入。早在汉代，我国白银已成为货币金属，并广为流通。1910 年，清朝颁布"币制则例"，正式采用银本位制。1933 年 4 月，国民党政府实行"废两改元"，即废除银两，正式采用银元，以统一币制。1935 年实行"法币改革"，废除银本位制，代之以不兑现纸币。而其他国家早在 19 世纪末就相继放弃了银本位制。

2）金银复本位制

金银复本位制是由白银和黄金同时作为货币材料，金银铸币都是本位币，都可以自由铸造无限法偿，自由输出输入，金银铸币之间、金银铸币与货币符号之间都可以自由兑换。金银复本位制分为"平行本位制"和"双本位制"，后者条件下出现劣币驱逐良币现象，是一种不稳定的货币制度，它与货币本身所固有的独占性、排他性相矛盾。因此，从 19 世纪起，英国及各主要资本主义国家都先后放弃了金银复本位制，改行单本位制。

3）金本位制

金本位制是指以黄金作为本位货币的货币制度。其主要形式有金币本位制、金块本位制和金汇兑本位制。

（1）金币本位制。金币本位制是典型的金本位制。其基本特点是：金币可以自由铸造，无限法偿；辅币和银行券可按其面值自由兑换为金币；黄金可以自由输出输入；货币发行准备为黄金。在实行金本位制的国家之间，根据两国货币的黄金含量计算汇率，称为金平价。

金币本位制是一种稳定的货币制度，对内表现为不发生通货贬值，对外表现为外汇行市的相对稳定。这种货币制度对资本主义经济发展和国际贸易的发展起到了积极的促进作用。但到了 20 世纪初期，黄金大量集中于少数发达国家，其他国家货币流通的黄金基础则相对缩小，流通中的黄金急剧减少，黄金的自由铸造、自由兑换和自由输入，实际上已不可能，这就使金本位制的基础不断遭到破坏。后来，各国先后宣布放弃金本位制，代之以不兑现的信用货币制度。

（2）金块本位制。金块本位制是指由中央银行发行、以金块为准备的纸币流通的货币制度。它与金币本位制的区别在于：①金块本位制以纸币或银行券作为流通货币，不再铸造、流通金币，但规定纸币或银行券的含金量，纸币或银行券可以兑换为黄金；②规定政府集中黄金储备，允许居民当持有本位币的含金量达到一定数额后兑换金块。

（3）金汇兑本位制。金汇兑本位制是指以银行券为流通货币，通过外汇间接兑换黄金的货币制度。金汇兑本位制与金块本位制的相同处在于规定货币单位的含金量，国内流通银行券，没有铸币流通。但规定银行券可以换取外汇，不能兑换黄金。本国中央银行将黄金与外汇存于另一个实行金本位制的国家，允许以外汇间接兑换黄金，并规定本国货币与该国货币的法定比率，从而稳定本币币值。

4）纸币本位制

纸币本位制，亦称自由本位制，是以国家发行的纸币作为本位货币的一种货币制度。又可以细分为两类：自由的纸币本位制和管制的纸币本位制。前者指纸币本位制的国际流通与汇率不受本国政府的干预，后者则无这两方面的自由。

现代纸币，实际上是一种信用货币。因而，纸币本位制，即不兑现的信用货币制度。其主要特点是国家不规定纸币的含金量，也不允许纸币与金（银）兑换，纸币作为主币流通，具有无限法偿能力；同时，国家也发行少量金属铸币作为辅币流通，但辅币价值与用以铸造它的金属商品价值无关。由于发行纸币是国家的特权，在中央银行国有化之后，国家便委托中央银行发行纸币，中央银行发行纸币的方式是通过信贷程序进行的。国家对信用货币的管理调控成为经济正常发展的必要条件，这种调控主要由中央银行运用货币政策来实现。

4. 我国的货币制度

我国现行的货币制度是人民币制度。人民币的最初发行是在 1948 年 12 月 1 日，当时采取的是不兑现的银行券形式。1955 年 3 月 1 日起，发行新版人民币，规定以新币 1 元兑换旧币 1 万元，同时建立了辅币制度，这种主辅币流通制度一直保持到现在。具体来说，我国现行货币制度的内容主要有以下几个方面。

（1）实行纸币流通制度，人民币是唯一法定通货。《中华人民共和国中国人民银行法》对人民币作了如下规定："中华人民共和国的法定货币是人民币。以人民币支付中华人民共和国境内的一切公共的和私人的债务，任何单位和个人不得拒收。"而且"任何单位和个人不得印制、发售代币票券，以代替人民币在市场上流通"。人民币是一种信用货币，没有法定含金量的规定，不能自由兑换黄金，也不与任何外币确定正式联系。

（2）人民币采取主辅币流通结构。人民币的主币单位为"元"，辅币单位是"角""分"。人民币符号为"￥"。它们之间的兑换比例是：1 元等于 10 角，1 角等于 10 分。

（3）人民币的发行和流通。中国人民银行是国内唯一的货币发行机构，负责人民币的统一印刷、统一发行。人民币采用信用的方式投放市场，中国人民银行在全国范围内实行统一的货币管理。

（4）外汇储备。我国的外汇储备包括黄金、外币汇票和本票、外国有价证券及国外短期存款等。中国的外汇储备由中国人民银行集中掌握，统一管理。

（5）人民币逐步实现可自由兑换。人民币最初是一种完全不自由兑换的货币，即持有者不能自由将其兑换为另一个国家的货币。这对于中国经济免受或少受外国经济的影响，促进中国经济的独立发展起到了一定的历史作用。但是随着中国对外经济关系的发展，这种状况已越来越不适应日益紧密联系的世界经济发展的要求，随着我国外汇管理体制改革的不断深入，中国实行了汇率并轨、银行结售汇制、取消外汇计划审批等措施，1996 年 11 月 28 日，中国政府宣布接受国际货币基金组织协定第八条款，自 12 月 1 日起实行人民币经常项目下的可兑换，对资本项目的外汇收支实行一定的管理，人民币的自由兑换性大大提高。随着金

融改革开放的不断深化，人民币成为可自由兑换货币将是中国金融体制改革的重要目标
之一。

9.3　信用与信用工具

9.3.1　信用的概念及发展

1. 信用的概念

信用是货币借贷和商品买卖过程中的延期付款或交货的总称，其基本特征是偿还性。具
体来说，信用是一种借贷活动，是指以还本付息为条件的价值的单方面运动形式。信用的概
念可以从以下两方面来理解。

（1）信用以偿还本金和支付利息为条件。信用活动主要包括两个关系人：贷方即债权
人；借方即债务人。

（2）信用是一种特殊的价值运动关系。价值运动的一般形式是通过商品的买卖关系来
实现的。信用关系所引起的价值运动是一系列的借贷、偿还、支付过程，其所有权没有
发生改变，只是使用权的转移。具体来说，在信用关系中，买卖的是货币在一段时间内
的使用权。

2. 信用的产生与发展

私有财产的出现是早期信用关系存在的前提条件。在原始社会末期，随着人类生产水平
的提高，开始出现剩余产品，原始社会的公有制度开始瓦解，出现了私有财产；同时开始了
商品交换活动，这就被认为是早期信用关系的物质基础。

商品货币关系的存在是信用产生和发展的客观经济基础。在商品买卖中，基于生产的季
节性、周期性，以及商品购销地点的距离等因素，使得商品的买卖与货币的支付在时间上经
常会不一致，从而出现了商品买卖中的延期支付，即信用交易。后来，信用交易超出了商品
买卖的范围。作为支付手段的货币本身也加入了交易过程，出现了借贷活动。从此，货币的
运动和信用关系连接在一起，并由此形成了新的范畴——金融。

现代金融业正是信用关系发展的产物。在市场经济发展初期，市场行为的主体大多以延
期付款的形式相互提供信用，即商业信用；在市场经济较发达时期，随着现代银行的出现和
发展，银行信用逐步取代了商业信用，成为现代经济活动中最重要的信用形式。总之，信用
交易和信用制度是随着商品货币经济的不断发展而建立起来的；进而，信用交易的产生和信
用制度的建立促进了商品交换和金融工具的发展；最终，现代市场经济发展成为建立在错综
复杂的信用关系之上的信用经济。

信用关系在商品货币关系的基础上产生，也随着商品货币关系的发展而发展，信用经历
了高利贷和借贷资本阶段。

（1）高利贷。高利贷是指通过贷放货币或实物以收取高额利息为特征的一种借贷活动。
人类最早的信用活动产生于原始社会末期，开始出现的是高利贷。最早的信用是实物信用，
如借粮还粮等。实物信用与商品的物物交换形式一样，有诸多不便。随着商品货币经济的发
展，货币的支付手段职能也相应地得到了发展。由于人们占有货币财富量不同，一部分人拥

有一定量的闲置货币，而另一部分人又急需货币，这就需要使用信用手段来进行调节。货币信用就在这样的经济条件下产生和发展起来，并逐渐成为高利贷信用的主要形式。早期的信贷活动大部分属于高利贷形式，具有利息高、剥削重的特点，也是广泛存在于奴隶社会和封建社会一种古老的信用关系。

（2）借贷资本。借贷资本的形成与产业资本的循环和周转有着密切的关系。在资本再生产过程中，由于各个资本的循环和周转情况不同，从而出现了有的职能资本家手中会产生暂时闲置资本，而有的职能资本家因再生产又急需补充资本的情况，这样，信用的作用就使暂时闲置的资本转化为借贷资本。借贷资本就是借贷资本家为了在一定时间内获得利息而贷给职能资本家使用的货币资本，它是从职能资本运动中分离出来的一种独立的资本形式。借贷资本信用在资本主义经济中不仅自身获得了充分的发展，而且促进了整个资本主义信用的发展，并产生了许多新的信用形式和信用工具。

9.3.2 信用的形式

在现代市场经济中，信用的表现形式是多种多样的。在发达的商品经济中，信用形式一般有商业信用、银行信用、国家信用、消费信用、民间信用、国际信用等。

1. 商业信用

商业信用就是买卖双方用赊销商品的形式互相提供的信用，或者说是工商企业之间以赊销商品和预付货款等形式相互提供的信用。现代经济生活中，商业信用的表现形式除了赊销商品和预付货款外，还包括委托代销、分期付款、预付定金等形式。

商业信用主要有四个特点。①商业信用的主体即借贷双方都是工商企业，其债权人和债务人都是企业。②商业信用的客体是商业资本。商业信用是以商品形态提供的信用，它所借贷的资本是处于产业资本循环中最后一个阶段的商业资本。③商业信用与产业资本的变动是一致的。在生产增长、流通顺畅、经济繁荣时，产业资本扩大，商业信用的规模随之扩大；反之规模会缩小。④商业信用可以提供和创造信用货币。这主要表现在商业票据上，承兑的商业票据经过背书后可以流通、转让，即它可以被用来购买商品和进行支付，发挥着货币的职能，因此被马克思称之为"商业货币"。

虽然商业信用对于促进商品经济发展具有积极作用，但商业信用又有其自身的局限性。①商业信用一般规模小，借贷期限比较短。商业信用的规模以借贷双方产业资本的规模为度，因而借贷双方在赊销商品时有了量的规定性。另外，由于商业信用的客体是商品资金，是产业资本循环过程中最后一个环节必须要实现的资金，因此借贷期限不可能太长，否则会影响企业再生产的顺利开展。②商业信用方向上的局限性。商业信用只产生于买卖商品的企业之间，一般由上游企业向商品直接需求者（下游企业）提供信用，或者需求者向供给者预付货款。③商业信用范围上的局限性。商业信用只可能在有商品交易关系的企业之间发生，并且只有在一方企业得到另一方的信任后，信用关系才能成立。对于没有交易关系的企业而言得不到这样的信用。

商业信用的特点决定了它是现代信用经济的主要形式，而其局限性又决定了它不可能完全满足现代经济发展的需要。因此，其他信用形式应运而生。

2. 银行信用

银行信用是银行及其他金融机构以货币借贷形式向社会和个人提供的信用。银行信用主要表现为吸收存款、发放贷款。银行信用是在商业信用的基础上产生并发展起来的，克服了商业信用的局限性。

银行信用的特点有：①银行信用的主体主要是银行，也包括其他金融机构；②银行信用的客体是闲散的货币资金，这一特点使得银行信用突破了商业银行在数量、方向和期限上的限制。

银行通过吸收存款的方式，把企业暂时闲置的货币资金和社会阶层的储蓄货币汇集成巨额借贷资本，再通过各种借款的方式将这些资金贷放给货币资金的需求者，因为银行既能满足大额的货币需求，同时也能满足分散、较小数额的货币需求，所以银行信用克服了商业信用在借贷数量上的局限性。由于银行贷放的是货币，而货币是价值的代表，能够与一切普通商品进行交换，借方取得银行贷款后可以购买一切商品，因此，银行可以把货币资本提供给任何一个需要它的部门或企业，这就克服了商业信用方向上的局限性。银行可以提供不同期限的借贷。银行既可以满足长期的货币需求，也可以满足短期货币需求者，这就克服了商业信用在借贷期限上的局限性。银行信用的能力和作用范围大大提高。由于银行的信用活动克服了商业信用在信用能力上的局限性，因而使银行信用成为现代经济生活中被工商企业和社会居民普遍接受的主要信用形式。

银行信用在整个经济社会信用体系中占据核心地位，发挥着主导作用。虽然银行信用成了现代经济生活中信用的主要形式，但它不能完全代替商业信用。

3. 国家信用

国家信用又被称为"政府信用"，就是国家以债务人身份向社会举债、筹集资金的一种信用形式。国家信用的基本方式是国家发行政府债券，即在国内发行债券和向银行借款、向国外发行债券或借款等。

国家信用与商业信用、银行信用不同，它具有以下特点。①国家信用的主体是政府。中央政府借债，一般称为国债；地方政府借债则称为地方债。②国家信用的客体是闲散的货币资金。③国家信用往往具有特定的用途。国家信用与生产流通过程无密切联系，国家利用这种形式筹集资金，其主要目的在于实现宏观经济干预，促进经济发展。

国家利用这种形式筹集资金，在现代经济发展中起着重要的作用。这主要表现在以下几个方面。①国家信用是弥补财政赤字的重要手段。国家由于各种原因，经常出现较大的财政赤字，国家为了弥补财政赤字，不得不经常发行国债。②国家信用是调节经济的重要手段。中央财政通过发行政府债券，一方面可以增加政府的消费和投资支出，对经济起扩充作用；另一方面，吸收社会分散的闲置资金，减少流通中的货币量，抑制过热的经济。与此同时，国家通过发行各种短期和长期债券，有效地引导社会资源在国民经济各个部门间合理流动，从而促进国民经济的协调发展。

4. 消费信用

消费信用是企业和银行向消费者个人提供的用于生活消费的信用。消费信用方式一般包括赊销、分期付款、消费信贷。例如，企业用促销方式向消费者个人或家庭推销消费品，特别是用分期付款等方式推销耐用消费品，以及银行以信用卡方式向消费者个人发放的消费信贷等。

消费信用的作用主要表现为：首先，启动新的消费热点，提高人们的消费质量；其次，拓展银行的经营空间，优化银行信贷资产结构；最后，促进消费商品的生产和销售，从而促进经济的增长。但它也存在一定缺陷，它使消费者提前动用未来的收入，在一定条件下会导致消费者需求过高，加剧供需矛盾，制造虚假繁荣，其过度膨胀必然会推动通货膨胀。因此，应对消费信用加以适当的控制和引导。

5. 民间信用

民间信用也称个人信用，是个人之间出于货币资金余缺的调剂进行的货币或实物的借贷。它具有以下几个特点：①借贷期限较短，借方的目的主要是应急需之用；②利率一般高于银行利率；③具有较大的风险性。民间信用具有自发性，无法用法律法规对其进行规范和有效的管理。

6. 国际信用

国际信用是国际间相互提供借贷的一种信用，是国际经济发展过程中资本运动的主要形式，主要包括出口信贷、银行信贷、政府信贷、国际金融机构信贷、补偿贸易等。随着各国之间经济交往的日益紧密，世界经济的发展使国际金融、国际贸易成为国际信用发展的基础，国际信用也随之日益发展起来，并且成为一种利用国外资金和技术的重要手段。

7. 租赁信用

租赁信用有金融租赁、经营租赁、维修租赁等形式。金融租赁是一种融资和融物相结合的信用形式，也是现代租赁信用的主要方式。

8. 企业信用

企业信用是指企业通过发行债券或股票向社会直接筹资的信用。企业债券是由企业或公司发行的一种对外借债的债务凭证，是发行企业对持票人在约定期限内按票面金额还本付息的书面承诺。一般来说，由于易受汇价、利率波动的影响，企业债券的信用和稳定性不如国家债券，因此企业债券的利率要比国家债券高一些。股票是股份公司筹集资本、由股份公司发行、股东持有的所有权证书。由于向社会公开发行股票是一种信用活动，因此成立股份公司必须按照相关法律、法规，经过严格的申报、审批手续。

9.3.3 信用工具

信用工具也称作金融工具，是进行资金融通时，以书面形式发行和流通，借以证明债权和债务关系的合法凭证，是重要的金融资产，也是金融市场上重要的交易对象。

1. 信用工具的特征

信用工具必须具备以下几个特征。

（1）偿还性。信用工具（除股票外）作为债权债务的证明，一般在发行时，均注明有自发行日至到期日的期限，即偿还期。偿还到期时，债务人须按信用凭证上所记载的要求偿还应付债务，同时债权人收回债权全额本息。不同的信用工具，其偿还期限有所不同。

（2）流动性。流动性是指信用工具的可转让性或变现性，即指信用工具能够迅速转变为现金或银行活期存款，不致遭受损失的能力。信用工具如果在短时间内不易变卖或变卖时交易成本过高，或者变现过程易受市场波动影响而蒙受损失，则其流动性相对比较小；反之，流动性则相对较高。信用工具的流动性与期限成反比关系，偿还期限越短，流动性越大，反之则越高。

（3）风险性。这是指信用工具在使用时会产生一定的风险，使债权人或持有者的利益受到损失。信用风险主要包括违约风险、市场风险、购买力风险及流动性风险。违约风险是指发行公司或债务人不按合同履约，即到期不能偿还本息，或是公司破产等因素使债权人蒙受损失的风险。市场风险是指由于利率上升，有价证券价格下跌导致本金损失的风险。购买力风险指由于严重的通货膨胀，使得到期债权的本金收益的实际购买力低于预期购买力的风险。流动性风险是指由于债券不能迅速变现，流动性小而要承受利益损失的风险。

（4）收益性。信用工具的收益性即盈利性，信用工具一般都能为其持有者带来一定的收益。一般是指利息、股息收入或资本利得等。收益量的大小是通过收益率来反映的，收益率是净收益对本金的比率。一般有名义收益率、当期收益率和实际收益率三种类型。

信用工具的四个特征相互联系，一般偿还期长的信用工具，流动性较弱，风险性较高，但往往给债权人或投资人能带来较高的收益；偿还期短的信用工具，一般流动性较强，风险性较低，给持有者带来的收益也相对有限。不同的投资者根据个人的偏好，可根据不同信用工具的特点，通过比较和选择实现资产投资的最优化。

2. 信用工具的种类

随着现代经济的不断发展，信用工具的种类也越来越多。根据金融市场交易的偿还期不同可将信用工具分为长期信用工具和短期信用工具。前者是指有价证券，主要包括债券、股票等，后者主要指国库券、商业票据、可转让存单、支票、信用证和信用卡等。通常把1年以上期限的称为长期，把1年或1年以下的称为短期。

1）短期信用工具（货币市场金融工具）

短期信用工具主要指票据。票据是指载明一定金额和偿还期限，在到期时持票人向出票人或指定人无条件支取款项的信用凭证。票据可以转让，是支付手段和流通手段，也可以通过贴现成为融通资金的手段。企业之间因商品交易活动引起的债权、债务关系而由企业签发的票据为商业票据，它包括期票和汇票两种形式。由银行签发和承担付款义务的票据为银行票据，它包括期票、汇票和支票三种形式。

① 期票。期票又称本票，是指由债务人签发并承诺在一定时期内无条件支付款项给收款人的凭证。按出票人的不同，期票可分为商业期票和银行期票。商业期票是商业信用的一种工具，是由买卖商品的企业签发，承诺到期付款的票据。期票可以通过"背书"的方式进行流通，也可以将未到期的商业期票向银行办理贴现实现流通。银行期票是申请人将款项交存银行，由银行签发给申请人以办理转账或支取现金的票据。银行期票可以背书转让，但只能在指定的同一城市范围内使用。

② 汇票。由债权人签发并委托付款人到期按票据载明金额无条件地支付给持票人的命令债务凭证。汇票是一种命令式的信用凭证，只有经过债务人承兑才能生效。承兑就是由付款人或付款人委托的银行在汇票上"背书"，作出付款承诺的手续。汇票也可分为商业汇票和银行汇票。商业汇票是由企业签发的；银行汇票是银行承办汇兑业务时发出的，是汇款人将款项交存银行，由银行签发给汇款人持往外地办理转账结算或支取现金的票据。

③ 支票。支票是由活期存款的存款人签发，委托银行或其他金融机构从其账户上支付一定金额给收款人的票据。支票是一种委托式的信用工具。按支票是否记载受款人姓名，可将支票分为记名支票和无记名支票。记名支票也称抬头支票，即银行只能对支票上所指定的受款人付款的支票；无记名支票又称来人支票，即银行可对任何持票人付款的支票。按支票支付方式的不同，又可将支票分为现金支票和转账支票。现金支票可以用来支取现款，转账支票只能用于转账结算。

2）长期信用工具（资本市场信用工具）

长期信用工具主要指债券和股票。

（1）债券。债券是债务人向债权人发行的，且承诺在一定期限内还本付息或定期付息，到期还本的债务凭证，属于有价证券。债券种类较多，根据债券发行主体的不同，可以将债券分为政府债券、企业债券和金融债券三大类。政府债券是政府以债务人身份为筹集资金而发行的债权凭证，包括公债券、国库券、地方债券。其中，由中央政府发行的称为国债券，由中央政府财政部发行的国家公债券称为国库券；由地方政府发行的称为地方债券。政府债券由政府承担还款付息责任。公债券风险较小，但其利率通常稍低于同等期限的公司债券。国库券因风险小、盈利高而被称为"金边债券"。企业债券或公司债券是指企业或公司在经营过程中为筹集资金而向外借债的债务凭证；金融债券是由银行发行的。

（2）股票。股票是股份公司发给股东以证明其入股的资本额，并有权按期取得股息的书面凭证。股票是一种所有权凭证。股票作为一种有价证券，其持有人无权向公司要求撤回股金，股东只能在股票市场上出卖转让股票以获取现金，因此，股票没有明确的偿还期。

股票有多种分类方法，不同的分类方法得出不同的股票概念。按股东享有权利的不同可以将股票分为普通股票和优先股票。普通股票的股息是不固定的，随股份公司利润的变动而变动。股东享有优先认股权，即企业增发普通股票时，股东可以优先购买新发行的股票。优先股票的股息率是固定的，股东在公司利润分配时可以优先取得股息，公司解散时可以优先得到分配给股东的剩余财产。按股票记名与否可以将股票分为记名股票和不记名股票。前者必须经过一定的手续才能转让其所有权；后者则可以自由转让。按股票是否载明票面金额可以将股票分为额面股票和无额面股票。

股票和债券虽然都是有价证券，但是它们仍然有许多不同之处。相比较而言，两者的区别在于以下几点。①性质不同。股票是一种所有权凭证，表示持有者对发行公司拥有的股权；债券则是一种债权凭证，到期可以凭借其收回本金和利息。②权利不同。股票持有人拥有选举权，对发行公司享有经营决策权和监督权；债券持有人不能参与企业的生产经营管理活动，也不能参与企业利润分配。③期限不同。股票没有偿还期，只可以在证券市场上转让；债券票面上一般规定有偿还期，如果持有者需要提前偿还，则可以贴现或在证券市场上转让。④收入分配形式及清偿的先后顺序不同。股票一般视公司经营情况进行分红派息，在公司发生破产时，清理资产，债券偿付在前，股票偿付在后，因而股票的风险相对较大。

9.3.4 信用在现代经济中的作用

现代经济是信用经济，信用在现代经济中的作用既有积极的一面也有消极的一面。

信用对经济的积极作用主要表现在以下三个方面。①现代信用可以促进社会资金的合理利用。通过借贷，资金可以流向投资收益更高的项目，可以使投资项目得到必要的资金，资金盈余单位又可以获得一定的收益。②现代信用可以优化社会资源配置。通过信用调剂，让资源及时转移到需要这些资源的地方，就可以使资源得到最大限度的运用。③现代信用可以推动经济的增长。一方面通过信用动员闲置资金，将消费资金转化为生产资金，直接投入生产领域，扩大社会投资规模，增加社会就业机会，增加社会产出，促进经济增长；另一方面，信用可以创造和扩大消费，通过消费的增长刺激生产扩大和产出增加，也能起到促进经济增长的作用。

信用对经济的消极作用主要表现在信用风险和经济泡沫的出现。信用风险是指债务人无法按照承诺偿还债权人本息的风险。在现代社会，信用关系已经成为最普遍、最基本的经济关系，社会各主体之间债权债务交错，形成了错综复杂的债权债务链条，这个链条上有一个环节断裂，就会引发连锁反应，对整个社会的信用联系造成很大的危害。经济泡沫是指某种资产或商品的价格大大地偏离其基本价值，经济泡沫的开始是资产或商品的价格暴涨，价格暴涨是供求不均衡的结果，即这些资产或商品的需求急剧膨胀，极大地超出了供给，而信用对膨胀的需求给予了现实的购买和支付能力的支撑，使经济泡沫的出现成为可能。

9.4　利息和利息率

9.4.1　利息和利息率的定义

利息是资金所有者因贷出货币的使用权而从借款者那里取得的一种报酬。在商品经济中，利息是与信用相伴随的一个经济范畴。信用作为一种信贷行为，借款者除了要按规定时间偿还本金外，还要为使用资金支付一定的代价，这就是利息。马克思结合产业资本的循环，指出：“利息不外是一部分利润的特别名称，特别项目；执行职能的资本不能把这部分利润装进自己的腰包，而必须把它支付给资本所有者。”[①]

利息率（简称利率）即借贷时期内所形成的利息额与所贷资金额之比，它是决定利息数量的因素和衡量其大小的标准。利息率的计算公式为：

$$利息率＝（利息额/所贷资金额）\times 100\%$$

9.4.2　利率的种类

利率的种类繁多，可以从不同角度进行分析。下面对几种主要利率类别进行介绍。

1. 名义利率和实际利率

在纸币流通的条件下，由于纸币代表的价值量随纸币数量的变化而变化。因此，当流通中纸币数量超过市场上的货币需要量时，单位纸币实际代表的价值量必然下降，于是就产生了纸币的名义价值与实际价值之分，进而出现了名义利率与实际利率之分。

名义利率是以名义货币表示的利息率，也就是借贷契约和有价证券上规定的利率，它不考虑通货膨胀因素对货币币值本身的影响。而实际利率是指物价不变，从而货币购买力不变条件下的利率，它是剔除了通货膨胀因素以后的真实利率。两者之间的关系可以表示为

$$1＋i=(1＋r)/(1＋p) 或 i \approx r－p$$

式中：i 表示实际利率；r 表示名义利率；p 表示借贷期内物价变动率（通货膨胀率）。

$r＞p$，则 $i＞0$，实际利率为正数，借贷资金增值；$r=p$，则 $i=0$，实际利率为 0，借贷资金保值；$r＜p$，则 $i＜0$，实际利率为负数，借贷资金贬值。

2. 固定利率和浮动利率

按在借贷期内利率是否可调整，利率可分为固定利率和浮动利率两大类。固定利率是指

---

① 马克思，恩格斯. 马克思恩格斯全集：第 25 卷. 北京：人民出版社，1965：379.

在借贷期内利息率不随借贷货币资金的供求状况而波动，即不作调整的利率。它具有简便易行、易于计算等优点。在借款期限较短或市场利率变化不大的情况下，可采用固定利率。但是在通货膨胀比较严重的情况下，实行固定利率会给债权人尤其是进行长期放款的债权人带来极大的损失，因此一般适用于短期借款。浮动利率是指利率在借贷期内随市场利率的变化而定期调整的利率。调整期限和调整基准等由借贷双方协定。实行浮动利率，可以使借贷双方承担的风险损失降到较低水平，但是它手续繁杂，不可避免地增加计算利息成本。因此，浮动利率多用于 3 个月以上的借贷及国际金融市场。

3. 年利率、月利率和日利率

按计算利息期限的时间单位来划分，利率可以分为年利率、月利率和日利率。年利率通常以年为单位计算利息，通常按百分比来表示。月利率以月为单位计算利息，通常按本金的千分之几来表示。日利率以日为单位计算利息。在同业拆借金融市场上，各金融机构之间拆借资金由于时间很短，一般按日计息，所以日利率习惯上称为"拆息"，它一般按本金的万分之几来表示。

4. 市场利率和公定利率

市场利率是指在货币借贷市场上由借贷资金的供求关系直接决定的利率。市场利率总是在发生变化的。公定利率是指一国政府通过金融管理部门或中央银行确定的利率。它反映了非市场力量对利率的干预，它是国家为了实现宏观调控目标的一种手段。如中央银行的再贴现率就是典型的公定利率。市场利率和公定利率是利率体系的必要构成，公定利率的提高或降低，代表了政府货币政策的取向，市场利率随公定利率的变化而变化；市场利率反映着市场上货币资金的供求状况，国家可以根据市场利率的高低判断货币供给与需求是否均衡，从而为制定公定利率和货币政策提供重要依据。

5. 差别利率与优惠利率

差别利率是指针对不同的贷款种类和贷款对象实行不同的利率，一般可按期限、行业、项目、地区设置不同的利率。实行差别利率是用利率杠杆调节经济的一个重要方面。优惠利率是差别利率的有机组成部分，是指国家通过金融机构或金融机构本身对于认为需要重点照顾的企业、行业或部门所提供的低于一般贷款利率水平的利率。优惠利率对于推动实现国家的产业政策有重要作用。

9.4.3　计息方法

1. 单利

单利是指在计算利息时，不论借贷期限长短，仅以本金计算利息，所生利息不再加入本金重复计算利息。单利的计算公式为：

$$I = P \times i \times n$$
$$S = P + I = P(1 + i \times n)$$

式中：P 表示本金，I 表示利息额，i 表示利率，n 表示借贷期限，S 表示本利和。

2. 复利

复利是相对单利而言的，它除了计算本金生息外，还计算利息生息。即计算利息时，要按照一定期限（如 1 年）将所生利息转为本金一并计息，逐期滚算，俗称"利滚利"。复利的计算公式为：

$$S = P \times (1+i)^n$$
$$I = S - P = P[(1+i)^n - 1]$$

一般来说，单利计算更多地应用于短期信用，复利计算更多地适用于长期信用。

9.4.4　决定和影响利率变化的因素

决定和影响利率变化的因素主要有以下几方面。

1. 社会平均利润率

利息作为借贷资本的价格，其本质是剩余价值的特殊转化形式，是利润率的一部分，因此利润率的高低将会影响利率水平。在其他条件不变的情况下，平均利润率高，则投入到生产领域中的资本将会增加，对借贷资本的需求随之上升，促使利率提高；反之，利率将会下降。因此平均利润率是利率所能达到的最高限。

2. 货币资金的供求关系

利率取决于平均利润率，但在平均利润率既定时，利率的变动则取决于平均利润分割为利息与企业利润的比例。而这个比例主要是由借贷双方在货币市场上相互竞争决定的。在其他条件一定的情况下，借贷资本的供给大于需求，利率会下跌；借贷资本的需求大于供给，利率则上升。

3. 通货膨胀预期

在预期通货膨胀率上升的期间，利率水平有很强的上升趋势，相反则利率下降。因为物价上涨引起的通货膨胀，对于资金的贷出者来说，不仅会造成利息的实际价值下降，而且可能造成借贷资本本金贬值。因为当名义利率低于通货膨胀率或物价上涨率时，实际利率为负。因此，在存在较高的通货膨胀，尤其是存在通货膨胀预期的情况下，资金需求方为获得足够的资金来源，需要提高合同利率（名义利率）。

4. 货币政策

中央银行通过变动再贴现率、信用规模和货币供给或直接干预存款利率，都会对利率水平发生影响。一般来说，在实施扩张性货币政策时，预期利率是下降的；在实行紧缩性货币政策时，预期利率是上升的。

5. 财政政策

财政政策对利率的影响主要是通过财政开支的增减和税收变动实现的。当政府支出增加时，直接提高投资水平，会引起收入水平和利率水平上升；在既定收入水平下，政府增加税收直接使人们的收入水平下降，减少储蓄和投资，导致国民收入下降；同时减少货币需求，货币供应量不变时利润下降。因此，税收增减往往与国民收入和利润水平呈反方向变动。

6. 国际利率水平

国内利率水平与国际利率水平的状况会直接影响资金在国际间的流动。当国内利率水平高于国际利率水平时，外国货币资金就会向国内流动。如果要限制外国货币资金大量流入，就要降低国内利率。反之，当国内利率水平低于国际利率水平时，国内资金就会外流，如果要限制国内资金的流出，则要提高国内利率。由此可见，国际利率水平对国内利率水平的确定或变化也有重要影响。

总之，影响利率变化的因素是多种多样的，除了上述主要因素之外，还有历史传统物价水平、经济周期等因素，它们都会对利率的变动产生不同程度的影响。

9.4.5 利率的作用

利息是重要的经济杠杆，利率的变化能调节和影响经济的发展。

1. 利率对资源配置的作用

贷款利率的高低直接决定企业的收益。若提高贷款利率，会使企业利用贷款资金的成本加大，必然使企业利润减少。那些收益较低、效益差的企业会因此减少贷款，这使资金资源向效益好、利润高的企业流动，确保这些企业对资金的需求。相反，如果贷款利率低，效益差的企业由于融资成本降低，会促使这些企业盲目追加生产，而那些效益好的企业却得不到充足的资金支持，造成有限资源的浪费。所以，政府通过改变利率水平、实行差别利率等措施，引导资金向急需的产业部门或企业流动，实现产业结构合理化，促进经济协调发展。

2. 利率是国家调控货币供需的重要手段

商品经济的发展离不开充分的货币供应，市场上货币资金供求关系决定了利率的高低。反之，利率的高低则会影响货币供求关系。当利率高时，存款规模扩大，投资规模下降，从而有利于减少流通中的货币量，起到稳定物价的作用；当利率低时，存款规模下降，投资规模上升，流通中的货币量增多，当流通中货币量超过现实商品流通的需要时，必然引起货币贬值、物价上涨。利率对货币资金供求的调节作用，使之成为中央银行扩大和缩小借贷资金规模的有力经济手段。

3. 利率对投资的作用

利率是借贷资本的价格，利率的高低决定着企业融资成本和利润的高低。在其他条件不变的情况下，低利率会降低企业的生产成本，增加企业盈利，从而刺激企业扩大投资和生产；相反，高利率会使企业的利润下降，从而起着抑制企业投资的作用。利率是决定或影响投资行为的重要因素。

本 章 小 结

● 货币是从普通商品中分离出来的固定地充当一般等价物的特殊商品，是社会商品经济发展到一定阶段的产物。

● 货币的职能是货币本质的体现。随着社会经济的变化，货币的职能也会发生变化。一般来说，价值尺度和流通手段是其基本职能。

● 货币制度是一个国家以法律形式所确定的货币流通的组织形式。其内容主要包括货币金属、货币单位、货币的铸造、发行和流通程序、准备制度等。

● 信用是货币借贷和商品买卖过程中的延期付款或交货的总称，是以偿还为条件的价值运动的特殊形式。信用存在多种形式。

● 利息是资金所有者因贷出货币的使用权而从借款者那里取得的一种报酬。在商品经济中，利息是与信用相伴随的一个经济范畴。

● 利息率（简称利率）即借贷时期内所形成的利息额与所带资金额之比，它是决定利息数量的因素和衡量其大小的标准。

关键概念

金融　货币　商品货币　信用货币　流通手段　货币制度　信用　利率　信用形式　信用工具　利息　利息率

思考与练习

1. 简述现代金融业的发展变化。
2. 如何理解货币的定义？它与日常生活中的通货、财富的概念有何不同？
3. 简述货币的基本职能及特点。
4. 简述货币形式的演变过程。
5. 简述信用的主要形式。
6. 简述信用工具的基本特征。
7. 试比较股票与债券之间的区别。
8. 影响利率的因素主要有哪些？
9. 简述利率对经济活动的调节作用。

【阅读材料】

区块链技术将如何变革金融业

"转基因"金融时代的日子快到头了，因为区块链技术承诺会给未来10年带去翻天覆地的变化，并为那些有能力抓住机会的人提供广阔的空间。随着创新家、企业家们在这个强大的平台上寻求创造价值的新方法，区块链技术承诺解决这些及更多的问题。区块链技术将深刻地变革金融界，打破金融垄断局面，为个体和机构提供真正的选择权，选择他们创造及管理价值的办法。

为什么说区块链技术将引发未来金融业的变革？主要有以下几方面的原因。

（1）鉴证。在金融服务领域，信任协议有着双重含义。互不了解、互不信任的双方，能够达成买卖，这种情况有史以来第一次出现。验证身份、建立信任再也不是金融中介的特权。如果有需要的话，区块链也可以帮助建立信任——根据交易记录、声誉得分及其他社会经济因素，来验证任一对手方的身份及实力。

（2）成本。在区块链上，网络能够同时兼顾点对点价值转移的清算与结算，并且它会持续工作，所以能够保证账本及时更新。首先，根据西班牙桑坦德银行的数据，如果银行利用该技术，预计在不改变基础运营模式的情况下可减少200亿美元的后台成本，不过实际的数字肯定更高。成本锐减后，银行就能为服务匮乏地区的个体和企业提供更多获取金融服务、市场及资本的机会。任何人在任何地方，打开智能手机，连上互联网，就能进入到全球金融系统的主干道中。

（3）速度。如今，汇款需要3～7天的结算时间，股票交易需要2～3天的结算时间，而银行贷款交易的结算平均要23天。SWIFT网络每天要处理全球上万家金融机构近1 500万笔支付订单，然后要花好几天去进行清算和结算。不过，比特币网络平均只要10分钟就能完成该段时间内所发生交易的清算与结算。而其他的一些区块链网络速度还可以做得更快，诸如比特币闪电网络（bitcoin lightning network）这样的新型创新尝试致力于提高比特币区块链的性能，同时将结算和清算的时间降低到 1 秒之内。

（4）风险管理。区块链技术能够降低多种金融风险，最严重的一种风险就是系统风险。维克拉姆·潘迪特（Vikram Pandit）称这种风险为"Herstatt 风险"（取名于一个无法偿还其债务然后因此倒闭的德国银行）。他说："金融危机中的其中一个风险是，当我与某人进行交易时，我如何知道在另一端他们真的会进行结算？"潘迪特表示，区块链上的即时结算能够完全排除这种风险。会计人员任何时候都能及时查看到公司内部运营情况，查看哪些交易正在进行以及网络如何进行记录。交易的不可撤销和财务报告的即时审核可消除部分"机构风险"——这种风险是指繁复的书面记录及过久的拖延能让肆无忌惮的管理人员趁机掩盖一些不道德行为。

（5）价值创新。比特币区块链的设计目标是用于比特币的转移而非其他金融资产的处理。但该技术采用开源形式，并且欢迎人们进行各种实验。有的创新家正在开发独立的区块链，将它命名为"竞争币"，用来创建除了比特币支付之外其他用途。而有的人想要利用比特币区块链的规模和流动性，在侧链上创造"派生币"，这种币可以标上"颜色"来代表任何资产或者债务、（实体或数字的）公司股票或债券、汽油、金条、汽车、汽车付款、应收或应付账款，当然还有货币。也有人仍旧在尝试去除货币或代币的元素，在私有区块链上搭建交易平台。金融机构已经开始用区块链技术，进行资产、债务的记录和交换及交易，最终可能会用这一技术取代传统交易所和中心化的市场，颠覆人们对价值的定义与交换方式。

（6）开源。在金融服务领域体系，改变是一件非常困难的事情，因为每一次改进都必须向后实现兼容性。而区块链作为开源技术，在网络共识的基础上，它能够不断进行革新、反复迭代、完善自身。

区块链技术具有可鉴证性、减少成本、加快速度、降低风险、创新价值、适应性强等优点，它不仅有潜力去转变支付方式，而且也能改变证券行业、投资银行业、会计与审计、风险资本、固定收入以及信用评级机构。"数字经济之父"唐·塔普斯科特（Don Tapscott）表示"区块链将成为未来几十年最具影响力的黑科技"。《华尔街日报》将区块链誉为"500年以来金融领域最重要的创新"。它所带来的信用机制，令人们将其誉为继蒸汽机、电力、信息和互联网科技之后，目前最有潜力触发第五轮颠覆性革命浪潮的核心技术。

资料来源：塔普斯科特 D，塔普斯科特 A. 区块链技术将如何变革金融业 ［J］. 中国经济周刊，2018（5）：82 - 83.

第 10 章

金融市场

【学习目标】

学完本章后，你应该能够：

● 理解金融市场的概念、特征；

● 领会货币市场、资本市场的构成、内容；

● 了解衍生金融工具市场的构成、内容；

● 了解中国金融市场的现状及其发展。

10.1　金融市场概述

金融市场既指金融资产交易的场所，也指各种融资活动及由此形成的信用关系。它是构成金融体系的重要子系统，为金融机构配置资源提供了场所和运行机制。

10.1.1　金融市场的含义

市场经济由若干相互联系、紧密结合的子市场构成。市场形式可分为四大类，即商品市场、技术市场、劳动力市场和金融市场。其中商品市场是商品生产、交换、分配和消费的场所；技术市场是技术发明、研制、技术成果转让和技术产品流通的市场；劳动力市场是劳动力流动、配置的市场；金融市场则是货币资金筹集和融通的场所。

金融市场是指货币资金融通和金融资产交换的场所。在这个市场上，通过资金融通实现借贷资金的集中分配，完成金融资源的配置。广义的金融市场包括所有的融资活动，如金融机构之间的借贷活动，企业的融资活动及通过租赁、信托等途径进行的资金的集中与分配活动。狭义的金融市场包括货币市场、债券市场、股票市场、期货市场、期权市场等。

金融市场与其他市场相比，有自己的特点：①金融市场上交易的对象是货币、货币资本等金融资产；②金融市场既有有形市场交易，也有无形市场交易；③金融市场交易的资本其价格以利息形式表现出来。

10.1.2　金融市场的构成要素

金融市场由交易主体、交易对象、交易工具和交易价格四个要素构成。

1. 金融市场交易主体

金融市场的交易主体就是金融市场的参与者。可以分为三类：资金供给者（投资者或投机者)、资金需求者和调控、监管者。它包括企业、政府机构、商业银行、中央银行、证券公司、保险公司、投资公司、各种基金会、国家金融管理机构、监督机构和金融市场自律管理机构等。

金融市场参与者积极从事金融活动的动力主要来自两个方面。①参与的目的是追求利润。资金供给者是为了获得利息和红利;资金需求者是为了获得比支付给资金供给者的利息和红利更多的利润;中介机构是为了获取手续费收入或赚取价差收入。②体现了资金供求双方、资金需求者、资金供给者之间错综复杂的竞争关系。正是这种相互竞争,引导着资金的流向、流量和流速,促进了资金从效益低的部门向效益高的部门流动,从而实现资金的优化配置。

2. 金融市场交易对象

金融市场的交易对象是指货币资金及以各种金融工具体现的金融资产。货币资金作为交易对象,主要表现为货币借贷。在以金融工具体现的金融资产交易中,金融资产的所有者把自己的非货币资产卖给买者,买者把自己手中的货币支付给卖者,买者成为金融资产的所有者,卖者实现了非现金金融资产的变现。借助于这一过程,货币资金实现了转移。金融市场的交易对象与商品市场不同,商品市场是具体商品的转移,是商品所有权的转移;而在金融市场上,既有涉及所有权的转移,如股票买卖;也有涉及使用权的转移,如货币借贷。但一般而言,金融市场上的交易大多数都是使用权的转移,不涉及所有权的转移。

3. 金融市场交易工具

金融市场的主要功能是融通资金,而进行金融交易活动必须借助于一定的工具来实现,这些工具就是金融工具。金融工具是一种特殊的商品,代表着一定的货币资金,是金融市场据以进行交易的合法凭证,是货币资金或金融资产借以转让的工具。它对于债权债务双方所应承担的义务与享有的权利均有法律约束意义。

作为金融市场构成要素的金融工具必须具备以下条件:①载明各项交易条件;②发行者必须具有较高的信誉;③必须具有一定的流动性;④要有合理的收益性。

4. 金融市场交易价格

金融市场上交易的各种金融工具都具有价格。金融市场的交易价格与商品市场上的交易价格在表现形式上有所不同。商品的交易价格是由其内在价值决定的;金融市场上进行交易的各种金融工具,本身没有价值,只是代表一定的价值量,或能给持有者带来一定的收益,因此,其交易价格只指利息。货币资金和金融工具的交易价格受到平均利润率、资金供求状况等多种因素的影响。

10.1.3 金融市场的分类

金融市场是金融交易市场的总称,它由许多内容不同的子市场构成。可以按照不同的标准对金融市场进行分类。

(1) 按照金融工具发行和流通的特征,可将金融市场划分为发行市场(一级市场)和流通市场(二级市场)。所谓发行市场,是指股票、债券、存款凭证等金融资产首次出售给投资者的交易市场,也称为初级市场。通过银行、企业等发行主体将这些金融工具投向社会,金融工具向其购买者转移,资金向金融工具发行者转移,实现了资金的再分配。流通市场是指金融工具流通转让的市场，是初始投资人把证券转让或卖给新的投资人的市场，也称为次级市场。金融工具发行后不会退出市场，而会像货币一样流通，不同的金融工具其流通周转速度也不尽相同。

（2）按照交割方式的不同，可将金融市场划分为现货市场和衍生市场。现货市场指即期买卖、立即交割（一般成交后当日或数日内进行），采用现钱现货方式买卖金融资产的交易市场。这是金融市场上最基本的一种交易形式，它的风险和投机性都比较小。衍生市场是各种衍生金融工具交易的市场。衍生工具在交易时先成交，而在以后某一约定的时间才进行交割。这种独特的交易机制使其在交易中具有了较高的风险。

（3）按照金融市场交易活动是否有固定的场所，可将金融市场划分为有形市场和无形市场。有形市场是指在固定场所进行交易；无形市场则一般没有固定交易场所，主要通过现代通信、网络技术等实现金融工具的买卖。

（4）按照地理范围的不同，可将金融市场划分为地方性市场、全国性市场、区域性市场和国际性市场。

（5）按照金融工具上约定的期限不同，可将金融市场分为货币市场和资本市场。期限在一年以内的金融资产交易市场称为货币市场。这种市场进行交易的目的是实现金融资产的流动性和变现性。期限在一年以上的长期金融资产交易市场称为资本市场，主要包括银行中长期存贷市场和有价证券市场。

10.1.4　金融市场的功能

金融市场对于一国的经济发展具有多方面的功能。

1. 融资功能

融资功能是指金融市场具有动员和筹集资金的功能，是以金融工具的转让流通和买卖为条件的。金融市场上存在多种融资形式，可以实现长短期资金、大额资金、小额资金的相互转换。例如，资金需求者从中介机构取得贷款，或者通过发行金融票据、金融债券取得资金；金融机构之间通过票据交换或同业拆借来解决头寸短缺问题等。金融市场的存在为资金供应者和需求者提供了便利的融资途径。

2. 资本积累功能

金融市场是资金供求的中心，是储蓄转化为投资的桥梁。企业通过向金融机构贷款、发行股票或债券，可以将储蓄较快地转化为投资而形成资本的积累。就个人而言，为了预防意外事件，或满足未来生活之需，或多或少都要进行储蓄。而个人的储蓄不能当作资本来运用，但就整个社会来说，将这些小的资金集中起来，就形成了巨大的货币资本。因此，动员社会储蓄向生产投资转化，就成为金融市场的一个主要功能。

3. 宏观调控功能

金融市场的融资和积累功能，是流通和分配功能的具体体现。金融市场上的货币借贷和金融工具的买卖，实质上是社会资金的调节或再分配，是资金在各部门、产业、行业、个人之间的重新组合、重新配置。金融市场也是中央银行实施货币政策的重要途径。金融间接调控体系依靠发达的金融市场来传导中央银行的政策信号，借助于金融市场的价格变化引导各微观主体的行为。例如，通过存贷款的扩张和收缩、证券的发行与流通、中央银行的公开市场业务，可以调节流通中货币的存量和流量，使货币流通量符合经济运行和国家货币政策的要求；通过调节货币投向、信贷投入等来调控经济结构，促进经济持续稳定增长。

4. 实现风险分散和风险转换

金融市场上存在多种投资工具，这些金融工具具有不同的收益性、流动性和风险性。投资者通过对金融资产进行有效的组合，达到分散、转移投资风险的目的。这一功能更多的是依靠衍生金融产品实现的。

10.1.5　金融市场同其他市场的关系

金融市场是统一市场体系的一个重要组成部分，属于要素市场。它与消费品市场、生产资料市场、劳动力市场、技术市场、信息市场、房地产市场、旅游服务市场等各类市场相互联系、相互依存，共同形成统一市场的有机整体。在整个市场体系中，金融市场是最基本的组成部分之一，是联系其他市场的纽带。因为在现代市场经济中，无论是消费资料、生产资料的买卖，还是技术和劳动力的流动等，各种市场的交易活动都要通过货币的流通和资金的运动来实现，都离不开金融市场的密切配合。从这个意义上说，金融市场的发展对整个市场体系的发展起着举足轻重的制约作用，市场体系中其他各市场的发展则为金融市场的发展提供了条件和可能。

10.2　货 币 市 场

10.2.1　货币市场的特征

货币市场也称为短期资金市场，是进行短期资金融通的市场，即经营期限在一年以内的短期资金借贷业务的市场。其交易主体和对象十分广泛，既有直接融资如国库券、票据交易，也有间接融资，如银行短期信贷等。货币市场为参加者提供流动性头寸，满足临时性、周转性、自偿性资金的需求。

货币市场交易期限短而频繁，因而具有风险性低和流动性高的特征。在货币市场上，资金的融通是通过买卖短期信用工具来完成的。由于期限比较短，价格波动范围比较小，因此投资者受损失的可能性较少，获取收益也较低。

10.2.2　货币市场的类型

1. 同业拆借市场

同业拆借市场是银行等金融机构之间进行短期资金借贷的市场，是货币市场的重要组成部分。市场的参与者为商业银行及其他金融机构，目的在于调剂头寸和临时性资金余缺。

同业拆借市场的特点有：①融通资金的期限比较短，一般是 1 天、2 天或一个星期，最短为几个小时或隔夜；②交易的同业性，对于进行同业拆借的市场主体，各国都有严格的准入制度，一般在金融机构或某类金融机构之间进行；③利率由供求双方协定；④一般不需要担保。

中国同业拆借市场自 1986 年出现以来得到了迅速的发展。2017 年 12 月同业拆借加权平均利率为 2.91%，比上月低 0.01 个百分点，比上年同期高 0.47 个百分点；质押式回购加权平均利率为 3.11%，分别比上月和上年同期高 0.11 个百分点和 0.55 个百分点。2017年银行间人民币市场以拆借、现券和回购方式合计成交 798.18 万亿元，日均成交 3.18 万亿元，日均成交比上年下降 3.2%。其中，同业拆借日均成交同比下降 17.7%，现券日均成交同比下降 19.1%，质押式回购日均成交同比上升 3.5%。[①] 2017 年全国银行间同业拆借短期交易情况见表 10-1。

表 10-1   2017 年全国银行间同业拆借短期交易统计表   亿元

	1 天		7 天		14 天		21 天		1 个月	
	交易量	加权平均利率/%	交易量	加权平均利率/%	交易量	加权平均利率/%	交易量	加权平均利率/%	交易量	加权平均利率/%
2017.01	50 192	2.22	6 982	2.71	1 814	3.15	588	3.81	687	3.69
2017.02	62 629	2.38	5 150	2.93	904	3.30	194	3.68	316	4.15
2017.03	67 691	2.51	6 244	3.16	1 026	3.53	140	4.20	421	4.39
2017.04	53 821	2.56	4 989	3.18	761	3.41	63	4.03	466	4.13
2017.05	47 751	2.79	6 267	3.24	729	3.83	38	4.20	270	4.13
2017.06	55 703	2.85	6 910	3.30	661	3.92	64	4.50	364.85	4.91
2017.07	48 944	2.73	6 593	3.26	444	3.80	69	4.13	365	3.89
2017.08	54 286	2.88	6 633	3.41	613	3.96	46	3.93	392	3.67
2017.09	59 760	2.78	7 094	3.50	1 736	4.07	219	4.18	294	4.19
2017.10	47 104	2.71	6 327	3.36	416	4.02	22	4.25	216	4.16
2017.11	63 922	2.79	7 995	3.44	807	3.99	580	4.10	570	4.03
2017.12	68 003	2.71	9 337	3.46	2 838	4.18	1 103	4.03	716	4.80
累计	679 806		80 521		12 749		3 126		5 077.85	

数据来源：http://www.pbc.gov.cn/diaochatongjisi/116219/116319/3245697/3245905/index.html.

2. 商业票据市场

商业票据市场是指商业票据的承兑、贴现等活动所形成的市场。商业票据的发行者主要是那些资力雄厚、信誉卓著、经过评级的企业。其投资者主要是大商业银行、非金融公司、保险公司、地方政府或投资公司等。

商业票据市场交易的信用工具包括本票和汇票两种。本票是允诺支付的票据，是由债务人开出的一种债权债务凭证，一般较少转让，二级市场弱；汇票是命令支付的票据，是由债权人开发的一种债权债务凭证。汇票需经过债务人承兑才有效。承兑汇票有两种，商业承兑汇票和银行承兑汇票。商业汇票除发行市场外，还具备流通市场。商业汇票可通过背书转让，还可以持其到银行办理贴现。

一般而言，票据贴现可以分为三种：贴现、转贴现和再贴现。贴现（discount）是指持票人为获得现金，以未到期的票据向商业银行（或贴现机构）融通资金。转贴现（transfer discount）是指已贴现但仍未到期的票据在金融机构之间的转让或买卖；再贴现（rediscount）指商业银行将贴现收下的票据，向中央银行进行贴现，以筹措资金。

---

① http://www.pbc.gov.cn/diaochatongjisi/116219/116225/3461233/index.html.

在贴现时，银行要按规定利率（贴现率）从票据金额中扣除贴现利息。贴现利息是持票人在票据到期（贴现期限）前为获取现金向贴现银行支付的利息，计算方式为：

贴现利息＝票据金额×贴现率×贴现期限

贴现金额＝票据金额－贴现利息

计算时，贴现率要与贴现期限的口径一致：时间若按年（月、日）计算，则贴现率相应也要用年（月、日）利率。实际中贴现的利率是在央行规定的再贴现利率的基础上进行上浮，贴现的利率是市场价格，由双方协商确定，但最高不能超过现行的贷款利率。

例如，一张票面金额为100万元的商业票据，1个月后到期，年贴现率为12％，持票人如果向银行申请贴现，银行需扣除贴现利息1万元（100×12％/12）后，付给持票人现金99万元（100－1）。

贴现市场的交易种类大致可分为两类：①票据持有人向金融机构要求贴现换取现金的交易，这种交易占贴现市场业务的大部分；②中央银行对金融机构已贴现过的票据再次进行贴现，为金融机构融通资金。

贴现表面上看是一种票据买卖业务，实质上体现了一种债权债务的转移。贴现市场的存在促进了票据的流动，通过票据的签发承兑、贴现、转贴现和再贴现等业务把企业、商业银行、中央银行有机地联系在一起，从而有效地传导货币政策。例如，我国中央银行通过适时调整再贴现总量及利率，明确再贴现票据选择，达到吞吐基础货币和实施金融宏观调控的目的，同时发挥调整信贷结构的功能。

自1986年人民银行在上海等中心城市开始试办再贴现业务以来，再贴现业务经历了试点、推广到规范发展的过程。2008年以来，为有效发挥再贴现促进结构调整、引导资金流向的作用，人民银行进一步完善再贴现管理：适当增加再贴现转授权窗口，以便金融机构尤其是地方中小金融机构法人申请办理再贴现；适当扩大再贴现的对象和机构范围，城乡信用社、存款类外资金融机构法人、存款类新型农村金融机构，以及企业集团财务公司等非银行金融机构均可申请再贴现；推广使用商业承兑汇票，促进商业信用票据化；通过票据选择明确再贴现支持的重点，对涉农票据、县域企业和金融机构及中小金融机构签发、承兑、持有的票据优先办理再贴现；进一步明确再贴现可采取回购和买断两种方式，提高业务效率。

3. 国库券市场

国库券是一国政府发行的、期限在一年以内的短期债务凭证。国库券市场由国库券发行市场和流通市场组成。国库券的发行一般由财政部委托中央银行办理，大多数采用拍卖的方式进行。国库券被称为"无息债券"，一般采用折扣发行，即以低于票据面额的贴现方式发行，到期不另付利息，而按票面价格清偿。国库券发行时的利率采取公开投标方式，由众多投标者投标决定。国库券的交易流通渠道一般有三种：投资人向银行购买；向市场证券商购买；直接向财政部购买。

国库券被认为是安全性最强的信用工具。其特点是流动性高、风险最低，并可以带来一定收益，因而个人、企业、商业银行及其他金融机构都争相购买。因此，以国库券为主要工具的二级市场交易非常活跃。

国库券市场的存在一方面可以解决政府收支季节性和临时性资金需要，使国库收支盈余得以调节；另一方面使中央银行拥有了一项公开市场操作业务，通过买进或卖出国库券，调节流动中的货币供应量，满足经济发展对货币的需要。

2017 年 1—12 月中债国债收益率情况见表 10-2。

表 10-2　2017 年 1—12 月中债国债收益率统计表　　　　%

	1 天	1 年	3 年	5 年	7 年	10 年	30 年
2017.01	2.2343	2.6757	2.8212	3.0375	3.2777	3.3465	3.7287
2017.02	2.4042	2.7121	2.9001	2.9999	3.1891	3.2921	3.7971
2017.03	2.8437	2.8632	3.0186	3.0782	3.2272	3.2828	3.7604
2017.04	2.6174	3.1672	3.2298	3.3417	3.4696	3.4668	3.8902
2017.05	2.6474	3.4542	3.5747	3.5758	3.6493	3.6102	3.9997
2017.06	2.8293	3.4600	3.4973	3.4931	3.6150	3.5683	3.9765
2017.07	2.6977	3.3974	3.5078	3.5628	3.6648	3.6260	4.1001
2017.08	2.8430	3.3883	3.5797	3.6124	3.7016	3.6265	4.2208
2017.09	3.2428	3.4660	3.5669	3.6166	3.6880	3.6136	4.2274
2017.10	3.3034	3.5683	3.7210	3.8826	3.9397	3.8917	4.3603
2017.11	3.0021	3.6404	3.7759	3.8444	3.9196	3.8901	4.3341
2017.12	2.5378	3.7909	3.7808	3.8445	3.8998	3.8807	4.3671

注：本表数据为当月最后一个交易日数据。

数据来源：http://www.chinabond.com.cn/Channel/19012917♯.

4. CDs 市场

CDs 市场即大额定期存单市场，全称是银行大面额可转让定期存款单市场，是大额可转让定期存单的发行与转让所形成的市场。其发行人是银行，购买者大多是非金融公司、大企业、政府机构、金融机构和个人等。这种市场流行于 20 世纪 60 年代的美国，其目的主要是克服定期存单不能自由转让、流动性差的缺点。1986 年，中国国有专业银行开办大额定期存单业务。1989 年，中国人民银行总行制定了《大额可转让定期存单管理办法》，批准在全国推行大额可转让定期存单业务活动。

大额可转让定期存单的主要特点：①不记名，普通银行存单均为记名的；②可转让，可以在市场上自由转让买卖；③期限较短，一般都在 1 年以下；④面额大，在美国，最低面额通常在 10 万美元以上；⑤利息较高，相对普通定期存款而言，持有者可获得相对高的利息收入。正是由于大额可转让定期存单具有活期存款的流动性和接近定期存款利率的特点，因而很受购买者欢迎，银行也因此而扩展了自己的业务。

可转让大额定期存款单市场的存在，为资金短期多余者提供了投资场所，有利于动员他们将资金加入生产和流通；对资金需求者而言，则是一种筹资的极好办法，是扩大银行信贷资金的良好途径；中央银行则可以通过调节存款利率，达到控制信用创造的目的，实现对国民经济的宏观调控。

5. 回购协议市场

回购协议市场是指对回购协议进行交易的短期资金市场。回购协议（repurchase agreement），是指在货币市场上买卖证券的同时签订一个协议，由卖方承诺在日后将证券如数买回，买方保证在日后将买入的证券回售给卖方。回购协议将现货交易和远期交易相结合，达到融通短期资金的目的。本质上是一种以证券为抵押品的短期资金融通。

回购交易从交易的主动性出发，分为正回购和逆回购。正回购，即通常意义上的回购概念，是指资金需求者在出售证券的同时签订一个协议，承诺日后将其出售的证券如数购回的交易。逆回购是指资金供应者在买入证券的同时签订一个协议，承诺日后按规定价格再将证券如数回售给对方的交易。

同货币市场上其他大多数融资工具一样，回购协议是机构间进行大规模资金拆借的批发市场，一般由市场参与者通过电话电传达成交易，所以回购协议是一种柜台交易市场。

与其他货币市场相比，中国回购市场比较活跃。回购交易的抵押品均是政府债券，目前上海交易所国债回购交易品种共有 1 天、2 天、3 天、4 天、7 天、14 天、28 天、91 天和 182 天 9 个品种。2017 年全国银行间质押回购短期交易情况见表 10-3。

表 10-3　2017 年全国银行间质押回购短期交易统计表　　　　　亿元

	1 天		7 天		14 天		21 天		1 个月	
	交易量	加权平均利率/%	交易量	加权平均利率/%	交易量	加权平均利率/%	交易量	加权平均利率/%	交易量	加权平均利率/%
2017.01	264 508	2.24	42 838	2.67	22 797	3.33	6 743	4.36	8 453	4.03
2017.02	287 141	2.44	50 053	3.08	13 838	3.59	2 048	4.10	1 459	4.21
2017.03	405 358	2.59	59 949	3.51	20 181	4.47	3 740	4.71	5 667	4.82
2017.04	346 259	2.65	48 919	3.36	16 365	3.78	2 040	4.22	1 554	4.15
2017.05	381 767	2.78	59 981	3.29	17 262	4.03	2309	4.30	3 016	4.40
2017.06	446 443	2.85	73 710	3.49	18 930	4.40	2 682	5.01	3 101	5.14
2017.07	421 857	2.78	74 549	3.32	14 810	3.99	1 185	4.21	941	4.21
2017.08	458 893	2.96	77 543	3.54	16 813	4.18	1 720	4.25	1 431	4.08
2017.09	458 094	2.84	61 700	3.41	38 821	4.60	5 841	5.04	3 883	4.96
2017.10	355 495	2.75	59 513	3.37	14 355	4.21	3 447	4.42	822	4.40
2017.11	473 470	2.82	77 143	3.49	16 378	4.37	9 916	4.47	1 645	4.47
2017.12	447 983	2.73	77 846	3.86	26 009	5.35	14 637	4.88	4 954	5.71
累计	4 747 268		763 744		236 559		56 308		36 926	

数据来源：http://www.pbc.gov.cn/diaochatongjisi/116219/116319/3245697/3245905/index.html.

在货币市场的构成中，除以上主要市场外，还包括：①短期存、放款市场，主要是指银行及其他非银行金融机构办理短期存、放款业务的活动；②企业间短期借贷市场；③地方机构贷款市场等。

2017 年金融机构回购与同业拆借资金净融出、净融入情况见表 10-4。

表 10-4　2017 年金融机构回购与同业拆借资金净融出、净融入情况　　　　　亿元

	回购市场		同业拆借	
	2016 年	2017 年	2016 年	2017 年
中资大型银行①	−1 953 274	−1 450 764	−237 311	−170 598
中资中小型银行②	356 213	49 838	19 781	23 490

续表

	回购市场		同业拆借	
	2016 年	2017 年	2016 年	2017 年
证券业机构③	490 116	465 915	175 790	119 990
保险业机构④	−31 443	−8 761	97	77
外资银行	70 702	49 185	−270	2 295
其他金融机构及产品⑤	1 067 686	894 587	41 909	24 747

　　注：①中资大型银行包括工商银行、农业银行、中国银行、建设银行、国家开发银行、交通银行、邮政储蓄银行。②中资中小型银行包括招商银行等 17 家中型银行、小型城市商业银行、农村商业银行、农村合作银行、村镇银行。③证券业机构包括证券公司和基金公司。④保险业机构包括保险公司和企业年金。⑤其他金融机构及产品包括城市信用社、农村信用社、财务公司、信托投资公司、金融租赁公司、资产管理公司、社保基金、基金、理财产品、信托计划、其他投资产品等，其中部分金融机构和产品未参与同业拆借市场。⑥负号表示净融出。

　　数据来源：http://www.chinamoney.com.cn/index.html.

10.3　资本市场

10.3.1　资本市场的概念

　　资本市场也称为长期资金市场，是指长期资金交易的场所，是相对于货币市场（短期资金市场）而言的一种金融市场。资本市场包括两大部分：一是银行中长期存贷款市场；二是有价证券市场。但一般将资本市场视同或侧重于证券市场。证券市场又可分为股票市场、债券市场及由这两个市场派生出来的证券投资基金市场和衍生金融工具市场。资本市场的主体即参加者主要包括发行人、投资者、中介机构、组织管理机构及监督管理机构等。

10.3.2　资本市场的交易工具

　　1. 债券

　　1）债券的种类

　　债券是筹资者在筹集资金时所发出的一种表明债权债务关系的凭证，是一种金融工具和筹资手段。债券持有者称为债权人，债券发行者称为债务人。按发行的主体不同，债券可分为以下三类：政府债券、公司债券和金融债券。政府债券尤其是国库券以政府信用为基础，风险很低，常被称为"金边债券"。

　　2）债券的价格

　　债券的价格是指债券首次发行的价格。债券发行的方式有平价发行、折价发行、溢价发行和贴现发行四种。债券价格可以用下列公式来表示：

$$发行价格＝（债券利率/市场利率）×票面值$$

　　3）债券的偿还

　　债券是有一定时间期限的金融工具，到期必须偿还本金。债券的偿还一般可分为定期偿还和任意偿还两种方式。定期偿还是指在经过一定期限后，每过半年或一年偿还一定金额的本金，到期还清余额，一般适用于发行数量巨大、偿还期长的债券。任意偿还是指债券发行一段时间以后，发行人可以任意偿还债券的一部分或全部，具体可根据条款操作，也可以在二级市场上购回予以注销。

2017 年中国各类债券发行规模继续增长，同业存单和国债发行增长较快。全年累计发行各类债券 39.8 万亿元，同比增加 12%，其中第四季度发行 9.9 万亿元，比上年同期多发行 2 万亿元。公司信用类债券发行规模下降，发行量同比减少 2.6 万亿元。同业存单和国债发行增长较快，2017 年分别累计发行 20.2 万亿元和 4.0 万亿元，同比多发行 7.2 万亿元和 0.9 万亿元。2017 年年末，国内各类债券余额 74.4 万亿元，同比增长 16.6%。详见表 10-5，表 10-6。

表 10-5 2017 年各类债券发行情况　　　　　　　　　　　　　　亿元

债券品种	发行额	较上年同期增减
国债	39 932	9 274
地方政府债券	43 581	−16 847
中央银行票据	0	0
金融债券①	258 056	75 904
其中：国家开发银行及政策性金融债	32 535	−1 037
同业存单	201 872	72 141
公司信用类债券②	56 352	−25 890
其中：非金融企业债务融资工具	40 244	−11 114
企业债券	5 931	−1 395
公司债	9 807	−13 565
国际机构债券	573	161
合计	398 494	42 602

注：①金融债券包括国开行金融债、政策性金融债、商业银行普通债、商业银行次级债、商业银行资本混合债、证券公司债券、同业存单等。②公司信用类债券包括非金融企业债务融资工具、企业债券、公司债、可转债、可分离债、中小企业私募债等。

数据来源：中国人民银行、国家发展和改革委员会、中国证券监督管理委员会、中央国债登记结算有限责任公司。

表 10-6 2017 年国内各类债券月度统计表　　　　　　　　　　　亿元

	政府债券		中央银行票据		金融债券		公司信用类债券		国际机构债券		各类债券合计	
	发行	余额	发行	余额	发行	余额	发行	余额	发行	余额	发行	余额
2017.01	1 360	226 400	0	0	13 316	239 113	2 206	178 280	0	537	16 882	644 330
2017.02	1 846	226 209	0	0	23 077	248 762	2 212	176 996	0	537	27 135	652 504
2017.03	6 497	229 439	0	0	26 408	255 817	6 036	177 843	70	607	39 011	663 706
2017.04	6 084	235 378	0	0	18 322	258 552	5 199	178 646	50	657	29 655	673 233
2017.05	8 408	241 883	0	0	17 071	256 017	2 809	176 338	78	735	28 366	674 973
2017.06	8 697	248 454	0	0	23 177	260 855	3 992	176 420	35	724	35 901	686 453
2017.07	11 479	257 926	0	0	20 488	265 802	6 648	178 363	115	839	38 730	702 930
2017.08	13 987	262 346	0	0	21 860	269 847	6 633	179 691	65	913	42 545	712 797
2017.09	7 317	267 832	0	0	27 257	272 811	6 300	181 165	100	1 008	40 974	722 816

	政府债券		中央银行票据		金融债券		公司信用类债券		国际机构债券		各类债券合计	
	发行	余额	发行	余额	发行	余额	发行	余额	发行	余额	发行	余额
2017.10	7 053	272 800	0	0	18 023	272 592	4 786	182 043	10	998	29 872	728 433
2017.11	8 013	278 779	0	0	24 206	276 525	5 621	182 964	50	1 013	37 890	739 281
2017.12	2 772	281 538	0	0	24 850	278 301	3 908	183 252	0	1 013	31 530	744 104
累计	83 513		0		258 055		56 350		573		398 491	

注：公司信用类债券包括非金融企业债务融资工具、企业债券、公司债、可转债等。

数据来源：http://www.pbc.gov.cn/eportal/fileDir/defaultCurSite/resource/cms/2018/01/20180124144848868504.htm.

2. 股票

股票是股份公司为筹集资本而发行的，证明持有人按其持有的股份享受权益和承担义务的可转让凭证。股票具有收益性、风险性、流通性、无期限性的特点。普通股持有者拥有参与管理权，可凭借其出资的资本额，获得相应的收益，同时承担经营造成的风险。股票是一种虚拟资本，它作为资本证券既不是真实资本，也不是实物资本。

股票是股东的所有权凭证。股票之所以有价值，是因为它能给持有者带来收益。正因如此，股票在交易中才具有了价格。股票发行时的价格可以等于面值，但多数情况下高于面值。计算股票价格的基本公式为：

$$股票价格＝股票收益/市场利率$$

影响股票价格的因素很多，如每股收益、市场利率、股票的质量，此外宏观经济因素、物价变动、财政金融政策、股票供求关系、人为的投机、社会心理及政治军事因素等都对股票价格有不同程度的影响。

10.3.3　证券的发行市场与流通市场

1. 证券发行市场

证券发行市场，又称为一级市场或初级市场，是新证券发行活动的总称，即发行新证券的市场。通过发行市场，筹资者（发行者）将其新发行的证券销售给初始投资者。

证券发行市场的内容有：证券发行市场的主体，一般包括发行者、认购者和中介机构。证券发行必须依照国家法律规定的程序进行。证券发行方式有公募和私募两种：公募发行方式是指证券发行者委托金融中介机构作为承购商，面向社会广泛的不特定的投资者公开出售有价证券；私募发行方式是指证券发行者只面向少数特定的投资者发售证券。证券评级，是指根据证券发行人的信用、财务、证券风险、对证券支付报酬的确定性等情况进行分析研究，作出综合的估价。其作用不仅在于为发行者开拓销路，而且有助于监督证券发行质量，维持证券市场秩序，帮助投资人降低风险。

2. 证券流通市场

证券流通市场，又称为二级市场或次级市场，是已发行的证券交易活动的总称，即已发行证券的交易市场。

证券流通市场的内容有：证券流通市场的参与者，包括证券的买卖双方和中介人，有证券经纪人、证券商和掮客。证券经纪人作为客户的代理人，只代客户买卖证券，不承担任何风险，并以佣金的形式向客户收取报酬。证券商，是指买卖证券的商人。他们自己从事证券的买卖，从贱买贵卖中赚取差价，作为经营利润。证券商人与经纪人的区别在于他们是自营证券、自负盈亏、自担风险的。捎客，是交易所经纪人与外界证券商或客户的中介，又叫第二经纪人。他们不能进入交易所经营，主要任务是接受证券交易者的委托，再委托给交易所内的经纪人，或向客户提供有关情况和通报有关消息，从中获取手续费。

　　证券买卖的场所包括：证券交易所，柜台市场，第三市场和第四市场。证券交易所，简称证交所，是指专门的、集中的、有组织的证券买卖双方公开交易的场所。柜台市场，又称店头市场，是指证券商之间，证券商与客户之间在证券交易所之外的某一固定场所，对尚未上市的证券或不足一个成交批量的证券进行交易的场所。第三市场是指在证券交易所登记上市的证券，又在证券交易所之外进行交易的场外交易市场，这个市场的交易主体主要是一些机构投资者，如银行的信托部、保险公司等。这一市场的好处是节省巨额的佣金、费用，降低了交易成本。第四市场是指证券买卖双方不通过经纪人而直接进行大宗交易的场外交易市场。在证券流通市场上证券交易的方式有现货交易、期货交易、期权交易和信用交易。

　　2017 年我国证券市场月交易情况见表 10 - 7。

表 10 - 7　2017 年我国证券市场月交易统计表

	筹资额/亿元	成交量/百万股	成交金额/亿元	总股本/亿股	市价总值/亿元	上市公司数/家	期末收盘指数（Index）	
							上证综数	深证成指
2017.01	1 740	540 556	67 642	49 348	517 248	3 105	3 159	10 052
2017.02	572	646 348	80 836	49 506	538 212	3 137	3 242	10 391
2017.03	965	816 227	115 943	49 757	539 588	3 185	3 223	10 429
2017.04	1 235	734 887	92 082	50 177	527 481	3 223	3 155	10 235
2017.05	549	648 501	81 304	50 891	513 613	3 261	3 117	9 865
2017.06	565	678 445	84 759	51 837	534 322	3 297	3 192	10 530
2017.07	609	830 406	97 612	52 384	542 177	3 326	3 273	10 505
2017.08	666	986 758	117 672	52 624	561 973	3 362	3 361	10 817
2017.09	1 330	885 243	115 101	52 844	569 301	3 399	3 349	11 087
2017.10	934	589 506	79 400	53 044	579 121	3 426	3 393	11 368
2017.11	1 452	811 859	112 035	53 325	564 016	3 462	3 317	10 944
2017.12	1 139	609 349	80 238	53 747	567 086	3 485	3 307	11 040
累计	11 756	8 778 085	1 124 624					

数据来源：http://www.csrc.gov.cn/pub/newsite/sjtj/zqscyb/.

　　发行市场和流通市场共同构成证券市场，两者相辅相成，缺一不可。发行市场是流通市场的基础，任何证券都要通过发行市场才能达到筹资的目的，发行市场是前提。流通市场又直接影响到发行市场的成效，推动新证券的发行。流通市场为投资者提供变现条件和投资机会，使证券市场活跃，从而支持和巩固发行市场。

10.3.4　中国资本市场的层次

　　经过多年的发展，目前中国资本市场已初步形成了一个由场内市场和场外市场两部分构成的多层次资本市场体系。场内市场包括主板（沪市、深市及中小板）、创业板；场外市场包括全国股转系统、区域性股权交易市场。

1）主板市场（一板市场）

主板市场也称为一板市场，指传统意义上的证券市场，是一个国家或地区证券发行、上市及交易的主要场所。主板市场对发行人的营业期限、股本大小、盈利水平、最低市值等方面的要求标准较高，上市企业多为大型成熟企业，具有较大的资本规模以及稳定的盈利能力。

1990年底，上海证券交易所（简称上交所）、深圳证券交易所（简称深交所）在我国相继成立，这是我国设立最早的交易所。2004年5月，深交所在主板市场内设立中小企业板块，主要是为创业板的顺利推出做准备，其上市条件规定的准入门槛除了对规模要求小点之外，其他条件和标准与主板保持一致，从资本市场架构上也从属于一板市场。主板市场是资本市场中最重要的组成部分，很大程度上能够反映经济发展状况，有"国民经济晴雨表"之称。

2）创业板市场（二板市场）

创业板市场又称为二板市场，是地位次于主板市场的二级证券市场，以NASDAQ市场为代表，在我国特指2009年10月上市的深圳创业板。在上市门槛、监管制度、信息披露、交易者条件、投资风险等方面和主板市场有较大区别，主要是服务于具有高科技、高成长性及高附加值的前景广阔、具有发展潜力的中小企业。2012年4月20日，深交所正式发布《深圳证券交易所创业板股票上市规则》，并于5月1日起正式实施，将创业板退市制度方案内容落实到上市规则之中。

3）全国中小企业股份转让系统（新三板市场）

全国中小企业股份转让系统（简称全国股转系统），俗称新三板，是经国务院批准，依据证券法设立的继上交所、深交所之后第三家全国性证券交易场所，也是我国第一家公司制运营的证券交易场所。全国中小企业股份转让系统有限责任公司（简称"全国股转公司"）为其运营机构，2012年9月20日在国家工商总局注册，2013年1月16日正式运营，与主板、中小板、创业板形成了明确的分工，旨在为处于初创期、盈利水平不高的创新性、创业型、成长型中小微企业提供资本市场服务。2016年6月实行新三板分层，分为创新层和基础层。2016年12月19日正式突破10 000家，成为全球第一大股权交易市场。

4）区域性股权交易市场（四板市场）

区域性股权交易市场，俗称四板市场，是为所在省级行政区域内中小微企业提供私募证券、股权融资和转让活动的交易场所。区域性股权市场均由所在地省级人民政府按规定批设和监管，同时向证监会备案，并承担相应风险处置责任。其运营机构，一般称为"股权交易中心""股权交易所""股权托管交易中心"等，是市场的组织者和管理者。

区域性股权市场主要服务于所在行政区域内中小微企业的私募股权市场，致力于为那些尚未步入成熟期同时还没达到更高级别板块上市标准的广大中小微企业提供综合性金融服务。它集区域性、证券性、私募性等特征于一身，门槛相对较低、针对特定投资者协议转让，区别于沪深证券交易所、新三板市场，是我国多层次资本市场体系的重要组成部分，是地方政府扶持中小微企业政策措施的综合运用平台。

为规范发展区域性股权市场，国家相关部门相继出台了多项文件：2011年11月11日《国务院关于清理整顿各类交易场所切实防范金融风险的决定》（国发〔2011〕38号），2012

年 7 月 12 日《国务院办公厅关于清理整顿各类交易场所的实施意见》（国办发〔2012〕37 号），2012 年 8 月 23 日《关于规范证券公司参与区域性股权交易市场的指导意见（试行）》（证监会公告〔2012〕20 号），2017 年 1 月 20 日《国务院办公厅关于规范发展区域性股权市场的通知》（国办发〔2017〕11 号）。

党的十九大报告指出要深化金融体制改革，增强金融服务实体经济能力，提高直接融资比重，促进多层次资本市场健康发展。据统计，截至 2017 年年底，全国共有 40 家区域性股权市场，挂牌企业 2.54 万家，展示企业 7.99 万家，累计融资近 9 125 亿元。区域性股权市场已成为多层次资本市场体系的"塔基"，服务中小微企业发展的重要场所。

10.4　外汇市场和黄金市场

10.4.1　外汇市场的概念

外汇市场是指经营外币和以外币计价的票据等有价证券买卖的市场。国际上因贸易、投资、旅游等经济往来，总不免产生货币收支关系。但各国货币制度不同，要想在国外支付，必须先以本国货币购买外币；另外，从国外收到外币支付凭证也必须兑换成本国货币才能在国内流通。这样就发生了本国货币与外国货币的兑换问题。两国货币的比价称为汇价或汇率。西方国家中央银行为执行外汇政策，影响外汇汇率，经常买卖外汇。所有买卖外汇的商业银行、专营外汇业务的银行、外汇经纪人、进出口商，以及其他外汇供求者都经营各种现汇交易及期汇交易，这一切外汇业务组成一国的外汇市场。

外汇市场是全球最大的金融市场，单日交易额高达 1.5 兆美元。世界上交易量大且有国际影响的外汇市场有伦敦、纽约、巴黎、法兰克福、苏黎世、东京、卢森堡、香港、新加坡、巴林、米兰、蒙特利尔和阿姆斯特丹等。在这些市场上买卖的外汇主要有英镑、美元、欧元、瑞士法郎、加元、日元等货币，其他货币也有买卖，但为数极少。

10.4.2　外汇市场的功能

外汇市场的功能主要表现在以下几个方面。

（1）实现购买力的国际转移。国际贸易和国际资金融通至少涉及两种货币，而不同的货币对不同的国家形成购买力，这就要求将本国货币兑换成外币来清理债权债务关系，使购买行为得以实现。这种兑换就是在外汇市场上进行的。外汇市场所提供的就是这种购买力转移交易得以顺利进行的机制，它的存在使各种潜在的外汇售出者和外汇购买者的意愿能联系起来。同时，由于发达的通信工具已将外汇市场在世界范围内联成一个整体，使得货币兑换和资金汇付能够在极短时间内完成，购买力的这种转移变得迅速和方便。

（2）提供资金融通。外汇市场向国际间的交易者提供了资金融通的便利。外汇的存贷款业务集中了各国的社会闲置资金，从而能够调剂余缺，加快资本周转。外汇市场为国际贸易的顺利开展提供了保证，当进口商没有足够的现款提货时，出口商可以向进口商开出汇票，允许延期付款，同时以贴现票据的方式将汇票出售，拿回货款。外汇市场便利的资金融通功能也促进了国际借贷和国际投资活动的顺利进行。美国发行的国库券和政府债券中很大部分是由外国官方机构和企业购买并持有的,这种证券投资在脱离外汇市场的情况下是不可想象的。

(3) 提供外汇保值和投机的机制。在以外汇计价成交的国际经济交易中,交易双方都面临着外汇风险。由于市场参与者对外汇风险的判断和偏好的不同,有的参与者宁可花费一定的成本来转移风险,而有的参与者则愿意承担风险以实现预期利润,由此产生了外汇保值和外汇投机两种不同的行为。在金本位和固定汇率制下,外汇汇率基本上是平稳的,因而就不会形成外汇保值和投机的需要及可能。而浮动汇率下,外汇市场的功能得到了进一步的发展,外汇市场的存在即为套期保值者提供了规避外汇风险的场所,又为投机者提供了承担风险、获取利润的机会。

10.4.3 外汇市场的分类

1) 按外部形态分类

按外部形态分类,外汇市场可分为无形外汇市场和有形外汇市场。

无形外汇市场,也称为抽象的外汇市场,是指没有固定、具体场所的外汇市场。这种市场最初流行于英国和美国,故其组织形式被称为英美方式。现在,这种组织形式不仅扩展到加拿大、东京等其他国家和地区,而且也渗入到欧洲。除了个别欧洲大陆国家的一部分银行与顾客之间的外汇交易还在外汇交易所进行外,世界各国的外汇交易均通过现代通信网络进行。无形外汇市场已成为今日外汇市场的主导形式。

有形外汇市场,也称为具体的外汇市场,是指有具体的固定场所的外汇市场。这种市场最初流行于欧洲大陆,故其组织形式被称为大陆方式。在自由竞争时期,西方各国的外汇买卖主要集中在外汇交易所。但进入垄断阶段后,银行垄断了外汇交易,致使外汇交易所日渐衰落。

2) 按所受管制程度分类

按外汇所受管制程度分类,外汇市场可分为自由外汇市场、外汇黑市和官方市场。

自由外汇市场是指政府、机构和个人可以买卖任何币种、任何数量外汇的市场。其特点:一是买卖的外汇不受管制;二是交易过程公开。例如,美国、英国、法国、瑞士的外汇市场皆属于自由外汇市场。

外汇黑市是指非法进行外汇买卖的市场。其特点是:第一,是在政府限制或法律禁止外汇交易的条件下产生的;第二,交易过程具有非公开性。由于发展中国家大多执行外汇管制政策,不允许自由外汇市场存在,所以这些国家的外汇黑市比较普遍。

官方市场是指按照政府的外汇管制法令来买卖外汇的市场。这种外汇市场对参与主体、汇价和交易过程都有具体的规定。在发展中国家,官方市场较为普遍。

3) 按买卖的范围分类

按外汇买卖的范围分类,外汇市场可分为外汇批发市场和外汇零售市场。外汇批发市场是指银行同业之间的外汇买卖行为及其场所。外汇零售市场是指银行与个人及公司客户之间进行的外汇买卖行为及场所。

10.4.4 外汇市场的参与者

外汇市场的参与者,主要包括外汇银行、客户、外汇经纪商、中央银行及其他政府机构。

（1）外汇银行。外汇银行，也称为外汇指定银行，是指经过本国中央银行批准，可以经营外汇业务的商业银行或其他金融机构。外汇银行可分为三种类型：①专营或兼营外汇业务的本国商业银行；②在本国的外国商业银行分行及本国与外国的合资银行；③其他经营外汇买卖业务的本国金融机构，如信托投资公司、财务公司等。

外汇银行是外汇市场上最重要的参与者。在美国，十几家设在纽约以及几十家设在别的主要城市的大型商业银行，实际上充当着做市商（market maker）的角色。由于它们经常在外汇市场上大规模地进行各种货币的买卖，使得外汇市场得以形成并顺利运转。截至 2017 年年末，中国外汇市场上已有 34 家做市商，其中包括中国银行、中信银行等中资银行。

（2）客户。外汇市场中，凡是与外汇银行有外汇交易关系的公司或个人，都是外汇银行的客户，如国际贸易商、跨国公司、外汇投机者、证券投资者、国际旅游者、出国留学者，等等，他们是外汇市场上的主要供求者，其在外汇市场上的作用和地位，仅次于外汇银行。这些客户中，最重要的是跨国公司，因为跨国公司的全球经营战略涉及许多种货币的收入和支出，所以它们进入外汇市场非常频繁。

（3）外汇经纪商。这是指介于外汇银行之间、外汇银行和其他外汇市场参加者之间，为买卖双方接洽外汇交易而赚取佣金的中间商。外汇经纪商必须经过所在国中央银行的核准方可参与市场交易，他们的主要作用在于提高外汇交易的效率，即成交的速度与价格。

（4）中央银行及其他政府机构。外汇市场上另一个重要的参与者是各国的中央银行。这是因为各国的央行都持有相当数量的外汇余额作为国际储备的重要构成部分，并承担着维持本国货币金融稳定职责，所以中央银行经常通过购入或抛出某种国际性货币的方式来对外汇市场进行干预，以便能把本国货币的汇率稳定在一个希望的水平上或幅度内，从而实现本国货币金融政策的意图。此外，其他政府机构为了不同的经济目的，有时也要进入外汇市场进行交易，如财政部、商业部等。但中央银行是外汇市场上最经常、最重要的官方参与者。

10.4.5　外汇市场的市场工具

外汇市场的交易方式和交易工具种类繁多，市场参与者可以根据自身的需要灵活选取。

（1）即期交易。即期交易，也称现汇交易或现汇买卖，是指外汇交易双方以当时外汇市场的价格成交，并在成交后两个营业日内办理有关货币收付交割的外汇交易。外汇即期交易是外汇市场上最常见、最普遍的买卖形式。由于交割时间较短，所受的外汇风险较小。

（2）远期交易。远期交易是指在外汇买卖成交时，双方先签订合同，规定交易的币种、数额、汇率，以及交割的时间、地点等，并于将来某个约定的时间按照合同规定进行交割的一种外汇方式。远期外汇交易的期限按月计算，一般为 1 个月到 6 个月，也可长达 1 年，通常为 3 个月。

（3）掉期交易。掉期交易，也称互换，是指同时买进和卖出相同金额的某种外汇，但买和卖交割期限不同的一种外汇交易方式。其主要目的在于避免汇率波动的风险。

（4）外汇期货交易。外汇期货交易是指按照合同规定在将来某一指定月份买进和卖出规定金额外币的交易方式。目前，世界主要金融中心都设立了金融期货市场，外汇期货现在已经成为套期保值和投机的重要工具。

（5）外汇期权交易。外汇期权是一种以一定的费用（期权费）获得在一定的时刻或时间内拥有买入或卖出某种外汇的权利的和约。期权合同的买方可以在期权到期日之前按合同约定的汇率买进或卖出约定数量的外汇，但也有不履行这一合同的权利。

在中国外汇交易市场上目前还只有外汇即期交易。由于中国外汇市场条件的不成熟和风险控制技术的不完善，还不能开办外汇远期交易、掉期交易、期货交易和期权交易，但随着中国外汇市场的进一步发展和中国金融改革的逐步完善，上述四种交易将会成为中国外汇市场的主角。

10.4.6　黄金市场

黄金可分为商品性黄金和金融性黄金。前者是指黄金的自然属性及其用途；关于后者的作用，凯恩斯曾经这样评价："黄金在我们的制度中具有重要的作用。它作为最后的卫兵和紧急需要时的储备金，还没有任何其他的东西可以取代它。"——黄金仍是一种具有金融属性的特殊商品。黄金仍是可以被国际接受的继美元、欧元、英镑、日元之后的第五大国际结算货币。

1. 黄金市场的概念

黄金市场（gold market）是集中进行黄金买卖的交易场所。黄金交易与证券交易一样，都有一个固定的交易场所，世界各地的黄金市场就是由存在于各地的黄金交易所构成。黄金交易所一般都是在各个国际金融中心，是国际金融市场的重要组成部分。目前，世界上最主要的黄金市场在伦敦、纽约、芝加哥、苏黎世、香港、东京、新加坡和上海，伦敦黄金市场的价格对世界黄金行市较有影响。在黄金市场上买卖的黄金形式多种多样，主要有各种成色和重量的金条、金币、金丝和金叶等，其中最重要的是金条。大金条量重价高，是专业金商和中央银行买卖的对象；小金条量轻价低，是私人和企业买卖、收藏的对象。金价按纯金的重量计算，即以金条的重量乘以金条的成色。

第二次世界大战后一段时期，由于国际货币基金组织限制其成员的黄金业务，规定各国官方机构不得按与黄金官价（35美元/盎司）相背离的价格买卖黄金，因此西方官方机构绝大部分是通过美国财政部按黄金官价交易的。1968年黄金总库解散，美国及其他西方国家不再按官价供应黄金，听任市场金价自由波动；1971年8月15日美国宣布不再对外国官方持有的美元按官价兑换黄金。从此，世界上的黄金市场就只有自由市场了。世界上约有40多个城市有黄金市场。黄金买卖大部分是现货交易，20世纪70年代以后黄金期货交易发展迅速。但期货交易的实物交割一般只占交易额的2%左右，黄金市场上交易最多的是金条、金砖和金币。

2. 黄金市场的参与者

黄金市场是一个全球性的市场，国际黄金市场的参与者，可分为国际金商、银行、对冲基金等金融机构、各种法人机构、个人投资者以及在黄金期货交易中有很大作用的经纪公司。

（1）国际金商。最典型的国际金商就是伦敦黄金市场上的五大金行，其自身就是一个黄金交易商，由于其与世界上各大金矿和黄金商有广泛的联系，而且其下属的各个公司又与许多商店和黄金顾客联系，因此，五大金商会根据自身掌握的情况，不断报出黄金的买价和卖价。当然，金商要负责金价波动的风险。

（2）银行。黄金市场中的银行又可以分为两类：一种是仅仅为客户代行买卖和结算，本身并不参加黄金买卖，以苏黎世的三大银行为代表，他们充当生产者和投资者之间的经纪人，在市场上起到中介作用；另一种是一些做自营业务的，如在新加坡黄金交易所，就有多家自营商会员是银行。

（3）对冲基金。近年来，国际对冲基金（hedge fund）尤其是美国的对冲基金活跃在国际金融市场的各个角落。在黄金市场上，几乎每次大的下跌都与基金公司借入短期黄金在即期黄金市场抛售和在纽约商品交易所黄金期货交易所构筑大量的淡仓有关。一些规模庞大的对冲基金利用与各国政治、工商和金融界千丝万缕的联系往往较先捕捉到经济基本面的变化，利用管理的庞大资金进行买空和卖空从而加速黄金市场价格的变化并从中渔利。

（4）各种法人机构和个人投资者。既包括专门出售黄金的公司，如各大金矿、黄金生产商、黄金制品商、首饰行以及私人购金收藏者等，也包括专门从事黄金买卖的投资公司、个人投资者等。从对市场风险的喜好程度分，又可分为避险者和冒险者。前者希望黄金保值而回避风险，希望将市场价格波动的风险降低到最低程度，如黄金生产商、黄金消费者等；后者则希望从价格涨跌中获得利益，因此愿意承担市场风险，如各种对冲基金等投资公司。

（5）经纪公司。经纪公司是专门从事代理非交易所会员进行黄金交易，并收取佣金的经纪组织。有的交易所把经纪公司称为经纪行。在纽约、芝加哥、香港等黄金市场里有很多经纪公司，他们本身并不拥有黄金，只是派出场内代表在交易厅里为客户代理黄金买卖，收取客户的佣金。

3. 世界黄金市场的交易服务模式

1）欧式黄金交易

这类黄金市场里的黄金交易没有一个固定的场所。在伦敦黄金市场，整个市场是由各大金商、下属公司之间的相互联系组成，通过金商与客户之间的电话、电传等方式进行交易。五大金行定出当日的黄金市场价格，该价格一直影响纽约和香港的交易。市场黄金的供应者主要是南非。1982 年以前，伦敦黄金市场主要经营黄金现货交易。1982 年 4 月，伦敦期货黄金市场开业。目前，伦敦仍是世界上最大的黄金市场。

在苏黎世黄金市场，则由三大银行（瑞士银行、瑞士信贷银行和瑞士联合银行）为客户代为买卖并负责结账清算。伦敦和苏黎世市场上的买家和卖家都是较为保密的，交易量也都难以真实估计。

2）美式黄金交易

这类黄金市场实际上建立在典型的期货市场基础上，其交易类似于在该市场上进行交易的其他商品。期货交易所作为一个非营利性机构，本身不参加交易，只是为交易提供场地、设备，同时制定有关法规，确保交易公平、公正地进行，对交易进行严格监控。目前，美国黄金市场中，芝加哥商业交易所集团（CME Group）[①] 旗下的纽约商品交易所（COMEX）和芝加哥商品交易所（CME）不仅是美国黄金期货交易的中心，也是世界最大的黄金期货交易中心。两大交易所对黄金现货市场的金价影响很大。

3）亚式黄金交易

这类黄金交易一般有专门的黄金交易场所，同时进行黄金的现货和期货交易。交易实行会员制，只有达到一定要求的公司和银行才可以成为会员，并对会员的数量配额有极为严格的控制。虽然进入交易场内的会员数量较少，但是信誉极高。如香港金银业贸易场、东京工

---

① 2008 年 3 月 17 日，芝加哥商业交易所集团（CME Group）与纽约商品交易所（COMEX）达成协议，芝加哥商业交易所集团以股票加现金的方式实现对后者的收购，涉及资金约 94 亿美元。

业品交易所、新加坡黄金所和上海黄金交易所。

表 10 - 8 反映了 2001—2017 年中国黄金和外汇储备情况。

表 10 - 8　2001—2017 年中国黄金和外汇储备情况

年份	2001	2002	2003	2004	2005	2006	2007	2008	2009
黄金储备/万盎司	1 608	1 929	1 929	1 929	1 929	1 929	1 929	1 929	3 389
外汇储备/亿美元	2 121.7	2 864.1	4 032.5	6 099.3	8 188.7	10 663.4	15 282.5	19 460.3	23 991.5
年份	2010	2011	2012	2013	2014	2015	2016	2017	2018.6
黄金储备/万盎司	3 389	3 389	3 389	3 389	3 389	5 666	5 924	5 924	5 924
外汇储备/亿美元	28 473.4	31 811.5	33 115.9	38 213.2	38 430.2	33 303.6	30 105.2	31 399.4	22 125.6

资料来源：http://www.pbc.gov.cn/diaochatongjisi/resource/cms/2018/01/20180107 14074812045.html.

10.5　金融衍生工具市场

金融衍生工具（financial derivatives），是从原生金融工具中派生出来的，是具有自身价值的金融商品，其价值取决于作为合约标的物的原生金融工具或指数的变动状况。原生金融产品主要包括外汇、债券、股票、货币、存单等金融资产及外汇汇率、债务工具的价格、股票价格或股票指数、利率等金融资产价格。最常见的金融衍生工具有远期合约、期货、期权和互换这四种类型。

金融衍生工具的特点：①杠杆投资效应。投资者用少量资金"撬动"了大规模的资金交易。②虚拟性。金融衍生工具取得的收益来自于其原生商品（实物、货币）的价格变化或其本身虚拟资本（债券、股票）的价格变化。③高风险性。金融衍生工具具有双刃剑作用，一方面，有利于规避金融风险；另一方面，其所具有的投机成分会给投资者带来巨大损失。

10.5.1　远期合约

1. 远期合约概述

远期合约（forward contracts）是 20 世纪 80 年代初兴起的一种保值工具，它是指合约双方约定在未来某一日期，按照约定的价格交割特定数量的某种标的资产的一种金融衍生工具。一份金融远期合约由以下几部分构成：标的资产、远期交割日期、合约买卖方、交割数量和远期价格。同意以约定的价格卖出标的资产的一方，称为空头；同意以约定价格买入标的资产的一方，称为多头。

远期合约是必须履行的协议，不像可选择不行使权利（即放弃交割）的期权。远期合约亦与期货不同，其合约条件是为买卖双方量身定制的，通过场外交易（OTC）达成，而期货则是在交易所买卖的标准化合约。远期合约规定了将来交换的资产、交换的日期、交换的价格和数量，合约条款因合约双方的需要的不同而不同。远期合约主要有远期利率协议、远期外汇合约、远期股票合约。

远期合约除了具有以上提到的一般衍生工具的特点外，还具有一些其他特点。如远期合约一旦被订立，合约中指明的交割条件（价格、数量、时间）对于双方来说既是权利也是义务，买卖双方必须保证资产按条款交割；买卖方的权利和义务是对等的，因此远期合约在订立时本身没有价值，任何一方都不必向另一方进行价值支付或者补偿；远期合约一般在场外市场交易，缺乏有效的信用保证体系，因此远期合约交易方一般都面临比较高的违约风险。

远期交易的缺点：耗费成本高，流动性弱，具有较高的违约风险。

2. 远期合约价格的确定

原则上，计算远期价格是指交易时的即期价格加上持有成本（carry cost），即

$$远期价格＝即期或现金价格＋持有成本$$

根据商品的情况，持有成本要考虑的因素包括仓储、保险和运输等。

尽管在金融市场中的交易与在商品市场中的交易有相似之处，但它们之间也存在很大的差别。例如，如果远期的石油价格很高，在即期市场上买进一油轮的石油并打算在将来卖掉的行动似乎是一项很有吸引力的投资。

一般来说，商品市场对供求波动更为敏感。例如，收成会受到气候和自然灾害的影响，商品消费会受到技术进步、生产加工过程及政治事件的影响。事实上，许多商品市场使用的交易工具是在生产者与消费者之间直接进行交易，而不是提供套期保值与投机交易的机会。

然而，在商品市场中也存在基础金属、石油和电力的远期合约，在船运市场中用到了远期货运协议（FFAs）。

3. 远期合约与近期合约的风险性比较

远期合约较近期合约来说，交易周期长，时间跨度大，所蕴含的不确定性因素多，加之远期合约成交量及持仓量不如近期合约大，流动性相对差一些。因此，远期合约价格波动更为剧烈且频繁。

10.5.2　期货

1. 什么是期货合约

18 世纪的日本丝绸交易市场首先开始了标准化的远期合约交易——期货交易。目前在世界主要金融市场上，期货交易已经成为商品和金融资产的一种最重要的交易方式。

期货合约（futures contracts）指协议双方约定在将来的某一特定时间按约定条件买入或者卖出一定数量的某种标的资产的标准化协议。期货合约的实质与远期合约是一样的，就是交易双方就某个标的资产的远期交割进行事先的约定，主要是锁定其交割价格、交割数量和交割时间。

期货合约与远期合约的区别主要有：①期货合约有标准化的交易场所，远期合约则在场外进行交易；②期货合约交易的是标准化的合约，远期合约是按交易双方的意愿磋商形成的，不具标准化；③期货合约交易不存在违约风险，远期合约具有很高的违约风险；④期货合约交易需要缴纳一定的保证金，远期合约交割日之前通常没有现金的支付；⑤期货合约交易实际交割率很低，一般在到期前进行对冲了结，远期合约到期时大多进行实际交割。

2. 期货交易的功能

（1）价格发现。期货交易有高连续性和交易透明的特点，价格能及时反映市场信息，有

助于指导现货价格的变化。

（2）分散风险。交易者可以利用期货市场实现套期保值。套期保值的中心思想是：创造一个反向交易来规避未来价格波动的风险。具体而言，当交易人购买了某一金融资产，即取得了多头地位时，他就可以出售该金融资产，取得该金融资产的空头地位。这样，无论未来价格如何变化，他都可以减少损失，降低风险。

（3）投机。期货交易与实物交割相分离，交易者不考虑手中是否有标的的资产存货，投机者的目的仅仅在于获取价格变动带来的收益。

3. 金融期货的种类

金融期货（financial futures）是指以金融工具为标的物的期货合约。金融期货作为期货交易的一种，具有期货交易的一般特点。但与商品期货相比，其合约标的物不是实物商品，而是传统的金融商品，如证券、货币、汇率、利率等。

金融期货交易产生于 20 世纪 70 年代的美国市场。1972 年，美国芝加哥商品交易所的国际货币市场开始国际货币的期货交易，标志着金融期货这一新的期货类别的诞生。现在，芝加哥商品交易所、纽约期货交易所和纽约商品交易所等都进行各种金融工具的期货交易，货币、利率、股票指数等都被作为期货交易的对象。目前，金融期货交易在许多方面已经走在商品期货交易的前面，占整个期货市场交易量的 80% 以上，成为西方金融创新成功的例证。

金融期货一般分为三类：外汇期货、利率期货和股票指数期货。

1）外汇期货

外汇期货是为了规避外汇汇率波动风险而产生和发展起来的最早的金融期货。期货合约是高度标准化的合约，在交易中，对于不同的外汇币种，合约条款有关交易单位、最小变动价位、每日波动限制等都不相同。外汇期货合同可以在到期时以实际的外币进行交割，也可以在到期前冲销合同。

外汇期货合约有美元、英镑、欧元、日元和瑞士法郎等。主要交易场所有芝加哥商品交易所国际货币市场分部、中美商品交易所、费城期货交易所等。

2）利率期货

利率期货是指期货合同代表的金融工具是各种长短期债务证券，可以用来防范利率风险。主要包括国库券期货、欧洲美元期货、定期存单期货等短期利率期货，以及中长期国债期货、美国国民抵押协会抵押证券和市政公债等中长期利率期货。主要交易场所有芝加哥期货交易所、芝加哥商品交易所国际货币市场分部、中美商品交易所。

3）股票指数期货

股票指数期货（stock index futures）是指以股票价格指数作为标的物的金融期货合约。在具体交易时，股票指数期货合约的价值是用指数的点数乘以事先规定的单位金额来加以计算的，如标准普尔指数规定每点代表 500 美元，香港恒生指数每点为 50 港元等。股票指数合约交易一般以 3 月、6 月、9 月、12 月为循环月份，也有全年各月都进行交易的，通常以最后交易日的收盘指数为准进行结算。

股票指数期货交易的实质是投资者将其对整个股票市场价格指数的预期风险转移至期货市场的过程，其风险是通过对股市走势持不同判断的投资者的买卖操作来相互抵消的。它与股票期货交易一样都属于期货交易，只是股票指数期货交易的对象是股票指数，是以股票指数的变动为标准，以现金结算，交易双方都没有现实的股票，买卖的只是股票指数期货合约，而且在任何时候都可以买进卖出。

目前，世界上著名的股票指数期货有：标准普尔 500 指数（S&P 500 Index）、道琼斯股价指数（Dow Jones Stock Price Indexes）、纽约证券交易所（NYSE）的综合股票指数、堪萨斯期货交易所（KCBT）价值线综合指数（Value Line Index）、芝加哥商品交易所集团（CME Group Inc.）的主要市场指数（MMI）、英国金融时报股票指数、日经 225 股票指数、香港恒生指数等。中国的沪深 300 股指期货合约自 2010 年 4 月 16 日起已正式上市交易。

10.5.3　期权

1. 期权的定义及其种类

期权（option）是在期货的基础上产生的一种金融工具。本质上讲，期权实质上是在金融领域中将权利和义务分开进行定价，使得权利的受让人在规定时间内对于是否进行交易行使其权利，而义务方必须履行。在期权交易时，购买期权的合约方称作买方，而出售合约的一方则叫作卖方。买方即是权利的受让人，而卖方则是必须履行买方行使权利的义务人。

期权合同包括四个要素：期权的有效期、期权的执行价格、期权的标的物、期权费（权利金）。期权可以按照不同的标准分为以下几种类型。

（1）按期权所赋予的权利不同，分为看涨期权和看跌期权。看涨期权（call option），也称买权，合约规定，拥有期权者可以在规定的时间，以执行价格从期权出售者手中买入一定数量的金融资产。看跌期权（put option），又称卖权，合约规定，期权持有者可在规定的时间，以执行价格向期权出售者卖出一定数量的金融资产。当然，持有者也可放弃期权的执行，届时他损失的仅仅是期权购买费。

（2）按期权的执行时间不同，分为欧式期权和美式期权。欧式期权（European option）只允许期权持有者在到期日当天行使期权；而美式期权（American option）则允许期权持有者在到期日之前的任一营业日均可行使期权。由于美式期权为期权持有者提供了更多的机会，因此它的持有者往往需支付更高的期权费。

（3）按期权标的资产的不同，分为股票期权、外汇期权、利率期权、指数期权和期货期权等。

2. 期权合约的交易

期权合约主要在场内进行交易，拥有标准化的期权合约，交易双方仅需要就合约价格达成协议既可。目前在交易所交易的期权合约主要有以下几种。

（1）指数期权。交易的标的物是股价指数。到期时交易双方仅仅结算现金损益。

（2）期货期权。交易的标的物是期权合约。

（3）利率期权。交易的标的物是债券。

（4）外汇期权。交易的标的物是外币，以汇率为价格。

3. 期权交易与期货交易的关系

期权交易与期货交易之间既有区别又有联系。

（1）两者均是以买卖远期标准化合约为特征的交易。

（2）在价格关系上，期货市场价格对期权交易合约的敲定价格及权利金确定均有影响。一般来说，期权交易敲定的价格是以期货合约所确定的远期买卖同类商品交割价为基础的，而两者价格差额又是权利金确定的重要依据。

（3）期货交易是期权交易的基础。交易的内容一般均为是否买卖一定数量期货合约的权利。期货交易越发达，期权交易的开展就越具有基础，因此，期货市场发育成熟和规则完备为期权交易的产生和开展创造了条件。期权交易的产生和发展又为套期保值者和投机者进行期货交易提供了更多可选择的工具，从而扩大和丰富了期货市场的交易内容。

（4）期货交易可以做多做空，交易者不一定进行实物交收。期权交易同样可以做多做空，买方不一定要实际行使这个权利，只要有利，也可以把这个权利转让出去。卖方也不一定非履行不可，可在期权买入者尚未行使权利前通过买入相同期权的方法来解除他所承担的责任。

（5）由于期权的标的物为期货合约，因此期权履约时买卖双方会得到相应的期货。

10.5.4　互换

"互换"（swaps）是指交易双方达成协议，约定在未来某个时间以事先约定的方法交换一系列现金流的金融衍生合约。互换交易主要用来降低长期资金筹措成本，并对利率和汇率等风险进行防范，因此，互换交易既是融资工具的创新，也是金融风险管理的新手段。

互换交易是基于不同投资者在不同资金市场上有不同比较优势的情况而产生的，是交易双方比较利益驱动的结果，目的在于降低融资成本。

按基础资产的种类，互换交易可分为利率互换和货币互换。

（1）利率互换。利率互换（interest rate swaps）是指交易的一方同意在未来的一定期限内按照事先商定的固定利率，以一笔确定的名义本金为基础，支付一系列的利息给另一方；交易的另一方在同样的期限内按照某一浮动利率在同样的名义本金基础上支付一系列的利息给对方。

在利率互换中，浮动利率以伦敦银行同业拆借利率（LIBOR）为基准，参与交易的各方根据各自的情况在 LIBOR 之上附加一定的加息率作为浮动利率。在利率互换中，不交易本金，只是互换不同形式的利率。2017 年，人民币利率互换市场达成交易 138 410 笔，同比增长 57.6%；名义本金总额为 14.4 万亿元，同比增长 45.3%。从期限结构来看，1 年及 1 年期以下交易最为活跃，名义本金总额达 11.1 万亿元，占总量的 76.9%。从参考利率来看，人民币利率互换交易的浮动端参考利率主要包括 7 天回购定盘利率和 Shibor，与之挂钩的利率互换交易名义本金占比分别为 79.0% 和 20.6%。

（2）货币互换。货币互换（currency swaps）是指交易双方按照既定的汇率交换两种货币，并约定在将来一定期限内按照该汇率相互购回原来的货币。最简单的货币互换是用一种货币的本金和固定利率利息支付与另一种货币的本金和固定利率利息支付进行交换。与利率交换不同的是，货币互换要求订立日和到期日都有本金的互换，本金的互换比率与订立日时两种货币的汇率一致。

本 章 小 结

● 广义的金融市场泛指所有融资活动，包括金融机构存贷款、有价证券的发行和买卖、票据抵押和贴现、黄金的买卖、外汇的买卖，以及信托、租赁、保险等。而狭义的金融市场，则主要指通过买卖票据、有价证券而进行的融资活动。

● 金融市场的交易主体即资金供给者、资金需求者和调控、监管者。

● 金融市场的基本功能表现在融资功能、资本积累功能、宏观调控功能和实现风险分散和风险转换。

● 货币市场的特征是风险性低和流动性高。

● 货币市场主要包括同业拆借市场、商业票据市场、国库券市场及大额定期存单市场、回购协议市场。

● 资本市场是指长期资金交易的场所，是相对于货币市场而言的一种金融市场。

关键概念

金融市场　金融工具　期票　汇票　同业拆借　回购协议　债券　股票　期货　期权

思考与练习

1. 金融市场的类型有哪些？

2. 金融市场的含义是什么？金融市场与商品市场相比有哪些特征？

3. 金融市场有哪些功能？

4. 什么是直接融资和间接融资？二者有什么利弊？

5. 分析期货和期权市场与远期交易之间的区别。

6. 简述套期保值的基本原理。

7. 如何健全中国的金融市场？

【阅读材料】

Shibor 十年：探索与实践

为推进利率市场化改革，健全市场化利率形成和传导机制，培育货币市场基准利率，2007 年中国人民银行正式推出了上海银行间同业拆借利率（Shibor）。十年来，Shibor 已经成长为我国认可度较高、应用较广泛的货币市场基准利率之一。

（1）Shibor 基准性明显提升，比较有效地反映了市场流动性松紧。短端 Shibor 与拆借、回购交易利率的相关性均在 80％以上，并维持较窄价差，其中隔夜 Shibor 与隔夜拆借、回购交易利率的相关性高达 98％；中长端 Shibor 得益于同业存单市场的发展壮大，基准性也有显著增加，Shibor3M 与 3 个月同业存单发行利率的相关系数高达 95％。

（2）Shibor 产品创新取得进展，应用范围不断扩大。目前 Shibor 已被应用于货币、债券、衍生品等各个层次的金融产品定价，部分商业银行也依托 Shibor 建立了较完善的内部转移定价（FTP）机制，金融体系内以 Shibor 为基准的定价模式已较为普遍。

（3）Shibor 与实体经济联系日趋紧密，越来越多地发挥了传导货币政策和优化资源配置的作用。通过 Shibor 挂钩理财产品、Shibor 浮息债、非金融企业参与的 Shibor 利率互换交易等渠道，Shibor 较好地将货币政策信号传导至实体经济，并随着直接融资比重提升和多层次资本市场建立完善，进一步发挥优化资源配置的作用。

Shibor 的创设借鉴了伦敦银行间同业拆借利率（Libor）等国际基准利率。比较而言，Shibor 在报价和计算方法上与 Libor 类似，但在制度安排上更加注重与中国实际相结合，具有较为明显的特点。

（1）更加注重报价监督管理。围绕全国银行间同业拆借中心（以下简称交易中心）等核心基础设施打造的统一集中的银行间市场，是我国相比于国际上其他场外市场的独特优势。在人民银行的指导下，交易中心作为 Shibor 指定发布人，充分发挥其优势，密切监测 Shibor 走势与报价情况，督促报价行提高报价质量。2013 年，人民银行指导建立市场利率定价自律机制（以下简称自律机制），并专门下设 Shibor 工作组，进一步加强对 Shibor 报价的监督管理。

（2）始终强调报价成交义务。鼓励报价行以真实交易为定价基础，并引入报价考核机制，按年对报价行予以考核并施行优胜劣汰，有效发挥激励约束机制作用。

（3）交易基础支撑不断拓展。2007—2016 年，我国拆借市场交易量年均增幅达 28% 左右。2013 年推出同业存单以来，同业存单市场发展迅速，且均以 Shibor 作为定价基准。随着我国金融市场向纵深发展，Shibor 的交易基础不断拓展和夯实。

（4）报价形成机制持续优化。2012 年，Shibor 报价行由 16 家增加至 18 家，并调整计算方式，由剔除最高、最低各 2 家报价调整为各剔除 4 家，进一步扩大了 Shibor 的代表性。同时，通过优化调整报价发布时间，使 Shibor 更好反映市场利率变化，增强其基准性和公信力。

2012 年以来，由于国际金融危机后无担保拆借市场规模有所下降，以及部分报价行操纵 Libor 报价案件等原因，国际社会开始着手改革以 Libor 为代表的金融市场基准利率体系。2017 年 7 月，英国金融行为管理局（FCA）宣布将从 2021 年起不再强制要求 Libor 报价行开展报价，届时 Libor 可能不复存在，未来英国将逐步转向基于实际交易数据的 SONIA（英镑隔夜平均利率）作为英镑市场基准利率。另有一些国家和地区的中央银行（如欧央行、日本央行）采取了更加中性、多元的做法：一方面研究引入基于实际交易数据的无风险利率，丰富市场基准利率体系，允许存在多个基准利率；另一方面改革 Euribor、Tibor 等基于报价的基准利率，引入瀑布法等混合方法，提高银行间拆借利率（IBOR）报价的可靠性和基准性。

第11章 金融机构体系

【学习目标】

学完本章后，你应该能够：

- 知晓金融机构的概念、功能及分类；
- 理解中国金融机构体系的构成；
- 理解商业银行的性质、职能、组织制度；
- 理解中央银行的性质、特征及职能；
- 了解互联网金融的概念及特征。

11.1 金融机构的功能与分类

金融机构，也称为金融中介或金融中介机构，是专门从事各种金融活动的组织机构。金融机构有狭义和广义之分。狭义的金融机构是指那些专门经营货币和从事信用等金融性服务活动的营利性机构或组织；广义的金融机构还包括金融监管机构和国际金融机构。

11.1.1 金融机构的功能

金融机构是资金盈余者和需求者之间的桥梁，是金融体系的重要组成部分，在整个国民经济运行和金融活动中发挥着不可替代的重要作用。

1）提供信用中介

实际生活中，资金供需双方在资金的数量、期限、范围等问题上往往很难达成一致，金融机构通过吸收存款或发行债券，可使大量分散的短期资金汇集起来并转化为长期资金，以满足借款人长期大量资金的需求。这种"集零为整，续短为长"的信用中介功能解决了资金供给与需求间的数量、期限等匹配问题，有利于提高资金融通效率，是金融机构的基本功能。

2）降低交易成本

交易成本主要是指从事交易所花费的时间和金钱。交易成本的高低与交易规模、专业化水平直接相关。相对于个体借贷者而言，金融机构作为专业的资金中介机构，可以集聚到各种期限和规模的资金，资金供应能力增强，资金的价格也随之降低，可发挥专业化、规模化的经济优势，使借款人的资金需求在合理的利率水平上得到满足，从而促使整个交易成本的降低。当然，各类金融机构在规模经营和控制成本的过程中，因专业化运作方式不同，降低交易成本的方式也各不相同。

3）分散投资风险

任何投资都可能面临风险。如果投资时将"鸡蛋都放进一个篮子"，则有可能使投资完全不能收回，投资风险极大。若资金分散投资，投向多个企业，一个企业的破产只会使投资者损失一部分的投资，投资风险相对缩小。单个的投资者由于资金量小等原因，很难进行有效的分散化投资。金融机构由于集中了大量的资金，又有专业化的投资队伍，可有效地进行分散化投资来降低风险。金融机构规模足够大时，可以突破地域、行业、资金额的限制，从而使投资风险进一步降低。如大型金融机构可以在国际市场进行借贷活动，可以有效地规避个人难以规避的国内政治风险等不利因素。

4）提供支付结算等金融服务

金融机构通过其创造的各种金融工具，如支票、信用卡、电子转账等各种结算服务，为国民经济各部门和个人进行交易的支付结算提供便利。此外，随着网络、人工智能等技术的发展和社会需求的多样化，金融机构提供的金融服务等业务越来越广泛，如债权债务清算，账户往来，信用担保，投资咨询，资信评估，投资项目推介，保险和信托等多种交易类、金融咨询类服务等。

5）货币政策传导

金融机构的资产负债业务直接影响国民经济的信贷活动，是货币政策效应传递的重要渠道和中介。特定的金融机构（如商业银行）具有货币创造和信用扩张的能力，在货币政策传递机制中起关键性作用，对中央银行货币政策的有效性具有重要影响。

从金融机构的产生、发展过程来看，虽然不同金融机构的主要功能有所差异，或不同时期同类金融机构的功能也有强弱之分，但从金融机构整体和现实的角度考察，金融机构的功能是多样化的，其发挥作用的方式、效果，以及自身的性质和组织结构都是随条件和环境的变化而变化的。

11.1.2　金融机构的分类

金融机构的种类繁多，依据其功能作用可以大体划分为四大类：监督管理性金融机构、政策性金融机构、商业性金融机构和国际金融机构，如图 11 - 1 所示。每一类机构有自己独特的业务，同时它们的业务又有所交叉和融合。

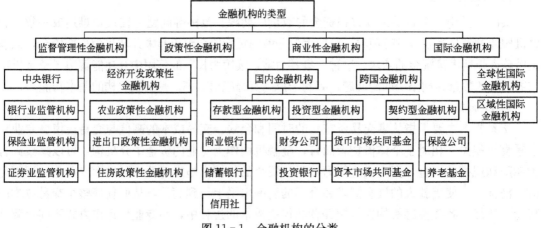

图 11 - 1　金融机构的分类

1. 监督管理性金融机构

金融监管是政府通过特定的机构，如中央银行、证券交易委员会等，对金融交易行为主体作的某种限制或规定。这本质上是一种具有特定内涵和特征的政府规制行为。金融监管可以分成金融监督与金融管理。金融监督指金融主管当局对金融机构实施的全面性、经常性的检查和督促，并以此促进金融机构依法稳健地经营和发展。金融管理指金融主管当局依法对金融机构及其经营活动实施的领导、组织、协调和控制等一系列的活动。

一个国家金融活动的正常进行需要以良好的金融秩序为前提。维护国家金融秩序的机构便是政策与监管型金融机构。不同国家实行不同的金融监管体制，因而具有不同的监督管理机构。在实行统一监管的国家，所有的金融监管职能集中在一个机构中，比较典型的是由中央银行来承担这些职能。在实行分立监管的国家，通常对银行、证券和保险等主要的金融领域分别设立监管机构进行监管。

中国金融业的监管形成了一个从混业监管到分业监管，再由机构监管到功能监管、混业经营的新监管格局过程。1978 年，中国人民银行从财政部独立出来。1986 年，《中华人民共和国银行管理暂行条例》颁布后，从法律上明确了人民银行作为中央银行和金融监管当局的职责，开始担负起对包括银行、证券、保险、信托在内的整个中国金融业的监管职责。这期间直至 20 世纪 90 年代初期，1992 年国务院证券委员会和证监会成立，1998 年保监会成立，2003 年中国银监会成立，至此，正式形成了由人民银行负责货币政策，银监会、证监会和保监会实施分业监管的"一行三会"格局。2017 年国务院金融稳定发展委员会成立。2018 年国务院机构改革方案提出将中国银监会和中国保监会整合为中国银行保险监督管理委员会（简称银保监会），拟订银行业、保险业重要法律法规草案和审慎监管基本制度的职责划入中国人民银行，形成了新的"一委一行两会"监督管理机构结构。

2. 政策性金融机构

1) 政策性金融机构的概念

政策性金融机构是由政府投资设立，根据政府的决策和意向专门从事政策性金融业务的银行，也称为政策性银行。它主要产生于一国政府提升经济发展水平和安排社会经济发展战略或产业结构调整的政策要求。一般来说，处在现代化建设起步阶段、经济欠发达国家，由于国家财力有限，不能满足基础设施建设和战略性资源开发所需的巨额、长期投资需求，最需要设立政策性金融机构；一些经济结构需要进行战略性调整或升级，薄弱部门和行业需要重点扶持或强力推进的国家，需要设立政策性金融机构，以其特殊的融资机制，将政府和社会资金引导到重点部门、行业和企业，可以弥补单一政府导向的财政的不足，以及单一市场导向的商业性金融的不足。

2) 政策性金融机构的特点

政策性金融机构的主要特点：①有政府的财力支持和信用保证；②不以追求利润最大化为目的；③具有特殊的融资机制，其融资机制既不同于商业性金融机构，也不同于政府财政；④具有特定的业务领域，其服务领域或对象一般是受国家经济和社会发展政策重点或优先保护，需要以巨额、长期和低息贷款支持的项目或企业。

3) 政策性金融机构的类型

政策性金融机构不以营利为目的，根据具体分工的不同，服务于特定的领域。按业务领域和服务对象划分，主要有如下几种。

（1）经济开发政策性金融机构。这是指那些专门为经济开发提供长期投资或贷款的金融机构。它们多以促进工业化、配合国家经济发展振兴计划或产业振兴战略为目的而设立，投资或贷款多以基础设施、基础产业、支柱产业的大中型基本建设项目和重点企业为对象。这种金融机构多冠以"开发银行""复兴银行""开发金融公司"和"开发投资公司"等称谓，如亚洲开发银行、美国复兴金融公司、德国复兴信贷银行、国家开发银行，等等。

国家开发银行（以下简称国开行），成立于1994年，是直属国务院领导的政策性银行，2008年改制为国家开发银行股份有限公司，2015年3月国务院明确其定位为开发性金融机构。国开行主要通过开展中长期信贷与投资等金融业务，为国民经济重大中长期发展战略服务，目前是全球最大的开发性金融机构，中国最大的对外投融资合作银行、中长期信贷银行和债券银行。

（2）农业政策性金融机构。这是指专门为农业提供中长期低利贷款，以贯彻和配合国家农业扶持和保护政策的政策性金融机构。其资金多来源于政府拨款、发行以政府为担保的债券、吸收特定存款和向国内外市场借款，贷款和投资多用于支持农业生产经营者的资金需要、改善农业结构、兴建农业基础设施、支持农产品价格、稳定和提高农民收入等。例如，国际农业发展基金、亚洲太平洋地区农业信贷协会、英国农业信贷公司、法国农业信贷银行、德国农业抵押银行、中国农业发展银行，等等。

中国农业发展银行成立于1994年，是直属国务院领导的中国唯一的一家农业政策性银行，主要职责是按照国家的法律法规和方针政策，以国家信用为基础筹集资金，承担农业政策性金融业务，代理财政支农资金的拨付，为农业和农村经济发展服务。

（3）进出口政策性金融机构。这是指一国为促进进出口贸易，促进国际收支平衡，尤其是支持和推动出口的政策性金融机构。这些金融机构，有的为单纯的信贷机构，有的为单纯的担保和保险机构，有的则为既提供信贷，又提供贷款担保和保险的综合性机构，其宗旨都是为贯彻和配合政府的进出口政策，支持和推动本国出口。这些机构在经营过程中，以国家财力为后盾，由政府提供必要的营运资金和补贴，承担经营风险。例如，美国进出口银行、加拿大出口发展公司、英国出口信贷担保局、法国对外贸易银行、德国出口信贷银行、新加坡出口信贷保险公司、非洲进出口银行、中国进出口银行、中国出口信用保险公司，等等。

中国进出口银行成立于1994年5月，是由国家出资设立，直属国务院领导，支持中国对外经济贸易投资发展与国际经济合作，具有独立法人地位的国有政策性银行。其支持的领域主要包括对外经贸发展和跨境投资，"一带一路"建设、国际产能和装备制造合作，科技、文化以及中小企业"走出去"和开放型经济建设等。

（4）住房政策性金融机构。这是指专门扶持住房消费，尤其是扶持低收入者进入住房消费市场，以贯彻和配合政府的住房发展政策和房地产市场调控政策的政策性金融机构。例如，美国联邦住房贷款银行、美国联邦住房抵押贷款公司、加拿大抵押贷款和住房公司、法国房地产信贷银行、挪威国家住房银行、德国住房储蓄银行、韩国住房银行，等等。

目前，我国住房储蓄金融机构仅有中德住房储蓄银行一家专业性商业银行，尚无国家住房政策性金融机构。2013年，中共十八届三中全会提出，研究建立城市基础设施、住宅政策性金融机构。2017年，国民经济公报中明确提出，研究按照建立住宅政策性金融机构的方向，探讨住房公积金制度改革，支持居民自住需求。2018年国民经济公报进一步提出，要研究设立国家住宅政策性金融机构。

3. 商业性金融机构

商业性金融机构是指以营利为目标的经营性金融机构。它们通过其业务经营，向政府、国民经济的相关部门、企业和居民等提供各种类型的金融产品和服务，从中获取利润并求得发展。其种类繁多，规模庞大，是金融机构最主要的类型，也是最早产生的金融机构类型。根据资产负债的差异，可将其分为：存款型金融机构、投资型金融机构和契约型金融机构。

1）存款型金融机构

存款型金融机构是指主要通过吸收存款来获得资金，通过发放贷款来使用资金，通过赚取存贷款利差获取利润的商业性金融机构。这类机构主要包括：商业银行、储蓄银行和信用社，即通常意义上的"储蓄机构"。随着社会经济发展的需要和金融创新的推进，它们的业务范围也在不断地扩大。从规模上看，虽然存款型金融机构在所有金融机构总资产中的比重近几十年已经大幅下降，但它们仍然是最主要的金融机构类型。

2）投资型金融机构

投资型金融机构主要包括：共同基金、投资银行、财务公司和货币市场共同基金。共同基金根据组织形式的不同，可分为公司型和契约型两种类型；根据共同基金发行的股份份额是否固定及可否被赎回，可分为封闭式基金和开放式基金。这些投资型金融机构具有交易成本较低、金融经验丰富和分散经营等优势。近年来，我国投资型金融机构发展迅速，数量剧增。

3）契约型储蓄机构

契约型储蓄机构通过长期契约协议获得资金，并把它们主要投向资本市场（股票和债务工具）的金融机构。这类机构包括：保险公司、养老基金（退休基金）。绝大多数国家都将人寿保险公司归为储蓄机构。契约协议要求保险单持有者和养老参与者定期缴纳一定的资金，所以这些机构拥有相对稳定的资金来源。此外，资金的流入和流出都是相对稳定并可预期，因而对这些机构的资产管理并无较高的流动性要求。

4. 国际金融机构

国际金融机构是多国共同建立的金融机构的总称。分为区域性和全球性国际金融机构。二战前，为处理德国战争赔款问题，曾在欧洲建立了国际清算银行，这是第一个国际金融机构。二战后，形成了以美元为中心的国际货币体系，并成立了国际货币基金组织、世界银行等国际金融机构，这是全球性的国际金融机构。在世界其他各地区，也成立了类似的国际金融机构，例如欧洲投资银行、亚洲开发银行、泛美开发银行、非洲开发银行、亚洲基础设施投资银行等。

11.1.3　中国金融机构分类标准

2009 年，中国人民银行发布了《金融机构编码规范》，从宏观层面统一了中国金融机构分类标准，首次明确了中国金融机构涵盖范围，界定了各类金融机构具体组成，规范了金融机构统计编码方式与方法。该规范将金融机构分为"ABCDEFGHZ"9 个大类，2014 年被纳入行业标准（JR/T 0124—2014）。

（1）A 类：货币当局。代表国家制定并执行货币政策、金融运行规则，管理国家储备，从事货币发行与管理，与国际货币基金组织交易及向其他存款性公司提供信贷，以及承担其他相关职能的金融机构或政府部门。包括：A1 中国人民银行、A2 国家外汇管理局（为国务院直属单位，由中国人民银行归口管理）。

（2）B 类：监管当局。对金融机构及其经营活动实施全面的、经常性的检查和督促，实行领导、组织、协调和控制，行使实施监督管理职能的政府机构或准政府机构。包括：中国银行保险监督管理委员会（银保监会）、B2 中国证券监督管理委员会（证监会）。

（3）C 类：银行业存款类金融机构。包括：C1 银行、C2 城市信用合作社（含联社）、C3 农村信用合作社（含联社）、C4 农村资金互助社、C5 财务公司。

（4）D 类：银行业非存款类金融机构。包括：D1 信托公司、D2 金融资产管理公司、D3 金融租赁公司、D4 汽车金融公司、D5 贷款公司、D6 货币经纪公司。

（5）E 类：证券业金融机构。包括：E1 证券公司、E2 证券投资基金管理公司、E3 期货公司、E4 投资咨询公司。

（6）F 类：保险业金融机构。包括：F1 财产保险公司、F2 人身保险公司、F3 再保险公司、F4 保险资产管理公司、F5 保险经纪公司、F6 保险代理公司、F7 保险公估公司、F8 企业年金。

（7）G 类：交易及结算类金融机构。包括：G1 交易所、G2 登记结算类机构。

（8）H 类：金融控股公司。H1 中央金融控股公司、H2 其他金融控股公司。

（9）Z 类：其他。Z1 小额贷款公司。

11.2　中国的金融机构体系

11.2.1　金融机构体系的概念

金融机构体系是指各种金融机构的组成及其彼此间形成的相互联系的统一整体。世界各国的金融机构体系在很大程度上受到各国经济发展路径、管制及法律体系等多种因素的影响，相差很大。

目前，世界各国的金融机构体系类型主要有三种。

（1）以中央银行为核心的金融机构体系。大部分国家都采用这种模式。

（2）高度集中的金融机构体系。如前苏联和改革开放前的中国。

（3）没有中央银行的金融机构体系。

在市场经济条件下，各国金融体系大多数形成了以中央银行为核心、商业银行为主体、各类银行和非银行金融机构并存的金融机构体系。

11.2.2　中国现行的金融机构体系

国家"十三五"规划提出，要加快金融体制改革，健全商业性金融、开发性金融、政策性金融、合作性金融分工合理、相互补充的金融机构体系，提高金融服务实体经济效率。十九大报告进一步提出，要健全金融监管体系，守住不发生系统性金融风险的底线。

当前，我国的金融机构体系已逐步发展成为具有中国特色、多元化的金融机构体系：在国务院金融稳定发展委员会统筹协调下，以中国人民银行、中国银行保险监督管理委员会、中国证券监督管理委员会为最高金融管理机构，即"一委一行两会"结构，政策性金融与商

业性金融相分离，以国有商业银行为主体，多种金融机构并存的多元化金融机构体系，如图
11-2 所示。

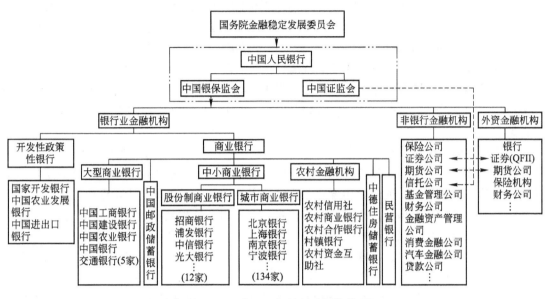

图 11-2 中国现行的金融机构体系

1. 国务院金融稳定发展委员会

2017 年 7 月全国第五次金融工作会议宣布设立国务院金融稳定发展委员会（以下简称
金稳委），办公室设在中国人民银行。金稳委作为国务院统筹协调金融稳定和改革发展重大
问题的议事协调机构，设立的目的是为了强化人民银行宏观审慎管理和系统性风险防范职
责，强化金融监管部门监管职责，确保金融安全与稳定发展。

2017 年 11 月 8 日，国务院金融稳定发展委员会正式成立。其主要职责有：①落实党中
央、国务院关于金融工作的决策部署；②审议金融业改革发展重大规划；③统筹金融改革发
展与监管，协调货币政策与金融监管相关事项，统筹协调金融监管重大事项，协调金融政策
与相关财政政策、产业政策等；④分析研判国际国内金融形势，做好国际金融风险应对，研
究系统性金融风险防范处置和维护金融稳定重大政策；⑤指导地方金融改革发展与监管，对
金融管理部门和地方政府进行业务监督和履职问责等。

金稳委就具体业务进行监管方面的协调，与"一行两会"共同履行监管职能，重点关注
影子银行、资产管理行业、互联网金融、金融控股公司等方面的问题。

2. 中国人民银行

中国人民银行是国务院领导和管理全国金融事业的国家机关，是中国的中央银行（简称
央行），履行国家赋予的中央银行的职能。其主要职责为：领导和管理全国金融业，起草有
关法律和行政法规草案，制定、实施货币政策和宏观审慎政策双支柱调控框架，维护国
家金融稳定与安全，负责制定和实施人民币汇率政策，经理国库，持有、管理和经营国
家外汇储备和黄金储备，对金融机构实行监督，从事有关的国际金融活动和金融业务活
动，等等。

国务院机构改革方案提出，将银监会和保监会拟订银行业、保险业重要法律法规草案和

审慎监管基本制度的职责划入中国人民银行。

3. 银保监会、证监会

2018 年 3 月，国务院机构改革方案提出将中国银行业监督管理委员会（银监会）和中国保险监督管理委员会（保监会）的职责整合，组建中国银行保险监督管理委员会（简称银保监会），作为国务院直属事业单位，原机构不再保留。2018 年 4 月 8 日，中国银保监员会正式成立，其主要职责是：依照法律法规统一监督管理银行业和保险业，维护银行业和保险业合法、稳健运行，防范和化解金融风险，保护金融消费者合法权益，维护金融稳定。自 4 月 20 日起，制定融资租赁公司、商业保理公司、典当行业务经营和监管规则等有关职责由银保监会履行。

中国证券监督管理委员会（简称证监会）成立于 1992 年 10 月，是国务院直属事业单位，其依照法律、法规和国务院授权，统一监督管理全国证券期货市场，维护证券期货市场秩序，保障其合法运行。证监会还设有股票发行审核委员会，委员由中国证监会专业人员和所聘请的会外有关专家担任。中国证监会在省、自治区、直辖市和计划单列市设立 36 个证券监管局，以及上海、深圳证券监管专员办事处。

改革后的金融监管体系，既兼顾中国国情和历史路径，同时也参考了金融危机后部分国家的经验。宏观层面，由中国人民银行负责货币政策、宏观审慎（即双支柱），双支柱分别致力于实现币值稳定和金融稳定，同时也一定程度上参与审慎监管。微观层面，由银保监会、证监会负责具体的监管措施落实，这是双支柱的柱基。而宏观、微观之间由金稳委等机构实现协调。同时，银保监会主席兼任央行党委书记，也能从另一方面促进宏观、微观之间的协调。货币政策、宏观审慎、微观监管三者明确分工又充分协调运作，金融监管的双支柱模式基本成型。如图 11-3 所示。

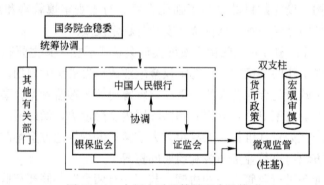

图 11-3   中国金融监管的双支柱模式

4. 银行业金融机构

《中国人民银行法（修正）》第五十二条规定，银行业金融机构，是指在中华人民共和国境内设立的商业银行、城市信用合作社、农村信用合作社等吸收公众存款的金融机构以及政策性银行。根据银保监会对机构范围的界定，银行业金融机构包括政策性银行及国家开发银行、大型商业银行、股份商业银行、城市商业银行、农村商业银行、农村合作银行、农村信用社、新型农村金融机构、邮政储蓄银行、外资银行、民营银行和非银行金融机构。

1) 开发性、政策性金融机构

1994 年，我国成立了国家开发银行、中国进出口银行和中国农业发展银行三家政策性银行，分别承担国家重点建设项目融资、支持进出口贸易融资和农业政策性贷款的任务。2015 年 3 月，国务院明确将国家开发银行定位为开发性金融机构。

2）商业银行

（1）大型商业银行。在我国，大型商业银行一般是指五个大型国有银行（简称五大行）：中国工商银行、中国建设银行、中国农业银行、中国银行、交通银行；分别简称：工行、建行、农行、中行、交行。中国五大行都是综合性大型商业银行，业务涵盖面广泛且多元，代表着中国金融界最雄厚的资本和实力。2017 年中国大型商业银行资产及收入见表 11-1。

表 11-1　2017 年中国大型商业银行资产及收入表

	总股本/亿股	流通 A 股/亿股	总资产/亿元	营业收入/亿元	净利润增长率/%	股票代码
中国工商银行	3 564.06	2 696.12	260 870	7 265.02	2.80%	601398
中国建设银行	2 500.11	95.94	221 243	6 216.59	4.67%	601939
中国农业银行	3 247.94	2 940.55	210 533	5 370.41	4.90%	601288
中国银行	2 943.88	2 107.66	194 674	4 832.78	4.76%	601988
交通银行	742.63	392.51	90 382	1 960.11	4.48%	601328

资料来源：根据五大行 2017 年度报告整理。

（2）中小商业银行。银行大小的界定，一般以资产额为标准。在我国，中小商业银行是指工、建、农、中、交行五大商业银行以外的全国性商业银行、区域性股份制商业银行与城市商业银行。

① 股份制商业银行。这是我国商业银行体系中一支富有活力的生力军，成为银行业乃至国民经济发展不可缺少的重要组成部分。现有 12 家全国性股份制商业银行：招商银行、浦发银行、中信银行、中国光大银行、华夏银行、中国民生银行、广发银行、兴业银行、平安银行、浙商银行、恒丰银行、渤海银行。

② 城市商业银行。城市商业银行是中国银行业的重要组成和特殊群体，其前身是在原城市信用合作社（简称城市信用社）的基础上组建起来的。1979 年全国第一家城市信用社在河南驻马店成立。1994 年国务院决定合并城市信用社，组建城市合作银行。1998 年，考虑到城市合作银行已经不具有"合作"性质，将其正式更名为城市商业银行。截至 2017 年年底，全国共有北京银行、上海银行、南京银行、江苏银行、宁波银行等城市商业银行 134 家。

（3）农村金融机构。根据银保监会对银行业机构范围的界定，农村金融机构包括农村商业银行、农村合作银行、农村信用社和新型农村金融机构。截至 2017 年底，全国农村金融机构共 3 883 家：包括农村商业银行 1 262 家、农村信用社 965 家、农村合作银行 33 家、村镇银行 1 562 家、农村资金互助社 48 家（贷款公司 13 家）。

① 农村信用社、农村合作银行、农村商业银行。1957 年年底，人民银行在农村的网点改为农村信用社，其宗旨是"志愿入股""农民在资金上互帮互助"，即农民组成信用合作社，社员出钱组成资本金，社员用钱可以贷款，绝大部分地区实现了"一乡一社"。1994 年起，国家对农村信用社进行了一系列改革，最终目标是使其成为自主经营并承担风险的农村金融组织。

农村合作银行是由辖内农民、农村工商户、企业法人和其他经济组织入股组成的股份合作制社区性地方金融机构。主要任务是为农民、农业和农村经济发展提供金融服务。我国第一家试点农村合作银行为宁波鄞州农村合作银行。

农村商业银行，简称农商银行，是由辖内农民、农村工商户、企业法人和其他经济组织共同入股组成的股份制的地方性金融机构。国内首家农村商业银行为张家港市农村商业银行。

2010 年，银监会陆续制定实施相关制度办法，要求不再组建新的农村合作银行，农村合作银行要全部改制为农村商业银行；全面取消资格股，鼓励符合条件的农村信用社改制组建为农村商业银行或股份制的农村信用社，同时指导农村信用社引进新的优质合格股东。

② 村镇银行、农村资金互助社。村镇银行是指经银行业监督管理机构依据有关法律法规批准，由境内外金融机构、境内非金融机构企业法人、境内自然人出资，在农村地区设立的主要为当地农民、农业和农村经济发展提供金融服务的银行业金融机构。2006 年 12 月，村镇银行开始试点。

农村资金互助社是指经银行业监督管理机构批准，由乡（镇）、行政村农民和农村小企业自愿入股组成，为社员提供存款、贷款、结算等业务的社区互助性银行业金融机构。2014 年中央一号文件提出发展新型农村合作金融组织。坚持社员制、封闭性原则，在不对外吸储放贷、不支付固定回报的前提下，推动社区性农村资金互助组织发展。

（4）政储银行。中国邮政储蓄银行是在改革邮政储蓄管理体制的基础上组建的国有商业银行，2007 年 3 月 20 日正式挂牌成立。它是在中国邮政储蓄的基础上组建的，其市场定位为：中国领先的大型零售商业银行，服务社区、服务中小企业、服务"三农"，致力于为中国经济转型中最具活力的客户群体提供服务；积极服务于大型客户并参与重大项目建设，为中国经济发展做出了重要贡献。

（5）民营银行。民营银行是由民营资本控股，并采用市场化机制来经营的银行。2013 年 9 月，银监会表示支持符合条件的民营资本在上海自贸区内设立自担风险的民营银行。2014 年 7 月 25 日，深圳前海微众银行、温州民商银行、天津金城银行三家民营银行的筹建申请获批。随后，上海华瑞银行、浙江网商银行也申请筹建。2015 年 5 月 27 日，首批试点的 5 家民营银行已全部拿到开业正式批复。截至 2017 年年末，我国银行业金融机构中民营银行有 17 家。

（6）住房储蓄银行。中德住房储蓄银行（简称中德银行）是目前国内唯一一家主营住房储蓄业务，兼具住房公积金委托贷款业务、住房按揭贷款业务的全国性商业银行。它成立于 2004 年 2 月，总行在天津，由中国建设银行与德国施威比豪尔住房储蓄银行共同出资，持股比例分别为 75.1% 及 24.9%。

2015 年初，国务院批准将中德银行纳入我国多层次住房政策体系，同意中德银行有计划地向全国更多地方拓展业务。2016 年 12 月，银监会正式颁布《中德住房储蓄银行管理暂行办法》，以监管法规引领住房储蓄体系健康、规范、全面发展。2017 年，中德银行向全国性、专业化、差异化、集约化银行发展转型。截至年末，住房储蓄体系已惠及 26.34 万个家庭，累计住房储蓄合同金额突破 1 016 亿元。

5. 非银行金融机构

非银行金融机构，是指除商业银行和专业银行以外的所有金融机构。主要包括：保险公司、证券公司、期货公司、信托公司、金融资产管理公司、财务公司、金融租赁公司、消费金融公司、汽车金融公司、货币经纪公司、金融投资公司、贷款公司、小额贷款公司和金融控股公司，等等。

（1）保险公司。这是指经保险监管部门批准设立，并依法登记注册的各类商业保险公司。保险公司收取保费，将保费所得资本投资于债券、股票、贷款等资产，运用这些资产所得收入支付保单所确定的保险赔偿。其业务分为两类：人身保险业务，包括人寿保险、健康保险、意外伤害保险等保险业务；财产保险业务，包括财产损失保险、责任保险、信用保险、保证保险等保险业务。我国的保险公司一般不得兼营人身保险业务和财产保险业务。

截至 2017 年年末，我国保险类金融机构总数为 414 个；其中，保险集团控股公司 12 个，人身险保险公司 89 个，财产险保险公司 84 个，再保险公司 12 个，保险资产管理公司 23 个，外资保险公司代表处 190 个，其他保险机构 4 个。

（2）证券公司。依照公司法规定设立的并经国务院证券监督管理机构审查批准而成立的专门经营证券业务，具有独立法人地位的金融机构。证券公司分为证券经营公司和证券登记公司。狭义的证券公司是指证券经营公司，是经主管机关批准并到有关工商行政管理局领取营业执照后专门经营证券业务的机构。它具有证券交易所的会员资格，可以承销发行、自营买卖或自营兼代理买卖证券。普通投资人的证券投资都要通过证券商来进行。

（3）期货公司。依照公司法和期货交易管理条例规定设立的经营期货业务的金融机构。根据国务院有关规定，我国对期货经纪公司实行许可证制度，凡从事期货代理的机构必须经中国证监会严格审核并领取《期货经纪业务许可证》。

截至 2017 年年末，我国证券类金融机构总数为 470 个，其中证券公司 129 个，期货公司 149 个，公募基金管理机构 113 个，基金子公司 79 个。

（4）信托公司。这是指依照公司法和信托公司管理办法设立的主要经营信托业务的金融机构。信托业务，是指信托公司以营业和收取报酬为目的，以受托人身份承诺信托和处理信托事务的经营行为。信托的种类很多，大致可分为：信托业务类、委托业务类、代理业务类、租赁业务类和咨询业务类。截至 2017 年年末，我国有信托公司 68 家，综合实力排名第一梯队的有：中信信托、重庆信托、平安信托、华润信托、安信信托、中融信托和华能信托。

（5）金融资产管理公司。这是指经国务院决定设立的，收购、管理和处置金融机构、公司及其他企业（集团）不良资产，兼营金融租赁、投资银行等业务的金融机构。截至 2017 年年末，我国有资产管理公司 4 家：中国华融资产管理公司、中国长城资产管理公司、中国东方资产管理公司、中国信达资产管理公司，分别接收从工行、农行、中行、建行剥离出来的不良资产。中国信达资产管理公司于 1999 年 4 月成立，其他三家于 1999 年 10 月分别成立。

（6）财务公司。即企业集团财务公司，是指以加强企业集团资金集中管理和提高企业集团资金使用效率为目的，为企业集团成员单位提供财务管理服务的非银行金融机构。自 1987 年 5 月我国第一家企业集团财务公司成立以来，截至 2017 年年末，我国共有企业集团财务公司 247 家，分布在全国能源电力、航天航空、石油化工、钢铁冶金、机械制造等关系国计民生的基础产业和各个重要领域的大型企业集团。

（7）金融租赁公司。这是指经银行业监管机构批准，以经营融资租赁业务为主的非银行金融机构。我国的金融租赁公司有两种类型：一种是由银行或与银行有关的金融机构投资和管理的租赁公司；另一种是综合经营并独立开展业务的金融租赁公司。金融租赁公司的业务有三类：自担风险的融资租赁业务，如直租、转租赁和回租；分担风险的融资租赁业务，如联合租赁和杠杆租赁；不担风险的融资租赁业务，如委托租赁。截至 2017 年年末，我国共有金融租赁公司 69 家。

（8）消费金融公司。这是指经银行业监管机构批准，不吸收公众存款，以小额、分散为原则，为中国境内居民个人提供以消费为目的的贷款的非银行金融机构。包括个人耐用消费品贷款及一般用途个人消费贷款等。由于消费金融公司发放的贷款是无担保、无抵押贷款，风险相对较高，因而监管标准严格。截至 2017 年年末，我国共有消费金融公司 22 家。

（9）汽车金融公司。这是指经银行业监管机构批准设立，为中国境内的汽车购买者及销售者提供金融服务的非银行金融机构。未经批准，任何单位和个人不得从事汽车金融业务，不得在机构名称中使用"汽车金融""汽车信贷"等字样。截至 2017 年年末，我国共有汽车金融公司 25 家。

（10）货币经纪公司。这是指经银行业监管机构批准设立的，通过电子技术或其他手段，专门从事促进金融机构间资金融通和外汇交易等经纪服务，并从中收取佣金的金融机构。截至 2017 年年末，我国共有 5 家货币经纪公司。

（11）金融投资公司。这是一个对金融企业进行股权投资，以出资额为限依法对金融企业行使出资人权利和履行出资人义务，实现金融资产保值增值的投资公司。公司不开展其他任何商业性经营活动，不干预其控股的金融企业的日常经营活动。截至 2017 年年末，我国共有 5 家金融投资公司。

（12）贷款公司。经银行业监管机构依据有关法律、法规批准，由境内商业银行或农村合作银行在农村地区设立的专门为县域农民、农业和农村经济发展提供贷款服务的金融机构。截至 2017 年年末，我国共有贷款公司 13 家。

（13）小额贷款公司。由自然人、企业法人或其他社会组织依法设立，不吸收公众存款，经营小额贷款业务的有限责任公司或股份有限公司。小额贷款公司在坚持为农民、农业和农村经济发展服务的原则下自主选择贷款对象。小额贷款公司发放贷款，应坚持"小额、分散"的原则，鼓励小额贷款公司面向农户和微型企业提供信贷服务。国家鼓励符合条件的小额贷款公司可改制为村镇银行或金融公司。

（14）金融控股公司。依据公司法设立，拥有或控制一个或多个金融性公司，并且这些金融性公司净资产占全部控股公司合并净资产的 50％ 以上，所属的受监管实体应是至少明显地在从事两种以上的银行、证券和保险业务独立企业法人。我国的金融控股公司可分为两类：由金融机构形成的金融控股公司，其母公司为国有商业银行、信托公司、保险公司等；由产业资本投资形成的金融控股公司。

6. 外资金融机构

外资金融机构是指外国金融机构经中国金融主管机关批准，在中国境内投资设立从事金融业务的分支机构，以及具有中国法人地位的外商独资金融机构、中外合资金融机构。在外资金融机构中，大多数是银行，此外还有保险公司、财务公司、租赁公司和汽车金融公司等。截至 2017 年年末，外资银行在华营业性机构总数为 1 013 家（其中，外资法人金融机构 39 家），近 15 年增长近 5 倍，年均增速 13％，总资产为 3.24 万亿元人民币。不过，外资金融机构在我国的市场份额总体比例较低，外资银行资产占比长期在 2％ 左右徘徊，2017 年降至 1.68％。

金融业是国民经济的核心产业之一。近年来，我国深化金融业领域体制改革，积极探索建立现代金融体系，银行体系流动性合理稳定，货币信贷和社会融资规模总体平稳增长，货币金融环境基本稳定。大型商业银行在中国银行体系中仍占据主导地位，在市场规模和经营网点上均占据优势。与此同时，股份制商业银行、城市商业银行及其他金融机构也扮演着越来越重要的角色，市场规模增速高于大型商业银行。2017 年年末我国银行业金融机构资产负债及比例情况见表 11 - 2。

表 11 - 2　2017 年年末银行业金融机构资产负债及比例表（法人）

	总资产/亿元	同比增长率	占银行业金融机构比例	总负债/亿元	同比增长率	占银行业金融机构比例
大型商业银行	928 145	7.18%	36.77%	855 636	7.05%	36.74%
股份制商业银行	449 620	3.42%	17.81%	419 047	2.72%	17.99%
城市商业银行	317 217	12.34%	12.57%	295 342	11.86%	12.68%
农村金融机构	328 208	9.78%	13.00%	303 953	9.64%	13.05%
其他类金融机构	500 851	13.71%	19.84%	454 726	13.76%	19.53%
银行业金融机构	2 524 040	8.68%		2 328 704	8.40%	
其中：商业银行合计	1 967 834	8.31%	77.96%	1 820 610	7.99%	78.18%

注：1. 农村金融机构包括农村商业银行、农村合作银行、农村信用社和新型农村金融机构。
　　2. 其他类金融机构包括政策性银行及国家开发银行、民营银行、外资银行、非银行金融机构、资产管理公司和邮政储蓄银行。

资料来源：http://www.cbrc.gov.cn/chinese/home/docView/44E986F2C2344E508456A3D07BC885B6.html.

11.3　商 业 银 行

11.3.1　商业银行的起源与发展

1. 商业银行的前身是货币兑换业

银行业务的起源，可谓源远流长。据大英百科全书记载，早在公元前 6 世纪，在巴比伦已有一家"里吉比"银行。公元前 4 世纪，希腊的寺院、公共团体、私人商号，也从事各种金融活动。罗马在公元前 200 年也有类似希腊银行业的机构出现，它不仅经营货币兑换业务，还经营贷放、信托等业务，同时对银行的管理与监督也有明确的法律条文。罗马银行业所经营的业务虽不属于信用贷放，但已具有近代银行业务的雏形。

人们公认的早期银行的萌芽，起源于文艺复兴时期的意大利。"银行"一词源于意大利语 banco，意思是长凳、椅子，是货币兑换商的营业用具，英语转化为 bank，意思为存放钱的柜子。最初的银行家均为祖居在意大利北部伦巴第的犹太人，他们为躲避战乱，迁移到英伦三岛，以兑换和保管贵重物品、汇兑等为业。在市场上人各一凳，据以经营货币兑换业务。倘若有人遇到资金周转不灵、无力支付债务时，就会招致债主们群起捣碎其长凳，兑换商的信用也即宣告破碎。破产一词的英文为"bankruptcy"，即源于此。

早期银行业的产生与国际贸易的发展有着密切的联系。中世纪的地中海沿岸各国，尤其是意大利的威尼斯、热那亚等城市，是著名的国际贸易中心。但由于当时社会封建割据，货币制度混乱，各国商人所携带的铸币形状、成色、重量各不相同，为了适应贸易发展的需要，必须进行货币兑换。于是，单纯从事货币兑换业并从中收取手续费的专业货币商便开始出现和发展了。随着异地交易和国际贸易的不断发展，来自各地的商人们为了避免长途携带货币而产生的麻烦和风险，开始把自己的货币交存在专业货币商处，委托其办理汇兑与支付。这时候的专业货币商已反映出银行萌芽的最初职能，即货币的兑换与款项的划拨。

随着接受存款数量的不断增加，商人们发现多个存款人不会同时支取存款，于是他们开始把汇兑业务中暂时闲置的资金贷放给社会上的资金需求者。最初，商人们贷放的款项仅限于自有资金，随着代理支付制度的出现，借款者即把所借款项存入贷出者之处，并通知贷放人代理支付。可见，从实质上看，贷款已不仅限于现实的货币，而是有一部分变成了账面信用，这标志着现代银行的本质特征已经出现。

据记载，当时意大利的主要银行有1171年成立的威尼斯银行和1407年成立的圣乔治银行等。16世纪末开始，银行普及到欧洲其他国家，如1609年成立的阿姆斯特丹银行，1619年成立的汉堡银行，1621年成立的纽伦堡银行等，都是欧洲早期著名的银行。在英国，早期的银行业是通过金匠业发展而来的。17世纪中叶，英国的金匠业极为发达，人们为了防止金银被盗，将金银委托给金匠保存。当时金匠业不仅代人保管金银，签发保管凭条，还可按顾客书面要求，将金银划拨给第三者。金匠业还利用自有资本发放贷款，以获取利息。同时，金匠们签发的凭条可代替现金流通于市面，称之为"金匠券"，开了近代银行券的先河。这样，英国早期银行就在金匠业的基础上产生了。

这种早期的银行业虽已具备了银行的本质特征，但它仅仅是现代银行的原始阶段。因为银行业的生存基础还不是社会化大生产的生产方式，银行业的放款对象主要是政府和封建贵族，银行业的放款带有明显的高利贷性质，其提供的信用不利于社会再生产过程。但早期银行业的出现，完善了货币经营业务，孕育了信贷业务的萌芽。它们演变为现代银行则是在17世纪末到18世纪期间的事情，而这种转变还要求具备某些特殊条件。

2. 近代资本主义商业银行的崛起

现代商业银行的最初形式是资本主义商业银行，它是资本主义生产方式的产物。随着生产力的发展，资本主义生产关系开始萌芽。一些手工场主同城市富商、银行家一起形成新的阶级——资产阶级。由于封建主义银行贷款具有高利贷的性质，年利率平均在20%～30%，严重阻碍着社会闲置资本向产业资本的转化。另外，早期银行的贷款对象主要是政府等一批特权阶层而非工商业，新兴的资产阶级工商业无法得到足够的信用支持，缺乏社会化大生产所必需的货币资本。因此，新兴的资产阶级迫切需要建立和发展资本主义银行。

资本主义商业银行的产生，基本上通过两种途径：一是旧的高利贷性质的银行逐渐适应新的经济条件，演变为资本主义银行；二是新兴的资产阶级按照资本主义原则组织的股份制银行，这一途径是主要的。这一建立资本主义银行的历史过程，在最早建立资本主义制度的英国表现得尤其明显。1694年，在政府的帮助下，英国建立了历史上第一家资本主义股份制的商业银行——英格兰银行。它的出现，宣告了高利贷性质的银行业在社会信用领域垄断地位的结束，标志着资本主义现代银行制度开始形成，商业银行的正式产生。从这个意义上说，英格兰银行是现代商业银行的鼻祖。继英格兰银行之后，欧洲各资本主义国家都相继成立了商业银行。从此，现代商业银行体系在世界范围内开始普及。

3. 中国商业银行的兴起

与西方国家相比，中国的银行则产生较晚，但金融业务的开展却很早。中国关于银钱业的记载，较早的是南北朝时的寺庙典当业。到了唐代，出现了类似汇票的"飞钱"，这是我国最早的汇兑业务。北宋真宗时，由四川富商发行的"交子"，成为我国早期的纸币。到了明清以后，当铺是中国主要的信用机构。明末，一些较大的经营银钱兑换业的钱铺发展成为银庄。银庄产生初期，除兑换银钱外，还从事贷放。到了清代，才逐渐开办存款、汇兑业务，但最终在清政府的限制和外国银行的压迫下，走向衰落。

我国近代银行业，是在 19 世纪中叶外国资本主义银行入侵之后才兴起的。最早到中国来的外国银行是英商东方银行，其后各资本主义国家纷纷来华设立银行。在华外国银行虽给中国国民经济带来巨大破坏，但在客观上也对我国银行业的发展起了一定的刺激作用。为了摆脱外国银行支配，清政府于 1897 年在上海成立了中国通商银行，标志着中国现代银行的产生。此后，浙江兴业、交通银行相继产生。

4. 商业银行的发展趋势

商业银行发展到今天，与其当时因发放基于商业行为的自偿性贷款从而获得"商业银行"的称谓相比，已相去甚远。今天的商业银行已被赋予更广泛、更深刻的内涵。特别是第二次世界大战以后，随着社会经济的发展，银行业竞争的加剧，商业银行的业务范围不断扩大，逐渐成为多功能、综合性的"金融百货公司"。

20 世纪 90 年代以来，国际金融领域出现了不少新情况，直接或间接地对商业银行的经营与业务产生了深远的影响，主要表现在：银行资本越来越集中，国际银行业出现竞争新格局；国际银行业竞争激化，银行国际化进程加快；金融业务与工具不断创新，金融业务进一步交叉，传统的专业化金融业务分工界限有所缩小；金融管制不断放宽，金融自由化的趋势日益明显；国内外融资出现证券化趋势，证券市场蓬勃发展；出现了全球金融一体化的趋势。这些发展趋势的出现必将对今后商业银行制度与业务的发展产生更加深远的影响。

11.3.2　商业银行的概念与性质

1. 商业银行的概念

"商业银行"这个概念最初是因为银行在发展初期，只承做"商业"短期放贷业务，放款期限一般不超过一年，放款对象一般为商人和进出口贸易商。现在，商业银行是指以经营工商业存、放款为主要业务，并以获取利润为目的的货币经营企业。

商业银行经过几百年的发展演变，现已成为世界各国经济活动中最主要的资金集散机构，其对经济活动的影响力居于各国各类银行与非银行金融机构之首。我国的商业银行是指依照《中华人民共和国商业银行法》和《中华人民共和国公司法》设立的吸收公众存款、发放贷款、办理结算等业务的企业法人。

商业银行是市场经济的产物，它是为适应市场经济发展和社会化大生产需要而形成的一种金融组织。商业银行是以追求最大利润为目标，能向客户提供多种金融服务的特殊的金融企业。营利是商业银行产生和经营的基本前提，也是商业银行发展的内在动力。

2. 商业银行的性质

（1）商业银行是企业。商业银行具有现代企业的基本特征，与一般企业一样，具有从事业务经营所需要的自有资本，依法经营，照章纳税，自负盈亏，以利润为目标。

（2）商业银行是金融企业。商业银行不同于一般企业，它以金融资产和金融负债为经营对象，经营的是特殊的商品——货币和货币资本。所以，商业银行是一种特殊性质的企业，即金融企业。

（3）商业银行是一种特殊的金融企业。商业银行的特殊性表现如下：①在经营性质和目标上，商业银行与中央银行和政策性金融机构不同。商业银行以营利为目的，在经营过程中讲求经营原则，不受政府行政干预。②商业银行与各类专业银行和非银行金融机构也不同。商业银行的业务范围广泛，功能齐全、综合性强，经营一切金融"零售"业务和"批发业务"，为客户提供所有的金融服务，堪称"万能银行"。③商业银行可借助于支票及转账结算制度创造存款货币，使其具有信用创造的功能。

11.3.3　商业银行的类型与组织形式

1. 商业银行的基本类型

商业银行主要有职能分工型和全能型两种。

1）职能分工型商业银行

职能分工型商业银行又称分离型商业银行，主要存在于实行分业经营体制的国家。其基本特点是：法律规定银行业务与证券、信托业务分离，商业银行不得兼营证券业务和信托业务，不能直接参与工商企业的投资。

2）全能型商业银行

全能型商业银行又称综合性商业银行，其基本特点是法律允许商业银行可以混业经营，即可以经营一切金融业务，没有职能分工的限制。这种类型的商业银行，不仅可以经营工商业存款、短期抵押放款、贴现、办理转账结算、汇兑、现金出纳等传统业务，而且可以涉及多种金融业务领域，如信托、租赁、代客买卖有价证券、代收账款、代客保管财产、咨询、现金管理、自动化服务等，因此被称为"金融百货公司"或"金融超级市场"。

2. 商业银行的组织形式

1）单一银行制

单一银行制也称单元银行制，是指业务只有一个独立的银行经营而不设立或限制设立分支机构的银行组织制度。银行业务完全由各自独立的商业银行经营，该银行既不受其他商业银行控制，本身也不得控制其他商业银行。单元制银行以美国最为典型。美国曾长时期实行完全的单一银行制，不许银行跨州经营和分设机构，甚至在州内也不准设分支机构。

2）分支行制

分支行制又称总分行制，是指法律上允许除总行以外，可在本地或外地设有若干分支机构的一种银行制度。这种银行的总部一般都设在大城市，下属分支机构由总行领导。分行制按管理方式的不同，又可进一步分为总行制和总管理处制。总行制是指其总行除了管理控制各分支行外，本身也对外营业和办理业务。总管理处制是指其总行只负责控制分支行，本身并不对外营业，在总管理处所在地另设对外营业的分支行。目前，世界各国一般都采用这种组织制度，其中以英国、德国、日本等最为典型。

3）集团银行制

集团银行制又称银行持股公司制，是指由少数大企业或大财团设立控股公司，再由控股公司控制或收购若干家商业银行。银行控股公司分为两种类型：①非银行性控股公司，是通过企业集团控制某一银行的主要股份组织起来的，该类型的控股公司在持有一家银行股票的同时，还可以持有多家非银行企业的股票；②银行性控股公司，是指大银行直接控制一个控股公司，并持有若干小银行的股份。

4）连锁银行制

连锁银行制又称联合制，是指集团或个人购买若干独立银行的多数股票，从而控制这些银行的体制。在这种体制下，各银行在法律地位上是独立的，但实质上也是受集团或个人所控制。连锁银行制曾盛行于美国中西部，是为了弥补单一银行制的缺点而发展起来的。连锁银行制与集团银行制的作用相同，差别在于没有股权公司的形式存在，即不必成立持股公司。

11.3.4　商业银行的职能

商业银行在现代经济活动中有信用中介、支付中介、金融服务、信用创造和调节经济等职能，并通过这些职能在国民经济活动中发挥着重要作用。

1. 信用中介

信用中介是指商业银行充当将经济活动中的赤字单位与盈余单位联系起来的中介人的角色。信用中介是商业银行最基本的功能，它在国民经济中发挥着多层次的调节作用：将闲散货币转化为资本；使闲置资本得到充分利用；将短期资金转化为长期资金。

2. 支付中介

支付中介是指商业银行借助支票这种信用流通工具，通过客户活期存款账户的资金转移为客户办理货币结算、收付、兑换和存款转移等业务活动。商业银行发挥支付中介功能主要有两个作用：一是节约了流通费用；二是降低银行的筹资成本，扩大银行的资金来源。

3. 信用创造

信用创造是指商业银行通过吸收活期存款、发放贷款，从而增加银行的资金来源、扩大社会货币供应量。商业银行发挥信用创造功能的作用主要在于通过创造存款货币等流通工具和支付手段，既可以节省现金使用，减少社会流通费用，又能够满足社会经济发展对流通手段和支付手段所需要。

4. 金融服务

金融服务是指商业银行利用在国民经济中联系面广、信息灵通等的特殊地位和优势，利用其在发挥信用中介和支付中介功能的过程中所获得的大量信息，借助于 IT 技术和工具，为客户提供财务咨询、融资代理、信托租赁、代收代付等各种金融服务。通过金融服务功能，商业银行既提高了信息与信息技术的利用价值，加强了银行与社会联系，扩大了银行的市场份额，同时也获得了不少费用收入，提高了银行的盈利水平。

5. 调节经济

调节经济是指商业银行通过其信用中介活动，调剂社会各部门的资金短缺，同时在央行货币政策和国家宏观政策的指引下，实现经济结构、投资消费比例、产业结构等方面的调整。此外，商业银行通过其在国际市场上的融资活动还可以调节本国的国际收支状况。

商业银行因其广泛的职能，使得它对整个社会经济活动的影响十分显著，在整个金融体系乃至国民经济中居于特殊而重要的地位。随着市场经济的发展和全球经济的一体化发展，现在的商业银行已经凸现出了多元化的发展趋势。

11.3.5　商业银行的经营原则

虽然各国商业银行在制度上存在一定的差异，但是在业务经营上，各国商业银行通常都遵循安全性、流动性和效益性原则。

（1）安全性原则。安全性原则是指银行的资产、收益、信誉以及所有经营生存发展的条件免遭损失的可靠程度。安全性的反面就是风险性，商业银行的经营安全性原则就是尽可能地避免和减少风险。影响商业银行安全性的主要因素有客户的平均贷款规模、贷款的平均期限、贷款方式、贷款对象的行业和地区分布以及贷款管理体制等。

（2）流动性原则。流动性原则是指商业银行能够随时应付客户提现和满足客户借贷的能力。这里的流动性是指：①资产的流动性，即银行资产在不受损失的前提下随时变现的能力；②负债的流动性，即银行能经常以合理的成本吸收各种存款和其他所需资金。一般来说，流动性是指前者，即资产的变现能力。影响商业银行流动性的主要因素有客户的平均存款规模、资金的自给水平、清算资金的变化规律、贷款经营方针、银行资产质量以及资金管理体制等。流动性是实现安全性和盈利性的重要保证。

（3）效益性原则。效益性原则是指商业银行作为一个经营企业，追求最大限度的效益。效益性既是评价商业银行经营水平的最核心指标，也是商业银行最终效益的体现。影响商业银行效益性的主要因素有存贷款规模、资产结构、自有资金比例和资金自给率水平以及资金管理体制和经营效率等。

11.3.6　商业银行的业务

商业银行的业务种类繁多，根据其在资产负债表上反映的情况，可划分为表内业务和表外业务。

1. 表内业务

表内业务是指在商业银行资产负债表中，资产和负债栏目可以揭示的业务。资产负债表是商业银行最主要的综合财务报表之一，它是一张平衡表。根据会计复式记账法，商业银行的资产和负债双方在账面上必须平衡，即资产＝负债＋权益。表 11-3 为中国工商银行 2017 年资产负债表。从表 11-3 可见双方的平衡关系和资产负债结构，与前期的资产负债表结合，可反映其资产负债项目的变动情况。该表的各个项目反映了商业银行主要业务的基本状况。因此，表内业务是商业银行的基本业务，也是传统银行最主要的业务。表内业务可以分为负债业务与资产业务两类。

表 11-3　中国工商银行 2017 年资产负债表

资产项目	金额/亿元	占总资产比重/%	负债和权益项目	金额/亿元	占总资产比重/%
资产总计	260 870.43	100.00	负债及股东权益总计	260 870.43	100.00
			负债合计	239 459.87	91.79
现金及存放中央银行款项	36 138.72	13.85	向中央银行借款	4.56	0.00
存放同业及其他金融机构款项	3 700.74	1.42	同业及其他金融机构存放款项	12 146.01	4.66

续表

资产项目	金额/亿元	占总资产比重/%	负债和权益项目	金额/亿元	占总资产比重/%
贵金属	2 387.14	0.92	拆入资金	4 919.48	1.89
拆出资金	4 775.37	1.83	交易性金融负债	4 259.48	1.63
交易性金融资产	4 409.38	1.69	衍生金融负债	785.56	0.30
衍生金融资产	890.13	0.34	卖出回购款项	10 463.38	4.01
买入返售款项	9 866.31	3.78	存款证	2 602.74	1.00
客户贷款及垫款	138 929.66	53.26	客户存款	192 263.49	73.70
可供出售金融资产	14 964.53	5.74	应付职工薪酬	331.42	0.13
持有至到期投资	35 421.84	13.58	应交税费	825.5	0.32
应收款项类投资	2 771.29	1.06	已发行债务证券	5 269.4	2.02
长期股权投资	324.41	0.12	递延所得税负债	4.33	0.00
固定资产	2 161.56	0.83	其他负债	5 584.52	2.14
在建工程	295.31	0.11	股东权益合计	21 410.56	8.21
递延所得税资产	483.92	0.19	股本	3 564.07	1.37
其他资产	3 350.12	1.28	其他权益工具	860.51	0.33
			资本公积	1 519.52	0.58
			其他综合收益	−620.58	−0.24
			盈余公积	2 327.03	0.89
			一般风险准备	2 648.92	1.02
			未分配利润	10 975.44	4.21
			少数股东权益	135.65	0.05

资料来源：根据中国工商银行年度报告 2017 整理。

1) 负债业务

负债业务是商业银行获取资金来源的业务。主要包括：吸收存款、借款、发行金融债券和增加资本金。

(1) 存款业务是商业银行最基本的负债业务。从表 11 - 3 可知，客户存款占中国工商银行负债和权益的 73.70%，是其最主要的资金来源。没有存款业务，仅靠自身的资本金进行运行，商业银行将难以生存和发展。这也是商业银行区别于其他金融机构的最为重要的特征之一。一般来说，存款分为活期存款、定期存款和储蓄存款三类。

① 活期存款：是无需任何事先通知，存款户可随时存取和转让的银行存款。其形式有支票存款账户、保付支票、本票、旅行支票和信用证等。活期存款占一国货币供应的最大部分，也是商业银行的重要资金来源。活期存款不仅有货币支付手段和流通手段的职能，同时还具有较强的派生能力，是商业银行经营的重点。活期存款利率一般较低；西方国家商业银行一般不支付利息，有的甚至要收取一定的手续费。

② 定期存款：亦称"定期存单"，事先约定期限、利率，到期后支取本息的存款。期限通常为 3 个月、6 个月、1 年不等，最长可达 5 年或 10 年。利率根据期限的不同而有差异，

但都要高于活期存款的利率。

③ 储蓄存款：是指社会公众将当期暂时不用的收入存入银行而形成的存款。它分为活期储蓄存款和定期储蓄存款。传统的储蓄存款不能开支票进行支付，但可以获得利息。

（2）借款业务是商业银行获得短期资金、调节头寸的重要融资方式。当商业银行出现短期资金缺口时，通常可向同业拆借或向中央银行申请再贷款。从表 11 - 3 可知，2017 年中国工商银行拆入资金 4 919.48 亿元，同业及其他金融机构存放款 12 146.01 亿元，占其负债和权益的比重分别为 1.89％和 4.66％，向中央银行借款 4.56 亿元。

同业拆借的难易程度和利率的高低，与借款银行的信用水平、市场资金的供求状况和平均利率水平相关。再贷款的利率水平通常较低，但必须符合一定的条件，商业银行才能够从中央银行获得再贷款。在发达市场经济国家，商业银行出现资金缺口时，通常是向同业拆借，或通过出售其持有的证券资产、用其持有的商业票据进行转贴现或再贴现来获取资金，而较少使用再贷款方式来获取资金，除非该银行已陷入严重的流动性危机，使用其他方式已不能够获得足够的资金。

（3）发行金融债券是商业银行获得中长期资金的一种重要方式。发行金融债券需要满足一定的条件，而且需要监管部门的审批，利率水平通常比存款高，因此，它与吸收存款业务相比，比重较低。从表 11 - 3 可知，2017 年中国工商银行发行债务证券 5 269.4 亿元，占其负债和权益的 2.02％。

在金融债券中，次级债对于商业银行具有十分重要的意义。商业银行次级债是指商业银行发行的、本金和利息的清偿顺序列于商业银行其他负债之后、先于商业银行股权资本的长期债券。监管部门对于商业银行的风险监管中有资本充足率的要求，在银行存款和贷款规模迅速扩张的情况下，资本金的及时补充就成为制约其业务规模扩张的一个重要因素。次级债可以作为附属资本增加资本金、提高资本充足率，而存款则不能。因此，发行次级债是商业银行补充附属资本、提高资本充足率的一种重要方式。

（4）筹集及补充资本金。商业银行是高负债经营的行业，从表 11 - 3 可见，中国工商银行的负债率高达 91.79％。为了控制商业银行经营的风险，商业银行经营中必须有一定量的资本金。除了注册资本外，还必须满足最低资本充足率的要求。

资本充足率（capital adequacy ratio，CRA）是指商业银行持有的、符合有关规定的资本与商业银行风险加权资产之间的比率。各国金融管理当局一般都有对商业银行资本充足率的管制，目的是监测银行抵御风险的能力。2012 年 6 月 7 日，中国银监会发布了《商业银行资本管理办法（试行）》（简称《资本办法》），要求不同类别商业银行在 2018 年年底前达到规定的资本充足率监管要求。该办法在 2013 年至 2018 年间分阶段执行，其中对"系统重要性银行"的指标要求比《巴塞尔协议Ⅲ》的要求还高。2017 年年末，根据《资本办法》计算，中国工商银行的核心一级资本充足率 12.77％，一级资本充足率 13.27％，资本充足率 15.14％，均满足监管要求。

国家注资是国有商业银行补充资本金的一种基本方式。例如，2015 年央行以外汇储备委托贷款债转股的曲线方式向国家开发银行和中国进出口银行分别注资 320 亿美元和 300 亿美元；财政部以"返税"方式注资中国农业发展银行约 1 500 亿元。另外，对于股份制银行来说，补充资本金的有效方式就是发行股票。例如，中国工商银行 IPO 融资就达 191 亿美元，成为全球有史以来融资规模最大的 IPO。上市融资后工行的资本充足率大幅提升，达到

12%以上，随着商业银行资产业务的快速增长，资本金的补充成为制约其高速发展的瓶颈因素。

2）资产业务

资产业务是指商业银行的资金运用业务。商业银行在获得资金后，除了按需留存库存现金和中央银行的准备金存款外，其余的资金主要通过发放贷款、票据贴现和证券投资等资产业务加以运用，为商业银行赚取收益。因此，资产业务是商业银行重要的收益来源。

（1）发放贷款。吸收存款、发放贷款是商业银行区别于其他金融机构的重要标志之一。发放贷款是商业银行最主要的营利资产业务。然而，贷款又是一种风险较大的资产，是商业银行经营管理的重点。商业银行在贷款过程中要遵循效益、安全和流动性原则。从表 11-3 可见，贷款占中国工商银行总资产的 53.26%。

（2）票据贴现。票据贴现是商业银行以一定的价格购买未到期票据的资金运用行为。办理贴现时，商行从向客户支付的票据金额中扣除一定的贴现利息作为提供贴现的资金报酬。

$$票据贴现付款额＝票据面值×（1－未到期天数×年贴现率/360 天）$$

票据贴现表面上是一种票据买卖业务，实际上是一种商业银行的放款业务。客户将票据卖给商业银行的同时，也将其债权转让给了银行；银行在预扣利息的基础上，向客户支付低于票据面额的贴现资金，相当于代债务人提前偿付了债务，银行则成为票据的债权人，到期可向债务人追讨债务。由于商业票据具有自动清偿能力，商业银行办理票据贴现，其风险小于信用贷款，业务费用开支又大大低于抵押贷款，因而是一种很受商业银行青睐的资产业务。

（3）投资。商业银行的投资业务是指银行购买有价证券的活动。投资是商业银行一项重要的资产业务，是银行收入的主要来源之一。西方银行的投资占其总资产业务的 5%～20%。对于商业银行来讲，证券投资比贷款更具灵活性，因而是商业银行调整头寸、灵活运用其资产的重要业务。商业银行证券投资的种类包括股票和债券。股票投资风险较大，商业银行对股票投资一般较为谨慎，主要是作为长期战略投资工具。债券投资风险较小，主要购买国债、中央银行票据和金融债券，作为调整头寸的重要工具。从表 11-3 可知，2017 年中国工商银行的各类投资占其总资产的 20.50%。

2017 年，我国全国性四家大型商业银行信贷收支情况见表 11-4。

表 11-4　全国性四家大型商业银行信贷收支表（2017）　　　　亿元

项目	2017.01	2017.03	2017.06	2017.09	2017.12
来源方项目					
一、各项存款	595 453.06	612 711.10	622 878.71	632 796.90	628 072.26
（一）境内存款	591 334.63	608 434.14	618 481.34	627 981.13	623 040.56
1. 个人存款	297 005.52	297 407.85	293 493.16	297 499.76	292 761.45
2. 单位存款	263 165.70	281 021.38	289 415.86	296 242.58	295 161.11
3. 国库定期存款	3 193.27	3 290.44	4 539.87	5 017.43	4 522.95
4. 非存款类金融机构存款	27 970.13	26 714.47	31 032.45	29 221.36	30 595.05
（二）境外存款	4 118.44	4 276.95	4 397.37	4 815.77	5 031.70
二、金融债券	6 446.37	6 452.86	6 455.31	6 745.90	8 258.99

续表

项目	2017.01	2017.03	2017.06	2017.09	2017.12
三、卖出回购资产	8 955.45	3 443.83	2 381.53	2 998.77	11 456.92
四、向中央银行借款	12 536.26	15 454.22	16 878.24	17 018.33	17 608.24
五、银行业存款类金融机构往来（来源方）	9 413.06	11 378.64	9 473.16	9 511.30	9 822.66
六、其他	56 270.80	57 156.20	61 048.07	59 518.57	65 711.74
资金来源总计	689 075.00	706 596.84	719 115.03	728 589.76	740 930.81
运用方项目					
一、各项贷款	398 649.54	405 057.11	415 247.85	424 636.85	429 665.51
（一）境内贷款	397 338.63	403 733.32	414 047.64	423 511.18	428 580.27
1. 短期贷款	104 635.02	107 568.36	111 357.23	112 900.75	111 701.61
2. 中长期贷款	274 788.57	282 743.04	293 205.09	302 564.02	308 248.14
3. 票据融资	17 533.22	13 041.91	9 134.60	7 748.39	8 366.34
4. 融资租赁					
5. 各项垫款	381.81	380.01	350.72	298.02	264.18
（二）境外贷款	1 310.92	1 323.79	1 200.21	1 125.67	1 085.24
二、债券投资	152 646.13	155 054.22	160 081.31	165 714.60	170 984.61
三、股权及其他投资	14 510.98	17 137.26	15 023.17	13 498.72	12 718.19
四、买入返售资产	15 172.91	12 314.04	15 927.65	13 806.01	15 495.86
五、存放中央银行存款	81 893.40	92 989.79	94 214.79	93 730.43	96 239.28
六、银行业存款类金融机构往来（运用方）	26 202.04	24 044.42	18 620.26	17 203.14	15 827.36
资金运用总计	689 075.00	706 596.84	719 115.03	728 589.76	740 930.81

注：1. 本表机构包括工行、建行、农行、中行。

2. 自 2015 年起，"各项存款"含非存款类金融机构存放款项，"各项贷款"含拆放给非存款类金融机构款项。

数据来源：http://www.pbc.gov.cn/diaochatongjisi/116219/116319/3245697/3245905/index.html.

2. 表外业务

表外业务是指商业银行从事的不列入资产负债表，但能影响银行当期损益的经营活动。表外业务主要包括汇兑、代收款业务、代客买卖业务、承兑业务等传统的中间业务，也包括一些新的业务，如金融期货、期权、互换、远期利率协议、票据发行便利、贷款承诺、备用信用证等业务。传统的中间业务通常不使用商业银行自己的资金，只通过收取手续费来营利。因此，传统的中间业务基本上没有风险，也被称为无风险业务。新兴的表外业务虽然也不使用商业银行的资金，但是，它们可能使银行面临利率、汇率和价格变动的市场风险以及违约风险，因而被称为风险业务。表外业务的发展给商业银行提供了更多的发展空间和机会，同时也带来了更多的风险。

11.3.7　互联网金融

1. 什么是互联网金融？

互联网金融（internet finance，ITFIN）是传统金融机构与互联网企业利用互联网技术和信息通信技术实现资金融通、支付、投资和信息中介服务的新型金融业务模式。

互联网金融就是互联网技术和金融功能的有机结合，依托大数据和云计算在开放的互联网平台上形成的功能化金融业态及其服务体系，包括基于网络平台的金融市场体系、金融服务体系、金融组织体系、金融产品体系以及互联网金融监管体系等。具有普惠金融、平台金融、信息金融和碎片金融等相异于传统金融的金融模式。

互联网与金融深度融合是大势所趋，将对金融产品、业务、组织和服务等方面产生更加深刻的影响。互联网金融对促进小微企业发展和扩大就业发挥了现有金融机构难以替代的积极作用，为大众创业、万众创新打开了大门。促进互联网金融健康发展，有利于提升金融服务质量和效率，深化金融改革，促进金融创新发展，扩大金融业对内对外开放，构建多层次金融体系。作为新生事物，互联网金融既需要市场驱动，鼓励创新，也需要政策助力，促进发展。2016 年 10 月 13 日，国务院办公厅发布《互联网金融风险专项整治工作实施方案》。

2. 互联网金融的主要特点

（1）成本低。在互联网金融模式下，资金供求双方可以通过网络平台自行完成信息甄别、匹配、定价和交易，无传统中介、无交易成本、无垄断利润。一方面，金融机构可以避免开设营业网点的资金投入和运营成本；另一方面，消费者可以在开放透明的平台上快速找到适合自己的金融产品，削弱了信息不对称程度，更省时省力。

（2）效率高。互联网金融业务主要由计算机处理，操作流程完全标准化，客户不需要排队等候，业务处理速度更快，用户体验更好。如阿里小贷依托电商积累的信用数据库，经过数据挖掘和分析，引入风险分析和资信调查模型，商户从申请贷款到发放只需要几秒钟，日均可以完成贷款 1 万笔，成为真正的"信贷工厂"。

（3）覆盖广。在互联网金融模式下，客户能够突破时间和地域的约束，在互联网上寻找需要的金融资源，金融服务更直接，客户基础更广泛。此外，互联网金融的客户以小微企业为主，覆盖了部分传统金融业的金融服务盲区，有利于提升资源配置效率，促进实体经济发展。

（4）发展快。依托于大数据和电子商务的发展，互联网金融得到了快速增长。以成立于 2013 年 6 月的余额宝为例，余额宝上线 18 天，累计用户数达到 250 多万，累计转入资金达到 66 亿元。截至 2018 年 6 月，余额宝规模达 18 602 亿元，成为世界上规模最大的公募货币基金。

（5）管理弱。一是风控弱。互联网金融还没有接入人民银行征信系统，也不存在信用信息共享机制，不具备类似银行的风控、合规和清收机制，容易发生各类风险问题，已有众贷网、网赢天下等 P2P 网贷平台宣布破产或停止服务。二是监管弱。互联网金融在中国处于起步阶段，还没有监管和法律约束，缺乏准入门槛和行业规范，整个行业面临诸多政策和法律风险。

（6）风险大。主要是指：①信用风险大。现阶段中国信用体系尚不完善，互联网金融的相关法律还有待配套，互联网金融违约成本较低，容易诱发恶意骗贷、卷款跑路等风险问题。特别是 P2P 网贷平台由于准入门槛低和缺乏监管，成为不法分子从事非法集资和诈骗等犯罪活动的温床。例如，淘金贷、优易网、安泰卓越等十多家 P2P 网贷平台先后曝出"跑路"事件。[①]　②网络安全风险大。中国互联网安全问题突出，网络金融犯罪问题不容忽

---

① 十家 P2P 网贷跑路事件．http://www.p2peye.com/hjzs/sjp2pwdplsj/.

视。一旦遭遇黑客攻击，互联网金融的正常运作会受到影响，危及消费者的资金安全和个人信息安全。

3. 互联网金融的发展模式

1）众筹

众筹，即大众筹资或群众筹资，是指用团购预购的形式，向网友募集项目资金的模式。众筹的本意是利用互联网和 SNS 传播的特性，让创业企业、艺术家或个人对公众展示他们的创意及项目，争取大家的关注和支持，进而获得所需要的资金援助。众筹平台的运作模式大同小异——需要资金的个人或团队将项目策划交给众筹平台，经过相关审核后，便可以在平台的网站上建立属于自己的页面，用来向公众介绍项目情况。

2）P2P 网贷

P2P（peer‐to‐peer lending），即点对点信贷。P2P 网贷是指通过第三方互联网平台进行资金借、贷双方的匹配，需要借贷的人群可以通过网站平台寻找到有出借能力并且愿意基于一定条件出借的人群，帮助贷款人通过和其他贷款人一起分担一笔借款额度来分散风险，也帮助借款人在充分比较的信息中选择有吸引力的利率条件。

P2P 有两种运营模式：一是纯线上模式，其特点是资金借贷活动都通过线上进行，不结合线下的审核。通常这些企业采取的审核借款人资质的措施有通过视频认证、查看银行流水账单、身份认证等。二是线上线下结合的模式，借款人在线上提交借款申请后，平台通过所在城市的代理商采取入户调查的方式审核借款人的资信、还款能力等情况。

3）第三方支付

第三方支付（third‐party payment）狭义上是指具备一定实力和信誉保障的非银行机构，借助通信、计算机和信息安全技术，采用与各大银行签约的方式，在用户与银行支付结算系统间建立连接的电子支付模式。根据央行 2010 年的解释，第三方支付广义上是指非金融机构作为收、付款人的支付中介所提供的网络支付、预付卡、银行卡收单以及中国人民银行确定的其他支付服务。

2017 年 1 月，《中国人民银行办公厅关于实施支付机构客户备付金集中存管有关事项的通知》明确了第三方支付机构在交易过程中，产生的客户备付金，今后将统一交存至指定账户，由央行监管，支付机构不得挪用、占用客户备付金。2018 年 3 月，网联下发 42 号文，明确要求 2018 年 6 月 30 日前所有第三方支付机构与银行的直连都将被切断，之后银行不会再单独直接为第三方支付机构提供代扣通道。

第三方支付已成为线上线下全覆盖、应用场景更为丰富的综合支付工具。目前，国内第三方支付产品主要有：支付宝、微信支付、百度钱包等。

4）数字货币

数字货币，简称 DIGICCY，是电子货币形式的替代货币。数字金币和密码货币都属于数字货币。数字货币不同于虚拟世界中的虚拟货币，因为它能被用于真实的商品和服务交易，而不局限在网络游戏中。早期的数码货币是一种以黄金重量命名的电子货币形式，如数字黄金货币。现在的数码货币，例如比特币、莱特币和 PPCoin，是依靠校验和密码技术来创建、发行和流通的电子货币。

5）大数据金融

大数据金融是指集合海量非结构化数据，通过对其进行实时分析，可以为互联网金融机构提供客户全方位信息，通过分析和挖掘客户的交易和消费信息掌握客户的消费习惯，并准确预测客户行为，使金融机构和金融服务平台在营销和风险控制方面有的放矢。基于大数据的金融服务平台主要指拥有海量数据的电子商务企业开展的金融服务。大数据的关键是从大量数据中快速获取有用信息的能力，或者是从大数据资产中快速变现利用的能力。因此，大数据的信息处理往往以云计算为基础。

6）信息化金融机构

信息化金融机构是指通过采用信息技术，对传统运营流程进行改造或重构，实现经营、管理全面电子化的银行、证券和保险等金融机构。金融信息化是金融业发展趋势之一，而信息化金融机构则是金融创新的产物。从金融整个行业来看，银行的信息化建设一直处于业内领先水平，不仅具有国际领先的金融信息技术平台，建成了由自助银行、电话银行、手机银行和网上银行构成的电子银行立体服务体系，而且以信息化的大手笔——数据集中工程在业内独领风骚，其除了基于互联网的创新金融服务之外，还形成了"门户""网银、金融产品超市、电商"的一拖三的金融电商创新服务模式。

7）金融门户

互联网金融门户是指利用互联网进行金融产品的销售以及为金融产品销售提供第三方服务的平台。它的核心就是"搜索比价"的模式，采用金融产品垂直比价的方式，将各家金融机构的产品放在平台上，用户通过对比挑选合适的金融产品。互联网金融门户多元化创新发展，形成了提供高端理财投资服务和理财产品的第三方理财机构，提供保险产品咨询、比价、购买服务的保险门户网站等。这种模式不存在太多政策风险，因为其平台既不负责金融产品的实际销售，也不承担任何不良的风险，同时资金也完全不通过中间平台。

11.4 中央银行

11.4.1 中央银行产生的背景及客观要求

1. 中央银行产生的经济背景

中央银行产生于 17 世纪后半期，形成于 19 世纪初叶，它产生的经济背景如下。

（1）商品经济的迅速发展。18 世纪初，西方国家开始了工业革命，社会生产力的快速发展和商品经济的迅速扩大，促使货币经营业越来越普遍，而且日益有利可图，由此产生了对货币财富进行控制的欲望。

（2）资本主义经济危机的频繁出现。资本主义经济自身的固有矛盾必然导致连续不断的经济危机。面对当时的状况，资产阶级政府开始从货币制度上寻找原因，企图通过发行银行券来控制、避免和挽救频繁的经济危机。

（3）银行信用的普遍化和集中化。资本主义工业革命促使生产力空前提高，生产力的提高又促使资本主义银行信用业蓬勃发展。主要表现在银行经营机构不断增加；银行业逐步走向联合、集中和垄断。

2. 中央银行产生的客观要求

资本主义商品经济的迅速发展，经济危机的频繁发生，银行信用的普遍化和集中化，既为中央银行的产生奠定了经济基础，又为中央银行的产生提供了客观要求。

（1）政府对货币财富和银行的控制。资本主义商品经济的迅速发展，客观上要求建立相应的货币制度和信用制度。资产阶级政府为了开辟更广泛的市场，也需要有巨大的货币财富做后盾。

（2）统一货币发行。在银行业发展初期，几乎每家银行都有发行银行券的权力，但随着经济的发展、市场的扩大和银行机构增多，银行券分散发行的弊病就越来越明显，客观上要求有一个资力雄厚并在全国范围内享有权威的银行来统一发行银行券。

（3）集中信用的需要。商业银行经常会发生营运资金不足、头寸调度不灵等问题，这就从客观上要求中央银行的产生，它既能集中众多银行的存款准备，又能不失时宜地为其他商业银行提供必要的周转资金，为银行充当最后的贷款人。

（4）建立票据清算中心。随着银行业的不断发展，银行每天收授的票据数量增多，各家银行之间的债权债务关系复杂化，由各家银行自行轧差进行当日清算已发生困难。这种状况观上要求产生中央银行，作为全国统一的、有权威的、公正的清算中心。

（5）统一金融管理。银行业和金融市场的发展，需要政府出面进行必要的管理，这要求产生隶属政府的中央银行来实施政府对银行业和金融市场的管理。

11.4.2　中央银行的性质

中央银行的性质具有一定的复杂性，可以从以下几方面来分析。

（1）从中央银行的业务活动特点看，它是特殊的金融机构。一方面中央银行主要业务活动具有银行固有的办理"存、贷、汇"业务的特征；另一方面它的业务活动又与普通的金融机构有所不同，主要表现在其业务对象不是一般的企业或居民个人，而是商业银行等金融机构，同时国家还赋予中央银行一系列特有的权力，如垄断货币发行、集中存款准备金、维护支付清算系统的正常运行、经理国库等。

（2）中央银行是保障金融稳健运行，调控宏观经济的国家行政机构。中央银行通过国家特殊授权，承担着监督管理金融机构和金融市场的重要使命。同时由于中央银行处于整个社会资金运动的重要环节，是国民经济的枢纽，是货币供给者和信用活动的调节者。因此，中央银行对货币、信用的调控，对金融业的监督管理，对宏观经济运行具有直接重要的作用。

（3）中央银行具有国家机关的性质，负有重要的公共责任。中央银行作为管理机关，并不同于一般国家行政管理机构。除特定的金融管理职责采取通常的行政管理方式外，还对金融领域乃至整个经济领域的活动进行管理、控制和调节。

综上所述，中央银行的性质可概括为：中央银行是由政府组建的金融管理机构，它代表国家管理金融，制定和执行金融方针政策，主要采用经济手段对金融经济领域进行调节和控制。中央银行是一国最高的货币金融管理机构，在各国金融体系中居于主导地位。

11.4.3　中央银行的职能

中央银行是一国最高的货币金融管理机构，在各国金融体系中居于主导地位。中央银行的职能是宏观调控、保障金融安全与稳定和金融服务。具体来说，中央银行具有发行的银行、银行的银行和国家的银行三大主要职能。

1. 发行的银行

发行的银行是指中央银行是拥有垄断货币发行权的银行，是全国唯一的货币发行机关。现代信用货币制度下，世界绝大多数国家的货币发行权掌握在中央银行手中，中央银行是唯一有权在全国范围内发行货币的机构，其他金融机构均无此权力。

中央银行独立行使发行银行职能是现代信用制度发展的必然产物。在金属货币制度下，货币发行权分散于社会各层面。纸币取代金属货币后，仍然保留了货币发行权分散的特点，由各商业银行根据自己吸收的金属货币存款的多少，通过贷款途径，向社会发行纸币。货币发行权过于分散，一方面不利于异地商品交换活动的顺利进行；另一方面受个别商业银行资本实力的制约，货币发行风险过大。为此，国家以法令的形式将货币发行权逐步集中于个别实力雄厚的大银行手中，最终由中央银行一家垄断了货币发行权。

一般辅币的铸造、发行，有的国家由中央银行经管，有的国家则由财政部发行，发行收归财政，然后由中央银行投入流通。

2. 银行的银行

银行的银行是指中央银行面向商业银行等金融机构，为其提供多方面的服务。商业银行等金融机构在社会经济组织之间发挥着信用中介、支付中介等多项职能，为经济组织提供多方面的服务。在这个过程中，商业银行等金融机构彼此间也存在密切的业务往来活动；在向社会紧急组织提供信用资金的过程中，也会产生临时性的资金短缺现象，客观上需要有一个机构为其提供服务。中央银行的职能之一就是为商业银行提供各种服务，并在服务过程中对其进行管理和监督。

具体来讲，中央银行作为银行的银行，主要为商业银行提供下列服务。

（1）集中存款准备金。商业银行从社会吸收来的存款不能全部用于发放贷款，必须按照规定的比例留下一部分，以备存款人随时提取存款。这部分资金称为存款准备金。这部分资金如果放在商业银行自己手中，不仅没有利息收入，还要向存款户支付利息。所以，商业银行将这笔存款准备金存入中央银行，以保证其有一定的利息收入。

（2）为商业银行提供贷款。在商业银行由于社会生产规模扩大或自身经营上的时间差等因素影响而出现信贷资金不足的情况下，中央银行通过再贴现、再抵押或直接贷款等方式向商业银行提供贷款。中央银行是商业银行的"最终贷款人"。

（3）办理商业银行等金融机构间的清算业务。各金融机构在中央银行设有存款账户，商业银行之间的资金往来活动，其应收款项和应付款项的差额，可通过中央银行从各金融机构的存款账户上进行划拨。中央银行是全国票据的清算中心。

（4）监督和管理全国的金融机构，防止各金融机构在经营过程中的不法行为，维持整个金融秩序的稳定。

3. 国家的银行

国家的银行是指中央银行代表国家制定和执行金融政策，监督管理金融活动，代为管理政府财政收支，向政府提供信用，代表政府参与国际金融活动，管理国家外汇储备。

1) 中央银行在金融监管中的地位

20 世纪 80 年代以前，大多数国家的中央银行是金融业或银行的监管。现在，中央银行作为金融监管的唯一主体，已无法适应新的金融格局，这是因为银行在金融体系中的传统作用正受到挑战。随着金融市场在经济发展中的作用越来越大，许多国家通过另设监管机构来监管越来越多的非银行金融机构，如银监会、证监会、保监会等。

从世界金融监管的实践来看，监管体制可分为四类：分业经营且分业监管，如法国和中国；分业经营而混业监管，如韩国；混业经营而分业监管，如美国和中国香港地区；混业经营且混业监管，如英国和日本等。是否由中央银行担当监管重任也有不同情形：有中央银行仍负责全面监管的；有中央银行只负责对银行业监管的；也有在中央银行外另设新机构，专司所有金融监管的。

2）中央银行金融监管程序和内容

完整的金融监管是一个连续、循环的过程，它由市场准入监管、日常运营监管、风险评价、风险处置及市场退出等相关要素和环节组成。

（1）机构功能定位。功能定位是指各类金融机构在市场经济活动中所扮演的主要角色，以及运作、发展的空间，具体体现在该机构的服务对象、业务范围和服务方式上。

（2）市场准入。广义上的金融机构市场准入包括三个方面：机构准入、业务准入和高级管理人员准入。机构准入，是指依据法定标准，批准金融机构法人或其分支机构的设立。业务准入，是指按照审慎性标准，批准金融机构的业务范围和开办新的业务品种。高级管理人员准入，是指对高级管理人员任职资格的核准和认可。

（3）业务运营监管。对金融机构的业务运营监管，主要是通过监管当局（如中央银行）的非现场监管和现场检查，以及借助会计（审计）师事务所进行的外部审计，及时发现、识别、评价和纠正金融机构的业务运营风险。这是监管当局日常监管的主要内容，包括非现场监管和现场检查。

（4）风险评价。风险的综合评价是金融监管人员在综合分析非现场监管和现场检查结果及来自中介机构提供信息的基础上，对被监管机构所存在风险的性质、特征、严重程度及发展趋势作出的及时、客观、全面的判断和评价。

（5）风险处置。金融监管当局要针对金融机构所存在的不同风险及风险的严重程度及时采取相应措施加以处置，处置方式包括纠正、救助和市场退出。

11.4.4　中央银行的组织形式

目前，世界各国中央银行的组织形式大致可分为以下三种类型。

（1）单一中央银行体制。单一中央银行体制是指在一个国家内单独设立中央银行，由其独立行使中央银行有关金融管理的各项职能。中国现行的中央银行组织结构为单一中央银行体制。

（2）复合中央银行体制。复合中央银行体制是指政府不单独设立中央银行机构，而是把中央银行的业务和职能与商业银行的业务和职能集中于一家商业银行来执行，或者由政府指定某一家或某几家商业银行代为行使中央银行的全部或部分职责。

（3）准中央银行体制。准中央银行体制是指国家不设完整意义上的中央银行，而设立类似中央银行的金融管理机构执行部分中央银行的职能，并授权若干商业银行执行部分中央银行的职能。如新加坡、马尔代夫、斐济、沙特阿拉伯等国家和中国香港地区都实行这种制度。

（4）跨国中央银行体制。跨国中央银行体制是指由数个国家组成一个货币联盟，为各成员国行使中央银行职能，各成员国不再独立设立各自的中央银行。

11.4.5　中央银行的主要业务

中央银行奉行非营利性、流动性、主动性、公开性四个原则。尽管中央银行的性质是金融领域中的行政管理机构，但作为银行，中央银行也具有资产业务、负债业务和清算业务。中央银行的资产负债业务如表 11-5 所示。

表 11-5　中央银行的资产负债表　　　　　　　　　　　亿元人民币

项目	2017.01	2017.03	2017.06	2017.09	2017.12
国外资产	225 614.58	224 290.37	223 007.56	222 589.36	221 164.12
外汇	217 337.60	216 209.50	215 153.03	215 106.85	214 788.33
货币黄金	2 541.50	2 541.50	2 541.50	2 541.50	2 541.50
其他国外资产	5 735.48	5 539.37	5 313.03	4 941.02	3 834.29
对政府债权	15 274.09	15 274.09	15 274.09	15 274.09	15 274.09
其中：中央政府	15 274.09	15 274.09	15 274.09	15 274.09	15 274.09
对其他存款性公司债权	91 346.34	80 711.21	85 906.57	89 148.68	102 230.35
对其他金融性公司债权	6 316.41	6 316.41	6 318.41	6 318.41	5 986.62
对非金融性部门债权	79.57	117.31	97.13	95.26	101.95
其他资产	9 636.66	10 644.29	14 421.85	16 570.75	18 174.48
总资产　Total Assets	348 267.65	337 353.68	345 025.62	349 996.56	362 931.61
储备货币	307 810.72	302 387.33	303 771.57	306 044.19	321 870.76
货币发行	96 762.57	75 246.61	73 268.68	76 626.49	77 073.58
其他存款性公司存款	211 048.15	227 140.72	229 662.13	228 516.42	243 802.28
非金融机构存款			840.77	901.29	994.90
不计入储备货币的金融性公司存款	6 724.75	7 744.24	7 596.84	6 047.23	5 019.23
发行债券	500.00	500.00			
国外负债	1 235.17	1 099.03	1 599.31	1 025.47	880.00
政府存款	29 971.11	24 025.62	28 112.90	31 095.04	28 626.03
自有资金	219.75	219.75	219.75	219.75	219.75
其他负债	1 806.15	1 377.72	3 725.25	5 564.88	6 315.84
总负债　Total　Liabilities	348 267.65	337 353.68	345 025.62	349 996.56	362 931.61

注：1. 自 2017 年起，对国际金融组织相关本币账户以净头寸反映。
2. "非金融机构存款"为支付机构交存人民银行的客户备付金存款。
数据来源：http://www.pbc.gov.cn/diaochatongjisi/116219/116319/3245697/3245905/index.html.

中央银行的主要业务包括负债业务、资产业务和清算业务，是中央银行职能的具体体现。

　1. 负债业务

中央银行的负债是指政府、金融机构、社会公众等持有的对中央银行的债权。中央银行负债业务主要包括货币发行、存款、经理国库。

　1）货币发行

货币发行是一定时间内从央行进入流通领域的货币减掉回流到央行的货币的差额。国家授权发行货币的银行将货币从发行基金保管库调拨给银行业务库，并通过它向流通界投放货币的活动。货币发行是中央银行作为国家的银行向社会提供流通手段和支付手段，是中央银行对货币持有者的一种负债，货币发行构成了中央银行最重要的负债业务。

中央银行的货币发行是通过再贴现、贷款、购买有价证券、收购金银及外汇等中央银行的业务活动，将货币投放市场、注入流通，进而增加社会货币供应量的。货币发行有法律规定的程序，各国不尽相同，但都是根据中央银行法的规定，依据经济发展的进程制定操作程序，以配合货币政策的执行。

货币发行就其性质来说，可分为经济发行和财政发行。经济发行是为了满足商品流通的需要而发行的货币。这种发行是符合货币流通规律要求的，因此，它既能满足国民经济需要，又能保持币值稳定。财政发行是为弥补财政赤字而发行的货币，这种发行超过商品流通的实际需要，往往会导致通货膨胀。

2）存款准备金

存款准备金业务是中央银行存款业务中最主要的业务，它是中央银行资金的重要来源。存款准备金由两部分组成：①法定存款准备金，即商业银行按照法律规定将吸收存款的一定比率上存中央银行；②超额存款准备金，即商业银行在中央银行的存款中超过法定准备金的部分，主要用于支付清算、头寸调拨或作为资产运用的备用资金。

在存款准备金制度下，金融机构不能将其吸收的存款全部用于发放贷款，必须保留一定的资金即存款准备金，以备客户提款的需要，因此存款准备金制度有利于保证金融机构对客户的正常支付。随着金融制度的发展，存款准备金逐步演变为重要的货币政策工具。当中央银行降低存款准备金率时，金融机构可用于贷款的资金增加，社会的贷款总量和货币供应量也相应增加；反之，社会的贷款总量和货币供应量将相应减少。

3）经理国库

中央银行作为国家的银行，一般由央行代理国家来经理国库，财政的收入和支出，都由中央银行代理。经常大量的财政存款构成了中央银行的负债业务之一。这部分存款经财政分配，下拨机关、团体单位作为经费后，形成机关、团体的存款，这部分存款是财政性存款，它与财政存款一样，也是中央银行的负债。两种存款均为中央银行资金的重要来源。

4）其他负债业务

其他负债业务主要包括对国际金融机构负债、国内金融机构往来等内容。

2. 资产业务

中央银行的资产业务是中央银行运用货币资金的业务，是调控信用规模和货币供应量的主要手段。它主要包括贷款、再贴现、公开市场业务和国际储备。

1）贷款

中央银行贷款业务主要包括对商业银行贷款和对政府贷款两种。

（1）对商业银行贷款。这种贷款称为再贷款，是中央银行贷款的最主要渠道。它是中央银行为了解决商业银行在信贷业务中发生临时性资金周转困难而发放的贷款，是中央银行作为"银行的银行"职责的具体表现。在国外再贷款多为有政府债券或商业票据为担保的抵押放款。中央银行通常定期公布贷款利率，商业银行提出申请后，由中央银行对其数量、期限用途和申请者资信进行审查。

（2）对政府贷款。这种贷款是在政府财政收支出现失衡时，中央银行提供贷款支持的应急措施，多为短期的信用放款。由于这种贷款会威胁货币流通的正常和稳定，削弱中央银行宏观调控的有效性，因而各国法律对此都有严格的时间规定和数量限制。在我国，中国人民银行不得对政府财政透支，不得直接认购、包销国债和其他政府债券，不得向地方政府和各级政府部门提供贷款。

2）再贴现

再贴现指商业银行或其他金融机构将贴现所获得的未到期票据，向中央银行做的票据转让。再贴现是中央银行向商业银行提供资金的一种方式。再贴现是中央银行的货币政策工具之一，它不仅影响商业银行筹资成本，限制商业银行的信用扩张，控制货币供应总量，而且可以按国家产业政策的要求，有选择地对不同种类的票据进行融资，促进结构调整。

一般来说，中央银行的再贴现利率具有以下特点。①是一种短期利率。因为中央银行提供的贷款以短期为主，申请再贴现合格票据，其期限一般不超过 3 个月，最长期限也在 1 年之内。②是一种官定利率。它是根据国家信贷政策规定的，在一定程度上反映了中央银行的政策意向。③是一种标准利率或最低利率。如英格兰银行贴现及放款有多种差别利率，而其公布的再现贴现利率为最低标准。

3）公开市场业务

通过公开市场买卖证券是中央银行重要的资产业务。中央银行买卖证券的目的不是营利，而是调节和控制社会货币供应量，以影响整个宏观经济。当市场需要扩张时，中央银行即在公开市场买入证券，以增加社会的货币供应量，刺激生产；反之则相反。

4）经营国际储备资产

国际储备是指各国政府委托本国中央银行持有的国际间广泛接受的各种形式资产的总称。目前国际储备主要由外汇、黄金组成，其中外汇储备是最重要的部分。中央银行经营国际储备是中央银行作为国家银行功能的表现，其作用有：弥补国际收支逆差；干预外汇市场，维持汇率稳定；增强国际信誉度，增强本国货币的国际信誉。

3. 清算业务

中央银行的清算业务又称中间业务，是指中央银行作为一国支付清算体系的参与者和管理者，通过一定的方式、途径，使金融机构之间的债权债务清偿及资金转移顺利完成并维护支付系统的平稳运行，从而保证经济活动和社会生活的正常运行。

1）集中办理票据交换

票据交换是指将同城或同一地区各银行间收付的票据进行当日的交换。参加交换的各银行每日在规定时间内，在交换场所将当日收进的以其他银行为付款行的票据进行交换，这种票据交换的清算一般由中央银行组织管理，集中办理交换业务，结出各机构收付相抵后的差额，其差额通过各商业银行在中央银行的存款账户进行划转清算。

2）异地资金汇划

异地资金汇划是指办理不同区域、不同城市、不同银行之间的资金转移。如各行的异地汇兑形成各行间异地的债权债务需要进行跨行、跨地区的资金划转。这种跨地区的资金汇划，必须由中央银行统一办理。

一般有两种方法：①先由各金融机构内部组成联行系统，最后各金融机构的清算中心通过中央银行办理转账结算；②将异地票据统一集中传至中央银行总行办理轧差头寸的划转。我国银行间的清算通常也采用这两种方法。通过中央银行的异地资金汇划，减少了各行运送现款的麻烦，加速了资金周转；同时，中央银行还通过此业务了解各金融机构的资金营运情况，有利于中央银行加强对金融机构的监管。

3）跨国清算

跨国清算是指由于国际贸易、国际投资及其他方面所发生的国际间债权债务，借助一定的结算工具和支付系统进行清算，实现资金跨国转移的行为。跨国清算通常是通过各国的指定银行分别向本国的中央银行办理。由两国中央银行集中两国之间的债权债务直接加以抵消，完成清算工作。

11.4.6 中国中央银行的发展历程

1. 新中国成立前的中央银行

1905 年，户部银行在北京开业。户部银行是清末官商合办的银行，它是模仿西方国家中央银行而建立的中国最早的中央银行。1908 年，户部银行改为大清银行。1911 年辛亥革命后，大清银行改组为中国银行。1908 年，交通银行成立，曾自我标榜为"纯属商业银行性质"。但事实上，它后来成了北洋政府的中央银行。1913 年，交通银行取得了与中国银行同等地位的货币发行权。1914 年，交通银行改定章程，已经具备了中央银行的职能。

1924 年，孙中山领导的广东革命政府在广州创立中央银行。1926 年，国府移迁武汉，同年 12 月在汉口设中央银行。原广州的中央银行改组为广东省银行。1928 年，汉口中央银行停业。1928 年，南京国民政府在上海成立中央银行。1949 年 12 月，中央银行随国民党政府撤往台湾。

1927 年大革命失败后，中国共产党在建立根据地后成立了人民的银行，发行货币。如闽西上杭县蚊洋区农民协会创办了农民银行等。1932 年，苏维埃国家银行正式成立。1934 年，苏维埃国家银行跟随红军长征转移，1935 年改组为中华苏维埃共和国国家银行西北分行，同年 10 月，国家银行西北分行改组为陕甘宁边区银行，总行设在延安。随着解放战争的胜利，解放区迅速扩大并逐渐连成一片，整个金融事业趋于统一和稳定。1948 年 11 月，成立中国人民银行。

2. 新中国的中央银行

（1）1948—1978 年期间。1948 年 12 月 1 日，中国人民银行在石家庄正式宣告成立。1949 年 2 月，中国人民银行总行迁入北京，以后按行政区设立分行、中心支行和支行（办事处），支行以下设营业所，基本上形成了全国统一的金融体系。

这一时期的中国人民银行，一方面全部集中了全国农业、工业、商业短期信贷业务和城乡人民储蓄业务；同时，既发行全国唯一合法的人民币，又代理国家财政金库，并管理金融行政，这就是所谓的"大一统"的中央银行体制。

（2）1979—1983 年期间。中共十一届三中全会后，各专业银行和其他金融机构相继恢复和建立，对过去"大一统"的银行体制有所改良。但从根本上说，在中央银行的独立性、宏观调控能力和政企不分等方面并无实质性进展。同时，随着各专业银行的相继恢复和建立，"群龙无首"的问题也亟待解决。

（3）1984—1998 年期间。1983 年 9 月，国务院决定中国人民银行专门行使中央银行的职能，不再兼办工商信贷和储蓄业务，专门负责领导和管理全国的金融事业。1984 年 1 月 1日，中国工商银行从中国人民银行分离出来，正式成立，中国人民银行专门行使中央银行的职能。

（4）1998 年以后的中国人民银行。1998 年 10 月开始，中国人民银行及其分支机构在全国范围内进行改组，撤销中国人民银行省级分行，在全国设立 9 个跨省、自治区、直辖市的一级分行，重点加强对辖区内金融业的监督管理。一个以中央银行为领导，以商业银行为主体，多种金融机构并存、分工协作的具有中国特色的金融体系已经形成。

2003 年，按照党的十六届二中全会审议通过的《关于深化行政管理体制和机构改革的意见》和十届人大一次会议批准的国务院机构改革方案，将中国人民银行对银行、金融资产管理公司、信托投资公司及其他存款类金融机构的监管职能分离出来，并和中央金融工委的相关职能进行整合，成立中国银行业监督管理委员会。同年 9 月，中央机构编制委员会正式批准人民银行的"三定"调整意见。12 月 27 日，十届全国人大常务会第六次会议审议通过了《中华人民共和国中国人民银行法》修正案。

本 章 小 结

● 金融机构，也称为金融中介或金融中介机构，它具有提供信用中介、降低交易成本、分散投资风险、提供支付结算等金融服务，以及货币政策传导的功能；可分为四大类：监督管理性金融机构、政策性金融机构、商业性金融机构和国际金融机构。

● 中国的金融机构体系已逐步发展成为具有中国特色，多元化的金融机构体系。在国务院金融稳定发展委员会统筹协调下，以中国人民银行、中国银行保险监督管理委员会、中国证券监督管理委员会为最高金融管理机构，即"一委一行两会"结构，政策性金融与商业性金融相分离，以国有商业银行为主体，多种金融机构并存的多元化金融机构体系。

● 银行业金融机构包括政策性银行及国家开发银行、大型商业银行、股份商业银行、城市商业银行、农村商业银行、农村合作银行、农村信用社、新型农村金融机构、邮政储蓄银行、外资银行、民营银行和非银行金融机构。

● 商业银行从性质上说是以经营存放款为主要业务，并以营利为主要经营目标的信用机构，是一种特殊的企业。商业银行的组织形式有单一银行制、分支行制、集团银行制和连锁银行制。

● 互联网金融是传统金融机构与互联网企业利用互联网技术和信息通信技术实现资金融通、支付、投资和信息中介服务的新型金融业务模式。其特点为：成本低、效率高、覆盖广、发展快、管理弱、风险大。

● 中央银行是国家机关，是代表政府干预经济，管理金融的特殊的金融机构。中央银行是发行的银行、银行的银行、国家的银行。中央银行的构建形式有单一中央银行体制、复合中央银行体制、准中央银行体制和跨国中央银行体制。

▶ 关 键 概 念 ◢

金融机构　监督管理性金融机构　政策性金融机构　商业性金融机构　金融机构体系

一委一行两会　双支柱模式　银行业金融机构　商业银行　互联网金融　中央银行

？思考与练习

1. 简述金融机构的概念及功能。
2. 政策性金融机构、商业性金融机构有哪些类型？
3. 简述中国现行的金融机构体系。
4. 简述国务院金融稳定发展委员会的主要职责。
5. 简述商业银行的组织制度及发展趋势。
6. 互联网金融的发展模式有哪些？
7. 简述中央银行的性质和职能。
8. 非银行金融机构有哪些？

【阅读材料】

四大行深耕海外金融"蓝海"

中国银行、工商银行、农业银行和建设银行2016年年报显示，四大行继续深耕海外金融"蓝海"。截至2016年年末，四大行在境外机构（含境外分行、境外子公司及对标准银行投资）总资产超过13 460亿美元，其中中行7 307亿美元，工行3 064.5亿美元，农行1 093.06亿美元，建行约2 000亿美元。

有学者建议，中资银行"走出去"需要不断进行业务创新，满足海外中资企业以及当地企业居民多样化的金融服务需求，还要引进国际化金融人才，尤其是熟悉当地监管政策、发展环境的金融人才。

● 布局境外分支机构和服务网点

中国银行是国际化业务最具优势的国有银行，目前在51个国家和地区拥有近600家海外机构。中国银行的人民币国际化业务继续领跑市场，获得美国人民币清算行资格；跨境人民币清算量312万亿元，结算量超过4万亿元，继续保持全球第一；着力打造全球现金管理业务，成为多家大型跨国企业集团的现金管理主办行，业务辐射亚太、欧洲、美洲地区。

工商银行在42个国家和地区建立了412家机构，通过参股标准银行集团间接覆盖非洲20个国家，与143个国家和地区的1 507家外资银行建立了代理行关系，服务网络覆盖六大洲和全球重要国际金融中心。工商银行为境外主权类机构客户人民币资产配置提供全面跨境金融服务，逐步成为境外主权类机构进入中国市场的首选银行。其推出"工银跨境电商综合金融服务方案"，打造特色跨境电商业务品牌。

建设银行通过在29个国家和地区的251家各级境外机构，在同业中率先推出跨境电商综合金融服务平台，首推"建单通""建票通""建信通"等产品，形成了支持"走出去"企业中短期项目融资的完整产品链。

农业银行在14个国家和地区设立了18家境外机构，并在刚果共和国合资设立了中刚非洲银行，覆盖亚洲、欧洲、北美、大洋洲和非洲的境外机构骨干网络基本形成。

● 建设"一带一路"金融大动脉

"一带一路"建设推动资本、产能和技术的输出，跨境金融业务由此获得广阔空间。

中国银行在"一带一路"沿线20个国家设立分支机构，全方位开启"一带一路"金融合作模式，加大国内外同业合作力度，创新业务拓展模式，提高金融服务效能；加强与国内政策性金融机构合作，积极参与"一带一路"沿线收购、融资项目，并提供账户管理、结算清算等延伸服务。

2016 年，中国银行向"一带一路"沿线国家新投放授信约 307 亿美元，累计新投放授信近 600 亿美元；通过"一带一路"重大项目库跟进重点项目约 420 个，项目投资总额逾4 000 亿美元，意向性支持金额约 947 亿美元。

工商银行在"一带一路"沿线 18 个国家和地区拥有 127 家分支机构，"一带一路"沿线国家贷款投放达 235 亿美元，增长 35.8%。工商银行还成功设立中东欧金融公司及基金，以多边金融公司模式参与"一带一路"基础设施及产能合作。

2016 年，建设银行在马来西亚注册全资子公司，初始注册资本为 8.23 亿林吉特。建行马来西亚从事批发和零售银行业务，主要服务于国内"一带一路"重点客户、双边贸易企业，以及当地大型基础设施建设项目等，为国内外客户提供全球授信、贸易融资、供应链融资，林吉特、人民币等多币种清算，以及资金交易等多方位金融服务。

资料来源：汪名立. 四大行深耕海外金融"蓝海". 国际商报，2017 - 04 - 10（A06）.

第 12 章
货币需求与货币供给

【学习目标】

学完本章后，你应该能够：

● 理解货币需求及货币需求理论；

● 知晓货币层次、货币供给；

● 领会银行在货币供给中的地位；

● 领会货币供求均衡。

12.1 货币需求

12.1.1 货币需求的概念

货币需求理论是货币理论中的重要内容之一，是货币政策选择的理论依据。一般认为货币需求是指社会各阶层（包括个人、单位、政府）在既定的收入或财富范围内愿意而且能够以货币形式持有其财富的数量。

在理解货币需求内涵时要注意把握以下几点。

（1）货币需求是一个存量概念。它考查的是在特定时点和空间范围内社会各部门在其拥有的全部资产中愿意以货币形式持有的数量或份额。

（2）货币需求是有效需求。有能力获得或持有货币，且愿意以货币形式保有其资产才能算货币需求。

（3）现实中的货币需求包括对现金和存款货币的需求。

（4）货币需求产生的根本原因在于货币所具有的职能。在市场经济中，各种商品价值的衡量和比较都需要用货币这一统一尺度，人们需要以货币作为取得收入的主要形式，用货币作为交换和支付手段，以货币作为财富的贮藏手段，由此对货币产生了一定数量的需求。

12.1.2 货币需求理论

1. 马克思的货币流通规律

马克思的货币需求理论，是以劳动价值为基础建立起来的，研究人们对货币的交易需求，即执行流通手段和支付手段职能的货币需要。他不但研究了流通中对金属货币的需要量，也研究了纸币流通下对纸币的需要量。马克思用公式形式表述货币需求量的方式远远早于西方的古典货币需求量公式，只是他没有使用符号代入公式而已。

按照马克思的分析，货币需求量可用以下公式来表示：

货币作为流通手段的必要量＝（待出售商品总量×单位商品价格）/同单位货币流通速度

货币作为流通手段和支付手段的必要量＝（商品价格总额－赊销商品价格总额＋到期支付总额－相互抵消的支付总额）/同单位货币流通速度

单位纸币所代表的货币金属量＝流通中必要的货币金属量/流通中的纸币总量

上述三个公式反映了马克思对货币需求的基本观点：①认为货币需求是一个客观的事物，有一个客观的尺度，反映在流通中，货币的需要量可用货币必要量来表示；②适度的货币需求取决于商品的交易量、单位商品价格和货币流通速度；③对货币的需求最终表现为对金属货币的需求。

2. 费雪方程

1911 年，美国经济学家欧文·费雪（Irving Fisher）在《货币的购买力》一书中提出了现金交易方程式（equation of change），也被称为费雪方程式。

$$MV = PT$$

式中：M 表示一定时期的货币数量；V 表示货币流通速度；P 表示各类商品（劳务）的一般物价水平；T 表示各类商品（劳务）的交易总量。

费雪分析，在 M、V 和 T 三个经济变量中，M 是一个由模型之外的因素所决定的外生变量；V 是由制度因素决定的，而制度因素变化缓慢，因而可视为常数；T 与产出水平保持一定的比例，也是大体稳定的。因此，只有 P 和 M 的关系最重要，所以 P 的值主要取决于 M 数量的变化，即价格水平是货币量的函数，$M = PT/V$。

在货币市场均衡时，人们持有货币量 M 等于货币需求量 M_d。用 M_d 代替 M，同时用 k 表示 $1/V$，则有 $M_d = kPT$。因 V 可以看作常数，所以 k 也是个常量，因而由固定水平的名义收入（PT）所引起的交易水平决定了人们需求的货币数量（M_d）。因此，费雪的货币数量论认为：货币需求纯粹是收入的函数，利率对货币需求没有影响。

3. 剑桥方程

剑桥学派经济学家 A. 马歇尔和 A. C. 庇古等人认为，人们持有货币是因为货币具有交易媒介和价值贮藏功能。1917 年，庇古在《货币的价值》一文中提出了货币需求函数，其理论根据是 A. 马歇尔的货币数量论。1923 年，马歇尔在《货币、信用与商业》一书中系统地提出了现金余额说。后来，D. H. 罗伯逊等人又发展了这一理论。

剑桥学派发展起来的货币需求理论（又称现金余额说）的内容和分析方法主要反映在"剑桥方程式"中，该方程式是

$$M_d = kPY$$

式中：M_d 为名义货币需求量，即现金余额；P 为一般物价水平；Y 为一定时期内按不变价格计算的实际产出或实际收入；k 为以货币形式持有的财富占名义总收入的比率；PY 为名义总收入。

由于包括传统货币数量论在内的古典经济学都认为经济可以自动趋于均衡，因此货币供给 M_s 与货币需求 M_d 也会自动趋于均衡，即 $M_s = M_d = M$，代入上式可得

$$M = kPY$$

这就是著名的剑桥方程式，该方程式表明人们愿意持有的货币存量与名义总收入之间保持稳定的比例关系。如上所述，货币供给无论大于还是小于货币需求，都会自行得到调整。

为了恢复均衡，就要求 k 或 P 发生变动。由于 Y 在短期内不会有大的变动，如果 k 也不变，则 P 与 M 会同方向比例变动。可见，剑桥方程式同样也得出了费雪方程的结论。不过，剑桥方程本身又预示着对上述结论的否定：因为各种资产的收益率和人们的预期影响着 k，无论在短期还是长期，k 都不是个固定不变的常数，因此 P 与 M 的变动幅度也就不可能完全一致。只是剑桥学派并没有在这方面做深入研究，但对以后货币需求理论的影响却是巨大的。

剑桥方程式与费雪方程的主要区别如下。①费雪方程重视货币的交易手段功能，强调货币的支出；剑桥方程重视货币作为资产的功能，强调货币的持有。②费雪方程重视货币流通速度以及经济社会等制度因素；而剑桥方程则重视人们持有货币的动机。③费雪方程所指的货币数量是某一时期的货币流通量；而剑桥方程所指的货币数量是某一时点人们手中所持有的货币存量。

4. 凯恩斯的货币需求理论

凯恩斯货币需求理论，也称为流通性偏好理论或灵活性偏好理论。由于凯恩斯师从马歇尔，他的货币理论在某种程度上是剑桥货币需求理论合乎逻辑的发展。在剑桥学派的货币数量论中，所提出的问题是人们为什么会持有货币，对这一问题的回答直接导向了剑桥学派对人们持币的交易需求的分析，但剑桥理论的缺陷是没有对此进行深入分析。

凯恩斯在《就业、利息和货币通论》一书"流动性偏好的动机"部分分析了货币需求的动机。所谓流动性偏好，是指人们在心理上偏好流动性，愿意持有货币而不愿意持有其他缺乏流动性资产的欲望。这种欲望构成了对货币的需求。那么人们为什么偏好流动性，为什么愿意持有货币呢？凯恩斯认为，人们的货币需求行为主要由以下三种动机决定。

（1）交易动机。这是指人们为了应付日常的商品交易而需要持有货币的动机。他把交易动机又分为所得动机和业务动机。所得动机主要是指个人而言，业务动机主要是指企业而言。基于所得动机与业务动机而产生的货币需求，凯恩斯称之为货币的交易需求。

（2）预防动机。预防动机，也称谨慎动机，是指人们为了应付不测之需而持有货币的动机。凯恩斯认为，出于交易动机而在手中保存的货币，其支出情况一般事先可以确定。但生活中经常会出现一些未曾预料的、不确定的支出和购物机会。为此，人们也需要保持一定量的货币在手中，这类货币需求可称为货币的预防需求。

（3）投机动机。这是指人们根据对市场利率变化的预测，需要持有货币以便满足从中投机获利的动机。因为货币是最灵活的流动性资产，具有周转灵活性，持有它可以根据市场行情的变化随时进行金融投机。出于这种动机而产生的货币需求，称之为货币的投机需求。

由交易动机而产生的货币需求，加上出于预防动机和投机动机而产生的货币需求，构成了货币的总需求。据此，凯恩斯建立了货币需求函数：

$$M = M_1 + M_2 = L_1(Y) + L_2(i) = L(Y, i)$$

式中：M_1 表示由交易动机和预防动机决定的货币需求，是收入 Y 的递增函数；M_2 表示由投机动机决定的货币需求，是利率 i 的递减函数；L 是作为"流动性偏好"函数的代号，货币最具流动性，所以流动性偏好函数也就相当于货币需求函数。如图 12-1 所示。

凯恩斯认为，当利率已降到某一个不可再降的低点之后，货币需求弹性就会变得无限大，货币需求也会变得无限大，即没有人再愿意持有债券，只愿意持有货币，无论增加多少货币，都会被人们储存起来。这就是所谓的"流动性陷阱"（liquidity trap）。如图 12-2 所示，利率降至 i^* 后，货币需求曲线就变为与横轴平行的直线，该直线部分即为流动性陷阱。凯恩斯认为，在该直线部分，货币需求的利率弹性为无限大。

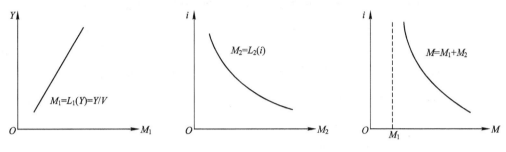

图 12-1　凯恩斯货币需求函数

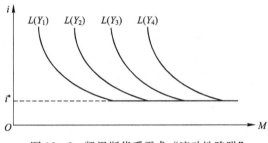

图 12-2　凯恩斯货币需求"流动性陷阱"

从宏观上看，一个国家的经济陷入流动性陷阱主要有以下三个特点。

（1）整个宏观经济陷入严重的萧条之中，需求严重不足，居民个人自发性投资和消费大为减少，失业情况严重，单凭市场的调节显得力不从心。

（2）利率已经达到最低水平，名义利率水平大幅度下降，甚至为零或负利率，在极低的利率水平下，投资者对经济前景预期不佳，消费者对未来持悲观态度，这使得利率刺激投资和消费的杠杆作用失效。再宽松的货币政策也无法改变市场利率，使得货币政策失效，只能依靠财政政策，通过扩大政府支出、减税等手段来摆脱经济的萧条。

（3）货币需求利率弹性趋向无限大。

5. 弗里德曼的货币需求理论

美国经济学家米尔顿·弗里德曼（Milton Friedman）认为货币数量论并不是关于产量、货币收入或物价水平的理论，而是货币需求的理论，即货币需求是由何种因素决定的理论。因此，弗里德曼对货币数量论的重新表述就是从货币需求入手的。

弗里德曼将货币看作是资产的一种形式，用消费者的需求和选择理论来分析人们对货币的需求。他认为影响货币需求的因素如下。①预算约束，即个人所能够持有的货币以其总财富量为限。并以恒久收入作为总财富的代表。恒久收入是指过去、现在和将来的收入的平均数，即长期收入的平均数。弗里德曼注意到在总财富中有人力财富和非人力财富，前者是指个人获得收入的能力，后者即物质财富。弗里德曼将非人力财富占总财富的比率作为影响人们货币需求的一个重要变量。②货币及其他资产的预期收益率，包括货币的预期收益率、债券的预期收益率、股票的预期收益率、预期物价变动率。③财富持有者的偏好。

通过对影响货币需求因素的分析，弗里德曼建立了货币需求函数

$$\frac{M_d}{P} = f\left(Y,\ w,\ r_m,\ r_b,\ r_e,\ \frac{1}{P}\frac{dP}{dt},\ u\right)$$

式中：M_d 为个人财富持有者保有的货币量，即名义货币需求量；P 为一般物价水平；M_d/P 为个人财富持有者保有的货币所能支配的实物量，即实际货币需求量；Y 为按不变价格计算的实际恒久性收入，用来代表财富；w 为非人力财富占总财富的比率；r_m 为货币的预期收益率；r_b 为固定收益证券（债券）的预期收益率；r_e 为非固定收益证券（股票）的收益率；$\frac{1}{P}\frac{dP}{dt}$ 为预期物价变动率，即实物资产的预期收益率；u 表示影响货币需求的其他因素。

12.1.3 决定货币需求的因素

不同国家在经济制度、金融发展水平、文化和社会背景以及所处经济发展阶段的不同，影响货币需求的因素也会有所差别，一般来说主要有以下因素。

（1）社会商品可供量、物价水平与货币流通速度。根据货币流通规律，流通中所需的货币量与物价水平和商品可供量成正比，与货币流通速度成反比。这是因为当社会商品可供量增加或物价上涨时，需要更多的货币当媒介进行商品交换，实现商品价值，因而对货币的需求就会增加；如果一定时期内社会商品可供量和物价水平不变，货币流通速度越快，则对货币的需求量就会下降，反之则会增加。

（2）收入状况。收入状况是决定货币需求的主要因素之一。这一因素又可以分解为收入水平和收入间隔两个方面。在一般情况下，货币需求量与收入水平成正比，当居民、企业等经济主体的收入增加时，他们对货币的需求也会增加；当其收入减少时，他们对货币的需求也会减少。如果人们取得收入的时间间隔延长，则整个社会的货币需求量就会增大；相反，如果人们取得收入的时间间隔缩短，则整个社会的货币需求量就会减少。

（3）消费倾向。消费倾向是指消费支出在收入中所占的比重，可分为平均消费倾向和边际消费倾向。平均消费倾向是指消费总额在收入总额中的比例，而边际消费倾向是指消费增量在收入增量中的比例。假设人们的收入支出除了消费就是储蓄，那么，与消费倾向相对应的就是储蓄倾向。在一般情况下，消费倾向与货币需求变动的方向一致，即消费倾向大，货币需求量也大；反之亦然。

（4）利息率水平。在市场经济中，利息率是调节经济活动的重要杠杆。在正常情况下，利息率上升，货币需求减少；利息率下降，货币需求增加，利息率与货币需求成负相关关系。其原因如下。①货币市场利息率提高，意味着人们持有货币的机会成本上升（因持有货币而放弃的利息收入），因此，货币需求趋于减少；相反市场利息率下降，持有货币的机会成本减少，货币需求趋于增加。②市场利息率与有价证券的价格成反向变动，利息率上升，有价证券的价格下跌；利息率下降，有价证券价格上升，这样公众的持币愿望与利息率成反比，与有价证券的价格成正比，公众的持币愿望是决定货币需求的重要因素。

（5）信用的发达程度。如果一个社会信用发达，信用制度健全，人们在需要货币的时候能很容易地获得现金或贷款，那么整个社会所必需的货币量相对于信用不发达、信用制度不健全的社会所必需的货币量就少些。

（6）公众的预期和偏好。货币需求在相当程度上受到人们的主观意志和心理活动的影

响。一般来说，人们的心理活动与货币需求有如下关系。①当利息率上升幅度较大时，人们往往预期利息率将下降，而有价证券价格将上升，于是人们将减少手持现金，增加有价证券的持有量，以期日后取得资本溢价收益；反之亦然。②预期物价水平上升，则货币需求减少；预期物价水平下降，则货币需求增加。③人们偏好货币，则货币需求增加；人们偏好其他金融资产，则货币需求减少。

12.2 货币供给

12.2.1 货币层次的划分

1. 划分货币层次的原则

随着人们对货币范围认识的扩大，如何分层次调控货币流通，成为货币金融管理当局必须认真考虑的问题。20 世纪 60 年代，美国联邦储备银行（中央银行）率先对货币进行划分，公布了不同层次的货币供给量。其后其他国家的中央银行也纷纷效仿。流通中现金和存款货币又可区分为两类：活跃的与不活跃的。前者不断作为流通和支付手段出现，频繁流动，对市场影响较大；后者则周转间隔期长，一年、几年才周转一次，甚至沉淀下来，因而对市场冲击较小。因此要按照货币活跃程度的差异将货币流通量划分若干层次，实现分别控制，综合研究，准确监测，及时调节。划分货币层次遵循的依据如下所述。

（1）货币的流动性程度。所谓流动性程度，是指货币变为现款的能力，也就是变为现实流通手段和支付手段的能力。流通中现金和活期存款收支频繁，无疑是流动性最强的货币；各类定期存款的流动性则要低些。

（2）层次划分要考虑到与有关经济变化有较高的相关程度。划分货币层次的目的在于便于观察和预测有关经济情况变化，并据以采取相应的政策措施。所以，在确定划分层次时应力求能与有关经济变化高度相关。

（3）具有划分层次所需的统计资料和数据，并且银行要具有调控能力。

2. 划分货币层次的目的和标准

将货币划分为不同层次的目的在于方便中央银行进行宏观经济运行的监测和货币政策的操作。特别是当中央银行把货币供应量作为货币政策中介指标时，货币层次的划分具有明显的政策操作意义。货币当局对不同层次的货币进行监测和控制，也可以促使金融机构作出相应反应，增强政府宏观调控能力。如何划分货币层次，大多数国家的中央银行都是以金融资产的流动性作为标准。所谓流动性，是指金融资产转化为现金而不受损失或少受损失的能力，也就是变为现实的流通手段和支付手段的能力。

国际货币基金组织将货币划分为货币和准货币。"货币"等于银行以外的通货加私人部门的活期存款之和，相当于各国通常采用的 M1。"准货币"相当于定期存款、储蓄存款与外币存款之和，"准货币"与"货币"之和，相当于各国通常采用的 M2。各国中央银行对货币层次划分的依据是货币的流动性标准，至于究竟划分为多少个层次，每个层次具体包括的项目由于各国经济环境和金融状况不同，可充当货币的金融证券的种类也不同，因此，将货币划分为几个层次应从各国的具体情况出发。

美国货币层次的口径是：M1、M2、M3、L 和 Debt。

M1 包括：处于国库、联邦储备系统和存款机构之外的通货，非银行发行的旅行支票，商业银行吸收的各种活期存款，（包括存款机构、美国政府、外国银行和官方机构在商业银行的存款），其他各种与商业银行体系活期存款性质相近的存款。

M2 包括：M1，存款机构发行的隔夜回购协议和美国银行在全球的分支机构向美国居民发行的隔夜欧洲美元，货币市场存款账户，储蓄和小额定期存款，货币市场互助基金余额等。

M3 包括：M2，大额定期存款，长于隔夜的限期回购协议和欧洲美元等。

L 包括：M3，非银行公众持有的储蓄券，短期国库券，商业票据，银行承兑票据等。

Debt 包括：国内非金融机构持有的美国联邦政府、州和地方政府债务，私人机构在信贷市场上的债务。

我国从 1990 年起开始编制货币供应量统计口径，从 1994 年开始由中国人民银行向社会定期公布货币供应量统计数据。根据最新的统计口径，中国目前的货币供应量层次如下。

流通中的货币 M0，M0＝流通中的现金；

货币 M1，M1＝M0＋企业单位活期存款＋机关团体部队存款＋农村存款；

货币和准货币 M2，M2＝M1＋城乡居民储蓄存款＋企业单位定期存款＋证券准备金＋自筹基本建设存款＋其他存款。

货币 M1，M1＝M0＋企业单位活期存款＋机关团体部队存款＋农村存款；

货币和准货币 M2，M2＝M1＋城乡居民储蓄存款＋企业单位定期存款＋证券准备金＋自筹基本建设存款＋其他存款。

图 12-3 反映了 2012—2017 年各季度中国货币供应量增速走势；表 12-1 反映了中国 2017 年月度货币供应量；表 12-2 反映了 2000—2017 年我国货币供应层次及供应量的增长情况。由以上图表可知，2017 年年末，广义货币供应量 M2 余额 169.02 万亿元，同比增长 8.1%。狭义货币供应量 M1 余额 54.38 万亿元，同比增长 11.8%。流通中货币 M0 余额 7.06 万亿元，同比增长 3.4%。全年现金净投放 2 342 亿元，同比减少投放 2 745 亿元。

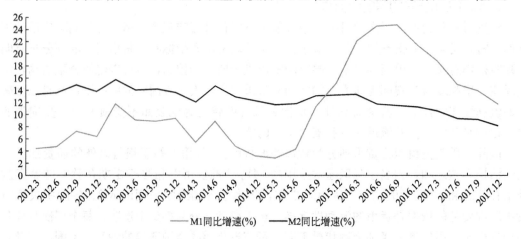

图 12-3　2012—2017 年各季度中国货币供应量增速走势

表 12-1　2017 年 1—12 月中国货币供应量　　　　　　　　　　　亿元

项目	2017.01	2017.02	2017.03	2017.04	2017.05	2017.06
货币和准货币（M2）	1 575 945.59	1 582 913.07	1 599 609.57	1 596 331.87	1 601 360.42	1 631 282.53
货币（M1）	472 526.45	476 527.60	488 770.09	490 180.42	496 389.78	510 228.17
流通中货币（M0）	86 598.61	71 727.69	68 605.05	68 392.60	67 333.21	66 977.68
项目	2017.07	2017.08	2017.09	2017.10	2017.11	2017.12
货币和准货币（M2）	1 628 996.63	1 645 156.60	1 655 662.07	1 653 434.16	1 670 013.40	1 676 768.54
货币（M1）	510 484.58	518 113.93	517 863.04	525 977.19	535 565.05	543 790.15
流通中货币（M0）	67 129.04	67 550.99	69 748.54	68 230.69	68 623.16	70 645.60

数据来源：http：//www.pbc.gov.cn/diaochatongjisi/116219/116319/3245697/3245856/index.html.

表 12-2　2000—2017 年中国货币供应层次及供应量的增长情况　　　　　%

年份	M2	M1	M0	活期存款	准货币	定期存款	储蓄存款	其他存款
2000	12.3	16.0	8.9	18.9	10.0	18.8	7.9	18.3
2001	14.4	12.7	7.1	14.8	15.5	25.9	14.7	9.1
2002	16.8	16.8	10.1	19.2	16.8	21.8	17.8	2.8
2003	19.6	18.7	14.3	20.1	20.1	27.4	19.2	16.4
2004	14.7	13.6	8.7	15.1	15.3	21.2	15.4	5.2
2005	17.6	11.8	11.9	11.7	21.1	30.4	18.0	31.3
2006	17.0	17.5	12.7	18.9	16.7	17.2	14.6	36.3
2007	16.7	21.1	12.2	23.5	14.3	21.2	6.8	63.1
2008	17.8	9.1	12.7	8.2	23.2	28.1	26.3	−1.5
2009	27.7	32.4	11.8	37.7	25.2	37.7	19.7	39.4
2010	19.7	21.2	16.7	22.1	18.9	28.7	16.3	15.8
2011	13.6	7.9	13.8	6.7	16.8	18.1	16.2	17.7
2012	13.8	6.5	7.7	6.2	17.6	17.6	16.6	25.1
2013	13.6	9.3	7.2	9.7	15.6	18.8	13.5	19.5
2014	12.2	3.2	2.9	3.3	14.4	13.5	9.0	54.5
2015	13.3	15.2	4.9	17.4	12.6	9.2	8.5	40.6
2016	11.3	21.4	8.1	23.8	7.3	6.9	9.3	0.7
2017	8.1	11.8	3.4	13.1	6.5			

注：自 2011 年 10 月起，货币供应量已包括住房公积金中心存款和非存款类金融机构在存款类金融机构的存款。
数据来源：http://data.stats.gov.cn/easyquery.htm？cn=C01.

M2 增速适度放缓主要反映了去杠杆和金融监管逐步加强背景下，银行资金运用更加规范，金融部门内部资金循环和嵌套减少，资金更多流向实体经济，而缩短资金链条也有助于降低资金成本。随着"供给侧结构性改革"的推进，经济结构优化，经济增长对货币信贷的依赖程度有所降低，加之经济内生增长动力增强后资金周转及货币流通速度亦会随之加快，相对慢一点的货币增速仍可以支持经济实现平稳较快增长。从历史经验看，往往预期较差、经济下行压力较大时，M2 增速会超出名义 GDP 增速较多，而当经济增长动能较强、预期较好时，M2 增速与名义 GDP 增速的缺口反而较小。长期看，随着去杠杆深化和金融进一步回归为实体经济服务，比过去低一些的 M2 增速可能成为常态。

12.2.2　货币供给的含义

货币供给是指一个经济体在某一时点上为社会经济运行服务的货币量，即财政部门、企事业单位和居民个人持有的现金和存款总量。货币供给量是一个存量概念，是指某一时点上的货币供给量。而货币流量则是指按一定时期计算的货币周转总额，货币所完成的交易量总和。货币流量的大小等于货币供给量乘以货币流通速度。即：

$$货币流量＝货币供给量×货币流通速度$$

货币供给是由银行体系供给的债务总量。因此，影响和决定货币存量大小的是银行信贷收支。而其他经济部门的货币收支，由于不具有创造货币的功能，只是对现存货币的持有和使用，所以不影响货币存量总量的变化。

12.2.3　中央银行与基础货币

1. 基础货币及其构成

基础货币，也称货币基数、强力货币、始初货币，因其具有使货币供应总量成倍放大或收缩的能力，又被称为高能货币，它是中央银行发行的债务凭证。

根据 IMF《货币与金融统计手册》（2002 年版）的定义，基础货币包括中央银行为广义货币和信贷扩张提供支持的各种负债，主要指银行持有的货币（库存现金）和银行外的货币（流通中的现金），以及银行与非银行在货币当局的存款。在 IMF 的报告中，基础货币被称为 reserve money。用公式可表示为

$$B＝C＋R$$

式中：B 为基础货币；C 为流通中的通货；R 为商业银行的存款准备金。

从基础货币的来源上看，它是货币当局（中央银行）的负债，即由货币当局投放并能直接控制的那部分货币。其中流通于银行体系之外的通货是中央银行对社会公众的负债，商业银行的存款准备金是中央银行对商业银行的负债，而中央银行对基础货币的控制是通过其资产业务实现的。

从基础货币数量上看，它只是整个货币供给量的一部分。基础货币与货币供给量的关系可用图 12-4 表示。图中 $C＋R$ 是基础货币量，$C＋D$ 是货币供给量（M1）。货币供给量与基础货币之间之所以存在倍数关系，主要是由于存款准备金 R 具有派生存款创造的功能。

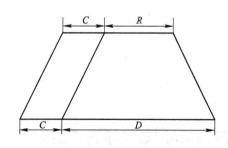

图 12-4　基础货币与货币供给量的关系

基础货币（B）和货币乘数（m）的乘积即理论上的货币供应量（M_s），即 $M_s＝m×B$。货币当局投放基础货币的渠道主要有：一是直接发行通货；二是变动黄金、外汇储备；三是实行货币政策。

2. 基础货币的特征

基础货币是整个商业银行体系借以创造存款货币的基础，是整个商业银行体系的存款得以倍数扩张的源泉。从质上看，基础货币具有以下最基本的特征。

（1）基础货币是中央银行的货币性负债，而不是中央银行资产或非货币性负债，是中央银行通过自身的资产业务供给出来的。

（2）通过由中央银行直接控制和调节的变量来影响基础货币，达到调节和控制货币供给量的目的。

（3）基础货币是支撑商业银行负债的基础，商业银行不持有它就不能创造信用。

（4）在实行准备金制度下，基础货币被整个银行体系运用的结果能产生数倍于它自身的量；从来源上看，基础货币是中央银行通过其资产业务供给出来的。

3. 影响基础货币的因素

基础货币由通货和存款准备金两部分构成，其增减变化通常取决于以下因素。

（1）中央银行对商业银行等金融机构债权的变动。这是影响基础货币的最主要因素。一般来说，中央银行的债权增加意味着对商业银行再贴现或再贷款资产的增加，同时也说明通过商业银行注入流通的基础货币增加，这必然引起商业银行超额准备金增加，使货币供给量得以多倍扩张；相反，如果中央银行对金融机构的债权减少，就会使货币供应量大幅收缩。通常认为，在市场经济条件下，中央银行对这部分债权有较强的控制力。

（2）国外净资产数额。国外净资产由外汇、黄金占款和中央银行在国际金融机构的净资产构成。其中外汇、黄金占款是中央银行用基础货币来收购的。一般情况下，若中央银行不把稳定汇率作为政策目标的话，则对通过该项资产业务投放的基础货币有较大的主动权；否则，中央银行就会因为要维持汇率的稳定而被动进入外汇市场进行干预，以平抑汇率，这样外汇市场的供求状况对中央银行的外汇占款有很大影响，造成通过该渠道投放的基础货币具有相当的被动性。

（3）对政府债权净额。中央银行对政府债权净额增加通常由两条渠道形成：一是直接认购政府债券；二是贷款给财政以弥补财政赤字。无论哪条渠道都意味着中央银行通过财政部门把基础货币注入了流通领域。

（4）其他项目（净额）。这主要是指固定资产的增减变化以及中央银行在资金清算过程中应收应付款的增减变化，它们都会对基础货币量产生影响。

12.2.4　商业银行存款货币创造过程

国民经济各部门包括财政部门、企业和居民本身都不具备创造货币的功能，都不能增加新的货币供应，只有银行是唯一能增加货币供应的闸口。

1. 商业银行存款货币创造中的几个基本概念

原始存款：是指商业银行吸收客户的现金而直接形成的存款（包括商业银行从中央银行通过再贴现和再贷款方式取得的货币资金）。

派生存款：是商业银行通过办理贴现、放款、投资等业务而创造出来的存款。

法定存款准备金（R_d）：以法律形式确定的商业银行对吸收的存款必须提留的最低限额的存款准备金，法定存款准备金占商业银行吸收存款的比例称为法定存款准备金率（r_d）。

2. 两个前提

(1) 部分存款准备金制度。商业银行对于吸收的客户的存款，只按央行规定的法定存款准备金率提留准备金，之后将剩余的用于贷款、贴现等业务。

(2) 非现金转账结算制度。客户取得借款后，通常并不（或不全部）支取现金，而是通过签发支票的形式转入另一银行存款账户。

3. 两个假设

为便于从理论上进行分析现提出两个假设：①商业银行对于吸收的原始存款，除提留法定存款准备金外，其余超额存款准备金全部贷放；②假设客户存入货币之后，不发生提现行为。

办理活期存款是商业银行区别于其他银行的典型负债业务。商业银行通过吸收各企业、单位的存款，形成商业银行的原始存款，商业银行通过贷款等资产业务，将这笔资金放贷出去，并利用非现金转账结算的方式，使这笔贷款以存款形式进入借款单位的开户银行存款账户，或是进入商业银行的另一家机构，其结果又增加了商业银行的一笔存款，这就是所谓的派生存款。这个由贷款派生出的存款，又会被银行贷出，同样派生出另一笔存款。这样的存贷、贷存的反复进行，自然会派生出大量的存款来，增加流通中的货币供应量。

例如，假设 A 行吸收存款 1 万元，按 20% 上交中国人民银行作为法定存款准备金，其余 8 000 元贷给乙企业，而乙企业将 8 000 元存入其开户行 B 行，B 行按规定将 1 600 上交作为存款准备金，其余 6 400 元贷给丙企业，丙企业将 6 400 元存入开户行 C 行，C 行又可以扩大贷款……如此类推。存款派生过程可参见表 12-3。

表 12-3 存款货币派生过程   元

银行名称	存款增加数 ΔD	按 20% (r_d) 提留存款准备金额 R_d	贷款增加数 ΔF
A	10 000.00	2 000.00	8 000.00
B	8 000.00	1 600.00	6 400.00
C	6 400.00	1 280.00	5 120.00
D	5 120.00	1 024.00	4 096.00
E	4 096.00	819.20	3 276.80
F	3 276.80	655.36	2 621.44
G	2 612.44	524.29	2 097.15
H	2 097.15	419.43	1 677.72
I	1 677.72	335.54	1 342.18
J	1 342.18	268.44	1 073.74
10 家银行合计	44 631.29	8 926.26	35 705.03
其他银行	5 368.71	1 073.74	4 294.97
总计	50 000.00	10 000.00	40 000.00

从理论上分析，影响商业银行存款派生能力的两个因素：一是原始存款，原始存款越大，则往下派生数额也越大，两者成正比；二是上交中央银行的法定存款准备金率，如果存款准备率高，往下派生数额相对减少，反之派生数额相对增加，两者成反比。以公式表示上述关系，即：

存款增加总额＝原始存款/存款准备金率，即 $\Delta D = \Delta P / r_{\text{d}}$

如将以上假设数据代入，可得：

存款增加总额＝10 000 元/20％＝50 000 元

派生存款总额＝存款增加总额－原始存款额，即：

$$\Delta F = \Delta D - \Delta P = 50\ 000\ \text{元} - 10\ 000\ \text{元} = 40\ 000\ \text{元}$$

将法定存款准备金率的倒数称为货币乘数 K，即 $K = 1/r_{\text{d}}$，反应商业银行存款货币创造的能力大小。存款总额可改写为：

$$\Delta D = K \times \Delta P$$

其中，ΔD 表示经过派生的活期存款总额的变动；ΔP 表示原始存款的变动；ΔF 表示派生存款总额；r_{d} 表示活期存款法定存款准备金率；K 表示货币乘数。

以上提出的结论是在两个理论假设条件下得出的商业银行所能创造存款货币的理论极限值，事实上客户会随时提取部分现金，商业银行在上交存款准备金外，为了随时应付支付的需要，往往还需保留部分存款备付金，即所谓的超额准备。当客户提取现金比率（现金漏损率 c'）提高、银行本身超额准备率（超额存款准备金率 e'）提高，则银行可发放贷款的资金相应减少，派生存款能力减弱；反之，则派生能力相应增大。另外，考虑到客户如果将一部分活期存款转化为定期存款时，会减少商业银行可用于贷放的货币数量，从而使货币创造能力下降。考虑以上因素，则货币乘数 K 修订为：

$$K = 1/(r_{\text{d}} + c' + e' + t \times r_{\text{t}})$$

其中，t 为定期存款与活期存款之比；r_{t} 为定期存款的法定存款准备金率。

12.2.5　制约货币供应量的因素

以上货币创造过程是从商业银行和中央银行的角度加以分析的，在现实经济生活中影响货币供应的因素很多。实际上，银行在技术上的创造货币能力能否发挥从根本上取决于社会再生产的若干内在因素。

（1）企业和部门的贷款需求。商业银行存款货币的创造依赖于其资产业务，如果国民经济运行状况不好，企业不愿扩大生产，不打算向银行申请贷款，商业银行就难以发挥其派生货币的功能。显然，只有经济稳定增长，企业才会积极寻求贷款以扩大生产，商业银行才有机会扩大贷款和存款派生能力。可见，银行能否扩大货币供应，不是由银行本身愿望决定的，而是取决于经济发展状况。

（2）企业、单位和居民持有现金的状况。客户提现率是影响商业银行派生能力的一项重要因素，而客户愿意持有多少现金又是由许多客观经济因素决定的，如居民收入水平的变化，金融机构发展的程度等。这些因素银行不可直接加以控制。

（3）财政收支状况。财政收支与货币供应之间存在密切的联系，但并非所有的财政收支活动都必然引起货币量变化。当财政正常收入无法满足财政支出需要，出现财政赤字时，才有可能影响货币供应量。如果政府采用向公众、企业和商业银行借款，但又不影响公众、企业和商业银行的正常生活、生产经营时，则对货币总量不会产生影响；如果这种借款影响了公众的正常生活、影响了企业和商业银行的正常经营，促使他们增加向银行和中央银行借款时，则货币供应量将会扩大；如果政府直接或间接向中央银行借款以弥补财政赤字时，会导致货币供应数量的直接增加。

12.3　货币供求均衡

12.3.1　货币供求均衡的概念与特征

货币供求均衡，简称货币均衡，是指社会的货币供应量与客观经济对货币的需求量的基本相适应，即货币需求＝货币供应。在现代商品经济条件下，一切经济活动都必须借助于货币的运动，社会需求都表现为拥有货币支付能力的需求，即需求都必须通过货币来实现。货币把整个商品世界有机地联系在一起，使它们相互依存、相互对应。

货币均衡有以下主要特征。

(1) 货币均衡是一种状态，是货币供给与货币需求的基本适应，而不是指货币供给与货币需求的数量上的相等。

(2) 货币均衡是一个动态过程，它并不要求在某一个时点上货币供给与货币需求完全相适应，它承认短期内货币供求不一致状态，但长期内货币供求之间应大体上是相互适应的。

(3) 货币均衡在一定程度上反映了国民经济的平衡状况。在市场经济条件下，货币不仅是商品交换的媒介，而且是国民经济发展的内在要素。货币收入的运动制约或反映着社会生产的全过程，货币收支把整个经济过程有机地联系在一起，一定时期内的国民经济状况必然要通过货币的均衡状况反映出来。

12.3.2　货币供给与社会总需求

1. 货币供给量与社会总需求量的联系

任何需求，都表现为有货币支付能力的需求。任何需求的实现，都必须支付货币，如果没有货币的支付，没有实际的购买，社会基本的消费需求和投资需求就不能实现。因此，一定时期内，社会的货币收支流量就构成了当期的社会总需求。

社会总需求的变动，一般来说，首先是来源于货币供给量的变动，但是，货币供应量变动以后，能在多大程度上引起社会总需求的相应变动，则取决于货币持有者的资产偏好和行为，即货币持有者的资产选择行为。当货币供应量增加以后，人们所持有的货币量增加。如果由于种种原因，人们不是把这些增加的货币用于消费或投资，而是全部用于贮藏，则对社会总需求不会产生影响，因为这些增加的货币量并没有形成现实的追加购买支出，所以对商品市场和资本市场都没有直接的影响。如果货币供应量增加以后，人们不是将这些增加的货币用于贮藏，而是用于增加对投资品的购买，从而增加了社会总需求中的投资支出，会直接影响到投资品市场的供求状况。

2. 货币供给量与社会总需求量的区别

货币供给量与社会总需求是紧密相连，但又有严格区别。

(1) 货币供给量与社会总需求量二者在质上是不同的。货币供给量是一个存量的概念，是一个时点的货币量；而社会总需求量是一个流量的概念，是一定时期内的货币流通量。此外，在货币供给量中，既含有潜在货币，也含有流动性货币，而真正构成社会总需求的只能是流通性的货币。

（2）货币供给量变动与社会总需求量的变动，在量上也是不一致的。货币供给量变动以后，既会引起流通中的货币量变动，也会引起货币流通速度变动。社会总需求量是由流通性货币及其流通速度两部分决定的，而货币供给量则是由流通性货币与潜在性货币两部分构成的。因此，一定量的货币供给增加以后是否会引起社会总需求量增加以及增加的幅度为多大，则主要取决于两个因素：一是货币供给量中潜在性货币与流通性货币的比例；二是货币流通速度的变化情况。一般说来，流通性货币所占的比重大，流通速度加快，社会总需求量增加。所以，货币供给量的变动与社会总需求量的变动，在量上往往是不相同的。

（3）货币供给量变动与社会总需求量的变动在时间上也是不一致的。米尔顿·弗里德曼根据美国的实际情况研究表明，货币供给量变动以后，一般要经过 6～9 个月的时间，才会引起社会总需求的变动，而引起实际经济的变动，则需 18 个月左右的时间。

12.3.3　货币供给与货币需求

在研究货币供求关系问题上，货币需求的数量在现实中并不能直接地表现出来，也就是说，客观上需要多少货币，这是很难界定的。这是因为：①社会经济本身是一个不断发展变化的过程，客观经济过程对货币的需求受多种因素的制约，且这种需求也是随客观经济形势的变化而不断变化的；②在纸币流通条件下，再多的货币都会被流通所吸收，因此，不管社会的货币需求状况如何，货币供给量与货币需求量始终都是相等的。也就是说，在货币供给量一定的条件下，不管社会的货币需求状况如何，全社会所持有的货币的名义数量既不可能超过现在的货币供应量，也不可能少于这个量，二者名义上始终是相等的。

但是，这种名义上的货币供求均衡关系，并不一定就是实际的货币供求均衡的实现。因为，从社会的角度看，名义货币总量并不一定就代表了社会经济过程所要求的货币需要量。名义货币量可以反映出三种动态趋势，即：

（1）$M_s = M_d$，即价格稳定，预期的短缺趋于稳定，国民收入增加；

（2）$M_s > M_d$，即物价上涨，预期的短缺增加，名义国民收入增加，而实际国民收入增加受阻，或增幅下降；

（3）$M_s < M_d$，即物价下跌或趋于稳定，预期的短缺消失，企业库存增加，商品销售不畅，国民收入下降，经济处于停滞状态。

货币供给和货币需求之间，是一种互相制约、相互影响的关系，一方的变动会引起另一方面的相应变动。当 $M_s < M_d$ 时，如果不增加货币供应，经济运行中的货币需求得不到满足，致使社会的总需求减少，生产下滑，总供给减少。由于商品供给的减少，致使货币需求量减少，最终使货币供求在一个较低的国民收入水平上得以均衡。如果中央银行采取放松即增加货币供应的方针，以满足经济运行对货币的需求，从而导致社会的投资需求和消费需求增加，促使生产持续发展，货币供求在一个较高的水平上会得以均衡。

当 $M_s > M_d$ 时，典型的情况是通货膨胀，在这种情况下，存在两种可能：一是有生产潜力可挖，需求增加和物价上涨，可以刺激生产的发展，即在物价上涨的同时，产出增加，从而导致实际的货币需求增加，使货币供求恢复均衡；二是随着生产的发展，生产潜力在现有条件下已挖尽，这时，中央银行应采取收缩银根的政策，控制货币供应量的增长，从而致使货币供求趋于均衡。

总之，货币供求之间是相互联系、相互影响的，货币供给的变动可在一定条件下改变货币需求；而货币需求的变动，也可以在一定程度上改变货币的供给。联系货币供给与货币需求的桥梁和纽带就是国民收入和物价水平。

12.3.4 货币供应量、社会总需求和社会总供给

1. 货币供应量变动对社会总供给的传导途径

货币供应量变动通过对社会总需求的影响，由两个途径传导到社会总供给。

第一条途径：货币供应量增加，社会总需求相应增加。这时，如果社会有闲置的生产要素，货币量的增加将促使生产要素相结合，社会总供给增加，对货币的需求也相应增加，从而货币市场和商品市场恢复均衡。

第二条途径：货币供应增加，社会总需求增加，但由于种种原因的存在，没有引起生产的发展，而是引起物价的上涨，从而引起总供给价格总额增加，而对货币的实际需求并没有增加，货币市场和商品市场只是由于物价的上涨处于一种强制的均衡状态。这两个途径中，显然前者是最佳的，是社会最愿意接受的，而后者则是不可取的，社会只能被迫接受。

2. 货币供应量变动间接影响社会总供给的情形

一般来说，货币供应量增加引起社会总需求增加，通过两个途径对总供给产生影响，在现实中可能有以下几种情况。

1）直接引起商品供给增加

在货币量适度增加所引起的社会总需求增加与潜在生产要素完全相适应的情况下，社会总需求的增加就会导致社会生产的发展和市场商品供给量的增加，因而不会对物价水平产生大的影响。在生产力水平没有较大提高的条件下，生产的发展和实际产出的增加，会导致产品的边际成本上升，从而引起物价的上涨。但是，其上涨的幅度一般很小，属于正常的物价波动。在这种情况下，实际产出对货币的弹性很大，而价格对货币的弹性很小，这说明，货币量的增加引起商品供给增加，标志着市场货币量适度增加和社会经济效益趋好。

2）过度需求会导致物价上升

在货币量增加引起社会总需求增加，从而超过了潜在生产要素量的情况下，一方面会促使生产的发展，实际产出增加；另一方面则会引起物价水平的上涨。因为，那些适量的货币已经将那些潜在生产要素动员了起来，转化为现实的生产要素，投入到了现实的生产过程之中，促使生产规模扩大和实际产出增加，而多余的那一部分货币形成了过度需求。这部分过多的需求必然会冲击社会再生产过程，从而导致一般物价水平的上升。也就是说，在这种情况之下，实际产出和价格对货币的弹性都比较大。货币量的增加所引起的总有效需求量的增加，一方面在短期内能引起市场商品供给的增加，另一方面也会导致物价水平的迅速上涨。

3）潜在生产要素利用不平衡，物价会上涨

在货币量增加所引起的社会总需求增加，与潜在生产要素在量上是相适应的，而在比例和结构上不相适应的情况下，社会总需求增加以后，一方面只能部分地把潜在生产要素动员起来，投入到现实的生产过程中去。扩大生产规模，增加实际产出；另一方面，有一部分潜

在生产要素没有被充分动员起来，以转化为现实的生产要素。这部分增加的总需求就会由于结构和比例的不合理，形成货币过多，从而引起物价的上涨。也就是说，由于货币量的增加所形成的社会总需求的比例与潜在生产要素的比例不相适应，潜在生产要素并没有得到很好利用，物价就开始上涨，首先是紧缺商品或资源的价格上涨，然后引起一般物价水平的上涨。

在此情况下，产量对货币的弹性很小，而物价对货币的弹性很大，如果增加的总需求与潜在生产要素比例和结构上完全不相适应，那么在短期内，产量对货币的弹性会趋近零，而物价对货币的弹性会接近 1。也就是说，由于比例结构的不合理，一方面，潜在生产要素并没有被动员利用起来；而另一方面，物价水平则随着总需求的增加而迅速上涨，这是货币失衡和经济效益差的突出表现。

12.3.5 货币供求均衡与社会总供需的均衡

如果把总供求平衡放在市场的角度研究，它包括了商品市场的平衡和货币市场的平衡，也就是说，社会总供求平衡是商品市场和货币市场的统一平衡。商品供求与货币供求之间的关系，可用图 12-5 来简要描述。

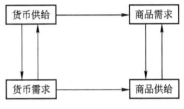

图 12-5 货币供求与
商品供求之间的关系

由图 12-5 可以得出以下几层含义。

（1）商品的供给决定了一定时期的货币需求。因为，在商品货币经济条件下，任何商品都需要货币来表现或衡量其价值量的大小，并通过与货币的交换实现其价值。因此，有多少商品供给，必然就需要相应货币量与之对应。

（2）货币的需求决定了货币的供给。就货币的供求关系而言，客观经济过程的货币需求是基本的前提条件，货币的供给必须以货币的需求为基础，中央银行控制货币供应量的目的，就是要使货币供应与货币需求相适应，以维持货币的均衡。

（3）货币的供给形成对商品的需求，因为任何需求都是有货币支付能力的需求，只有通过货币的支付，需求才得以实现，因此在货币周转速度不变的情况下，一定时期的货币供给水平，实际上就决定了当期的社会需求水平。

（4）商品的需求必须与商品的供应保持平衡，这是宏观经济平衡的出发点和复归点。

12.3.6 中央银行调节货币供求的方式

一般说来，中央银行调节货币供求主要有以下几种方式。

（1）供给型调节。即中央银行根据客观的货币需求状况，在货币供应量大于货币需求量，或小于货币需求量，或供求结构不相适应时，对货币供给总量和构成进行调节，使之符合客观的货币需求量。

（2）需求型调节。即中央银行在既定的货币供应量下，针对货币供求总量和结构失衡的情况，运用利率、信贷等措施，调节社会的货币需求的总量和构成，使之与既定的货币供应量相适应，以保持货币供求的均衡。

（3）混合型调节。即指中央银行对货币供求总量和结构失衡的状况，不是单纯地调节货币的供应量，或单纯地调节货币需求量，而是双管齐下，既搞供应型调节，也搞需求型调节，以尽快收到货币供求均衡的效果。

（4）逆向型调节。即指中央银行面对货币供给量大于货币需求量的失衡状况，不是采取收缩货币供应量的政策，而是适当增加货币供应量，调整货币供给结构，以增加货币需求，从而促使货币供求恢复均衡。采取这种办法的关键，就是增加的货币要适度，投向要合理，能在短期内促进生产的发展，通过商品供应量的增加来消化多余的货币，从而使货币供求实现均衡。

本 章 小 结

- 中国统一的货币流通包括两大领域：现金流通和转账结算。
- 将货币划分为不同层次的目的在于方便中央银行进行宏观经济运行的监测和货币政策的操作。关于货币层次的划分，国际货币基金组织采用两个口径：货币和准货币。
- 货币需求是指社会各阶层（包括个人、单位、政府）在既定的收入或财富范围内愿意而且能够以货币形式持有的数量。
- 货币供给是指一个经济体在某一时点上为社会经济运行服务的货币量，即财政部门、企事业单位和居民个人持有的现金和存款总量。
- 货币供求均衡指货币供给与货币需求间是相匹配的，即货币供给量等于货币需求量。
- 货币供求与社会总供求之间存在密切的联系。

关键概念

货币层次　货币需求　货币需要量公式　货币容纳量弹性　货币供给　货币均衡

思考与练习

1. 我国的货币层次有哪些？
2. 什么是货币需求和货币供给？
3. 流通中货币需要量取决于哪些因素？
4. 简述商业银行存款货币派生的过程。
5. 简述货币失衡的表现及其对物价的影响。
6. 简述货币供应量变动对社会总供给的传导。
7. 简述货币供求与商品供求之间的关系。

【阅读材料】

M2 增速变化及其与实体经济的关系

2017 年以来，M2 增速有所放缓，全年 M2 同比增长 8.2%，比上年末低 3.1%。同时，新增贷款和社会融资规模保持较快增长，我国经济运行也呈现稳中向好态势。对 M2 增速变化的原因及其对实体经济的影响，社会各界都十分关注。

　　M2 是一个总量概念，其变化取决于不同货币派生渠道的变化，银行发放贷款、进行证券投资、购买外汇以及开展部分同业业务等都会派生存款，从而形成货币供给，相反银行发行债券、股票以增加资本金时，会反向减少全社会存款，从而减少货币供给。如果将目前168 万亿元左右的 M2 余额比喻为一个"水池"，那么哪些管道在向水池"注水"？哪些管道在"抽水"？2017 年以来，贷款这一管道是在加快"注水"的，全年人民币贷款新增 13.5 万亿元，同比多增 0.9 万亿元，同时外汇占款同比少减也对 M2 增速有一定向上拉动。但整个水池水平面的上升速度反而下降，这就意味着还有其他管道在"抽水"。从派生渠道分析，2017 年 M2 增速放缓的原因主要有三个。

　　(1) 银行股权及其他投资科目从之前的快速扩张转为有所萎缩，是导致 M2 增速回落的最主要原因。银行股权及其他投资主要包括银行购买和持有的资管计划、理财产品等。由于近年来部分银行不规范运作和监管套利，银行股权及其他投资增长较快，银行通过此渠道还向表外业务和影子银行进行了大量融资。其中一部分在延长了资金链条后最终流到了实体经济，但也有相当部分资金仅在金融市场上循环加杠杆套利。随着金融体系内部去杠杆深入推进，资金在金融体系内部循环、多层嵌套的情况大幅减少。由此，2017 年银行股权及其他投资同比大幅少增，下拉 M2 增速超过 4%。

　　(2) 银行债券投资规模下降。前两年在地方政府债和企业债发行较多的大环境下，银行大量购债。但 2017 年以来地方债和企业债发行较上年同期放缓，银行购债相应减少，由此下拉 M2 增速约 0.4%。

　　(3) 财政存款超预期增长。财政存款增长会导致 M2 相应下降，因为当企业或个人缴税后，其存款会减少，而财政在拿到这笔资金后会上存央行，这意味着财政收入的增长会阶段性导致商业银行体系存款的减少，进而使 M2 下降。2017 年以来，我国经济企稳向好，PPI 涨幅保持高位，财政收入增长超出预期，财政存款增长较快，由此下拉 M2 增速约 0.3%。

　　传统上看，M2 增速与经济增长之间关联度较高，但随着结构性等因素变化，上述关系也会发生一些变化。从 2017 年的实践看，M2 增速适度下行、宏观杠杆率趋稳，经济仍保持了平稳较快增长。究其原因：①在 M2 增速下行的同时，贷款和社会融资总量保持较快增长，对实体经济的支持力度并不弱。放缓的银行股权及其他投资业务中，有一部分是通过理财、资管计划等表外途径发放给实体经济的"类信贷"，监管加强后部分转为表内贷款，部分则转为信托贷款，继续向实体经济提供支持。②银行股权及其他投资中有一部分原本就在金融体系内"空转"，这部分资金压缩后影响的主要是资金链条长短和金融部门内部的收益，对实体经济的影响不大。③随着我国经济结构逐步优化，低一些的 M2 增速仍能够支持经济实现高质量发展。在"供给侧结构性改革"及市场化优胜劣汰机制的推动下，我国经济的总供求更加平衡，消费、服务业和技术进步贡献上升，经济增长更趋"轻型"，加之经济内生增长动力增强后资金周转及货币流通速度亦会加快，因此相对慢一点的货币增速仍可以支持经济实现平稳较快增长。

　　资料来源：中国人民银行货币政策分析小组. 中国货币政策执行报告（2017 年第四季度）.

第 13 章

通货膨胀

【学习目标】

学完本章后，你应该能够：

● 知晓通货膨胀的概念、测量及分类；

● 理解通货膨胀的成因；

● 明白通货膨胀对经济的影响；

● 领会通货膨胀的治理；

● 了解中国目前的通货膨胀状况。

13.1 通货膨胀的定义与衡量

13.1.1 通货膨胀的定义

通货膨胀（inflation），简称通胀，是一个被广泛使用的经济学术语，然而不同学者对通货膨胀的定义却不尽相同。

马克思认为，通货膨胀是在纸币流通条件下，由于货币发行量超过商品流通中的实际需要量，从而引起纸币贬值、一般价格水平上涨的经济现象。

弗里德曼认为，价格的普遍上涨就叫通货膨胀，它在任何时空条件下都是一种货币现象。

新自由主义者哈耶克（Hayek）认为，通货膨胀是货币数量的过度增长，这种增长合乎规律地导致价格上涨。萨缪尔森认为，通货膨胀是物品和生产要素的价格普遍上升的时期。

在凯恩斯主义经济学中，通货膨胀产生的原因为：经济体中总供给与总需求的变化导致物价水平的移动。而在货币主义经济学中，其产生原因为：当市场上货币发行量超过流通中所需要的货币量，就会出现纸币贬值，物价上涨，导致购买力下降，这就是通货膨胀。

现代西方经济学界普遍认为，通货膨胀是指一般价格水平持续性上涨。该定义包含两个要点：一是"一般价格水平"，即通货膨胀是各种商品和劳务价格水平普遍上涨，局部性的价格上涨不能被视为通货膨胀；二是"持续地上涨"，也就是说，在真正的通货膨胀过程中，个别的价格虽有下降，但一般价格则呈长期上升的趋势。因此，季节性、暂时性或偶然性的价格上涨，不能被视为通货膨胀。

因此，通货膨胀可定义为：在纸币流通的条件下，因纸币发行过多，流通中的货币量超过实际需要量所引起的纸币贬值、一般价格水平持续上涨的现象。

此外，需区分整体通货膨胀与货币贬值的差异：整体通货膨胀是特定经济体内货币价值的下降，而货币贬值是货币在经济体之间相对价值的降低。前者影响该货币在特定区域内使用的价值，而后者影响该货币在国际市场上的价值。对于两者的相关性，经济学上仍有争议。

13.1.2　通货膨胀的衡量指标

通货膨胀最终要通过物价水平的上涨表现出来，物价总水平的上涨幅度，即通货膨胀率，是衡量通货膨胀程度的主要指标。衡量通货膨胀率的价格指数一般有三种：消费者物价指数、生产者物价指数和国内生产总值平减指数。

1. 消费者物价指数

消费者物价指数（consumer price index，CPI）即居民消费价格指数，是在特定时段内度量居民生活消费品和服务价格水平随着时间变动的相对数，综合反映居民购买的生活消费品和服务价格水平的变动情况。

在我国，居民消费价格统计调查涵盖全国城乡居民生活消费的食品烟酒、衣着、居住、生活用品及服务、交通和通信、教育文化和娱乐、医疗保健、其他用品和服务等 8 大类、262 个基本分类的商品与服务价格。国家统计局公布的数据显示，2018 年 7 月，全国居民消费价格同比上涨 2.1%。其中，城市上涨 2.1%，农村上涨 2.0%；食品价格上涨 0.5%，非食品价格上涨 2.4%；消费品价格上涨 1.8%，服务价格上涨 2.5%。1—7 月平均全国居民消费价格比去年同期上涨 2.0%。7 月，全国居民消费价格环比上涨 0.3%。其中，城市上涨 0.4%，农村上涨 0.1%；食品价格上涨 0.1%，非食品价格上涨 0.3%；消费品价格上涨 0.1%，服务价格上涨 0.7%。

2. 生产者物价指数

生产价格指数（producer price index，PPI）是衡量工业企业产品出厂价格变动趋势和变动程度的指数。如果 PPI 比预期数值高时，表明有通货膨胀的风险；如果 PPI 比预期数值低时，则表明有通货紧缩的风险。它是反映某一时期生产领域价格变动情况的重要经济指标，也是制定有关经济政策和国民经济核算的重要依据。

PPI 与 CPI 既有区别，又有联系：根据价格传导规律，PPI 对 CPI 有一定的影响。PPI 反映生产环节价格水平，CPI 反映消费环节的价格水平。整体价格水平的波动一般先出现在生产领域，然后通过产业链向下游产业扩散，最后波及流通领域消费品。以工业品为原材料的生产即工业品价格向 CPI 的传导途径为：从原材料—生产资料—生活资料的传导。

由于 CPI 不仅包括消费品价格，还包括服务价格，CPI 与 PPI 在统计口径上并非严格的对应关系。因此，CPI 与 PPI 的变化在某一时期出现不一致的情况是有可能的。但 CPI 与 PPI 若长期持续处于背离状态，则不符合价格传导规律；若发生价格传导出现断裂的情况，其主要原因在于工业品市场处于买方市场及政府对公共产品价格的人为控制等。

3. 国内生产总值平减指数

国内生产总值平减指数（GDP deflator）是按现行价格计算的国内生产总值与按不变价格计算的国内生产总值的比率。该指数的优点是涵盖范围广，除消费品和劳务外，还包括资本品和进出口商品等，能较全面地反映一般价格水平的变动趋势；其缺点是编制 GDP 平减指数需要收集大量资料，一般只能按季公布，因而不能及时反映价格的变动趋势。

除了上述三个常用的衡量指标外，还有商品零售价格指数（RPI）、生活指数（CLI）、个人消费支出价格指数（PCEPI）、批发物价指数（WPI）等指标。

13.1.3　通货膨胀的分类

通货膨胀可以从不同的角度划分为不同的种类。

(1) 按表现形式，可将通货膨胀分为公开性通货膨胀、隐蔽性通货膨胀和抑制性通货膨胀。公开性通货膨胀是货币发行过多，物价水平上涨很明显的通货膨胀。隐蔽性通货膨胀是物价水平上涨不明显，而居民实际消费水平下降的通货膨胀。抑制性通货膨胀是人为压制物价水平上涨，把过度需求推移到下个年度的通货膨胀。

(2) 按物价上涨速度，可将通货膨胀分为爬行通货膨胀、急速通货膨胀和恶性通货膨胀。一般把年通货膨胀率在 $1\%\sim3\%$ 的通货膨胀看作是爬行的通货膨胀，但这也不是世界公认的统一标准，不同的国家由于社会、经济状况不同，即使是同一水平的通货膨胀，其对一国经济社会产生的影响效果也会有所差别，如要规定一个准确的界线则会带有一定的随意性。另一个极端的情况是恶性通货膨胀，一般认为恶性通货膨胀的通货膨胀率在 10% 以上。介于上述两者之间的是温和的通货膨胀，它是具有代表性的通货膨胀，大部分国家的通货膨胀都属于这种类型。

(3) 按通货膨胀产生的原因，可分为需求拉动型通货膨胀、成本推动型通货膨胀、结构型通货膨胀和体制型通货膨胀等。

(4) 按商品价格的相对变动，可分为平衡的通货膨胀和不平衡的通货膨胀。平衡的通货膨胀是指在通货膨胀期间不同商品的价格以相同幅度上升；不平衡的通货膨胀是指在通货膨胀期间不同商品的价格上升幅度不相同。

(5) 按人们对通货膨胀的预期情况，可将通货膨胀分为预期到的通货膨胀和未预期到的通货膨胀。预期到的通货膨胀指人们事先已预期到会发生通货膨胀和通货膨胀率的高低；未预期到的通货膨胀指人们事先未预期到会发生通货膨胀或事先预期到会发生通货膨胀，但没预期到通货膨胀率的高低。

13.2　通货膨胀的成因

13.2.1　西方国家通货膨胀成因理论

西方国家经济学者关于通货膨胀的成因理论多种多样，其中较流行的、有代表性的有三种：需求拉上说、成本推动说、结构失调说。这种差异一方面反映了理论角度的不同；另一方面也与不同时期通货膨胀发生的经济背景有所变化相关。

1. 需求拉上型通货膨胀

这是指在社会再生产过程中社会总需求过度增加，超过了既定的价格水平下商品和劳务的供给，从而引起货币贬值、物价总水平上涨。凯恩斯在《就业、利息和货币通论》一书中曾提出，在经济尚未达到充分就业时，如果货币供给量增加，从而社会总需求增加，这会促进社会商品供给增加。当社会供给能以同等规模增长时，物价水平虽有所上升，但生产也继续增长；但是在经济已达到充分就业时，货币供给量的增加从而导致社会总需求的增加，但不能再促进商品供给增加，而只会导致物价总水平的上涨。

　　社会总需求包括投资需求和消费需求。在总供给既定的条件下，如果投资的增加引起总供给同等规模的增加，物价水平可能不变；如果总供给不能以同等规模增加，物价水平上升缓慢；如果丝毫不能引起总供给的增加，需求的拉动将完全反映到物价水平上。

　　2. 成本推动型通货膨胀

　　在社会商品和劳务需求不变的情况下，由于成本的提高而引起物价总水平的上涨就称为成本推动型通货膨胀。成本推动型通货膨胀分为两种类型：①工资推动型通货膨胀；②利润推动型通货膨胀。工资推动型通货膨胀是由于工会垄断的存在，工会要求过高的工资，形成工资易升不易降的"工资刚性"；利润推动型通货膨胀是由于大公司的垄断，它们要求过高的利润，形成价格易涨不易跌的"价格刚性"。物价上升，工资随之上升，工资提高，物价再度上升，这种工资和物价的交替上升，形成了成本推动型通货膨胀。

　　需求拉上型通货膨胀和成本推动型通货膨胀，在理论解释上是有区别的，前者着重于社会需求角度，后者则着重于社会供给方面。但在实际经济生活中，这两种通货膨胀又往往是相互交叉的。成本推动往往以社会需求扩张为先导，需求膨胀直接促使物价水平上涨和产品成本提高；成本提高又转化为下一轮的成本推动。

　　3. 结构型通货膨胀

　　这是指在社会总需求不变的情况下，由于需求的组成发生结构性变化，相应导致物价总水平的上涨。在经济发展中，由于产业结构的变化，社会需求将会随生产的变化而发生转移。需求增加的部门，产品价格和工资会上涨，需求减少的部门，由于工资和价格的刚性，工资和价格不会随之下跌，从而最终造成价格总水平的上涨。结构型通货膨胀的发生，也可以从一国开放部门与不开放部门的角度进行解释。

　　4. 体制型通货膨胀

　　体制型通货膨胀是指某些国家在经济体制转换过程中出现的一种通货膨胀。由于一国的市场机制不健全，产权关系不明晰，企业不具备破产和兼并机制，企业投资效益很差，企业即使处于半停产或停产状况，工资也得照发，这样，势必造成总供给的极度萎缩和总需求的过度膨胀，而需求的过度积累，必然导致通货膨胀。

　　5. 输入型通货膨胀

　　输入型通货膨胀是指一个国家长期的大量的外贸顺差形成外汇储备过多，引起国内货币投放过多而形成的通货膨胀。

13.2.2　中国通货膨胀的成因

　　改革开放以来，中国发生过几次较大的通货膨胀，其成因也日趋复杂化。

　　1. 投资膨胀

　　投资膨胀是长期以来困扰中国经济的一个难题。之所以会出现这样的问题，一是投资体制不健全，投资缺乏约束机制，致使企业、单位和地方热衷于争投资项目，却忽视投资效果；二是长期形成了一种资金供给制，对于各种投资需求，财政和银行部门常处于不得不支持的被动地位，为投资膨胀开绿灯。

　　投资膨胀对通货膨胀的影响表现在两个方面。

　　（1）固定资产投资膨胀，其结果是导致基本建设规模过大，基建战线过长。基建项目建成投产后，固然可以增加商品供给能力，增强稳定货币流通的物质力量。但项目建成常需三五年或更长时间，而在建成之前则要大量耗用现有生产资料和消费资料。因此，投资规模要受现有物力制约，超过一定限度，则会引发通货膨胀。

（2）更为重要的是在投资膨胀下，投资资金除了企业自筹和吸收部分外资外，主要来自财政和银行两个部门。而这正是引起财政赤字和银行贷款膨胀的重要根由之一，从而触发通货膨胀。

在财政赤字连年出现的同时，预算外资金规模却在不断膨胀。各地方政府为了发展本地区经济，将预算外资金的一部分进行投资，这是带动中国投资膨胀的重要原因。从银行信贷资金供应体制看，国有商业银行改革还远没有到位，银行自我约束机制没有形成，信贷资产质量很差。这一方面会进一步刺激企业对投资资金的需求；另一方面，由于投资效益差，不得不再扩张投资，形成了一种恶性循环。银行大量的不良资产说明，银行体系供应资金没有形成有效供给，却形成了当期的有效需求。这会进一步加剧已经紧张的社会供求矛盾。

2. 消费膨胀

投资的膨胀意味着消费的膨胀，因为投资资金的 40% 左右会转化为对消费品的需求。因此，投资膨胀和消费膨胀是并存的，它们共同构成对社会总需求的压力，从而带动和加剧通货膨胀。

3. 成本推动

改革开放以来，经济领域中发生的重大变化之一就是国民收入分配格局的转变。由原来政府主导型转变为居民个人占有国民收入份额的大部分，在居民收入快速增长的背后是企业经营成本的提高。同时，价格体制改革后，一些重要的原材料价格上涨，使得经营成本提高。以上两个因素综合作用的结果是企业经营成本增大，但又不能自我消化，必然会以抬高价格的方式转移出去。在需求膨胀的形势下，商品销售看旺，即所谓"萝卜多了不洗泥"，成本推动仍可能带动物价水平上涨；当然，成本推动反过来又会刺激需求膨胀。

4. 结构失调

结构失调在中国表现为生产结构和消费结构的双失调。生产结构失调是中国长期以来都没能解决的老问题，一部分长线产品长期供过于求，而一部分短线产品市场需求过旺。对国民经济发展起长远影响作用的基础产业已经成为经济发展的瓶颈部门，而加工工业等已处于过剩状态。经济结构的失调引发了通货膨胀的产生。

以上几个方面只是对中国近年来发生通货膨胀原因的主要方面所进行的分析。就目前经济发展的状况而言，发生通货膨胀的原因是错综复杂的，甚至还包括心理因素、体制因素及国外通货膨胀的影响等多个方面。

13.3　通货膨胀的效应分析

13.3.1　通货膨胀对经济增长的影响

通货膨胀对经济的影响，西方经济学界在 20 世纪 60 年代曾有过激烈争论。主要观点有促进论，即认为通货膨胀可以促进经济增长；促退论，认为通货膨胀损害经济增长；中性论，认为通货膨胀对经济增长既有正效应也有负效应。

国内大部分经济学家认为，通货膨胀对经济的促进作用，只是在开始阶段的极短时间内。就长期看，通货膨胀对经济只有危害，而无任何正效应。由于通货膨胀使国民收入分配格局发生变化，广大职工群众的收入赶不上物价上涨，造成实际收入下降，群众积极性降低，从而引起经济效益下降，各阶层矛盾加剧，容易引发社会动荡。在通货膨胀条件下，存钱不如存物，投资不如投机，导致生产投入下降，流通秩序混乱，不利于社会再生产的顺利进行。因此，世界各国都把制止通货膨胀放在非常重要的位置上。

1. 通货膨胀促进论

这种观点认为，在一定时期内适度的通货膨胀可以刺激经济增长。这种观点又被称为通货膨胀无害论或通货膨胀有益论。持这种观点的代表有以下几位。

(1) 凯恩斯（J. M. Keynes）不仅把适度的通货膨胀作为摆脱已经发生危机的解救药，而且把适度的通货膨胀当作预防危机、永葆"繁荣"的经常使用的"吗啡"注射剂。他认为，在生产要素没有充分利用之前，增加货币发行量，实行适度的通货膨胀可以弥补财政赤字，解救经济危机，减少失业，增加有效需求，从而促进经济增长。

(2) 美国新古典综合学派认为失业率与通货膨胀率之间存在一种交替关系，如果提高通货膨胀率，则可以增加利润，刺激生产，使产量和就业量增加，降低失业率。因此，他们主张运用扩张性的赤字财政政策，以通货膨胀来刺激经济发展。

(3) 美国刘易斯（W. A. Lewis）、泰勒（Lance Taylor）等发展经济学家认为，发展中国家税收体系不健全，税收来源有限，政府可以通过向中央银行借款作为财政的主要来源。这种借款会增加流通中的货币供给，引起通货膨胀。若将这种借款用于投资，并采取措施保证原来的投资不减少，那么就会因实际投资的增加而促进经济的增长。同时通过通货膨胀，增加富裕阶层的收入，提高储蓄率，刺激资本家的投资积极性，增加投资，从而促进经济增长。

(4) 以美国经济学家费尔德斯坦（Martin Feldstein）为代表的供给学派认为，通货膨胀率的提高有利于提高资本形成率，资本形成率的提高有利于经济的增长，从而通货膨胀可以促进经济增长。

2. 通货膨胀促退论

通货膨胀促退论正好与通货膨胀促进论相反，它是一种认为通货膨胀会导致经济效率降低、损害经济增长的理论。这种观点也被称为通货膨胀有害论或通货膨胀扭曲论。该理论认为通货膨胀不利于经济增长，原因如下。

(1) 通货膨胀对生产的影响。在通货膨胀条件下，如果利息率上升幅度低于物价上涨幅度，则会促使消费增加，储蓄减少，从而使投资减少；同时，通货膨胀会增加市场的不确定性，加大投资风险，使投资减少，从而影响生产。从部门结构来看，由于各部门物价上涨幅度不同，使利润在各部门之间的分配比例不同，最终造成各部门发展不均衡，破坏国民经济的比例关系。此外，在通货膨胀条件下，价格信号的失真也使价格不能正确引导各生产部门的正常发展。

(2) 通货膨胀对流通的影响。在流通领域，物价上涨，纸币贬值，居民感到存钱不如存物，导致储蓄存款不断减少，社会购买力不断扩大，从而加剧商品供求矛盾。同时，有些企业、个人为了牟取暴利，大量囤积商品，人为加剧商品市场供求矛盾。此外，黄金、外汇及有价证券的投机活动加大，造成货币流通秩序混乱。

（3）通货膨胀对分配的影响。由于通货膨胀造成国民收入或社会财富的重新分配，从而对获得固定工薪收入的社会成员不利。如果他们的工薪增长落后于物价的上涨，工薪的实际收入就会不断下降，从而使他们成为通货膨胀中的最大损失者，而那些赚取利润的阶层则会成为通货膨胀的获利者，这样就会加剧社会分配不公。同时，通货膨胀使各单位的名义收入不断上涨，而实际的商品供给则不足，必然会有部分货币购买力难以实现，从而使消费品的分配趋于紧张。

（4）通货膨胀对消费的影响。由于物价上涨幅度高于工资上涨幅度，虽然居民的名义收入增加，但其实际收入则会减少，最终使货币购买力减弱，部分居民的实际消费水平下降。

（5）通货膨胀对资源配置的影响。通货膨胀会促使资源在国民经济各部门之间流动。在通货膨胀期间，由于投资前景难以预料，势必抑制社会对那些投资大、投资回报低、投资回收期长的项目的投入，阻碍这些产业的增长，不利于资源的合理配置和产业结构的合理化。

（6）通货膨胀对国际收支的影响。在通货膨胀条件下，本国货币会自动对外贬值，从而在短期内可以扩大出口、减少进口。但是，货币长期贬值会影响一国的经济声誉，而且国内价格的普遍上涨会带动出口商品价格上涨，从而降低出口商品的竞争能力，减少出口。出口商品减少则使外汇收入也随之减少，从而使国际收支逆差扩大，甚至导致国际收支恶化，影响对外贸易的健康发展。

3. 通货膨胀中性论

通货膨胀中性论者认为通货膨胀对产出、经济增长和分配等既无正面效用，也无负面效用，通货膨胀的影响是中性的。这种观点的持有者主要有理性预期学派经济学家费希尔（Stanley Fisher）等人。他们认为由于人们可以作出合理的预期，在短期内，通货膨胀会对产量和经济增长产生影响，但是在长期内，人们会对物价上涨会作出合理的行为调整，通货膨胀各种效应的作用就会相互抵消，从而对经济的影响是中性的。

不同国家不同时期的通货膨胀与经济增长的关系是不一样的。既有高通货膨胀与低经济增长相结合的情况，也有低通货膨胀与高经济增长相结合的情况。所以通货膨胀与经济增长之间没有固定的"促进"、"促退"或"中性"关系。但无论如何，从长期来看，通货膨胀绝不是实现经济增长的"灵丹妙药"。

13.3.2　通货膨胀对收入分配与财产分配的影响

通货膨胀对社会不同集团的人有不同的影响，它会使一些人从中受益，也会使一些人由此受害。具体表现在以下几个方面。

（1）利润收入者受益，工资收入者受害。通货膨胀发生时，如果产品价格的调整速度快于工资调整速度，则使实际利润增加，实际工资减少，利润收入者会从中获益，工资收入者则由于价格上升、名义工资增长缓慢、实际工资收入下降而受损。

（2）具有垄断地位的厂商获益，而中小厂商可能受损。通货膨胀发生时，具有垄断地位的厂商可以大幅度地迅速提高价格，甚至可以使自己产品价格上升的幅度大于通货膨胀率，从而获得更大的利益。而处于完全竞争条件下的中小厂商，它们产品的价格取决于市场供求状况，如果产品供大于求，它们无法提价，只能保持其产品价格与通货膨胀同幅度增长，从而其利润就会受到损失。

（3）对不同的工资收入者影响不一样。强大的工会行业的工人可以通过工会的压力尽快地提高工资水平，其损失较小。有专业技术的工人，厂商对其需求大，因而得到较高工资，使其损失较小，有时甚至受益。中小型企业的工人由于竞争能力较弱而在通货膨胀时受损，加上工人不受工会保护，所以他们受损程度更大些。获得固定工资的政府部门的一般职员、文教卫生人员等，由于其工资合同是长期的，其工资收入不会随通货膨胀而迅速调整，从而受到损失。退休金领取者及靠社会救济为生的贫穷者，他们是通货膨胀最大的受害者，因为他们的退休金或社会保险金没有调整或很少调整。

（4）对债权人不利，对债务人有利。在债权债务合同签订时，双方根据当时的通货膨胀情况规定名义利率。如果在偿还期内发生通货膨胀，并且偿债时的通货膨胀率高于签约时的通货膨胀率，则会使债权人的利息受到侵害，债务人因少支付实际利息而获益。

（5）通货膨胀对政府有利，对公众不利。由于有累进税率，通货膨胀将引起名义收入增加，从而使税收增加。这种由于发生通货膨胀以减少公众的实际收入为代价而增加的政府税收被称为"通货膨胀税"，它是政府对公众的一种变相掠夺。

（6）不同居民户所拥有财产与负债比例不同，通货膨胀对财产分配的效应也就不同。一般来说，财产小于负债的居民户，在发生通货膨胀时，因为其实际负债减少而从中受益；通货膨胀对中等财产的居民户的利益不会造成多大影响，因为通货膨胀一方面会造成一些资产贬值，但是另一方面会使有的财产（如房产）随通货膨胀率的上升而价格上涨；通货膨胀对拥有高额净值财产的居民户造成损害，他们负债很小，较大比例的资产会随通货膨胀而贬值。因此，通货膨胀具有一种对财产进行再分配的效应。

13.3.3　通货膨胀对资产结构调整的影响

资产结构调整效应就是财富分配效应。社会成员的财富分为实物资产和金融资产两种形式，同时也可能有负债，通货膨胀对社会成员的财富分配效应最终取决于在通货膨胀条件下财富净值的变化。

对持有实物资产而言，通货膨胀的影响程度要取决于持有的实物资产在货币形态上的自然升值与物价总水平上涨是否一致。如果实物资产名义价格上涨超过物价上涨幅度，则投资者收益水平提高；反之，则投资者会受到损失。持有金融资产则比较复杂，相当部分的金融资产价格会在通货膨胀时期不断变化，即使持有股票也往往难以避免通货膨胀的损失，特别是持有货币资产，通货膨胀时期，货币不断贬值，持有者因此受到损失是肯定的。因此，从这个意义上说，通货膨胀时期持有货币性债务更有利。

由于社会成员财富结构存在差异，因此，所受通货膨胀的影响也不同。注意到这一点，及时调整资产结构是非常重要的。

13.3.4　通货膨胀对社会稳定的影响

通货膨胀会造成国民收入或社会财富的重新分配。在通货膨胀条件下，不同居民的收入增长不一致，其所购买的商品品种、数量不一样，他们在价格上涨中的损失也不相同。一些从事商业活动的企业和个人会从中获益，甚至有些投机商会从中牟取暴利。人们在这次财富或收入的重新分配中，会千方百计地减少或转移损失，从而会加剧竞争。一些人由于通货膨胀给他们带来损失或在竞争中失败，会产生抱怨甚至失望情绪，产生对政府的不满，从而会引起社会不稳定。

13.3.5　通货膨胀与失业

1. 奥肯定律

奥肯（Arthur M. Okun）是美国的著名经济学家，曾任约翰逊总统时期的经济顾问委员会主席。他为了使总统、国会和公众相信，如果把失业率从7％降到4％，会使全国经济受益匪浅，便根据统计资料估算由于降低失业率而带来的实际GDP的增加数额。通过对统计资料的分析，奥肯发现了周期波动中经济增长率和失业率之间的经验关系：当实际GDP增长相对于潜在GDP增长下降2％时，失业率上升大约1％；当实际GDP增长相对于潜在GDP增长上升2％时，失业率下降大约1％。这条经验法则就是著名的奥肯定律（Okun's law）。

潜在GDP这个概念是奥肯首先提出的，它是指在保持价格相对稳定情况下，一国经济所生产的最大产值。潜在GDP也称充分就业GDP。所谓充分就业，是指所有愿意在现行工资下工作的人都就业。例如，20世纪90年代中期的美国，当失业率低于5.5％时，就算充分就业。潜在GDP是由一国经济的生产能力决定的，生产能力又决定于可获得的资源（劳动、资本、土地等）和技术效率。

奥肯定律可以用以下的公式来描述：

$$失业率变动百分比 = -1/2 \times （实际GDP增长率 - 潜在GDP增长率）$$

例如，美国一般将潜在GDP增长率确定3％，当实际GDP增长率为3％，此时这两个增长率的差额为0，则失业率保持不变；当实际GDP增长率为5％，比潜在GDP增长率大2％时，则失业率会下降1％；当实际GDP增长率为-1％，比潜在GDP增长率小4％时，那么失业率会上升2％。

上式是从实际GDP增长率与潜在GDP增长率的差额求出失业率的变动，也可从失业率的变动求实际GDP增长率，即：

$$实际GDP增长率 = 潜在GDP增长率（3％） - 2 \times 失业率变动百分比$$

如果失业率保持不变，实际GDP增长率为3％；如果失业率上升2％，实际GDP增长率为-1％，即下降1％；如果失业率下降1％，实际GDP增长率为5％。

奥肯定律的一个重要结论是：为防止失业率上升，实际GDP增长必须与潜在GDP增长同样快；如果想要使失业率下降，实际GDP增长必须快于潜在GDP增长。潜在GDP趋于缓慢而稳定的增长，而实际GDP则在经济周期中波动很大，往往与潜在GDP出现背离。在经济衰退时期，实际GDP低于潜在GDP；在经济高涨时期，实际GDP会在短期内高于潜在GDP。

奥肯定律曾经准确地预测了失业率。例如，美国1979—1982年经济滞涨时期，GDP没有增长，而潜在GDP每年增长3％，3年共增长9％。根据奥肯定律，实际GDP增长比潜在GDP增长低2％，失业率会上升1％；当实际GDP增长比潜在GDP增长低9％时，失业率会上升4.5％。已知1979年失业率为5.8％，则1982年失业率应为10.3％（5.8％＋4.5％）。根据官方统计，1982年实际失业率为9.7％，与预测的失业率10.3％

相当接近。

需要注意的是，奥肯所提出经济增长与失业率之间的具体数量关系只是对美国经济所做的描述，而且是特定一段历史时期的描述，不仅其他国家未必与之相同，而且今日美国的经济也未必仍然依照原有轨迹继续运行。因此，奥肯定律的意义在于揭示了经济增长与就业增长之间的关系，而不在于其所提供的具体数值。

2. 菲力普斯曲线

菲力普斯曲线（Phillips curve，PC）是用来表示失业与通货膨胀之间替代取舍关系的曲线，由新西兰经济学家威廉·菲力普斯（Alban William Phillips）在伦敦经济学院任教时，于1958年在《1861—1957年英国失业率和货币工资变动率之间的关系》一文中最先提出。菲力普斯利用近100年间的英国工资的统计资料，讨论了工资变动率和失业率之间的关系。菲力普斯发现：①名义工资的变动率是失业率的递减函数；②即使当名义工资的增长率处在最低的正常水平，失业率仍然为正。此后，经济学家对此进行了大量的理论解释，尤其是萨缪尔森和索洛（Robert Merton Solow）将原来表示失业率与货币工资率之间交替关系的菲力普斯曲线发展成为用来表示失业率与通货膨胀率之间交替关系的曲线。

这条曲线表明：当失业率较低时，货币工资增长率较高；反之，当失业率较高时，货币工资增长率较低，甚至是负数。根据成本推动的通货膨胀理论，货币工资可以表示通货膨胀率。因此，这条曲线就可以表示失业率与通货膨胀率之间的交替关系。即失业率高表明经济处于萧条阶段，这时工资与物价水都较低，从而通货膨胀率也就低；反之失业率低，表明经济处于繁荣阶段，这时工资与物价水平都较高，从而通货膨胀率也就高。失业率和通货膨胀率之间存在反方向变动的关系，如图13-1所示。

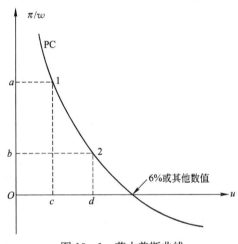

图13-1 菲力普斯曲线

图13-1中，横轴 u 表示失业率，纵轴 π 表示通货膨胀率（w 表示工资增长率），向右下方倾斜的PC即为菲力普斯曲线，表明失业率和与通货膨胀率（或工资增长率）之间的一种交替关系。比较曲线上的点1和点2可以得出：当失业率较低时（点 c），通货膨胀率（工资增长率）较高（点 a）；当失业率较高时（点 d），通货膨胀率（工资增长率）较低（点 b），甚至为负数。菲力普斯曲线表明，失业率在6％左右时，工资是稳定的，失业率低于该水平，工资上升；失业率高于该水平，工资下降。

西方学者认为，在货币工资增长率、劳动生产增长率和通货膨胀率之间存在一定的数量关系，这一关系可用下列公式表示：

$$通货膨胀率＝货币工资增长率－劳动生产增长率$$

$$\pi = w - L_p = -\varepsilon(u - u_0)$$

式中：L_p 表示劳动生产增长率；u_0 表示自然失业率；ε 表示价格对失业率的反应程度。该式说明，当失业率超过自然失业率，即 $u > u_0$ 时，价格水平就下降，反之则会上升。

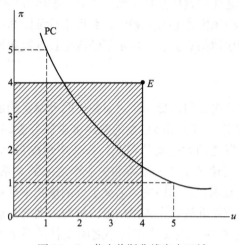

图 13-2 菲力普斯曲线安全区域

在图 13-2 中，假定失业率和通货膨胀率在 4% 以内，经济社会被认为是安全的或可容忍的，这时在图中便得到一个临界点，E 点。临界点所对应的区间称为安全区域，如图中阴影部分所示。温和的通货膨胀率是将物价控制在 1%~3%，至多 5% 以内，则失业率就可控制在 5% 以下。该经济的实际失业率与通货膨胀率组合落在安全区域内，那么政府无须应付失业或通货膨胀问题。如果菲力普斯曲线上的点在安全区之外，即表明通货膨胀率或失业率超过"临界点"，政府就有必要进行需求管理。假如通货膨胀率高于 4%，社会不能接受；失业率低于 4%，社会可以接受，因此政府应采取紧缩性的财政政策和货币政策进行宏观调控，以增加失业率、降低通货膨胀率。

13.4　通货膨胀的治理

13.4.1　治理通货膨胀的措施

严重的通货膨胀影响社会生产，扰乱流通秩序，引起收入分配不公，造成社会动乱和政局不稳，从而引起了世界各国的高度重视。为预防通货膨胀，各国中央银行采取各种措施以努力使经济在低通货膨胀率下运行。同时，许多国家都以法律形式明确规定，中央银行货币政策的首要目标是稳定币值。由于不同国家、不同时期、不同的原因造成的通货膨胀有不同的特点，因而各国政府采取的治理通货膨胀的方法也不相同。

1. 实行紧缩性宏观经济政策

紧缩性宏观经济政策主要由货币政策与财政政策构成。紧缩性货币政策包括以下几种。

（1）中央银行提高法定存款准备金率，从而控制商业银行的贷款能力，达到压缩货币供应量的目的。

（2）提高贴现率和再贴现率。提高贴现率会影响借款者的借款成本，可以达到抑制货币供应量的目的，但会由此带来投资和经济的萎缩等负面影响。提高再贴现率主要是为了影响商业银行的借款成本，进而影响市场利率。

（3）通过公开市场业务出售政府债券，以相应减少流通中的货币存量。紧缩性财政政策主要包括削减财政支出，如减少军费开支和政府的市场采购等；限制公共事业投资；增加税收等。

2. 管制工资和物价

这通常是为抑制物价上涨较猛的势头而采取的权宜之计。管制工资和物价的措施有两种类型：冻结工资和物价，即把工资和物价冻结在某一特定时间的水平上，在一定时期内不允许作任何变动；管制工资和物价，即将工资和物价上涨的幅度限制在一定范围内，在一定时期内不允许突破。

在管制的做法上也有两种情况：一是强制性的，政府通过立法程序，规定工资和物价上涨的限度；二是自愿性的，政府通过劝告使劳资双方自愿约束价格和工资的变动。

3. 收入指数化政策

指数化政策是将收入水平同物价水平的变动直接挂钩，从而抵消通货膨胀影响的政策。指数化的范围包括工资、政府债务和其他货币性收入。其实施办法是把各种收入同物价指数挂钩，使各种收入随物价指数变动而调整。

4. 币制改革

这通常是在经历了严重的通货膨胀后而采取的措施。其做法是废除旧币，发行新币，并制定一些保证新币稳定的措施。其目的是消除原来货币流通混乱的局面，在新的基础上实行稳定；也有的是通过新旧币兑换，附带调节个人之间的收入分配。必须指出，币制改革本身不能保证消除通货膨胀，关键在于能否实施币制改革中规定的各项稳定措施。

此外，针对 20 世纪 70 年代出现的滞胀现象，西方国家供应学派开出相应的处方，其目的是在紧缩需求的同时，又采用刺激生产的方法增加商品供应。具体措施包括：削减政府开支，以压低总需求；降低所得税，提高折旧率，以促进投资和生产，增加商品供应；控制货币供应增长率，压缩总需求。

13.4.2　中国对通货膨胀的治理

改革开放以来，中国对发生的几次通货膨胀采取的治理措施包括以下几种。

（1）控制投资规模。从历次通货膨胀的成因不难看出，中国存在的投资规模膨胀是导致高通货膨胀率的主要原因。因此，对通货膨胀的治理也就必须控制投资，这会相应减少社会总需求的规模，平衡供求关系，抑制通货膨胀的加剧。

在中国的历次通货膨胀中，固定资产投资规模膨胀都扮演了重要角色。正因为如此，在治理通货膨胀措施中，压缩固定资产投资规模总是作为重点之一。

（2）实行紧缩的财政政策，努力实现财政收支平衡。为控制通货膨胀，财政实行增收节支的措施，从而有效地控制了社会总需求的膨胀。

（3）控制信贷规模和货币供应增长率。其具体方式就是完善中国人民银行宏观调控手段，以及调整商业银行贷款结构和贷款效益。

（4）增加商品的有效供给。上述措施都是针对社会总需求而采取的，从社会总供给角度来说，调整产业结构，支持农业发展，增加有效商品供应，提高投资效益，才是治理通货膨胀最根本的途径。为此，中国出台了一系列保护农业、鼓励和支持国民经济薄弱部门和紧缺商品生产的政策，收到了良好的效果。

应该指出的是，无论是哪一个国家，在治理通货膨胀的过程中都会付出一定的代价，如紧缩政策所导致的经济萎缩、失业增加等问题。这要求政府在制定治理通货膨胀政策时要全面考虑、相机抉择。

13.4.3　反通货膨胀的代价

反通货膨胀通常总是要实行一定的紧缩措施，这或多或少要引起经济的震动。其不利之处主要表现在以下几个方面。①会打乱原来的经济运行秩序。随着紧缩投资和贷款，原来该上的建设项目要下马，原定的生产规模要收缩。企业必须调整其经营规模和供销关系。从而引起整个经济活动实行相应调整和生产的下降。②由于调整压缩基建规模和生产下降，原来的供销关系被破坏，生产资料消费品市场多少会出现滞销，使社会商品库存上升，资金周转减缓。③在生产下降、商品滞销和经济效益下降的情况下，国家财政收入难免随之下降；而同时为维持经济的运行，政府常需给一些重要的企业以补贴，扩大支出，导致财政收支状况恶化。此外，失业人数自然会上升，居民收入会有所下降；如果情况较严重，还要影响社会的安定。

中国在几次通货膨胀的治理过程中都曾不同程度地遇到上述问题。特别是由于历史原因，中国经济对紧缩措施的反应更为强烈些。一是我国经济和国民收入增长是属于速度增长型，对投入依赖大。经济增长速度高，企业产值高，财政收入也大；反之，则财政收入下降。二是企业自有资金少，依靠银行贷款投入，银行贷款松紧直接影响到企业生产和资金周转。因此，恰当地掌握治理的火候和选择适当的措施是十分重要的。一般来说，货币供应要避免大上大下，大上则必然要带来大下的冲击；在治理通货膨胀时，尽量争取慢刹车，即有步骤地逐步紧缩货币供给，渐进式调整各种关系，以最小的代价克服通货膨胀。这也就是所谓的"软着陆"。

治理通货膨胀，当然要适度控制货币供应总量的增长。但经济各部门的发展是不均衡的，即使在通货膨胀情况下某些部门和产品生产也可能需要加强。所以，在控制总量上又不能"一刀切"，必须紧中有别，有紧有松，以达到既控制需求总量，又促进有效供给的目的。此外，各项调节控制措施都是根据当时的情况和预测制定的，而经济形势却经常在变化，人们预测也可能不尽符合实际，所以，还必须适时地调节控制的力度和方向，防止控死。当然，在面临剧烈的通货膨胀时，可能不得不采取急刹车的方式，但也应考虑力求减轻经济震荡。

13.5 中国目前的通货膨胀状况

13.5.1 改革开放以来的历次通货膨胀

维持物价稳定对世界各国经济和社会的稳定发展具有重要的意义，通货膨胀问题也是各国政府所关注的核心问题。1978—2017 年全国居民消费价格指数（CPI）、全国工业生产者出厂价格指数（PPI）如表 13-1、图 13-3 所示。可以看出，改革开放以来，中国共经历了数次通货膨胀，每次通货膨胀各有特点，国家采取了不同的治理方式与措施。

表 13-1 1978—2017 年中国物价主要指数及其相关指标

年份	居民消费价格指数（CPI）/%	工业生产者出厂价格指数（PPI）/%	GDP 增长率/%	M2 增长率/%	M2/GDP 值	财政赤字/亿元
1978	0.7	0.1	11.7			10.17
1979	1.9	1.5	7.6			−135.41
1980	7.5	0.5	7.8			−68.90

年份	居民消费价格指数（CPI）/%	工业生产者出厂价格指数（PPI）/%	GDP 增长率/%	M2 增长率/%	M2/GDP 值	财政赤字/亿元
1981	2.5	0.2	5.1			37.38
1982	2.0	−0.2	9.0			−17.65
1983	2.0	−0.1	10.8			−42.57
1984	2.7	1.4	15.2			−58.16
1985	9.3	8.7	13.4			0.57
1986	6.5	3.8	8.9			−82.90
1987	7.3	7.9	11.7			−62.83
1988	18.8	15.0	11.2			−133.97
1989	18.0	18.6	4.2			−158.88
1990	3.1	4.1	3.9		0.81	−146.49
1991	3.4	6.2	9.3	26.5	0.88	−237.14
1992	6.4	6.8	14.2	31.3	0.93	−258.83
1993	14.7	24.0	13.9	37.3	0.98	−293.35
1994	24.1	19.5	13.0	34.5	0.96	−574.52
1995	17.1	14.9	11.0	29.5	0.99	−581.52
1996	8.3	2.9	9.9	25.3	1.06	−529.56
1997	2.8	−0.3	9.2	17.3	1.14	−582.42
1998	−0.8	−4.1	7.8	14.8	1.23	−922.23
1999	−1.4	−2.4	7.7	14.7	1.32	−1 743.59
2000	0.4	2.8	8.5	12.3	1.34	−2 491.27
2001	0.7	−1.3	8.3	14.4	1.43	−2 516.54
2002	−0.8	−2.2	9.1	16.8	1.52	−3 149.51
2003	1.2	2.3	10.0	19.6	1.61	−2 934.70
2004	3.9	6.1	10.1	14.7	1.57	−2 090.42
2005	1.8	4.9	11.4	17.6	1.59	−2 280.99
2006	1.5	3.0	12.7	16.9	1.57	−1 662.53
2007	4.8	3.1	14.2	16.7	1.49	1 540.43
2008	5.9	6.9	9.7	17.8	1.49	−1 262.31
2009	−0.7	−5.4	9.4	28.5	1.75	−7 781.63
2010	3.3	5.5	10.6	19.7	1.76	−6 772.65
2011	5.4	6.0	9.5	13.6	1.74	−5 373.36
2012	2.6	−1.7	7.9	13.8	1.80	−8 699.45
2013	2.6	−1.9	7.8	13.6	1.86	−11 002.46
2014	2.0	−1.9	7.3	12.2	1.91	−11 415.53
2015	1.4	−5.2	6.9	13.3	2.02	−23 608.54

续表

年份	居民消费价格指数 (CPI)/%	工业生产者出厂 价格指数（PPI)/%	GDP 增长率/ %	M2 增长率/ %	M2/GDP 值	财政赤字/ 亿元
2016	2.0	−1.4	6.7	11.3	2.08	−28 150.24
2017	1.6	6.3	6.9	8.2	2.03	−30 492.72

注：1. 按照统计制度要求，我国 CPI 每五年进行一次基期轮换，2016 年 1 月开始使用 2015 年作为新一轮的对比基期，前三轮基期分别为 2000 年、2005 年和 2010 年。CPI 基期轮换是一项国际惯例，目的是使 CPI 调查所涉及的商品和服务更具有代表性，更及时准确反映居民消费结构的新变化和物价的实际变动。

2. 国家统计局从 2011 年 1 月开始实施新的工业生产者价格统计调查制度方法。"工业品价格统计"改称为"工业生产者价格统计"，将"工业品出厂价格指数"改称为"工业生产者出厂价格指数"。

3. M_2/GDP 数值根据国家统计局公布的数据计算。

资料来源：http://data.stats.gov.cn/easyquery.htm? cn=C01.

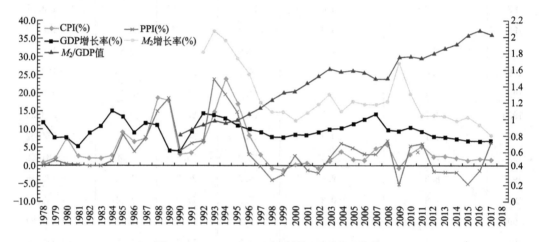

图 13-3　1978—2017 年中国 CPI、PPI 指数
资料来源：根据国家统计局公布的数据绘制。

1. 第一次通货膨胀

第一次通货膨胀发生在 1979—1982 年。1979 年中国开始进行经济体制改革和价格改革，随后两年物价出现了明显上涨。1979 年 CPI 同比增长 1.9%，而 1980 年 CPI 高达 7.5%。国家刚实行改革开放政策，党的工作重心刚转移到社会主义现代化建设上。但此次价格指数并不是很高，价格上涨对社会经济生活的影响也十分有限。后来政府通过压缩基本建设投资、紧缩银根和控制物价等一系列措施，使得通货膨胀得到抑制，1982 年时 CPI 已降至 2.0%。

2. 第二次通货膨胀

第二次通货膨胀发生于 1984—1986 年。1984 年，国家放开了三类农副产品和完成交售任务后的一、二类农副产品价格，分三批放开了全部小商品价格，部分工业品实行了浮动价格。之后，物价开始抬头，从 1983 年的 2.0% 涨到 1984 年的 2.7%，1985 年涨到了 9.3%，通货膨胀极为明显。此次的通货膨体现为固定资产投资规模过大引起社会总需求过旺，经济出现过热现象，需求压力十分明显，这次的通货膨胀造成了全社会价格的普遍上涨。为了抑制高通胀，政府当时采取了控制固定资产投资规模，加强物价管理和监督检查，全面进行信贷检查等一系列措施，1986 年物价出现了回落，但仍然高达 6.5%。

3. 第三次通货膨胀

第三次通货膨胀发生于 1987—1991 年。1987 年，国内的货币流量又一次迅速加大，物价指数在前一期经济扩张的拉动下，持续走高，年增长速度达到 11.8%，商品价格也出现同步上涨。到 1988 年底，价格同比上涨达 18.8%，创造了建国 40 年以来上涨的最高纪录。此次通货膨胀的主要原因依然是社会固定资产投资增长过快，政府从 1986 年开始加大财政支出，扩大财政赤字首次突破 100 亿元，1988 年财政"包干"后，财政赤字首次突破 100 亿元，社会需求进一步猛增。同时，为了解决赤字问题，货币连年超发，到 1988 年第四季度，市场中的货币流通量为 2 134 亿元，同比上涨了 46.7%。由于货币大量超发，引发了物价猛烈上涨，货币贬值。加之一系列政策措施不当，从而引发了 1988 年 8 月中旬的抢购风潮和挤兑银行存款的现象。为了整顿严重的通货膨胀，中央对经济实行全面的"治理整顿"，其措施之严厉堪称改革开放以来之最。时隔一年，物价开始回落，1990 年为 3.1%，1991 年为 3.4%。

4. 第四次通货膨胀

第四次通货膨胀发生于 1992—1997 年。这是在邓小平南方谈话后，改革开放在中国进一步深入展开，市场经济更加活跃，对各方面物资的需求非常强劲，主要原因是固定资产投资规模扩张过猛与金融持续混乱。有人总结为"四热"（房地产热、开发区热、集资热和股票热）、"四高"（高投资膨胀、高工业增长、高货币发行和信贷投放、高物价上涨）、"四紧"（交通运输紧张、能源紧张、重要原材料紧张、资金紧张）和"一乱"（经济秩序特别是金融秩序混乱）、"一贬"（人民币大幅贬值，人民币兑美元从 1：5.64 骤然下降到 1：8.27，国际收支恶化）。由于国内巨大的需求压力，在高涨的投资需求下，财政赤字和货币供应超常增长，使得通货膨胀全面爆发，物价从 1992 年的 6.4%，涨到了 1994 年的 24.1%。

面对 1992—1993 年我国经济中出现的严重泡沫现象和高通货膨胀率以及潜在的金融风险，为治理当时混乱的经济秩序，时任国务院副总理的朱镕基兼任人民银行行长，从 1993 年夏开始实施"软着陆"攻关调控，货币政策方面出台了 13 条压缩银行信贷规模的措施。同时，这次调控吸取了以前货币紧缩过度造成经济过冷的教训，因此货币政策在实施中一直遵循了"适度从紧"的原则，通货膨胀逐渐消退，1995 年为 17.1%，1996 年为 8.3%，1997 年为 2.8%，成功实现了经济的"软着陆"。但实际上也带来了一些负面效应：信贷状况的收紧一定程度上损害了综合信贷的平衡；限制地区间的信贷大大降低了货币的流通速度；货币紧缩措施很大程度上损害了非国有企业，对国有企业影响不大；官方利率和市场利率之间出现巨大差额，1993 年夏沿海专业银行的贷款利率为 10%～16%，而市场利率却高达 20%～35%。

1998 年，我国遭受"东南亚金融危机"重创，经济陷入通货紧缩、需求不足和失业率飙升等多重困境交织的局面，物价指数连续两年为负，1998 年为 −0.8%，1999 年为 −1.4%。对此，政府实施了以扩大基础设施建设为主要投资目标的财政政策（财政赤字大幅增加，从 1997 年的 582.42 亿元增加到 1998 年的 922.23 亿元，再到 1999 年的 1 743.59 亿元，赤字率分别增加了 58.3% 和 89.1%）和适度增加货币供应量为主要手段的货币政策（1998 年 M2 同比增长 14.8%），遏制住了物价水平的持续下跌趋势，到 2000 年时 CPI 为 0.4%，有效避免了系统性紧缩风险的爆发。这一阶段的通胀现象不仅是一种"货币体现"，也颇具"财政色彩"。随着危机影响消退，2000—2004 年经济运行进入"软扩张"阶段，经济增速和通胀水平都相对温和、平稳，财政和货币政策均以"微刺激"调整取代了"强效注射"的操作方式。1998—2006 年，物价保持了稳定，最大值为 3.9%（2004 年），最小值为 −1.4%（1999 年），年均增长率 0.72%，有三年物价还出现了下跌。

5. 第五次通货膨胀

第五次通货膨胀发生在 2007—2008 年。本轮通货膨胀早在 2005 年下半年，便有了"抬头"迹象，为防止恶性通胀再现，2006 年 4 月至 2007 年年底，央行连续 8 次加息，使得市场中流动性急速收缩，但物价依然上涨，2007 年 CPI 为 4.8%，同比增加 3.3%，2008 年达到了 5.9%。与前几次通货膨胀发生的背景相比，此轮价格水平的上涨主要原因是中国加入 WTO 后国际收支顺差持续大幅度增加，国内物价受到外部冲击影响显著。为此，央行采取了一系列内外兼备的货币政策来抑制价格水平的持续上涨，对内采取上调准备金等方式大幅对冲顺差投放的货币，仅在 2007 年内，先后 10 次上调存款类金融机构人民币存款准备金率，6 次提高金融机构人民币存贷款基准利率，见表 13 - 2；对外采取加快人民币升值的方法对冲国内物价上涨。

表 13 - 2　1990 年以来中国历次加息降息时间表

序号	调整时间	活期存款/%	一年定期/%	调整幅度/%
1	1990.8.21	2.16	8.64	−1.44
2	1991.4.21	1.80	7.56	−1.08
3	1993.5.15	2.16	9.18	1.62
4	1993.7.11	3.15	10.98	1.80
5	1996.5.1	2.97	9.18	−1.80
6	1996.8.23	1.98	7.47	−1.71
7	1997.10.23	1.71	5.67	−1.80
8	1998.3.25	1.71	5.22	−0.45
9	1998.7.1	1.44	4.77	−0.45
10	1998.12.7	1.44	3.78	−0.99
11	1999.6.1	0.99	2.25	−1.53
12	2002.2.21	0.72	1.98	−0.27
13	2004.10.29	0.72	2.25	0.27
14	2006.8.19	0.72	2.52	0.27
15	2007.3.18	0.72	2.79	0.27
16	2007.5.19	0.72	3.06	0.27
17	2007.7.21	0.81	3.33	0.27
18	2007.8.22	0.81	3.60	0.27
19	2007.9.15	0.81	3.87	0.27
20	2007.12.21	0.72	4.14	0.27
21	2008.10.9	0.72	3.87	−0.27
22	2008.10.30	0.72	3.60	−0.27
23	2008.11.27	0.36	2.52	−1.08

序号	调整时间	活期存款/%	一年定期/%	调整幅度/%
24	2008.12.23	0.36	2.25	−0.27
25	2010.10.20	0.36	2.50	0.25
26	2010.12.26	0.36	2.75	0.25
27	2011.2.9	0.40	3.00	0.25
28	2011.4.6	0.50	3.25	0.25
29	2011.7.7	0.50	3.50	0.25
30	2012.6.8	0.40	3.25	−0.25
31	2012.7.6	0.35	3.00	−0.25
32	2014.11.22	0.35	2.75	−0.25
33	2015.3.1	0.35	2.50	−0.25
34	2015.5.11	0.35	2.25	−0.25
35	2015.6.28	0.35	2.00	−0.25
36	2015.8.26	0.35	1.75	−0.25
37	2015.10.24	0.35	1.50	−0.25

资料来源：根据中国人民银行的公告整理。

2008 年 9 月，"次贷危机"全面爆发，造成国内外有效需求急剧缩水，经济提前进入收缩周期，且收缩历时出现了延长可能性，CPI 增速在 2009 年第 3 季度跌至 −1.3%，宏观经济运行"硬着陆"风险加大。为此，政府出台了"四万亿救市"措施，季度累计投资增速一度超过了 30%。配合财政扩张的步调（2009 年财政赤字高达 7 781.63 亿元），货币供应也大幅度提升，M2 同比增加了 28.5%，M1 与基础货币之比于 2009 年 8 月由 1.27 升至 1.61，M2 与基础货币之比从 3.60 迅速攀升至 4.60，M2/GDP 创下新高，从 1.49 上升到 1.75（即相当于中国一元钱的货币供应，只撬动了 0.57 元的 GDP），财政政策与货币政策"组合拳"打出后终使经济回暖，CPI 于同年 11 月转正，为世界经济复苏形成了正外部影响。

6. 第六次通货膨胀

第六次通货膨胀发生在 2010—2011 年。这次通货膨胀发生在全球金融危机持续发酵，发达国家深陷衰退阴影，以中国为首的新型经济体率先复苏的全球背景之下。2008 年底，中国政府的经济刺激计划开始实施，以期拉动内需，确保经济增长。过度的货币供给增加了流动性治理的难度，国内前期适度宽松货币政策的滞后效应也开始显现，同时生产成本刚性上涨也推动了物价的全面上升，2010 年 CPI 为 3.3%，2011 年上升到 5.4%。另外，对于人民币汇率上升的预期致使大量热钱涌入国内，也加大了国际输入性通胀。2010 年年底，央行开始提高存款准备金和利率，希望达到收紧流动性的效果，可见表 13-2。

但在 2011 年第 3 季度，受前期刺激政策逐渐释放的影响，CPI 涨至 6.3%，"两会"再次把"物价维稳"设为未来经济工作的首要任务。对此，中央银行施行了差别化存款准备金制度，对贷款投放增长过快的金融机构采取提高存款准备金率的惩罚，同年 M2 增长率降为 13.6%，由此金融机构的信贷和货币投放得到了控制，最终，CPI 在 2012 年 6 月回落至 3%

以下，但经济增速也跌破 8%。

从 1979 年以来我国已发生的六次严重通货膨胀的历史经验，以及发达国家的经验来看，每次经济刺激之后必然会带来比较显著的通货膨胀，并对宏观经济带来不可估量的负面影响。

13.5.2   当前的低通货膨胀新常态

美国金融危机之后相当长的一段时间，我国为了应对金融危机而采取的积极的财政政策和适度从紧的货币政策造成了投资过热和流动性过剩。同时，国际上欧洲债务危机及希腊、冰岛等国家的主权信用危机影响不断扩散，为世界经济形势再一次蒙上了阴影。

2012 年以来，随着一系列拉动内需经济政策的实施，在实现经济复苏的同时也产生了许多不良后果，各项经济指标明显上升乏力，产能过剩问题十分严重。就目前国内形势而言，经济处于"低增长、低通胀"阶段（如表 13-2 所示，2012—2017 年 CPI 年均 2.0%，GDP 增长率年均 7.3%），但并不是通货紧缩阶段，所以一旦扩张性调控用力过猛，则通缩风险就会变为通胀风险。

同为重要的是，过去的十多年来，我国经济发展都是以超高货币供应量为支撑，同时被巨量的政府投资所带动，所以，市场上也累积了诸多结构性问题，如间接融资占比过高、部分行业产能过剩、地方债务过重和外汇储备过量等多重矛盾。例如，2015 年 M2 增速为 13.3%、M2/GDP 为 2.02，虽然 2016 年 M2 增速降为 11.3%，但 M2/GDP 却为 2.08，表明货币释放得过多，倘若延续宽松的货币环境则会导致直接融资比重进一步下滑，产能过剩行业投资过热加剧等情况，这势必会进一步恶化社会融资和行业投资结构，同时还会聚敛金融危机风险。但如果转而收缩流动性，短期内则会造成资本大量外逃，如若紧缩力度太强或时机不当，甚至可能引发系统性风险。所以，货币当局对总量方法的使用始终持审慎态度，同时政府也在积极进行产业调整，逐步摒弃之前过于粗放的发展模式，经济发展由此进入"新常态"。

为了应对结构性经济下行压力，中央银行已 8 次下调了基准利率或存款准备金率，仅 2015 年就连续下调了 5 次，而且市场对货币政策的进一步下调预期依然强烈。当前，我国经济运行面临着增长速度换挡、结构调整阵痛、前期刺激政策消化等新的阶段性问题，而重大挑战是宏观经济能否以较小的代价扭转过快增长的趋势，在避免过度震荡的前提下使经济回落至合理增长速度状态。这其中的关键步骤在于能否使通胀水平处于可控且合理的范围之内。一般而言，物价上涨放缓能够有效刺激消费，但如果通胀水平持续低迷又会加剧经济紧缩风险，所以，决策者就有必要对此持审慎态度。例如，2015 年 1 月 CPI 同比增长率为 0.76%，创 5 年以来新低；同时财政赤字急剧上升，2015 年突破了 2 万亿，而 2017 年更是突破了 3 万亿重要关口，随着"供给侧结构性改革"的持续推进，财政赤字还会不断增加，不过赤字率尚在可控范围之内。

同时，以国际形势来看，也不宜进行大幅度总量调整。后危机时期，如美国等众多发达经济体仍在延续非常规货币操作，主要是在零利率下界约束下通过前瞻指引、扭曲操作和量化宽松三种途径向市场注入流动性以强化逆周期操作。而 2015 年年底，美联储却终结了廉价"货币盛宴"的时代而进入了"加息通道"。之前其激活实体经济的方式无异于遥控直升机撒钱，而随着经济回暖，通胀可能性再次成为当局的顾忌，由此就有必要让这架直升机

"软着陆"，即实现货币政策的平滑转换。但美联储货币政策的正常化势必会对所有绑在美元上的经济体造成巨大冲击，我国也必须做出适应性调整。可一旦大规模释放货币导致市场利率下降，势必会调转资金流动方向，我国将从资本的流入地变为输出地，加之，外汇储备跌至近年来最低点，使我国抗风险能力降低。

货币和财政政策具有两面性，其中前者的表现尤为明显，即政策一旦从紧，在治理通胀的同时也会拖累了经济增长；政策若从宽，那么在经济增长的同时会加大通胀风险。"后危机"时代传统的全面性刺激措施固然具有短期效果，但长期内必将导致经济面临"控通胀"还是"保增长"的两难抉择。

13.5.3　政策建议

针对 2012 年以来我国经济发展出现的新情况，学者们纷纷从不同的视角进行研究，并提出相应政策建议。有学者基于我国现阶段通货膨胀惯性和波动性特征，提出如下政策建议[①]。

（1）我国 CPI 和 GDP 的增长率与波动率总呈相同走势。对此，政策当局除了要对物价水平值进行监测，也要对价格波动性变化实时关注，从而提升对通胀水平走势预测的准确度，为可能出现的通胀或通缩提前做好工作部署。2012 年至 2017 年年底，CPI 增长率平均值为 2% 左右，GDP 增长率持续低于 8%，两者均存在继续下行风险，同时也呈现出了微波化态势。这说明在"新常态"时期，我国同步于全球经济总量的扩张和结构的深度调整，经济发展已进入"低增长、低通胀"时代，发展方式"稳中有进"。同时，物价水平增速换至低挡成为了一种必然趋势，但通胀周期已经从"大起大落"型平滑转变为"稳健平缓"型。

（2）无论价格和政策变量处于何种状态，我国通货膨胀现象都展现出了较强的惯性。对此，需高度重视邻期 CPI 波动，及时做出反向调控。同时要认识到由于惰性的存在，实现货币政策目标可能需要花费更长的时间，要注重政策周期与通胀周期期限结构的匹配，提高货币政策的前瞻性，避免相机抉择带来的市场信号模糊和"通胀偏差"问题，设计出一套完整清晰的货币操作流程来处理通缩和通胀问题，为政策见效预留合理时间。

（3）经济"新常态"势必会催生政策调控的"新常态"。对此，央行应该坚持总量适度从紧与定向调控相结合的操作模式，继续发挥新型非常规货币工具的定向调控作用，优化社会融资结构，让更多的金融活水流向实体经济。同时，应更多地采用财政结构型工具来发挥其局部着力特征，在刺激总量增长的同时，着手优化财政支出结构，继续把普遍性降费和结构性减税相结合，由此既能盘活存量资金，又能提高资金使用效率。总之，在"新常态"阶段，政策当局不仅要为国民经济增长托底，也要为经济结构全面升级护航。

现阶段我国选择了积极的财政政策和稳健的货币政策，货币政策要保持中性、松紧适度，把好货币供给总闸门，不搞"大水漫灌"式强刺激，根据形势变化预调微调，强化政策统筹协调。健全货币政策和宏观审慎政策双支柱调控框架，深化利率和汇率市场化改革，疏通货币信贷政策传导机制，大力推进金融改革开放发展，通过机制创新，提高金融服务实体经济的能力和意愿。

---

① 解瑶姝，刘金全．中国通货膨胀动态特征及其政策启示［J］．南开经济研究，2017（5）：3 - 19.

本 章 小 结

● 通货膨胀并没有专门的测量方法，因通货膨胀值取决于物价指数中各特定物品之价格比重，以及受测经济区域的范围。通用的量测法包括：生活指数、消费者物价指数、生产者物价指数、批发物价指数、商品价格指数、GDP 平减指数和个人消费支出价格指数。

● 西方国家经济学者关于通货膨胀的成因理论多种多样，其中较流行的、有代表性的有三种：需求拉上说、成本推动说、结构失调说。

● 通货膨胀对经济的影响，西方经济学界在 20 世纪 60 年代曾有过激烈争论。主要观点有促进论、促退论及中性论。

● 不同国家、不同时期、不同的原因造成的通货膨胀有不同的特点，因而各国政府对通货膨胀的治理也不尽相同。常用的措施有：紧缩性宏观经济政策、管制工资和物价、收入指数化政策和币制改革。

● 世界各国在治理通货膨胀的过程中都会付出一定的代价，如紧缩政策所导致的经济萎缩、失业增加等问题。这要求政府在制定治理通货膨胀政策时要全面考虑、相机抉择。

关键概念

通货膨胀　生活指数　消费者物价指数　生产者物价指数　批发物价指数　商品价格指数　GDP 平减指数　个人消费支出价格指数　需求拉上型　成本推动型　结构失调型　通货膨胀促进论　通货膨胀促退论　通货膨胀中性论　紧缩性宏观经济政策　收入指数化政策　菲力普斯曲线

思考与练习

1. 什么是通货膨胀？常用的测量指标有哪些？
2. 通货膨胀按成因分为哪些类型？
3. 改革开放以来中国的通货膨胀的主要原因是什么？
4. 通货膨胀对经济有何影响？
5. 简述通货膨胀与失业的关系。
6. 治理通货膨胀的措施有哪些？
7. 2007 年以来中国 CPI 指数居高不下，试述政府应采取的治理措施。

【阅读材料】

津巴布韦元：人类货币史上的耻辱

2015 年，津巴布韦央行宣布采取"换币"行动，从 6 月 15 日起至 9 月 30 日内，175 千万亿津巴布韦元（以下简称津元）可换 5 美元，每个津元账户最少可得 5 美元。此外，对于

2009 年以前发行的津元，250 万亿津元可兑换 1 美元。其实，津元自从 2009 年不再作为津巴布韦法定货币后已经"死亡"，津央行这次不过是让这个垃圾货币彻底退出了历史舞台，对津国经济和百姓生活并不会造成太大影响。从最早的比美元更值钱，到现在连计算器都按不过来，挑战人脑算术能力的一文不值，津元如何一步步成为人类货币史上的耻辱？

1. 津元沦为垃圾货币

津巴布韦是一个矿产资源丰富，土地肥沃的非洲南部国家，于 1980 年独立，曾经经济实力仅次于南非，曾被誉为"非洲面包篮"，来自津巴布韦的粮食养活了非洲的饥民。然而自总统穆加贝在 2000 年推行激进土地改革，强行没收白人农场主的土地分配给自己的"黑人兄弟"以后，津巴布韦的农业、旅游业和采矿业一落千丈，经济逐渐濒于崩溃。

津元最早比美元值钱，1980 年，津元与美元汇率为 1∶1.47。在土改以后，由于经济崩溃，政府财政入不敷出，于是开始印钞。从 2001 年到 2015 年，津巴布韦出现通货膨胀，各种混乱的数据超出了一般人的理解能力。动辄百分之几百、几千的通货膨胀，最后甚至只能以指数来衡量。恐怕只能用货币面值才能让人理解了：

2006 年 8 月，津央行以 1∶1000 的兑换率用新元取代旧币。

2008 年 5 月，津央行发行 1 亿面值和 2.5 亿面值的新津元，时隔两周，5 亿面值的新津元出现（大约值 2.5 美元），再一周不到，5 亿、25 亿和 50 亿新津元纸币发行。7 月，津央行发行 100 亿面值的纸币。8 月，政府从货币上勾掉了 10 个零，100 亿旧津元相当于 1 新津元。

2009 年 1 月，津央行发行 100 万亿面值新津元。4 月，津政府宣布，新津元退出法定货币体系，以美元、南非兰特、博茨瓦纳普拉作为法定货币，以后的几年中，澳元、人民币、日元、印度卢比又加入到津国法定货币体系。

2001 年，100 津元可以兑换 1 美元。十年不到，2009 年 10^{31} 新津元才能兑换到 1 美元。津元彻底沦为了垃圾货币。

2. 津元并非唯一耻辱

在纸币取代黄金白银成为人类流通货币的一百多年间，津元并不是唯一的耻辱。1922—1923 年间的德国纸马克、1945—1946 年间的匈牙利平格、1971—1981 年间的智利比索、1975—1992 年间的阿根廷比索、1988—1991 年间的秘鲁索尔都被钉在这根耻辱柱上。之所以会发生这种恶性通货膨胀现象，都因为当时的政府财政困难，入不敷出。

以魏玛共和国时期的德国纸马克为例，1922 年底，德国发现没有能力支付《凡尔赛条约》的战争赔款，法国和比利时旋即占领了德国工业区，导致德国工业巨头命令工人罢工，德国经济濒于崩溃。魏玛共和国于是开动印刷机，印出没有任何商品作保证的纸币来支付战争债务和工人福利。纸币很快就变得没有任何价值。1922 年，纸马克最大面值为 50 000，一年以后变成了 100 万亿。到 1923 年 11 月底，德国的年通货膨胀率为 325 000 000%，意味着物价每两天就翻倍。最后德国政府发行"地租马克"取代了"纸马克"。

3. 津元的故事不会在今天重演

当年津巴布韦央行之所以会设计出一张张大额纸币，是因为央行没有钱来买纸印钱。这听起来很诡异，但仔细一想就明白，央行印钱需要成本，当纸张、墨水和开动机器的成本大于纸币本身的面值，就会出现越印钱越亏钱的局面，所以央行就会停止印钱。然而央行一旦停止印钱，会导致整个银行系统缺钱，经济陷于停止，政府财政出现问题，于是央行不得不增加纸币面值，这样就形成了恶性循环，面值100万亿的津元就是这么来的。

而如今，纸币的时代已经过去，人类进入电子货币时代，进入了网上支付甚至移动支付阶段，流通中不再需要那么多现金。根据中国人民银行公布的数据，2017年电子支付金额2 419.20万亿元，其中，网上支付2 075.09万亿元，移动支付202.93万亿元，同比增长28.8%。可以预见，用不了多少年甚至可以不需要现金就能生活。所以今后很可能不会再出现央行停止印钱导致银行系统缺钱的情况，央行只需要在键盘上多按几个零就行了。

只是，纸币时代的货币耻辱一定会以另一种方式在电子货币时代显现，至于在什么时间、以什么方式出现，人们目前尚不得而知。

资料来源：http://business.sohu.com/20150612/n414916746.shtml.

第 14 章
国际金融

【学习目标】

学完本章后，你应该能够：

● 知晓国际货币体系的发展历程；

● 领会国际收支的概念及国际收支平衡表的特点；

● 了解外汇与汇率及其汇率制度。

14.1　国际货币体系

国际货币体系简单来说就是国际间的货币安排，也就是由国际间资本流动及货币往来所引起的货币兑换关系，以及相应的国际规则或惯例组成的有机整体。它一般包含三方面内容：①国际交往中使用什么样的货币；②各国货币间的汇率安排；③各国外汇收支不平衡如何进行调节。

在国际金融史上，由于政治经济格局的差异，出现过三种不同特征的国际货币体系：国际金本位体系、以美元为中心的国际货币体系、以浮动汇率为特征的国际货币体系。

14.1.1　国际金本位体系

金本位货币制度是以黄金作为货币材料，将之加工成为铸币流通的货币制度。规定以一定成色及重量的黄金为本位货币。历史上曾出现过三种形式：金币本位制、金块本位制和金汇兑本位制。其中金币本位制是金本位制的典型形式。金块本位和金汇兑本位并不是真正意义上的金本位，而属于生金本位和虚金本位，是一种残缺不全的金币本位制，流通中的货币不是金币，而是银行券。在金币本位制下，金币可以自由铸造、自由兑换、自由输出输入。当西方国家普遍采纳金本位制后，国际金本位体系就建立起来了。其特点如下。

（1）黄金充当国际货币，是"价值的最后标准"。

（2）各国货币都规定单位货币的含金量，两国间汇率取决于两国货币含金量之比——金平价（gold parity）。外汇供求对汇率波动的影响十分有限，波幅不会超过黄金输出入点（汇率波动的上下限）。

（3）各国国际收支不平衡能自动调节。外汇收支为顺差时，黄金流入，本国货币供应增加，国内物价上涨，进口增加，外汇收入减少；反之，外汇收入增加，缓解收支逆差。

第一次世界大战期间，各国政府为备战之需，开始将黄金集中在中央银行，随着财政赤字的扩大，大量发行银行券，金币本位制运行的三个自由性前提逐渐丧失，国际金币本位制于 1914 年解体。在国际金本位体系下，并没有一个常设机构来规范和协调各国的行为，也没有各国货币会议宣告成立金本位体系，但是各国通行金本位制，遵守金本位制的原则和惯例，因而构成一个体系。

14.1.2　布雷顿森林体系

1944 年 7 月，44 个国家在英、美等国组织下召开了布雷顿森林会议，通过了《国际货币基金组织协定》。该《协定》规定：参加基金组织的成员国的货币资金平价应以黄金和美元来表示。其他各国的货币则按其含金量与美元定出比价。这就形成了布雷顿森林体系，也就是所谓的"双挂钩"的以美元为中心的国际货币体系。

《协定》的主要内容有：①建立一个永久性的国际金融机构（国际货币基金组织），对各国的货币金融进行监督、管理，促进国际金融合作；②实行美元—黄金本位制，美元为主要的国际储备资产，实行"双挂钩"制度；③国际货币基金组织担负着调节各国外汇收支平衡的责任；④消除外汇管制，实现经常项目下的自由兑换，资本项目可加以管制；⑤国际收支失衡调节遵循对称性原则。国际收支的调节是逆差国和顺差国共同的责任。

以美元为中心的国际货币体系与金本位体系相比，是以国际条约为基础，各国协商安排的结果，有个常设机构——IMF 来规范各国的行为，因此是一个相对严密和有组织的体系。

14.1.3　以浮动汇率为特征的国际货币体系

20 世纪 70 年代世界经济向多极化发展。日本与西欧的迅速崛起，以及美元国际地位的下降，使得以美元为中心的布雷顿森林货币体系不能适应新形势的需要，1976 年，IMF 组织国际货币制度临时委员会达成《牙买加协定》和《IMF 协定第二次修正案》，以浮动汇率为特征的国际货币体系，又称牙买加体系宣告成立。

其主要内容有：①成员国可以自由选择汇率安排，固定汇率制与浮动汇率制并存；②废除黄金官价，取消成员国之间或成员国与 IMF 之间以黄金清偿债权债务的义务；③增加 IMF 的份额，提高 IMF 的清偿能力，特别提款权（SDRs）取代美元成为主要的国际储备；④扩大对发展中国家的资金融通，以满足发展中国家的特殊要求。

总之，牙买加体系在一定程度上反映了布雷顿森林体系崩溃后的世界经济格局，比较灵活地适应了当时国际金融关系的变化。但是牙买加体系在储备货币、汇率机制、国际收支调节机制等方面存在不可忽视的弊端。近几年来，国际金融危机频繁发生，破坏力度越来越大，表明牙买加体系已经不能适应当前经济的发展，必须进一步改革国际货币制度，建立合理稳定的国际货币新秩序。

14.1.4　国际金融一体化

国际金融一体化主要表现为：各国金融政策倾向一体化；全球金融市场一体化（重点是离岸金融市场与衍生金融工具的发展、证券投资国际化）；资本流动自由化、国际化，这是世界金融一体化最突出的表现，它包括货币兑换自由、资本在行业间转移自由和资金进出自由。

14.1.5 欧洲货币联盟

1979 年 3 月，欧共体的 12 个成员国决定正式开始实施欧洲货币体系（EMS）建设规划，1991 年 12 月，欧共体 12 个成员国在荷兰马斯特里赫特签署了《政治联盟条约》和《经济与货币联盟条约》。《经济与货币联盟条约》确定要建立欧洲经济货币联盟（Economic and Monetary Union，EMU）。其目的在于实行统一货币、统一的中央银行和统一的货币政策。1993 年协议生效，欧共体更名为欧盟。1994 年成立了欧洲货币局，1995 年 12 月确定欧洲统一货币的名称为欧元（Euro）。1998 年 7 月 1 日欧洲中央银行正式成立，2002 年 7 月 1 日，各国原有的货币停止流通，与此同时，欧元将正式成为各成员国统一的法定货币。目前，欧元已经以纸币与硬币的形式全面流通。

14.2 外汇与汇率

外汇是与国际收支密切相关的一个范畴。在国际收支所反映的经济交易中，相当一部分会引起外汇收支，进而引起不同国家货币的兑换。

14.2.1 外汇

1. 外汇的含义

外汇（foreign exchange，F/X）通常指以外国货币表示的用于国际结算的各种支付手段。包括：外国货币、外币存款、外币有价证券（政府公债、国库券、公司债券、股票等）、外币支付凭证（票据、银行存款凭证、邮政储蓄凭证等）。

外汇是国际汇兑的简称。外汇具有动态和静态两方面的含义。外汇的动态含义是指把一国货币兑换成另一国货币的国际汇兑行为和过程，即借以清偿国际债权和债务关系的一种专门性经营活动。外汇的静态含义是指以外币表示的可用于对外支付的金融资产。《中华人民共和国外汇管理条例》第三条规定：本条例所称外汇，是指下列以外币表示的可以用作国际清偿的支付手段和资产：外币现钞，包括纸币、铸币；外币支付凭证或者支付工具，包括票据、银行存款凭证、银行卡等；外币有价证券，包括债券、股票等；特别提款权；其他外汇资产。

2. 外汇的作用

伴随着国际金融市场的一体化，外汇的作用越来越大，主要表现在以下几个方面。

（1）促进国际间经济、贸易的发展。用外汇清偿国际间的债权债务，不仅能节省运送现金的费用，降低风险，加速资金周转，更重要的是可以扩大国际间的信用交往，拓宽融资渠道。

（2）调剂国际间资金余缺。世界经济发展不平衡导致了资金配置不平衡，客观上存在调剂资金余缺的必要性。而外汇充当国际间的支付手段，通过国际信贷和投资途径，可以调剂资金余缺，促进各国经济的均衡发展。

（3）外汇是一个国家国际储备的重要组成部分，也是清偿国际债务的主要手段。它跟国家黄金储备一样，作为国家储备资产，在国际收支发生逆差时可以用来清偿债务。

14.2.2　汇率

汇率，又称汇价，是两国货币相互兑换的比率，是衡量两国货币价值大小的标准。

1. 汇率的表示方法

（1）直接标价法。即以一定单位的外国货币为基准来计算应收或应付多少本国货币。通俗地说，便是一定数额的外币值多少本币。这种方法为世界大多数国家所采用，中国人民币汇率采用的就是这种表示法。

（2）间接标价法。是以一定单位的本币为基准来折算外国货币的数额。通俗地说，就是一定数额的本币值多少外币。目前只有英国、美国等少数国家采用这种表示法。

（3）美元标价法。这是对美国以外的国家而言的。从 20 世纪 50 年代起，西方大银行开始采用这种表示方法，即各国均以美元为基准来衡量各国货币的价值，非美元外汇买卖时，则是根据各自对美元的比率套算出买卖双方货币的汇价。

2. 汇率的种类

汇率种类可以按照不同标准进行划分，如从银行买卖外汇的角度来划分，汇率可分为买入汇率、卖出汇率和中间汇率三种。买入汇率（买入价）是银行买入外汇时使用的价格，卖出汇率（卖出价）是银行卖出外汇时使用的价格，买入汇率和卖出汇率的算术平均值为中间汇率，中间汇率常用来衡量和预测某种货币汇率变动的幅度和趋势。现钞买入价是银行买入外钞的价格，银行买入外币现钞的价格要低于买入外汇的价格。

按外汇交易方式划分，外汇买卖分即期外汇交易和远期外汇交易两种。即期外汇是在买卖成交后两个营业日内办理交割时所用的汇率；远期汇率是买卖双方事先约定，在未来确定日期进行外汇交割所用的汇率。按对外汇管理的宽严程度，可分为官方汇率和市场汇率。按外汇用途划分为贸易汇率和金融汇率等。

14.2.3　汇率制度

汇率制度又称汇率安排（exchange rate arrangement），是指一国货币当局对汇率制度本国汇率变动的基本方式所作的一系列安排或规定。传统上，按照汇率变动的幅度，汇率制度被分为两大类型：固定汇率制和浮动汇率制。

汇率制度的内容包括：①确定汇率的原则和依据；②维持与调整汇率的办法；③管理汇率的法令、体制和政策等；④制定、维持与管理汇率的机构。

1. 固定汇率制及其特点

固定汇率制（fixed exchange rate system）是指以本位货币本身或法定含金量为确定汇率的基准，汇率比较稳定的一种汇率制度。在不同的货币制度下具有不同的固定汇率制度。

1）金本位制度下的固定汇率制度

这是一种以美元为中心的国际货币体系，该体系的汇率制度安排，是钉住型的汇率制度。主要包括：①黄金成为两国汇率决定的实在的物质基础；②汇率仅在铸币平价的上下各 6‰左右波动，幅度很小；③汇率的稳定是自动而非依赖人为的措施来维持。

2）布雷顿森林体系下的固定汇率制度

基本内容有：①实行"双挂钩"，即美元与黄金挂钩，其他各国货币与美元挂钩；②在

"双挂钩"的基础上，《国际货币基金协会》规定，各国货币对美元的汇率一般只能在汇率平价±1%的范围内波动，各国必须同 IMF 合作，并采取适当的措施保证汇率的波动不超过该界限。

由于这种汇率制度实行"双挂钩"，波幅很小，且可适当调整，因此该制度也称以美元为中心的固定汇率制，或可调整的钉住汇率制度（adjustable peg system）。

主要的特点有：①汇率的决定基础是黄金平价，但货币的发行与黄金无关；②波动幅度小，但仍超过了黄金输送点所规定的上下限；③汇率不具备自动稳定机制，汇率的波动与波幅需要人为的政策来维持；④央行通过间接手段而非直接管制方式来稳定汇率；⑤只要有必要，汇率平价和汇率波动的界限可以改变，但变动幅度有限。

2. 浮动汇率制及其特点

浮动汇率制（floating exchange rate system）是指一国不规定本币与外币的黄金平价和汇率上下波动的界限，货币当局也不再承担维持汇率波动界限的义务，汇率随外汇市场供求关系变化而自由上下浮动的一种汇率制度。该制度在历史上早就存在过，但真正流行是1972 年以美元为中心的固定汇率制崩溃之后。

1) 浮动汇率制度的类型

（1）自由浮动。自由浮动也称清洁浮动，是指政府对外汇市场不加任何干预，完全听任外汇市场供求力量的对比自发地决定本国货币对外国货币的汇率。

（2）管理浮动。管理浮动也称肮脏浮动，是指政府对外汇市场进行公开或不公开的干预以影响外汇供求关系，使汇率向有利于自己的方向变动。

（3）单独浮动。这是指一国货币不与任何国家货币发生固定联系，其汇率根据外汇市场供求变化而自动调整。如美元、加拿大元、澳大利亚元和少数发展中国家的货币采取单独浮动。

（4）联合浮动。联合浮动又称共同浮动，是指国家集团在成员国之间实行固定汇率，同时对非成员国货币采取共同浮动的方法。如在欧元推出之前欧洲货币体系成员国实行联合浮动。

（5）钉住浮动。钉住浮动汇率制度是指一国货币与外币保持固定比价关系，随外币的浮动而浮动。依据钉住货币种类不同，分为钉住单一货币和钉住合成货币两种：钉住单一货币浮动是指一国货币与某一种货币定出固定汇率，并随其汇率的变化而变化；钉住合成货币是指一国货币与"一篮子货币"挂钩，并随其汇率的变化而变化。

（6）联系汇率。联系汇率是特殊钉住汇率制，最典型的是港元联系汇率制。

2) 浮动汇率制度的优点

（1）可以防止国际金融市场上大量游资对硬货币的冲击。各国国际收支状况不同，逆差国货币往往趋于疲软，称为软货币；顺差国货币往往趋于坚挺，称为硬货币。在浮动汇率制度下，汇率基本上由外汇市场供求关系决定，与固定汇率制度下通过政府干预而形成的汇率相比更符合货币的实际价值，因此哪种货币软与硬不再十分确定，可以减少货币受冲击的可能性。

（2）可以防止某些国家的外汇储备和黄金流失。浮动汇率制度下，各国无义务维持其汇率稳定，因而不会出现由于被迫干预汇率形成的外汇黄金储备大量流失问题。

（3）有利于国内经济政策的独立性。例如一国通货膨胀率高，导致国际收支逆差，它可以通过本币汇率下浮、外汇汇率上浮来调节，没必要一定采取紧缩性政策措施，这表明实施经济政策的独立性比较强，有利于保持国内经济相对稳定。

3）浮动汇率制度的缺点

（1）不利于国际贸易和国际投资。在浮动汇率制度下，汇率波动幅度大而且频繁，进出口商不仅要考虑商品价格，也要考虑汇率变动风险。由于受汇率变动影响，往往报价不稳定，不仅削弱了商品在国际市场上的竞争力，也容易引起借故拖延付款和要求降价、取消合同订货等，给进出口业务带来不利影响。

（2）助长了国际金融市场上投机活动，使国际金融局势更加动荡。由于汇率波动频繁、幅度较大，投机者便有机可乘，通过一系列外汇交易牟取暴利。若预测失误，投机失败，还会引起银行倒闭。

（3）可能导致竞争性货币贬值。各国采取以邻为壑政策，实行贬值，在损害别国利益前提下改善本国国际收支逆差状况。这种做法不利于正常贸易活动，也不利于国际经济合作。

14.2.4　人民币汇率制度

1. 人民币汇率制度的演变过程

1）计划经济体制时期（1949—1978 年）

新中国成立以来至改革开放前，在传统的计划经济体制下，人民币汇率由国家实行严格的管理和控制。根据不同时期的经济发展需要，改革开放前我国的汇率体制经历了新中国成立初期的单一浮动汇率制（1949—1952 年）、五六十年代的单一固定汇率制（1953—1972 年）和布雷顿森林体系后以"一篮子货币"计算的单一浮动汇率制（1973—1980 年）。

2）市场经济转轨初期（1981—1993 年）

党的十一届三中全会以后，我国进入了向社会主义市场经济过渡的改革开放新时期。为鼓励外贸企业出口的积极性，我国的汇率体制从单一汇率制转为双重汇率制。经历了官方汇率与贸易外汇内部结算价并存（1981—1984 年）和官方汇率与外汇调剂价格并存（1985—1993 年）两个汇率双轨制时期。其中，以外汇留成制为基础的外汇调剂市场的发展，对促进企业出口创汇、外商投资企业的外汇收支平衡和中央银行调节货币流通均起到了积极的作用。

但随着我国改革开放的不断深入，官方汇率与外汇调剂价格并存的人民币双轨制的弊端逐渐显现出来。一方面多种汇率的并存，造成了外汇市场秩序混乱，助长了投机；另一方面，长期外汇黑市的存在不利于人民币汇率的稳定和人民币的信誉。外汇体制改革的迫切性日益突出。

3）社会主义市场经济时期（1994 年至今）

第一阶段：汇率并轨与有管理的浮动汇率制时期（1994—2005 年 7 月）。

1994 年，国家外汇体制进行改革，总体目标是"改革外汇管理体制，建立以市场供求为基础的、单一的、有管理的浮动汇率制度和统一规范的外汇市场，逐步使人民币成为可兑换的货币"。

具体措施如下。①实行以市场供求为基础的、单一的、有管理的浮动汇率制。1994 年 1 月 1 日实行人民币官方汇率与外汇调剂价并轨。②实行银行结售汇制，取消外汇留成和上缴。③建立全国统一的、规范的银行间外汇交易市场。央行通过参与该市场交易管理人民币汇率，人民币对外公布的汇率即为该市场所形成的汇率。1996 年 12 月我国实现人民币经常项目可兑换，从而实现了人民币自由兑换的重要一步。

　　1994 年以后，我国实行以市场供求为基础的管理浮动汇率制度，但人民币对美元的名义汇率除了在 1994 年 1 月到 1995 年 8 月期间小幅度升值外，始终保持相对稳定状态。亚洲金融危机以后，由于人民币与美元脱钩可能导致人民币升值，不利于出口增长，中国政府进一步收窄了人民币汇率的浮动区间。1999 年，IMF 对中国汇率制度的划分也从"管理浮动"转为"钉住单一货币的固定钉住制"。

　　第二阶段：自 2015 年 7 月 21 日起，我国实行以市场供求为基础、参考一篮子货币进行调节、有管理的浮动汇率制度。这主要包括：①以市场供求为基础的汇率浮动，发挥汇率的价格信号作用；②根据经常项目主要是贸易平衡状况动态调节汇率浮动幅度，发挥"有管理"的优势；③参考一篮子货币，即从一篮子货币的角度看汇率，不片面地关注人民币与某个单一货币的双边汇率。

　　2015 年 8 月 11 日，中国人民银行发布公告：完善人民币汇率中间价报价，由做市商在银行间市场开盘前参考上日收盘价，综合考虑外汇供求情况以及国际主要货币汇率变化报价形成。这便是国内外影响巨大的"8·11 汇改"。

　　这次汇改的现实背景主要来自三个方面。

　　(1) 国内经济面临"三期叠加"① 的巨大压力，经济增速边际趋缓，国际收支由"双顺差"转为"经常项目顺差＋资本和金融项目逆差"，人民币持续升值空间已大幅收窄。

　　(2) 后金融危机时代，随着美国经济复苏及美联储开始退出量化宽松政策，中美利差随美联储加息预期增加而逐步收窄，人民币兑美元汇率不断承压，需要通过完善汇率机制来释放前期积累的贬值压力。

　　(3) 2015 年以来，人民币汇率中间价偏离即期汇率幅度较大、持续时间较长，影响了中间价的市场基准地位和权威性，而人民币加入特别提款权（SDR）货币篮子需要一个市场化、能被 IMF 接受的人民币汇率。

　　基于以上背景，央行发布"8·11 汇改"声明，当日人民币中间价显著调贬近 2％，市场贬值预期升温带动在岸离岸人民币兑美元汇率大幅贬值，人民币汇率波动幅度明显加大。随着我国汇率市场化改革的深入推进，人民币汇率走势与美元指数呈高度相关关系。就当前美元指数走势而言，短期内将仍处相对强势，人民币汇率或继续承压。但从长期来看，美联储后续加息空间有所收窄，削弱美元指数进一步上涨的动能，而随着我国内需推动经济增长发力、对外经济金融开放进程不断深入、跨境资金流动更趋理性，预计未来人民币汇率将依靠市场调节来找到合宜的新均衡状态，并在大方向上与美元指数保持反向波动。

　　2. 人民币汇率制度的特点

　　(1) 以市场供求为基础的汇率。新的人民币汇率制度，以市场汇率作为人民币对其他国家货币的唯一价值标准，这使外汇市场上的外汇供求状况成为决定人民币汇率的主要依据。根据这一基础确定的汇率与当前的进出口贸易、通货膨胀水平、国内货币政策、资本的输

---

　　① 三期叠加是指当前中国经济的阶段性特征：1. 增长速度换挡期，是由经济发展的客观规律所决定的。2. 结构调整阵痛期，是加快经济发展方式转变的主动选择。3. 前期刺激政策消化期，是化解多年来积累的深层次矛盾的必经阶段。

出、输入等经济状况密切相连，经济的变化情况会通过外汇供求的变化作用到外汇汇率上。

（2）有管理的汇率。我国的外汇市场是需要继续健全和完善的市场，政府必须用宏观调控措施来对市场的缺陷加以弥补，因而对人民币汇率进行必要的管理与市场干预是必需的。

（3）浮动的汇率。现阶段，每日银行间外汇市场美元对人民币的交易价仍在人民银行公布的美元交易中间价上下 0.3% 的幅度内浮动，非美元货币对人民币的交易价在人民银行公布的该货币交易中间价 3% 的幅度内浮动率稳定。

（4）参考一篮子货币进行调节。一篮子货币是指按照我国对外经济发展的实际情况，选择若干种主要货币，赋予相应的权重，组成一个货币篮子。同时，根据国内外经济金融形势，以市场供求为基础，参考一篮子货币计算人民币多边汇率指数的变化，对人民币汇率进行管理和调节，维护人民币汇率在合理均衡水平上的基本稳定。

篮子内的货币构成，将综合考虑在我国对外贸易、外债、外商直接投资等外经贸活动占较大比重的主要国家、地区及其货币。参考一篮子表明外币之间的汇率变化会影响人民币汇率，但参考一篮子货币不等于钉住一篮子货币，它还需要将市场供求关系作为另一重要依据，据此形成有管理的浮动汇率。这将有利于增加汇率弹性，抑制单边投机，维护多边汇率稳定。

14.2.5　汇率变动对国民经济的影响

1. 汇率变动与进出口的关系

在商品经济条件下，汇率与进出口贸易有着密切的联系。本国货币汇率下跌，这将有利于出口而不利于进口；本国货币汇率上升，将有利于进口而不利于出口。这是因为，本币汇率下跌即为本币对外贬值，出口商品所得的外汇收入能比贬值前换得较多的本币，如果本币对内不相应贬值的话，这就增加了出口商的利润；而进口商为支付货款兑换货币时，却要付出较多的本币，从而增加了成本。本币汇率上升对进出口商的影响刚好相反。当然，进出口贸易的发展状况也会影响市场汇率的变化。

2. 汇率与资本流出入的关系

本币汇率上升，外国货币兑换本国货币的数量就会减少，从而有利于资本流出，不利于资本流入；本币汇率下跌，外国货币兑换本国货币的数量就会增加，从而有利于资本流入，不利于资本流出。

由于长期资本的流动主要以风险和利润的权衡为决策核心，因此，汇率变动对长期资本流动的影响较小。但是，短期资本主要是在金融市场上做投机性交易，拥有汇率贬值国家的金融资产无疑要承担资本贬值的损失。因此，在当一国汇率下跌时，外国投资者转兑外汇，竞相抛售所拥有的该国金融资产，这种行为更加剧了外汇供求的紧张，引起外汇的进一步下跌。

3. 汇率变动与国际储备

汇率变动同样影响一国的国际储备。在一国的外汇储备中，如果储备汇率下跌，则会使一国的国际储备量下降，反之则会上升。2008 年 4 月 10 日美元兑人民币中间价值跌破 7.0 元关口，人民币升值造成国家外汇储备的巨额损失。截至目前，中国的国家外汇储备已经超过 1.68 万亿美元，由于外汇储备中的绝大部分是美元资产，因此人民币的大幅升值与美元的大幅贬值就使国家的外汇储备损失巨大。有专家测算，今年以来因人民币升值所造成的外汇储备损失就相当于每个月损失四艘航空母舰。

4. 汇率变动与通货膨胀

按照价值统一规律，货币追求对内和对外价值的统一。当任何经济因素使得对内和对外价值偏离时，货币就会通过升值、贬值或其他行为使内外价值趋向一致。在本币与外币采取钉住或者准钉住（可浮动范围很小）情况下，当外币发生大幅度贬值时或者出现比较大的通货膨胀时，为了追求内外价值统一，本币也会出现贬值即发生通货膨胀。中国汇率实行与美元钉住挂钩，美元的不断贬值，引发中国的通货膨胀。

14.3　国 际 收 支

14.3.1　国际收支的概念

国际收支是一国对外交往关系的集中体现。广义的国际收支一般被定义为：一定时期内，一个国家或地区与其他国家或地区之间由于各种经济交易所引起的货币收付或以货币表示的财产转移。具体包括以下内容：①由于清算国际间债权债务关系而引起的国际间的货币收付；②非债权债务关系引起的国际间的货币支付；③无货币收付的财产在国际间的转移。

国际收支在中国国民经济中的重要性日益加强。对外改革开放以前，中国国际收支的主要内容是由进出口引起的贸易外汇收支和对外经济援助引起的资财转移，收支大体持平。因此，国际收支对国民经济的影响作用不显著；改革开放之后，随着贸易外汇收支规模急剧扩大，非贸易往来不断增长，大量外资的利用，使中国国际收支内容更丰富、更复杂，国际收支对国民经济的影响不断加深。

14.3.2　国际收支平衡表

国际收支统计是通过编制国际收支平衡表（balance of international payments）来实现的。国际收支平衡表，按照复式记账原理，把一国在一定时期内的国际经济交易，按照经济分析的需要，以一定的报表统计编制出来。它反映：①一个经济体和世界其他经济体之间的商品、劳务和收益方面的交易；②该经济体的货币黄金、特别提款权和同世界其他经济体债权债务关系的所有权的变化和其他变化；③无偿转移及其对应登记，即会计上用来平衡任何上述交易和变化中尚未相互抵消部分的项目。

为了便于国际间的比较研究，国际货币基金组织编制了《国际收支手册》，对编制国际收支平衡表的具体技术问题作出了一般性的统一规定和说明。

1. 国际收支平衡表的主要内容

（1）经常项目。经常项目主要反映一国与他国之间实际资源的转移，是国际收支中最重要的项目。经常项目包括货物（贸易）、服务（无形贸易）、收益和单方面转移（经常转移）四个项目。经常项目顺差表示该国为净贷款人，经常项目逆差表示该国为净借款人。

（2）资本与金融项目。资本与金融项目反映的是国际资本流动，包括长期或短期的资本流出和资本流入。资本项目包括资本转移和非生产、非金融资产的收买或出售，前者主要是投资捐赠和债务注销；后者主要是土地和无形资产（专利、版权、商标等）的收买或出售。金融账户包括直接投资、证券投资（间接投资）和其他投资（包括国际信贷、预付款等）。

（3）净差错与遗漏。为使国际收支平衡表的借方总额与贷方总额相等，编表人员人为地在平衡表中设立该项目，来抵消净的借方余额或净的贷方余额。

（4）储备与相关项目。储备与相关项目包括外汇、黄金和分配的特别提款权（SDR）。特别提款权是以国际货币基金组织为中心，利用国际金融合作的形式创设的新的国际储备资产，是国际货币基金组织（IMF）按各会员国缴纳的份额，分配给会员国的一种记账单位，1970 年正式由 IMF 发行，各会员国分配到的 SDR 可作为储备资产，用于弥补国际收支逆差，也可用于偿还 IMF 的贷款，又被称为"纸黄金"。计算公式为：

$$国际收支总差额＝经常账户差额＋资本与金融账户差额＋净差错与遗漏$$
$$国际收支总差额＋储备资产变化＝0$$
$$各项差额＝该项的贷方数字减去借方数字$$

2. 国际收支平衡表的特点

（1）国际收支平衡表上的数据是"流量"而非"存量"。表中借方总额数据所反映的是各项目在统计期的发生额或变动额，而不是持有额。当某项目为零时，表示该项目所辖的经济交易在统计期没有发生变化或发生额相抵为零，并非表示该经济体不拥有此项目的内容。

（2）国际收支平衡表按复式簿记原理编制。收入项目记贷方，或以"＋"号表示；支出项目记借方，或以"－"号表示。原则上，国际收支平衡表全部项目的借方和贷方总额应该是相等的，即平衡。当收入大于支出，出现贷方余额时，称为顺差；出现借方余额时，称为逆差。经常项目差额与长期资本往来项目差额之和为基本国际收支差额，也就是我们平时所说的国际收支顺差或逆差。

（3）国际收支平衡表的记账单位，可以采用本币，但通常情况下是采用国际上通用的货币。中国采用的是美元。

我国的国际收支平衡表，基本上也是按照 IMF 的格式编制的，如表 14－1 所示。

表 14－1　2010—2017 年中国国际收支平衡表　　　　　　　　　　　亿元

项目	2010	2011	2012	2013	2014	2015	2016	2017
1. 经常账户	16 043	8 736	13 602	9 190	14 516	18 950	13 352	11 090
贷方	125 015	142 541	151 074	160 568	168 534	163 213	163 214	182 723
借方	−108 972	−133 805	−137 472	−151 378	−154 018	−144 262	−149 862	−171 634
1.A　货物和服务	15 057	11 688	14 636	14 552	13 611	22 346	16 976	14 155
贷方	112 036	129 637	137 298	145 865	151 302	147 099	146 177	163 418
借方	−96 979	−117 948	−122 662	−131 312	−137 691	−124 753	−129 201	−149 263
1.A.a　货物	16 077	14 710	19 670	22 205	26 739	35 941	32 490	32 090
贷方	99 972	116 650	124 574	133 047	137 840	133 551	132 324	149 486
借方	−83 895	−101 939	−104 904	−110 842	−111 101	−97 610	−99 834	−117 396

续表

项目	2010	2011	2012	2013	2014	2015	2016	2017
1.A.b　服务	−1 020	−3 022	−5 034	−7 653	−13 128	−13 594	−15 515	−17 935
贷方	12 064	12 987	12 724	12 817	13 462	13 548	13 853	13 931
借方	−13 084	−16 009	−17 758	−20 470	−26 590	−27 142	−29 368	−31 867
1.B　初次收入	−1 765	−4 547	−1 251	−4 822	817	−2 602	−2 987	−2 293
贷方	9 630	9 314	10 547	11 411	14 706	13 877	14 987	17 372
借方	−11 395	−13 861	−11 797	−16 233	−13 889	−16 479	−17 974	−19 666
1.C　二次收入	2 751	1 595	217	−540	88	−794	−637	−772
贷方	3 349	3 590	3 230	3 292	2 525	2 236	2 050	1 933
借方	−598	−1 996	−3 013	−3 832	−2 437	−3 030	−2 687	−2 705
2. 资本和金融账户	−12 488	−7 893	−8 107	−5 331	−10 394	−5 653	1 951	3 883
2.1　资本账户	314	352	270	190	−2	19	−23	−6
贷方	326	363	287	276	119	32	21	16
借方	−13	−11	−18	−86	−121	−12	−44	−22
2.2　金融账户	−12 802	−8 246	−8 376	−5 522	−10 392	−5 672	1 974	3 890
资产	−44 178	−39 763	−25 210	−40 377	−35 657	773	−15 426	−25 478
负债	31 376	31 518	16 833	34 856	25 265	−6 445	17 400	29 368
2.2.1　非储备性质的金融账户	19 030	16 985	−2 289	21 227	−3 182	−27 209	−27 647	10 026
资产	−12 346	−14 533	−19 123	−13 628	−28 448	−20 764	−45 047	−19 342
负债	31 376	31 518	16 833	34 856	25 265	−6 445	17 400	29 368
2.2.2　储备资产	−31 831	−25 231	−6 087	−26 749	−7 209	21 537	29 621	−6 136
3. 净误差与遗漏	−3 555	−842	−5 495	−3 859	−4 122	−13 298	−15 303	−14 973

注：1. 根据《国际收支和国际投资头寸手册》(第六版)编制。

2. "贷方"按正值列示，"借方"按负值列示，差额等于"贷方"加上"借方"。本表除标注"贷方"和"借方"的项目外，其他项目均指差额。

3. 以人民币计值的国际收支平衡表的折算方法为，当季以美元计值的国际收支平衡表，通过当季人民币对美元季平均汇率中间价折算。

4. 本表计数采用四舍五入原则。

数据来源：http://www.safe.gov.cn/wps/portal/sy/tjsj_sjbz.

3. 编制国际收支表的用途

（1）进行国际收支平衡状况分析。国际收支平衡状况分析，重点是分析国际收支差额，并找出原因，以便采取相应对策，扭转不平衡状况。

（2）进行国际收支结构分析。对国际收支结构进行分析，可以揭示各个项目在国际收支中的地位和作用，从结构变化中发现问题，找出原因，为指导对外经济活动提供依据。

14.3.3　国际收支统计申报制度

根据中国人民银行发布的《国际收支统计申报办法》及其实施细则，中国于 1996 年 1 月 1 日起，正式实施国际收支统计申报制度。

中国在借鉴国际先进规范做法的基础上，结合中国国情，确立了以参与国际收支活动行为主体为申报单位的原则，采取逐笔申报与定期申报相结合的办法，中央银行通过收集数据、汇总、整理、事后核查等监督手段，确保统计信息的及时、准确和完整，为国家宏观决策服务。通过国际收支统计申报，中央银行可以及时汇总、公布国际收支的各类信息，增加了外汇市场的透明度；社会各界也可以及时了解市场外汇供求变化及变化的趋势，增强企业规避汇率风险的能力。

世界很多国家，包括美、日、欧等发达国家和地区，都实行了国际收支申报制度，申报已成为金融机构和参与国际经济活动的行为主体的一项重要义务。《国际收支申报办法》的颁布实施，标志着中国在这方面也迈出了重要的一步，将为中国进一步放松外汇管制、对完善中国国际收支体系、健全中国宏观经济调控体系和促进中国外向型经济健康发展，起到巨大的推动作用。

14.4 国际金融市场

14.4.1 国际金融市场的概念

国际金融市场有广义和狭义之分。广义的国际金融市场是指从事各种国际金融业务活动的场所。包括货币市场、资本市场、外汇市场、黄金市场、国际债券市场等。狭义的国际金融市场是指在国际间经营借贷资本的市场，因而也称国际资金市场。

与国内金融市场相比，国际金融市场具有以下特点：其交易活动发生在本国居民与非居民，或非居民与非居民之间；其业务范围不受国界限制；交易的对象不仅限于本国货币，还包括国际主要可自由兑换的货币，以及以这些货币标价的金融工具；业务活动比较自由开放，较少受某一国政策、法令的限制。

14.4.2 国际金融市场形成的条件

国际金融市场是国际贸易和国际借贷关系发展、扩大到一定阶段的产物。国际金融市场的形成需具备以下基本条件。

（1）政局稳定。国际或国内政治、经济局势的稳定，是国际金融市场赖以形成和发展的最基本条件。如果一国政局动荡，国际经济交往活动受到严重影响，国际金融市场也就很难在该国形成。

（2）金融管理制度完备和金融机构发达。完备的金融管理制度，高效率运行的银行和其他金融机构，可以组织起相当规模的金融资产的交易。

（3）金融环境宽松。在没有外汇管制或外汇管制较松的情况下，外汇资金可以自由兑换调拨，非居民参与金融交易享受与居民相同的待遇，国际资金可以自由流入流出。

（4）金融服务设施完善。这使人们的金融交易非常方便、快捷。

（5）地理位置优越。地理位置优越的地方往往是商品流通的集散地，因而也是人口、资金汇集的地方，适合建立金融机构。

14.4.3 国际金融市场的类型

国际金融市场可以按照不同的分类方法来划分。

（1）按照借贷期限的不同，国际金融市场可分为国际货币市场和国际资本市场。前者是指借贷期限不超过一年的借贷资本市场，又称短期资本市场，包括银行短期信贷市场、贴现市场和短期票据市场。银行短期信贷包括银行同业拆借市场和银行对外国工商企业的信贷。银行同业拆借按照银行同业间拆借利率计息。其中，伦敦银行同业拆借利率是国际贷款最重要的基础利率。短期票据市场交易的对象为国库券、商业票据、银行承兑票据和大额可转让定期存单。后者则是指借贷期限在一年以上的借贷资本市场，又称长期资本市场。资本市场包括银行中长期贷款市场、国际证券市场。证券市场交易的对象为政府债券、股票、公司债券和国际债券。国际债券包括外国债券和欧洲债券。

（2）按照融资方式不同，国际金融市场可分国际银行信贷市场和国际证券市场。国际银行信贷市场是指一国银行向非居民提供短期和中长期信贷的市场。国际证券市场是进行国际证券交易的市场，包括国际股票市场和国际债券市场。

（3）按照业务涉及的交易主体的不同，国际金融市场可以分为传统的国际金融市场和新型的货币市场。传统的国际金融市场形成于19世纪初，主要是经营居民和非居民之间的交易，又称为在岸金融市场；新型金融市场主要经营非居民之间的业务活动，因此又称为离岸金融市场或境外市场。

（4）按照交易工具性质的不同，国际金融市场分为现货市场和衍生市场。现货市场是以基础资产为交易对象的市场，又称为基础市场；而衍生市场则是以从各种基础市场派生出的衍生工具为交易对象的市场。

14.5 国际金融机构

国际金融机构是指从事国际金融业务，协调国际金融关系，维系国际货币体系和信用体系正常运转的跨国金融组织。它是国际货币体系的组成部分和国际金融市场上的核心行为主体。国际金融机构可以分为两大类：①非营利性的官方金融机构；②营利性的商业金融机构。前者包括国际货币基金组织、世界银行、国际清算银行，以及亚洲开发银行、非洲开发银行等；后者是指跨国商业银行等国际性的金融组织。

14.5.1 国际金融机构的产生和发展

第一次世界大战前，各主要西方国家普遍实行金本位制，由国际收支所引起的外汇收支可通过国与国之间的黄金输出输入来调节，各国的货币金融关系比较稳定，也就不需要国际金融机构来协调和管理国际间的金融事务。

第一次世界大战爆发后，特别是20世纪30年代的经济危机，使得西方国家之间的矛盾不断加剧。此外，大多数西方国家由于战争原因，经济遭受了严重的破坏，他们迫切希望建立一种国际金融机构，为其提供资金援助；美国由于在国际上处于绝对优势的地位，也企图建立一个以美元为中心的国际货币制度和国际金融机构。在这种背景下，国际货币基金组织和世界银行等国际金融机构应运而生。

14.5.2 国际清算银行

最早的国际金融机构是1930年5月在瑞士巴塞尔成立的国际清算银行（Bank for International Settlement，BIS)。最初成立该银行的主要任务是处理战后德国赔款事务及协约国之间的债务清算问题。其宗旨是：促进各国中央银行间的合作，为国际金融业务提供更多的便利，作为有关各方协议下国际清算的代理人或受托人。

从某种意义上讲，国际清算银行履行着"中央银行的银行的职能"，办理多种国际清算业务。目前全世界约有 80 多家中央银行在国际清算银行保有存款账户，各国有一定比例的外汇储备和 3 000 多吨的黄金存入该行，作为提供贷款的资金保障之一。该行还办理各国政府国库券和其他债券贴现和买卖业务，或代理各国中央银行买卖黄金、外汇。

国际清算银行还是各国中央银行进行合作协商的场所。很多国家的中央银行行长每年定期在巴塞尔该行年会上会面，讨论世界经济与金融形势，探讨维持国际金融市场的稳定。1984 年，中国与国际清算银行建立了业务联系。1985 年，国际清算银行开始向中国提供贷款。1986 年，中国人民银行与国际清算银行开始办理外汇与黄金业务。此后，每年都派代表团以客户身份参加该行年会。1996 年 9 月 9 日，国际清算银行通过一项协议，接纳中国、巴西、印度、韩国、墨西哥、俄罗斯、沙特阿拉伯、新加坡的中央银行或货币当局为该行的新成员。1996 年 11 月中国认缴了 3 000 股的股本，实缴金额为3 879万美元。2005 年 6 月 1 日，经追加购买，中国共有该行 4 285 股的股本。中国人民银行是该行亚洲顾问委员会的成员。2006 年 7 月，中国人民银行周小川行长出任国际清算银行董事。

14.5.3　国际货币基金组织

1. 基金组织的建立

1944 年 7 月，44 个国家的代表聚集在美国新罕布什尔州的布雷顿森林，参加"联合和联盟国家货币金融会议"。会议通过了《国际货币基金组织协议》，决定成立国际货币基金组织（International Monetary Fund，IMF)。IMF 与世界银行同时成立、并列为世界两大金融机构之一，其职责是监察货币汇率和各国贸易情况，提供技术和资金协助，确保全球金融制度运作正常，其总部设在华盛顿。IMF 由 189 个成员国治理并对这些成员国负责。中国是IMF 创始国之一，其合法席位于 1980 年 4 月 17 日恢复，为 IMF 的执行董事之一，拥有95.259 亿特别提款权（SDR)。2015 年 11 月 30 日，IMF 执董会决定将人民币纳入 SDR 货币篮子。2016 年 10 月 1 日，IMF 在官方外汇储备数据库中单独列出人民币资产，以反映其成员人民币计价储备的持有情况。2017 年 3 月 31 日，IMF 首次公布全球人民币外汇储备持有情况。

2. 治理和组织结构

IMF 的组织结构由理事会、执行董事会、总裁和常设职能部门等组成。

基金组织对成员国政府负责。其组织结构的最高层次是理事会，由每个成员国的一位理事和一位副理事组成，通常来自中央银行或财政部。理事会每年在基金组织/世界银行年会之际开会一次。国际货币与金融委员会由 24 位理事组成，通常每年举行两次会议。

基金组织的日常工作由代表全体成员国的 24 位成员组成的执董会执行；其工作受国际货币与金融委员会指导，并由基金组织的工作人员提供支持。总裁是基金组织工作人员的首脑并担任执董会主席，由四位副总裁协助。

3. 宗旨与使命

IMF 的主要宗旨是确保国际货币体系，即各国（及其公民）相互交易所依赖的汇率体系及国际支付体系的稳定。为了保持稳定，防止国际货币体系发生危机，IMF 通过监督系统，对国别政策以及各国、地区和全球经济和金融发展进行检查。向 189 个成员国提供建议，鼓励有利于促进经济稳定、减少对经济和金融危机的脆弱性以及提高生活水平的政策。

IMF 的基本使命是确保国际货币体系的稳定，即跟踪全球经济和成员国的经济；向有国际收支困难的国家提供贷款；以及向成员国提供实际帮助。

4. 资金来源

IMF 贷款的大部分资金由成员国提供，主要来自其份额认缴。此外，可以通过借款临时补充份额资金。借款为份额资源提供了一种临时性补充，对基金组织在全球经济危机期间向成员国提供特殊的资金支持起到了极其关键的作用。对低收入国家的优惠贷款和债务减免的资金来自其他以捐助方式设立的信托基金。

（1）份额制度。每个基金组织成员国被分配一个份额（quota），份额大致基于成员国在世界经济中的相对规模。份额决定成员国对基金组织资金的最大出资规模。在加入基金组织时，成员国通常以普遍接受的货币或特别提款权（SDR）认缴四分之一以内的份额，其余四分之三的份额以成员国本国货币支付。至少每五年对份额进行一次检查。成员国的份额决定了其向 IMF 出资的最高限额和投票权，并关系到其可从 IMF 获得贷款的限额。目前，IMF 总份额为 6 680 亿美元，中国份额占比 6.394%，排名第三，仅次于美国和日本。中国、巴西、印度和俄罗斯 4 个新兴经济体跻身 IMF 股东行列前十名。

此外，新借款安排（NAB）能提供高达 1 820 亿 SDR（约合 2 540 亿美元）的补充资金，是份额资金的主要后备支持。2012 年中期，成员国还承诺通过双边借款协议增加基金组织的资金，目前生效的约为 2 800 亿 SDR（约合 3 930 亿美元）。

（2）持有的黄金。IMF 持有约 9 050 万金衡制盎司（2 814.1 t）的黄金，是全球黄金最大官方持有者之一。然而，《基金组织协定》严格限制黄金的使用。如果获得成员国总投票权 85% 多数同意，基金组织可以出售黄金或接受成员国以黄金支付，但基金组织不能购买黄金或参与其他黄金交易。

（3）特别提款权（SDR）。1969 年，IMF 发行一种称作特别提款权（SDR）的国际储备资产，用以补充成员国的官方储备。特别提款权总额约为 4 770 亿 SDR（约合 6 680 亿美元）。IMF 成员国之间可自愿用 SDR 兑换货币。目前，新的 SDR 货币篮子包含美元、欧元、人民币、日元和英镑 5 种货币，权重分别为 41.73%、30.93%、10.92%、8.33% 和 8.09%，对应的货币数量分别为 0.58252、0.38671、1.0174、11.900、0.085946。IMF 每周计算 SDR 利率，基数是 SDR 定值篮子中的货币发行国货币市场上具有代表性短期债务利率加权平均数。例如，2016 年人民币被纳入 SDR 篮子，10 月 7 日公布首次使用人民币代表性利率，即 3 个月国债收益率计算的新 SDR 利率。

特别提款权（SDR）不是一种有形的货币，它看不见、摸不着，而只是一种账面资产。一篮子货币是将现有的一组货币按照一定方法组合而成的复合货币。一篮子货币不是现实的货币，只是一种记账单位和计价标准。它被一些国家用于汇率管理，如将本国货币盯住已有的或构造出的一篮子货币，或者参考一篮子货币。

5. 主要业务

IMF 主要业务有：①向成员提供货款，提供技术援助，加强同其他国际机构的联系；②促进各国汇率的稳定，IMF 实行汇率监督的根本目的在于保证有秩序的汇率安排和汇率体系的稳定，消除不利于国际贸易发展的外汇管制，避免会员国操纵汇率或采取歧视性的汇率政策，以谋取不公平的竞争利益；③为经常性交易建立多边支付和汇兑制度；④为会员国融通资金提供便利；⑤确保各成员国国际收支平衡。

IMF 与世界银行的区别：IMF 主要的角色是核数师，工作是记录各国之间的贸易数字和各国间的债务，并主持制定国际货币经济政策；而世界银行，则主要提供长期贷款，世界银行的工作类似投资银行，向公司、个人或政府发行债券，将所得款项借予受助国。

14.5.4　世界银行集团

1. 集团的建立

世界银行集团（the World Bank）是联合国系统下的多边发展机构，其宗旨是通过向发展中国家提供中长期资金和智力的支持，来帮助发展中国家实现长期、稳定的经济发展。世界银行集团由国际复兴开发银行（the International Bank for Reconstruction and Development，IBRD）、国际开发协会（International Development Association，IDA）、国际金融公司（International Finance Corporation，IFC）、多边投资担保机构（Multilateral Investment Guarantee Agency，MIGA）、国际投资争端解决中心（International Centre for Settlement of Investment Disputes，ICSID）五个紧密相关的机构组成。中国是世界银行的创始会员之一。

2. 使命和宗旨

世界银行集团的使命是：①消除极端贫困。到 2030 年，将全球赤贫人口的比例降低到 3%。②促进共同繁荣。通过增加每个国家 40% 的最贫穷人口的收入促进共同繁荣。

世界银行的宗旨是：通过提供和组织长期贷款和投资，解决会员国恢复和发展的资金需要，资助其兴办特定的基建工程。世界银行主要向成员国提供长期的优惠贷款，促使国际贸易的长期平衡发展，维持国际收支平衡。

3. 资金来源

世界银行的资金来源主要有以下几个方面。①会员国缴纳的股金。世界银行会员国必须认缴银行的股金，以在国际货币基金组织中的分摊份额为依据。②国际金融市场的借款。IBRD 主要通过直接向会员国政府、政府机构或中央银行出售债券，以及通过投资银行、商业银行等中间包销商向私人投资市场出售的方式，在各国和世界金融市场上筹措资金。③转让债权。世界银行将贷出款项的一部分转让给私人投资者，主要是商业银行，借此收回一部分资金，扩大银行贷款资金的周转能力。④经营利润收入。世界银行的利润收入不分配给会员国，除将一部分以赠款形式给国际开发协会外，其余均充作本身的资金，成为发放贷款的一种资金来源。

4. 主要业务

世界银行的业务活动主要是向发展中国家提供长期生产性贷款，对会员国提供长期资金，促进各国经济的恢复和重建，提供技术援助，协助发展中国家的经济发展与资源开发，以及协调与其他国际机构的关系等。

5. 贷款业务

世界银行贷款的条件是：①只向会员国政府、中央银行担保的公私机构提供贷款；②贷款一般与世界银行审定、批准的特定项目相结合；③申请贷款的国家确实不能以合理的条件从其他方面取得贷款时，世界银行才考虑发放贷款，参加贷款，或提供保证；④贷款必须专款专用，并接受世界银行的监督；⑤贷款的期限一般为数年，最长可达 30 年，宽限期为 4 年左右；⑥贷款使用不同的货币。

世界银行贷款的原则是：对承担贷款项目的承包商或物料供应商，一般用该承包商、供应商所属国的货币支付；如由借款国承包供应本地物资，则用借款国货币支付；如本地供应商购买进口物资，则用出口国的货币进行支付。

除贷款业务外，世界银行还从事其他活动，主要有：①在社会经济发展政策、建设项目、投资计划等方面对会员国提供技术方面的援助；②通过世界银行设立的经济发展学院，为会员国中的发展中国家培训高级官员；③世界银行重视并积极参与协调援助工作，提高多边和双边的援助资金的使用效率；④重视社会经济调研工作，向会员国政府提供咨询研究等。

6. 下属的五个机构

世界银行集团是世界上为发展中国家提供资金和知识的最大来源之一。它的五个机构共同致力于减少贫穷、增进共同繁荣和促进可持续发展。"世界银行"具体指其下属的国际复兴开发银行和国际开发协会①。

1）国际复兴开发银行

国际复兴开发银行（IBRD）根据 1944 年美国布雷顿森林会议上通过的《国际复兴开发银行协定》，于 1945 年正式成立，次年 6 月开始正式营业，1947 年 11 月成为联合国的一个专门机构。目前，IBRD 有 189 个成员国，2017 财年承诺的贷款额为 226.11 亿美元。中国是 IBRD 创始成员国之一，1980 年恢复了在该行的合法席位。

国际复兴开发银行旨在通过提供贷款、担保和非贷款服务（包括分析和咨询服务）来促进可持续发展，以此减少中等收入国家和有信誉的较贫穷国家的贫困。利润最大化不是其目标，但自 1948 年以来，国际复兴开发银行每年都有净收入。其利润为一些发展活动提供资金，并可保证其资金实力，因此可在国际资本市场上以较低的成本筹集资金，并为其借款客户争取到好的借款条件。国际复兴开发银行由成员国所有，其投票权与成员国的资本金认缴有关，但最终依据的是成员国的相对经济实力。

2）国际开发协会

国际开发协会（IDA）于 1960 年 9 月正式成立，同年 11 月开始营业。按照规定，只有世界银行的会员国才有资格参加协会，但世界银行会员国不一定必须参加协会。目前，IDA 有 173 个成员国，累计为 113 个国家提供了 3 450 亿美元资金，2017 财年承诺 261 项新业务，总额为 195.13 亿美元，其中 17% 是按赠款条件提供的。近三年来，年度承诺稳步增加，平均约为 180 亿美元。

尽管 IDA 是世界银行的一个附属机构，但从法律地位及资金来源来看，它又是一个独立于世界银行的国际金融机构。IDA 的宗旨是：对欠发达国家提供比世界银行条件宽厚、

---

① 见世界银行网站 http：//www.worldbank.org/en/who－we－are/ibrd。

期限较长、负担较轻并可用借款国货币偿还的贷款，以促使该国经济的发展和居民生活水平的提高，从而补充世界银行的活动，促成世界银行目标的实现。

3) 国际金融公司

国际金融公司（IFC）成立于 1956 年 7 月。目前，IFC 有 184 个成员国，自 1956 年以来已经筹集了 26 亿美元的资本，为发展中国家的企业提供了超过 2 650 亿美元的融资，2017 财年承诺 261 项新业务，总额为 118.54 亿美元。

IFC 的宗旨是：通过对发展中国家会员国私人企业的新建、改建和扩建提供资金，促进发展中国家的私营经济发展和国内资本市场的发展，以及私人经济的发展。

IFC 的资金来源有：①会员国认缴的股金；②通过发行债券，在国际资本市场融资；③世界银行与会员国政府提供的贷款；④国际金融公司贷款与投资的利润收入。

IFC 的主要业务活动是向私人企业提供贷款，其贷款对象主要是发展中国家的制造业、加工业、开采业、公共事业、旅游业等方面的贷款，不要求政府担保。此外，还从事其他旨在提高私人企业效率和促进其发展的活动，如提供项目技术援助和政策制定方面的援助。

4) 多边投资担保机构

多边投资担保机构（MIGA）成立于 1988 年 6 月，目前有 181 个成员国，中国于 1988 年 4 月 30 日核准了《公约》，成为机构的创始会员国，认购股份达 3.138%，在第二类会员国中居第一位。2017 财年总担保额为 48.42 亿美元。MIGA 通过向外国投资者提供担保，使其免受因非商业风险（如征收、货币不可兑换、转移限制及战争和内乱）造成的损失，以此鼓励对发展中国家的外国投资。此外，多边投资担保机构还提供技术援助，帮助有关国家传播关于其投资机会的信息。该机构还应要求提供投资纠纷调解。

5) 国际投资纠纷解决中心

国际投资纠纷解决中心（ICSID）成立于 1966 年 10 月，目前有 153 个成员国，中国于 1993 年正式成为公约的缔约国。ICSID 通过对投资纠纷提供国际调解和仲裁，鼓励外国投资，以此增进各国与外国投资者之间的相互信任。许多国际投资协议都援引该中心的仲裁条款。该中心还在仲裁法和外国投资法领域进行研究和出版活动。

14.5.5 其他国际金融机构

1. 亚洲开发银行

20 世纪 60 年代以来，亚洲、非洲、美洲和欧洲地区的一些国家，通过互相合作的方式，建立本地区的多边性金融机构，如亚洲开发银行（Asian Development Bank，ADB）、非洲开发银行（African Development Bank，AFDB）等，以适应本地区经济发展和国际投资及技术援助的需要。

亚洲开发银行是由联合国所属机构——亚洲太平洋经济委员会创办的，于 1966 年 12 月开业，总部设在菲律宾首都马尼拉。该行是亚洲、太平洋国家（地区）及西方发达国家政府出资开办的多边官方金融机构。1986 年，中国正式成为亚洲开发银行会员国。

亚洲开发银行的宗旨是通过向其成员国或地区发放贷款、进行投资、提供技术援助等，加快本地区发展中会员国的经济增长与合作，以及亚太地区的经济增长与合作，并协助本地区的发展中国家加速经济发展的进程。

亚洲开发银行的资金来源为普通资金和特别基金两个部分。普通资金用于亚洲开发银行的硬贷款业务，是亚洲开发银行进行业务活动的最主要的资金来源。该资金来源于成员国或地区成员认缴的股金、国际金融市场的筹资，以及银行的净收益。特别基金是亚洲开发银行进行软贷款业务的基金，它包括：①亚洲开发基金，其来源为成员国和地区成员认缴股金的10％和捐款，用于向亚太地区贫困成员发放优惠贷款；②技术援助特别基金，用于提高成员国或地区成员的人力资源素质和加强执行机构的建设；③日本特别基金，用于以赠款、股本投资方式进行的技术援助和支持私营部门的开发项目。

亚洲开发银行的主要业务是向会员国提供贷款。其贷款分为两类：一种是将其普通资金用于发放普通资金贷款（也称硬贷款），硬贷款的贷款利率为浮动利率，每半年调整一次，贷款期限为10～40年（含2～7年的宽限期）；另一种是将特别基金用于开发基金贷款（也称软贷款或优惠贷款），期限为35～40年（含10年宽限期），不收利息，每年只收1％的手续费，但其软贷款往往要指定用途或限定借款国所购买的商品和劳务。除了贷款以外，亚洲开发银行还提供技术援助，包括项目准备阶段的技术援助，如项目的可行性研究、项目实施阶段的技术援助、人员培训及技术咨询。

2. 亚洲基础设施投资银行

亚洲基础设施投资银行（Asian Infrastructure Investment Bank，AIIB）（以下简称亚投行）是一个政府间性质的亚洲区域多边开发机构。重点支持基础设施建设，成立宗旨是为了促进亚洲区域的建设互联互通化和经济一体化的进程，并且加强中国及其他亚洲国家和地区的合作，是首个由中国倡议设立的多边金融机构，总部设在北京，法定资本1 000亿美元。截至2017年5月13日，亚投行共有77个正式成员。

亚投行的治理结构分理事会、董事会、管理层三层。理事会是最高决策机构，每个成员在亚投行有正副理事各一名。董事会有12名董事，其中域内9名，域外3名。管理层由行长和5位副行长组成。

亚投行的主要宗旨：通过在基础设施及其他生产性领域的投资，促进亚洲经济可持续发展、创造财富并改善基础设施互联互通；与其他多边和双边开发机构紧密合作，推进区域合作和伙伴关系，应对发展挑战。

亚投行的主要职能：推动区域内发展领域的公共和私营资本投资，尤其是基础设施和其他生产性领域的发展；利用其可支配资金为本区域发展事业提供融资支持，包括能最有效支持本区域整体经济和谐发展的项目和规划，并特别关注本区域欠发达成员的需求；鼓励私营资本参与投资有利于区域经济发展，尤其是基础设施和其他生产性领域发展的项目、企业和活动，并在无法以合理条件获取私营资本融资时，对私营投资进行补充；并且，为强化这些职能开展的其他活动和提供的其他服务。

本 章 小 结

● 国际金融史上出现过三个不同特征的国际货币体系：国际金本位体系、以美元为中心的国际货币体系、以浮动汇率为特征的国际货币体系。

> ● 外汇,是指以外币表示的可以用作国际清偿的支付手段和资产。
> ● 世界各国采用的汇率表示法可归纳为三种:直接标价法、间接标价法、美元标价法。
> ● 国际收支是一国对外交往关系的集中体现。国际收支平衡表,按照复式记账原理,把一国在一定时期内的国际经济交易,按照经济分析的需要,以一定的报表统计编制出来。
> ● 广义的国际金融市场是指从事各种国际金融业务活动的场所。狭义的国际金融市场是指在国际间经营借贷资本的市场,因而也称为国际资金市场。
> ● 国际金融机构可以分为两大类:一是非营利性的官方金融机构;二是营利性的商业金融机构。

▶ 关键概念

外汇　汇率　国际金融市场　国际收支　国际收支平衡表　国际金融机构

? 思考与练习

1. 国际金融市场的作用和问题有哪些?
2. 国际货币基金组织的宗旨是什么? 组织机构如何? 贷款种类有哪些?
3. 世界银行集团包括哪几个组织? 各自特点是什么?
4. 巴塞尔协议的主要内容是什么? 国际清算银行和巴塞尔委员会从事哪些业务活动?
5. 固定汇率制和浮动汇率制的主要内容是什么?
6. 布雷顿森林体系的基本内容是什么?
7. 布雷顿森林体系运行有哪几个阶段? 如何评价布雷顿森林体系?
8. 牙买加协定后的国际货币制度是怎样运行的? 对牙买加体系如何评价?

【阅读材料】

如何看待近期人民币汇率变化

2017 年以来,我国跨境资本流动和外汇供求总体平衡,人民币汇率在市场力量推动下有升有贬、弹性明显增强,市场预期基本稳定。人民币对美元汇率中间价 2017 年全年升值 6.2%,2018 年一季度进一步升值 3.9%,二季度贬值 5.0%,2018 年上半年贬值 1.2%。衡量人民币对一篮子货币有效汇率的 CFETS 指数 2017 年全年升值 0.02%,2018 年一季度升值 2.0%,二季度贬值 1.1%,2018 年上半年升值 0.9%。有弹性的汇率机制发挥了浮动汇率"自动稳定器"的功能,目前市场预期平稳、分化,跨境资本流动和外汇供求总体平衡。事实上,在美元走强的大背景下,2018 年以来非美元货币对美元多有所贬值。上半年澳元、韩元、俄罗斯卢布、印度卢比、巴西雷亚尔、南非兰特对美元分别贬值 5.2%、3.9%、8.2%、6.7%、14.7% 和 9.8%。

人民币汇率主要由市场供求决定,中央银行不会将人民币汇率作为工具来应对贸易摩擦等外部扰动。我国实行以市场供求为基础、参考一篮子货币进行调节、有管理的浮动汇率制度。随着汇率市场化改革持续推进，汇率弹性逐步增强。无论是2017年至2018年一季度的人民币汇率升值，还是二季度以来的人民币汇率贬值，都是由市场力量推动的，央行已基本退出常态式外汇干预，这从官方外汇储备和央行外汇占款变化上也能反映出来。我国一向坚持市场化的汇率改革方向，更多发挥市场在汇率形成中的决定性作用，不搞竞争性贬值，不会将人民币汇率作为工具来应对贸易争端等外部扰动。

在保持汇率弹性的同时，必须坚持底线思维，必要时通过宏观审慎政策对外汇供求进行逆周期调节，维护外汇市场平稳运行。目前境内微观经济主体尚未完全树立财务中性理念，外汇市场容易出现"追涨杀跌"的顺周期行为和"羊群效应"，加剧市场波动。针对市场可能出现的顺周期波动，必要时也须进行逆周期调节。2018年二季度以来的部分时点，外汇市场出现了一些顺周期波动的迹象，为稳定市场预期，保持汇率在合理均衡水平上的基本稳定，人民银行及时采取了相关措施。8月6日，人民银行将远期售汇业务的外汇风险准备金率由0调整为20％。这些措施出台及时，政策含义明确，有效稳定了市场预期。

下一阶段，人民银行将继续深化汇率市场化改革，保持人民币汇率弹性，发挥价格杠杆调节市场供求、促进外汇市场自我平衡的功能。同时，针对外汇市场可能出现的顺周期波动，人民银行也将继续运用已有经验和充足的政策工具，根据形势发展变化在必要时进一步采取有效措施进行逆周期调节，发挥好宏观审慎政策的调节作用，保持人民币汇率在合理均衡水平上的基本稳定。

资料来源：中国人民银行货币政策分析小组．中国货币政策执行报告（2018年第2季度），2018.

第 15 章
财政金融的宏观调控

【学习目标】

学完本章后，你应该能够：
- 知晓财政金融在宏观调控中的地位与作用；
- 理解财政平衡及财政赤字；
- 明白财政政策及货币政策；
- 领会财政政策与货币政策的组合；
- 了解中国当前的宏观调控政策。

15.1　财政金融在宏观调控中的地位与作用

宏观调控是指对国民经济的全局和整体进行调节与控制。具体地说，宏观调控就是指国家采取各种手段，从总体上对国民经济各部门、各地区、各企业和社会再生产各环节进行调节与控制。对国民经济的宏观调控是国家经济职能的集中体现。

15.1.1　宏观调控的必要性

市场经济运行的调节机制是政府调节和市场调节的有机结合，即政府和市场都在自己适宜的领域内调节、控制经济运行和资源配置。宏观调控是政府调节体制的重要组成部分，它对于市场经济的正常顺利运行具有重要作用。

（1）可以减少市场调节成本。市场调节成本是市场机制调节经济运行时付出的代价，包括经济活动总量的周期波动，以破坏为代价的结构调整，各种价格向均衡收敛过程中的波动与时滞。市场调节虽然能自发地调节并实现社会供给和社会需求在总量和结构上的平衡，但单纯依靠市场调节来恢复平衡，需要经过较长时期的波动并伴有社会劳动的巨大浪费。而政府则可以利用一系列手段在供给不足或需求不足的场合，调节供给和需求，甚至可以直接作为供给者和需求者起作用。

（2）可以弥补市场失灵。市场失灵是指当完全竞争所需的假设条件不存在时，通过市场所进行的资源配置的效率损失。这些假设条件如充分竞争、无外溢性、边际成本递增或不变、资源可充分自由流动、各产品具有完全替代性、信息完全性等。然而现实生活中并不存在如此完美的可供市场机制发挥作用的条件，因此，市场机制配置资源的效果就大打折扣，无法达到帕累托最优。由于市场失灵的情况存在，决定了不可能把一切资源配置的问题完全交给市场去处理，政府对经济的调控便孕育而生。具体来说，政府的调节领域是提供公共物品、纠正外部性、克服垄断现象、公平收入分配、实现经济的稳定和增长。

（3）可以修复市场残缺。市场残缺是指市场调节正常作用的基础条件不具备，而无法实现有效的资源配置。市场的核心是竞争与价格机制。竞争与价格机制能够有效地发挥调节作用，需要一定的制度基础和框架条件，而这些基础性的条件只有政府才能建立起来。这些条件包括：产权明晰的企业制度、完备的市场竞争制度和相对灵活的银行体系。中国正处于经济转轨时期，与发达的市场经济国家相比尚发育不足。因此，政府不仅要解决"市场失灵"之类的市场功能性缺陷问题，更要尽快培育市场，以修复市场残缺。

（4）能够实现社会目标。市场由一系列分散独立的经济主体组成，每一个经济主体都有其特定的目标。然而若干经济主体的活动目标总和并不必然构成整个社会所追求的目标，如经济稳定增长、充分就业、物价稳定和保护环境、维护社会安定与稳定等。市场调节不可能自动地实现眼前利益与长远利益、局部利益与整体利益的有机统一，不能自发地使经济朝着社会目标迈进，那么社会目标的实现不得不需要政府的调控。

（5）能够实现公平分配。在市场经济条件下，市场分配以效率为原则，不同经济主体的收入初次分配是由他们所拥有的生产要素对生产贡献的大小来决定的。但由于每个人所拥有的天赋、资本、才能和技能等是不均等的，以此为分配依据必然导致分配结果是不平等的。收入不公将带来严重的社会后果，如社会冲突、低收入者得不到发展和改善自己处境的机会等。因此，进行收入再分配是必要的，这只能由政府来对市场进行调节。

15.1.2　政府调控和市场调节的关系

在市场经济中，市场调节和政府调控是一种互补和不可替代的关系。不论政府调控还是市场调节都存在缺陷，需要互补；双方具有不同的调节机制，不可替代。

（1）市场调节是资源配置的基础，政府调控是资源配置的辅助性机制。市场经济的本质都是以市场机制的自发调节作为资源配置的基础，政府是为了弥补市场的缺陷而不是代替市场，是为了促进市场的发育而不是阻碍市场的发育而存在的，它在资源配置中起辅助作用。其作用的领域应是市场不能或不宜的领域。

（2）政府调控是市场有效运作的前提。市场机制有效运作，需要一些宏观的、社会性的条件来保障，这些条件市场本身难以创造，必须由政府来提供。政府对市场有效运作的作用具体表现在：①建立健全各种市场规则，反对不正当竞争和各种破坏市场秩序的行为，通过法律来保护经济主体的产权；②通过宏观经济政策适时调节社会供求总量和结构，熨平经济周期，为市场调节创造正常的宏观环境；③在出现了公共物品、垄断、外部性和分配不公的市场失灵时，政府通过法律、行政和经济等各种手段来弥补市场的缺陷；④在市场调节和宏观目标发生矛盾时，通过财政、税收等经济杠杆和行政干预等措施来校正市场调节的后果。

（3）市场调节是微观经济活动的组织方式，政府调控是宏观经济总量控制的手段。市场经济条件下，一切可以进入市场的微观经济活动都应该以市场为中心来组织和协调。政府则在宏观上调节和控制经济发展的总规模、产业配置的总体结构、物价总水平等宏观经济总量指标，以实现充分就业、物价稳定、国际收支平衡、经济稳定增长和收入公平分配的目标。

15.1.3　财政金融在宏观调控中的地位

1. 财政信贷平衡是宏观调控的重要目标

宏观调控不仅要求实现总供求在价值上和在物质上平衡，保持商品购买力与商品可供量的平衡，而且要求实现财政信贷平衡。因此，实现财政信贷平衡是宏观调控的重要目标。

宏观调控要求在价值上保持社会总供给与总需求的平衡，就必须保持财政收支平衡、信贷收支平衡，并且使财政信贷收支与国际收支实现平衡。这种价值形态上的平衡，能反映财政资金、货币资本、外汇等要素是否得到合理配置。一般用财政赤字规模衡量财政资金配置是否合理，用利率衡量货币资本市场上的货币资本配置是否合理，用汇率衡量外汇市场上的外汇配置是否合理。如果这些要素能得到合理配置，经济就会持续、稳定、协调地以较快速度增长。因此，要实现总供求的平衡，宏观调控还必须实现财政信贷的平衡。

2. 财政金融是宏观调控的重要手段

宏观调控是通过各种经济政策和经济杠杆综合作用进行的。财政政策、金融政策又是最重要的、最常用的经济政策。财政金融政策不仅通过自身的政策手段发挥直接的调控作用，而且配合其他经济杠杆和经济政策实现宏观调控。如财政金融政策配合价格机制发挥作用时，是通过与价格关系密切的税收政策、财政补贴政策和利率即资金的价格来实现的。因此，财政金融既是宏观调控的对象，同时又是实现宏观调控的重要手段。

3. 财政金融与经济发展的关系

财政金融的产生和发展决定于经济发展，同时它们对经济发展又具有反作用。如果这种反作用发挥得好，就能对经济稳定和经济增长起推动作用。

1）财政金融能起到稳定经济的作用

财政金融在稳定经济的过程中，一是通过发挥财政金融对经济发展的宏观调控作用来防止经济出现频繁的、大幅度的波动；二是如果经济出现波动，则应努力通过财政金融政策来进行调节，使经济逐渐恢复稳定。财政金融在调节经济、稳定经济过程中的措施较多。从短期稳定来看，可以通过对货币流通规模的调节、对收入水平的调节、对物价的控制等来实现经济的暂时稳定；从长期稳定来看，可以通过对社会总需求的调节、对投资规模的调控、对产业结构的调节、对经济增长速度的调节等来实现经济的长期稳定。

2）财政金融能起到促进经济适度增长的作用

要实现经济的适度增长，需要有相应的要素投入，而财政金融可以为经济适度增长提供所需的资金资源。财政金融本身的性质决定了财政金融活动能够提高社会投资水平，能够保持适度的投资规模，能够提高投资的边际效益。如通过财政发行公债、银行吸收储蓄的方式可以把消费基金转化为投资资本，扩大产出能力；通过财政投资政策可以调整产品结构，实现资源的合理配置；通过银行的投资选择可以调整产业结构，实现资源的最优配置，从而促进经济的适度增长。

15.1.4　宏观调控的目标

宏观调控目标是一个国家的政府在进行宏观经济决策、制定宏观经济政策、实施宏观经济发展战略时要求达到的一定的经济目标。宏观调控目标一般是多元化的。在不同的国家、在一国的不同发展时期，都有不同的经济目标，这些不同的经济发展目标之间是相互联系、相互制约的关系，共同制约着整个社会经济的发展，从而形成多元化的宏观调控目标。

1. 宏观调控的基本目标

宏观调控的基本目标是保持社会总供给与社会总需求的平衡。它具体包括两层含义。

（1）总供给与总需求的总量平衡。宏观调控首先要保持社会总供给与社会总需求的总量平衡。社会总供给是一定时期内社会向市场提供的可供选购的商品和劳务的总和；社会总需求是一定时期内社会有货币支付能力的购买力的总和。总供给和总需求，不仅要在价值上保持平衡，而且要在物质上保持平衡。国家的总量调控既包括调控社会总需求，也包括调控社会总供给。当总供给超过总需求，或当总需求超过总供给时，都会出现总供求失衡的现象，造成商品或劳务供过于求或供不应求。宏观调控就是要使总供求在总量上实现平衡。

（2）总供给与总需求的结构平衡。宏观调控还要保持社会供给结构与社会需求结构之间的平衡，保持总供给与总需求结构在价值上和在物质上的平衡。如在一定时期内，要保持社会生产资料的供给与社会生产资料的需求之间的平衡，社会消费资料的供给与社会消费资料的需求之间的平衡；要保持社会总供给中各个组成部分之间的平衡，其中主要是两大部类之间的平衡，农业、轻工业和重工业之间的平衡；要保持社会总需求的各个组成部分之间的平衡，其中主要是积累和消费的平衡。当总供给与总需求在总量上平衡，但在结构上失衡时，仍然会产生结构性经济矛盾，如发生结构性经济波动和经济危机等，从而结构性失衡会影响总量平衡，因此，宏观调控要使总供求在结构上实现平衡。

2. 宏观调控的主要目标

要实现宏观调控的基本目标，就要同时实现总量平衡和结构平衡，其中总量平衡是前提，结构平衡是基础。但是，宏观调控的基本目标是通过一系列主要目标来实现的。

（1）货币和物价总水平基本稳定。物价水平是衡量一国宏观经济运行的重要指标。物价水平的变动状况是宏观经济运行的"晴雨表"，若物价总水平上涨幅度很大，说明总需求大于总供给，从而被迫超量发行货币，引起通货膨胀；而物价水平大幅度回落，说明总供给大于总需求，出现了通货紧缩，意味着经济衰退。因此，政府必须严格控制货币发行量，抑制总需求，增加总供给，防止通货膨胀，保持货币和物价总水平的基本稳定。

（2）经济适度增长。如果经济增长速度过慢或过快，都会影响或破坏社会再生产中的各种比例关系，影响经济效益的提高。因此，政府必须根据国力和实际情况，确定合理的经济增长速度，保持经济的适度增长。

（3）充分就业。充分就业是宏观经济稳定运行时的一种就业状态。由于经济结构和产品结构变化等原因，在一个市场经济国家存在一定的摩擦性失业和季节性失业是很正常的。考虑到这种情况，即使是充分就业，一国的失业率也不能为零。根据西方国家的经验，在宏观经济均衡状态下失业率一般为 5% 左右。失业问题既影响着经济的稳定增长，又影响着社会政治的安定。因此，政府的宏观调控必须以保证劳动者充分就业为目标，努力降低失业率，充分利用社会劳动力资源。

（4）国际收支平衡。如果存在大量的国际收支逆差，就会影响国内外经济的双平衡。而外汇收支平衡是实现国际收支平衡的基础。

以上目标常以通货膨胀率、经济增长率、失业率和汇率来表示。这四个指标的高低，直接反映宏观调控基本目标实现的程度，但它们之间又存在一定的矛盾，难以同时兼顾。

15.2 财 政 政 策

15.2.1 财政政策的含义

财政政策有广义和狭义之分。广义的财政政策泛指政府在财政领域制定的各项方针政策，包括税收政策、财政补贴政策、财政投资政策、国债政策等。而狭义的财政政策则特指政府为了实现其宏观经济目标而相应制定的税收、支出及预算收支平衡方面的政策，如增税还是减税，扩大支出还是减少支出，实行结余预算还是实行赤字预算等。

由于狭义的财政政策往往是通过改变预算收支规模和预算平衡状况来实现的，所以它有时又被称为预算政策。此外，它是政府出于稳定宏观经济的需要而制定的，故又被称为宏观财政政策。因此，财政政策的目标与政府的宏观经济目标应当是一致的。财政政策的目标具有多重性，不同国家、同一国家的不同时期，根据其社会经济发展即政府宏观调控总目标的客观需要有所选择，有所侧重。在社会主义市场经济条件下，现阶段中国财政政策目标主要有：物价稳定、就业充分、经济适度增长及收入分配公平。

15.2.2 财政政策的类型

根据财政政策执行结果对宏观经济的影响不同，可以把财政政策分为三大类。

1. 扩张性财政政策

政府采取的可以扩大社会总需求的预算措施属于扩张性财政政策。例如，降低个人所得税可以增加居民个人的可支配收入，在个人边际消费倾向一定的情况下，这种减税措施有利于增加个人的消费支出，从而有助于扩大社会总需求，因此个人所得税的减税就属于扩张性财政政策。扩大预算支出规模也属于扩张性财政政策。因为，政府财政支出本身就是社会总需求的一部分，政府扩大财政支出，无疑会对社会总需求产生扩张作用。赤字预算也是一种扩张性的财政政策。无论是减税还是增支在短期内很容易导致政府预算赤字的产生或扩大，因而扩张性财政政策有时可以与赤字财政政策画等号。或者从另一个角度说，赤字预算政策是最典型的扩张性财政政策。

另外，政府预算出现了财政赤字并不一定意味着政府实行了扩张性的财政政策。因为经济衰退很可能减少政府的税收收入并扩大政府的社会保障支出，从而导致政府预算出现赤字，这种预算赤字是在经济衰退状况下自动产生的，不是政府的财政政策造成的。财政政策作为政府的一种政策，应当是政府相机抉择制定的。

2. 紧缩性财政政策

与扩张性财政政策相反，对社会总需求有抑制或缩减作用的财政政策属于紧缩性财政政策。提高个人所得税的税率、缩减财政支出及实行有盈余的财政预算都属于紧缩性的财政政策。在实践中，紧缩性财政政策通常表现为盈余预算的政策。

3. 中性财政政策

中性财政政策，又称平衡性财政政策，是指通过财政收支的大体平衡，以保持社会总需求与总供给基本平衡的政策。其政策功能在于保持社会总供求的同步增长，以维持社会总供求对比的既定格局；政策实施表现为财政收支在数量上基本一致。因此，中性财政政策对社会总供求关系不具倾向性的调节作用。

15.2.3　财政政策的手段

1. 财政收入政策

（1）税收。税收是最重要的财政政策手段之一。从调节总供给来说，减少税收可以增加企业的可支配税后留利，有利于企业投资，从而促进供给的增加；反之，则抑制供给的增加。就调节总需求而言，减少税收将相应增加企业和个人的可支配收入，从而刺激企业和个人的投资需求和消费需求，增加社会总需求；相反，增加税收就减少了社会总需求。

税收是政府调节收入分配的重要手段。公平税负是财政分配的重要原则，如政府利用超额累进所得税，发挥它的"自动稳定器"功能，可以促进收入的公平分配。

（2）公债。公债是政府根据有借有还的信用原则，通过发行政府债券筹集财政资金的一种形式。同时，公债还是政府实施宏观调控的重要政策工具。

2. 财政支出政策

财政支出政策，是指政府通过改变公共支出的规模和结构来影响社会总供求的政策措施。它主要包括购买性支出和转移性支出。

（1）购买性支出。购买性支出包括政府的直接消费支出和投资性支出。当经济处于萧条时期时，政府扩大支出水平，会拉动社会总需求，减缓经济衰退。反之，则降低支出水平。此外，在市场经济条件下，政府投资的项目主要是具有自然垄断或外部效应大的基础产业、公共设施，以克服市场失灵，促进资源的合理配置和产业结构的优化。政府投资规模和投资方向对经济结构的调整起着重要作用。

（2）转移性支出。转移性支出的主要形式是财政补贴和社会保障开支，增减财政补贴和社会保障开支有着与增减税收相反的调节效果。它不但影响社会总需求而且调节社会总供给。因此，成为财政政策的重要工具。财政补贴和社会保障开支具有援助性和特定性，体现了政府很强的政策意图。财政补贴从内容上可分为价格补贴、企业亏损补贴、职工居民生活消费补贴和财政贴息等。社会保障开支从内容上可分为养老保险支出、失业保险支出、工伤保险支出、医疗保险支出、生育保险支出、社会救助支出、社会福利支出和社会抚恤支出等。

3. 国家预算政策

一国财政收支结构及其差额可通过编制预算来实现，预算反映了政府财政政策的意图和目标。一般来说，当社会总需求大于总供给时，国家预算可以缩减支出规模，以盈余政策调节经济运行。当社会总需求小于总供给时，可扩大国家预算规模来刺激需求，以赤字政策来调节经济运行。在社会总供求基本平衡即经济稳定发展期间，政府应采取中性的财政平衡政策。此外，国家预算还可以通过预算追加或追减，实现扩张或紧缩。

15.2.4　财政政策效应

政策效应是指政府为了实现一定的政策目标，运用一定的政策工具对社会经济活动产生作用，同时社会经济各方面对此也将作出相应反应。财政政策效应包括两方面的含义：①财政政策对社会经济活动产生的有效作用；②在财政政策的有效作用下，社会经济作出的反应。

财政政策在其作用过程中产生的效应主要有以下几种。

1. "内在稳定器"效应

"内在稳定器"是指这样一种宏观经济的内在调节机制：它能在宏观经济的不稳定情况下自动发挥作用，使宏观经济趋向稳定。财政政策的这种"内在稳定器"效应无须借助外力就可直接产生调控效果，财政政策工具的这种内在的、自动产生的稳定效果，可以随着社会经济的发展，自行发挥调节作用，不需要政府专门采取干预行动。财政政策的"内在稳定器"效应主要表现在两方面。

（1）累进的所得税制。特别是公司所得税和累进的个人所得税，对经济活动水平的变化反应相当敏感。如果当初政府预算收支平衡，税率没有变动，而经济活动出现不景气，国民生产就要减少，致使税收收入自动降低；如果政府预算支出保持不变，则由税收收入的减少导致预算赤字发生，从而"自动"产生刺激需求的力量，以抑制国民生产的继续下降。

（2）公共支出尤其是社会福利支出。在健全的社会福利、社会保障制度下，各种社会福利支出，一般会随着经济的繁荣而自动减少，这有助于抑制需求的过度膨胀；也会随着经济的萧条而自动增加，这有助于阻止需求的萎缩，从而促使经济趋于稳定。如果国民经济出现衰退，就会有很多人具备申请失业救济金的资格，政府必须对失业者支付津贴或救济金，以使他们能够维持必要的开支，从而使国民经济中的总需求不致下降过多；同样，如果经济繁荣来临，失业者可重新获得工作机会，在总需求接近充分就业水平时，政府就可以停止这种救济性的支出，使总需求不致过旺。"内在稳定器"效应的两方面是有机结合在一起的，它们相互配合，共同发挥作用。

2. 乘数效应

财政政策的乘数效应包括三方面的内容。

（1）投资或公共支出乘数效应。它是指投资或政府公共支出变动引起的社会总需求变动对国民收入增加或减少的影响程度。一个部门或企业的投资支出会转化为其他部门的收入，这个部门把得到的收入在扣除储蓄后用于消费或投资，又会转化为另外一个部门的收入。如此循环下去，就会导致国民收入以投资或支出的倍数递增。同样的道理，投资的减少将导致国民收入以投资的倍数递减。公共支出乘数的作用原理与投资乘数相同。

（2）税收乘数效应。它是指税收的增加或减少对国民收入倍增的减少或增加的程度。由于增加了税收，消费和投资需求就会下降。一个部门收入的下降又会引起另一个部门收入的下降，如此循环下去，国民收入就会以税收增加的倍数下降，这时税收乘数为负值。相反，由于减少了税收，使私人消费和投资增加，从而通过乘数影响国民收入增加更多，这时税收乘数为正值。一般来说，税收乘数小于投资乘数和政府公共支出乘数。

（3）预算平衡乘数效应，指的是这样一种情况：当政府支出的扩大与税收的增加相等时，国民收入的扩大正好等于政府支出的扩大量或税收的增加量，当政府支出减少与税收的减少相等时，国民收入的缩小正好等于政府支出的减少量或税收的减少量。

乘数效应包括正反两个方面。当政府投资或公共支出扩大、税收减少时，对国民收入有加倍扩大的作用，从而产生宏观经济的扩张效应。当政府投资或公共支出削减、税收增加时，对国民收入有加倍收缩的作用，从而产生宏观经济的紧缩效应。

3. 奖抑效应

奖抑效应主要是指政府通过财政补贴、各种奖惩措施、优惠政策对国民经济的某些地区、部门、行业、产品及某种经济行为予以鼓励、扶持或者限制、惩罚而产生的有效影响。

4. 货币效应

财政政策的货币效应，一方面表现为政府投资、公共支出、财政补贴等本身形成一部分社会货币购买力，从而对货币流通形成直接影响，产生货币效应；另一方面，主要体现在公债上。公债政策的货币效应又取决于公债认购的对象和资金来源。如果中央银行用纸币购买公债，这无异于纸币发行，会产生通货膨胀效应；如果商业银行购买公债，且可以用公债作为准备金而增加贷款的话，也会导致货币发行，从而使流通中的货币增加，等等。

15.3　财政平衡与财政赤字

15.3.1　财政平衡与财政赤字的内涵

1. 财政平衡与财政赤字的概念

财政平衡（balance of state revenue and expenditures）是指在一定时期内（通常为一个财政年度）财政收入与财政支出在量上的对比关系的反映。财政收支对比不外乎有三种结果：一是收大于支，表现为盈余（budget surplus）；二是支大于收，表现为赤字（budget deficit），因会计上将其用红字表示，所以称为财政赤字；三是收支相等。从理论上来说，收支相等是可以成立的。但在实际经济运行中，财政收支相等的情况几乎是不存在的。

各国财政平衡情况有所不同，其差别主要表现在如何处理债务收支上，有的国家把债务收支列入财政收支平衡的范围；有的国家则不列入，如美国；也有的国家在计算财政平衡时把一部分建设债务包含在正常收入之内，把为弥补赤字而发行的债务视为财政赤字，如日本。我国把债务收入列入正常收支范围，而不视为赤字。

2. 如何理解财政平衡

对财政平衡的理解可从以下几个方面来把握。

（1）财政平衡是一种相对平衡，只要财政结余或赤字不超过一定的数量界限，就可以视为财政收支的平衡形态。因而，财政收支平衡状况有三种形式：①财政收支平衡、略有结余的稳固平衡；②财政收支完全平衡；③财政收支基本平衡、略有赤字。

衡量一个国家财政赤字的多少、财政状况的好坏，进行财政赤字的年度间或国际间比较时，通常采用赤字额占 GDP 的比重，也就是将赤字数额与 GDP 进行对比，它反映财政收入不敷出的程度和财政稳固状态的区间。一般认为，这一指标的警戒线是 3%～5%。

（2）财政平衡是一种动态平衡。这里有必要区分年度平衡和周期平衡，前者是指每个财政年度的收支都要保持基本平衡；而后者则是指在一个经济周期内收支基本保持平衡。财政平衡不应只考虑时间因素局限于一个财政年度内的收支对比状况，而应综合考虑年度之间的联系和相互衔接，研究未来财政年度收支的发展趋势，研究经济周期对财政的影响以及财政对经济周期的调节作用，以求得一个时期的内在平衡。

（3）财政平衡是一种综合平衡。财政状况是国民经济运行的综合反映，财政收支是衡量宏观经济运行的重要指标，财政政策又是宏观调控体系的重要组成部分。财政收支作为一种货币收支，同国民经济货币收支体系中其他货币收支，是相互交织在一起的。财政部门作为一个经济部门，其收支同家庭部门、企业部门以及对外部门的收支有着密切的联系，而且是互补余缺的。中央和地方有着紧密联系但又不完全一致，特别是1994年实行分税制改革以后，中央和地方分立预算，地方的财政收支情况对整个经济运行有着重要影响。

15.3.2　财政赤字的弥补方法及效果

一般说来，弥补财政赤字的方法主要有以下几种。

1. 动用历年财政结余

动用历年结余就是使用以前年度财政收入大于支出的结余来弥补财政赤字。财政出现结余，说明一部分财政收入没有形成现实的购买力。财政动用结余，特别是数额较大时，就会减少银行的资金来源，增加其流动性风险，如果银行的准备金不足，又不能及时通过适当的收缩信用规模来保证财政提款，就有可能导致信用膨胀，引发或加剧通货膨胀。因此，财政动用上年结余，必须协调好与银行的关系，搞好财政资金与信贷资金的平衡。

2. 增加税收

增加税收包括开增新税、扩大税基和提高税率。但是，增加税收不是弥补财政赤字稳定可靠的方法。因为：①税收的法律规定性决定了不管采用哪一种方法增加税收，都必须经过一系列的法律程序，这就使增加税收的时间成本增大，难解政府的燃眉之急；②增加税收必定加重负担，减少纳税人的经济利益，所以纳税人对税收的增减变化是极为敏感的，这就使得政府依靠增税来弥补财政赤字的试图往往会受到很大的阻力，从而使增税可能议而不决；③拉弗曲线表明增税也是受到限制的，不可能无限增加，否则，必将是杀鸡取卵，给国民经济造成严重的恶果；④增税与宏观经济形势有密切关系，也会对其造成巨大影响。

3. 增发货币

增发货币是弥补财政赤字的一个方法，至今许多发展中国家仍采用这种方法。货币数量方程：$m+v=p+y$，揭示了通货膨胀的决定因素。式中，m是货币的增长速度，v是货币流通速度增长率，p是通货膨胀率，y是真实GDP的增长率。

可见，影响通货膨胀率的因素有货币的增长率、货币流通速度增长率、真实GDP的增长率。货币的增长率、货币流通速度增长率与通货膨胀有着正相关的关系，而真实GDP的增长率则与之负相关。由于货币流通速度受一国支付制度与支付习惯的影响，相对稳定。因此，在假设一国的真实GDP的增长率不变的情况下，货币的增长速度决定了通货膨胀。过量的货币发行，必然带来通货膨胀。

4. 发行公债

通过发行公债来弥补财政赤字是世界上通行的做法。这是因为从债务人的角度来看，公债具有自愿性、有偿性和灵活性的特点；从债权人的角度来看，公债具有安全性、收益性和流动性的特点。因此，从某种程度上来说，发行公债无论是对政府还是对认购者都有好处。通过发行公债来弥补赤字也最易于为社会公众所接受。但是政府发行公债对经济不是没有影响的，只是影响的结果不明确。因此，政府以发行公债来弥补财政赤字并不意味着国家经济由此避免了通货膨胀的压力。

15.3.3　1978 年以来中国的财政赤字状况

1. 赤字率

赤字率（deficit ratio）表示一定时期内财政赤字额与同期 GDP 之间的比例关系，即赤字率＝[（财政支出－财政收入）/GDP]×100％。赤字率是衡量财政风险的一个重要指标，按照国际通行的《马斯特里赫特条约》[①] 标准，赤字率 3％ 一般设为国际安全线。

赤字率高低表明的是政府在一定时期内动员社会资源的程度，反映了财政配置工具对经济运行的影响。但赤字率过高会扰乱正常的经济运行和形成沉重的债务负担，影响国民经济的正常运行。一般来说，政府降低赤字率的方法主要有：一是削减财政赤字；二是调整经济结构、提高经济效率、加快经济增长。

2. 赤字依存度

赤字依存度（deficit dependence）是指一定时期内财政赤字占财政支出的比例，即政府财政总支出依赖财政赤字的程度。赤字依存度可反映财政本身的问题，特别是说明了财政支出的需要与财政收入供给的能力之间的缺口或差距。赤字依存度越高，说明在财政支出需求大的前提下，税收收入和其他非税收入则相对短缺。具体来说：①财政支出需求过大，导致实际财政支出超出了现行收入制度下的收入供给能力；②现行收入制度筹措收入的能力不足，不适应经济发展的需要。

1978 年以来，中国财政赤字、赤字率及赤字依存度如表 15-1、图 15-1 所示。

表 15-1　1978—2017 年中国的财政赤字、赤字率及赤字依存度

年份	财政赤字/ 亿元	赤字率/ %	赤字依存度/ %	年份	财政赤字/ 亿元	赤字率/ %	赤字依存度/ %
1978	10.17	−0.28	−0.91	1991	−237.14	1.09	7.00
1979	−135.41	3.33	10.56	1992	−258.83	0.96	6.92
1980	−68.90	1.52	5.61	1993	−293.35	0.83	6.32
1981	37.38	−0.76	−3.28	1994	−574.52	1.19	9.92
1982	−17.65	0.33	1.43	1995	−581.52	0.96	8.52
1983	−42.57	0.71	3.02	1996	−529.56	0.74	6.67
1984	−58.16	0.81	3.42	1997	−582.42	0.73	6.31
1985	0.57	−0.01	−0.03	1998	−922.23	1.08	8.54
1986	−82.90	0.81	3.76	1999	−1 743.59	1.93	13.22
1987	−62.83	0.52	2.78	2000	−2 491.27	2.48	15.68
1988	−133.97	0.89	5.38	2001	−2 516.54	2.27	13.31
1989	−158.88	0.94	5.63	2002	−3 149.51	2.59	14.28
1990	−146.49	0.78	4.75	2003	−2 934.70	2.14	11.91

---

① 1991 年 12 月 9—10 日，第 46 届欧共体首脑会议在荷兰的马斯特里赫特（Maastricht）草签了《欧洲经济与货币联盟条约》和《政治联盟条约》，统称《欧洲联盟条约》即《马斯特里赫特条约》；1992 年 2 月 7 日欧共体 12 国外长和财政部长在荷兰小镇马斯特里赫特（Maastricht）正式签署了该条约，条约也正式生效。依据该条约，欧盟各成员国都必须将财政赤字率控制在 3％ 以下，负债率保持在 60％ 以下。因而，赤字率 3％ 也被称为"国际警戒线"。

续表

年份	财政赤字/亿元	赤字率/%	赤字依存度/%	年份	财政赤字/亿元	赤字率/%	赤字依存度/%
2004	−2 090.42	1.29	7.34	2011	−5 373.36	1.10	4.92
2005	−2 280.99	1.22	6.72	2012	−8 699.45	1.61	6.91
2006	−1 662.53	0.76	4.11	2013	−11 002.46	1.85	7.85
2007	1 540.43	−0.57	−3.09	2014	−11 415.53	1.77	7.52
2008	−1 262.31	0.40	2.02	2015	−23 608.54	3.43	13.42
2009	−7 781.63	2.23	10.20	2016	−28 150.24	3.79	14.99
2010	−6 772.65	1.64	7.54	2017	−30 763.00	3.72	15.13

注：本表赤字率为名义赤字率，即财政赤字占 GDP 的比例。
数据来源：根据国家统计局、财政部公布的 2017 年数据计算。

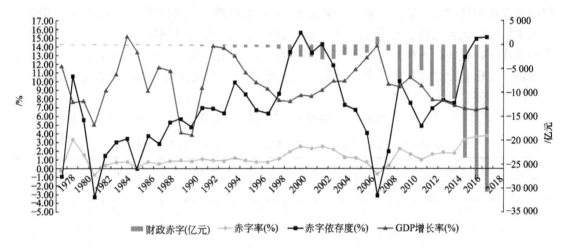

图 15-1 1978—2017 年中国财政赤字、赤字率及赤字依存度

由此可以看出，1978 年以来我国财政赤字的变化情况及特征。

（1）财政赤字规模化，体量越来越大。我国财政赤字历史时期长，规模逐年上升。40 年中，有 36 年出现了财政赤字，且规模呈现递增趋势。财政赤字首次出现在 1979 年（135.41 亿元），之后几年，财政赤字开始下降，规模不超过 100 亿元。1988 年，财政赤字在 10 年后又突破了百亿大关，从此一路飙升；1994 年实行分税制后，赤字突破 500 亿元；1998 年开始实行积极的财政政策，财政赤字由当年的 922.23 亿元上升到 2002 年的 3 149.51 亿元；2004—2007 年实行了稳健的财政政策，财政赤字逐年减少，2007 年还出现了财政结余 1 540.43 亿元；[①] 2008 年美国金融危机爆发和蔓延，为了应对危机，中国推行了 4 万亿经济刺激计划，2009 年财政赤字达到 7 781.63 亿元的历史最高点，2010 年赤字 6 772.65 亿元。"十二五"期间宏观调控转向积极稳健，加快推进经济结构战略性调整，财政赤字不断增加，2011 年为 5 373.36 亿元，2013 年首次突破一万亿，2014 年为 11 415.53 亿元。2015

① 2007 年 10 月 16 上证指数达到 6 124.04 历史高点，证券交易印花税由上年的 376.58 亿元增长到 2007 年的 2 261.74亿元，财政收入增长速度达到 32.4%，财政支出增长速度为 22.6%。

年以来，为了解决央企面临的"供需问题"，中央财经领导小组开始研究经济结构性改革和城市工作、"供给侧结构性改革"方案，明确提出"三去一降一补"政策，财政赤字进一步加大，2015 年财政赤字首次突破两万亿，为 23 608.54 亿元，2016 年为 28 150.24 亿元，2017 年又首次突破三万亿，为 30 763 亿元。

（2）从赤字率（财政赤字占 GDP 比重）的相对指标来看，1979 年由于同时出台三项改革措施（提高农副产品收购价格、提高职工工资、对企业减税让利），出现了 135.41 亿元巨额赤字，赤字率高达 3.33%，超过了 3% 的警戒线，但这是由于政策原因造成的。1980 年，该指标开始下降，从 1.52% 下降到 1982 年的 0.33%。1998 年，赤字率突破了 1% 达到 1.08%；积极财政政策实施后开始上升，2002 年达 2.59%；2004 年稳健的财政政策实施后赤字率又开始下降，2008 年为 0.40%；经济刺激计划实施后，又开始上升，2009 年为 2.23%，尚未超过 3% 警戒线，2010 年有所回落，为 1.64%，直到 2014 年，赤字率均未超过 2%。但随着国家"供给侧结构性改革"政策的推出，赤字率 2015 年首破 3%，之后连续三年均越过"国际警戒线"。

（3）财政赤字依存度的变化可分为四个阶段：①1978—1981 年短期波动较大，1979 年 10.56% 为最高点，随后开始下降，到 1981 年仅为 −3.28%；②1982—1997 年总体稳定，略有增长，赤字依存度在 10% 以下；③1998—2007 年属于大幅度波动阶段，赤字依存度快速上涨，连续 5 年保持在 10% 以上，其中 2000 年达到最大值 15.68%，此后逐年大幅下降，到 2007 年时降到 −3.09%；④2008 年至今，属于快速反弹上涨阶段，中间虽有回落，但自 2015 年起又开始快速持续上涨，2015—2018 年赤字依存度分别为 13.42%、14.99% 和 15.13%。

（4）由图 15 - 1 可知，我国财政赤字率与赤字依存度之间表现出一种"趋同"的态势，但依存度的波动性更为明显，二者间具有较强的正相关；但赤字率、赤字依存度均与经济增长率表现出一种负相关。有研究表明，中国财政赤字对经济增长有一定的带动作用，中国实际财政赤字与实际 GDP 之间具有显著的单向因果关系。

15.4　货币政策

15.4.1　货币政策的含义

货币政策是指中央银行为实现其特定的经济目标而采用的控制和调节货币供给量或信贷规模的方针和措施的总称。它包括货币政策目标、货币政策工具、货币政策的传导机制等内容。中央银行是制定和执行货币政策的国家权威机构。

货币政策目标是指中央银行实施货币政策所要达到的最终目标，这一目标基本上与一个国家的宏观经济目标相一致。由于各国经济发展水平和制度的差异，货币政策目标是有所不同的。即使在同一个国家，在不同的历史发展时期，货币政策目标也在发展变化。概括说来，各国货币当局对货币政策所追求的最终目标主要有四个：物价稳定、充分就业、经济增长及国际收支平衡。

货币政策是国家经济政策的重要组成部分，是中央银行实现其职能的根本所在。根据货币政策对经济产生的影响，可将货币政策分为扩张性货币政策、紧缩性货币政策和均衡性货币政策。

15.4.2 货币政策目标间的冲突

货币政策目标之间的关系是很复杂的，各目标之间存在冲突，因此，中央银行不得不对这些目标进行权衡，以确定牺牲某个目标而实现另一个目标的限度。

（1）充分就业与物价稳定之间的矛盾。菲力普斯曲线对充分就业与物价稳定间的矛盾进行了经典阐述。该曲线表明，失业率与物价变动之间存在相互替代的关系。要保持高的就业率，政府必然降低税收，扩张公共支出，增加货币供给量，刺激社会总需求，从而导致物价上涨；而要稳定物价，必然紧缩银根，抑制社会总需求，这样又会导致失业率上升。

（2）物价稳定与经济增长之间的矛盾。对这个问题人们存有不同的看法，有人认为物价稳定（或上涨）中的经济增长是经济增长的常态；有人认为经济增长与物价上涨形影不离；还有人认为只有物价稳定才能维持经济的长期增长势头。

（3）经济增长与国际收支之间的矛盾。经济迅速增长，人民生活水平提高，消费需求和投资需求上升，进口商品和劳务的增长速度超过出口增长的速度，导致国际收支状况恶化。要消除国际收支逆差，就要紧缩社会总需求，而紧缩的政策又会导致经济增长缓慢甚至衰退。

（4）物价稳定与国际收支之间的矛盾。物价稳定与国际收支平衡之间并非总是协调一致的。如开放经济条件下，一国发生通货膨胀，货币当局采取措施抑制通胀，包括提高利率或减少货币流通量。在资本自由流动的前提下，提高利率会引起外国资本流入，资本项目出现顺差。同时由于本国物价上升势头减缓和社会总需求减少，引起出口需求的上升和进口需求的下降，经常项目可能出现顺差。所以，稳定物价与国际收支平衡有时是存在矛盾的。

由于最终目标之间存在着矛盾，货币当局在制定货币政策时必须要有所侧重，难以全面兼顾。各国根据其所处历史时期和其特殊国情，选择不同的最终目标。

15.4.3 货币政策工具

货币政策目标的实现是借助于货币政策工具的运用来完成的。货币政策工具可以分为两种类型：一是影响整个经济的最为重要的一般性控制工具；二是利用货币政策对特殊经济领域产生作用的选择性控制工具。但这种划分不是绝对的。

1. 一般性货币政策工具

作为一般性货币政策控制工具，其特点是对整个经济运行发生影响，包括公开市场业务、再贴现、法定存款准备金率。

1）公开市场业务

公开市场业务被作为中央银行最重要的政策工具。它是中央银行在金融市场上直接参与有价证券买卖，影响商业银行准备金，从而直接影响货币供给量和利率的一种操作方法。当需要缩减货币供给量时，中央银行就会在公开市场上卖出证券，紧缩银根；当要增加货币供给量时，中央银行就在公开市场上买进证券，向市场投放货币，放松银根。

与其他操作工具相比，公开市场业务有明显的优越性：①通过公开市场业务，中央银行能够随时根据金融市场的变化，进行经常性、连续性及试探性的操作，灵活调节货币供给量；②通过公开市场业务，中央银行可以主动出击，不像再贴现政策那样处于被动地位；③公开市场业务对货币供给量进行的是微调，不会产生震动效果。

但是，中央银行开展公开市场业务操作必须具备一定的条件，如发达的金融市场，证券种类齐全，政府债券规模和结构合理，中央银行对金融市场走势具有巨大的影响力等。否则，公开市场业务的效果要受到很大影响。

2）再贴现

再贴现是中央银行对金融机构发放贷款的通常做法。再贴现率则是中央银行的贷款利率。中央银行通过调整再贴现率，直接影响金融机构的资金成本和准备金，间接影响市场利率及货币市场的供求关系，从而调节货币供给量。提高再贴现率，增加了商业银行的融资成本，抑制其扩张信贷规模，减少货币供给量；相反，调低再贴现率，会促进货币供给量的增长。

再贴现的政策效果表现在以下几个方面。①预告性影响。中央银行改变再贴现率会在某种程度上影响人们的预期。当中央银行提高再贴现率时，社会公众会认为这是中央银行的紧缩性行为。如果中央银行改变再贴现率，可能被认为是将要实施膨胀性政策。②中央银行改变再贴现率可以影响商业银行的借款成本，从而影响商业银行的融资政策。

但是，再贴现政策与公开市场业务相比，中央银行没有足够的主动权，通过调整再贴现率后的经济效应不一定符合中央银行的要求，有可能达不到预期的效应。同时，再贴现率不可能经常变动，这也使中央银行在运用这一工具时受到一定约束。

3）法定存款准备金率

这通常被认为是最强烈的政策工具。中央银行在法定授权范围内通过提高或降低商业银行存款准备金率来削弱或增强商业银行创造信用的能力，达到收缩或扩张信用的目的。提高法定存款准备金率，可压缩银行信用创造规模，降低货币供给量；反之，降低法定存款准备金率，可增加货币供给量。

法定存款准备金率的运用，操作简单，对于信用不发达的发展中国家来说，比采用其他工具要简便得多。但实际上这种政策工具的作用效果极为强烈，不适于作为日常的货币政策工具，法定存款准备金率的微小变化会造成货币供给的巨大波动，不利于货币的稳定。另外，法定存款准备金率是存款机构日常业务统计的一个重要指标，频繁的调整势必会扰乱存款机构正常的财务计划和管理，同时也破坏了准备金需求的稳定性和可测性，不利于中央银行的公开市场操作和短期利率的控制。

2. 选择性政策工具

一般性政策工具的实施对象是整个社会总供求，而选择性政策工具是有选择地对某些特殊领域的信用加以调控的措施。

1）证券市场信用控制

这是指中央银行对使用贷款购买证券市场上已注册上市和某些未注册上市的股票施加控制。对购买股票的定金或保证金作出规定，目的是要限制用借款购买股票的比重。但近年来有些国家开始逐步取消这一控制，因为有时为控制借款不得不提高利率，这样做又会限制经济发展。

2）消费信用控制

这是指中央银行对消费者分期购买耐用品的贷款规定最低定金和还款期限。在消费信用膨胀和通货膨胀时期，中央银行采取该项措施，能起到抑制消费需求和物价上涨的作用。近年来，美国等国家已从法律上取消了对消费信贷的控制。

3）不动产信用控制

是指中央银行对金融机构在房地产方面放款的限制措施，以抑制房地产投机。如对金融机构的房地产贷款的最高限额、最长期限和首次付款和分期还款的最低限额。

4）优惠利率

政府对国家鼓励、重点发展的经济部门或产业实行优惠利率。

5）预缴进口保证金

中央银行要求进口商预缴相当进口商品总值一定比例的存款，以抑制进口的过快增长。

3. 直接信用控制

直接信用控制是指从质和量两个方面，以行政命令或其他方式，直接对金融机构尤其是商业银行的信用活动所进行的控制。其手段包括以下几种。

1）利率最高限

规定存贷款最高利率限制，是最常用的直接信用管制工具。其目的是防止银行用抬高利率的办法竞相吸收存款和为谋取高利而进行高风险存贷。

2）信用配额

中央银行根据金融市场状况及客观经济需要，对各个商业银行的信用规模加以分配。

3）流动性比率

规定商业银行的流动资产对存款的比重，是限制信用扩张的直接管制措施之一。

4）直接干预

中央银行直接对商业银行的信贷业务、放款范围等加以干预。如对业务经营不当的商业银行拒绝再贴现。

4. 间接信用指导

间接信用指导主要有以下两种。

1）道义劝告

中央银行利用其声望和地位，对商业银行和其他金融机构发出通告、指示或与各金融机构的负责人面谈，劝告其遵守政府政策并采取贯彻政策的相应措施。

2）窗口指导

中央银行根据产业行情、物价趋势和金融市场动向，规定商业银行每季度贷款的增减额，并要求其执行。

间接信用的优点是较为灵活，但要起作用，要求中央银行在金融体系中有较强的地位、较高的威望和拥有控制信用的足够的法律权力和手段。

15.4.4　货币政策的传导机制

货币政策的传导机制就是货币政策工具的运用引起中介目标变动，从而实现货币政策最终目标的过程。关于货币政策传导机制的分析，在西方货币理论中，主要有凯恩斯学派传导机制理论和货币学派传导机制理论。

1. 凯恩斯学派传导机制理论

凯恩斯学派传导机制理论为：货币供给 M 的增减影响利率 r，利率的变化则通过资本边际效益的影响使投资 I 以乘数方式增减，而投资的增减会进而影响总支出 E 和国民收入 Y。用符号可表示为：

$$M \to r \to I \to E \to Y$$

在这个传导机制发挥作用的过程中，主要环节是利率。货币供给量的调整首先影响利率的升降，然后才使投资乃至总支出发生变化。

上述分析，凯恩斯学派称之为局部均衡分析，只显示了货币市场对商品市场的初始影响，而没能反映它们之间循环往复的作用。考虑到货币市场与商品市场的相互作用，遂有进一步分析，凯恩斯学派称之为一般均衡分析。

2. 货币主义学派传导机制理论

与凯恩斯学派不同，货币主义学派认为利率在货币传导机制中不起重要作用，而更强调货币供给量在整个传导机制中的直接效果。货币学派认为，增加货币供给量在开始时会降低利率，银行增加贷款，货币收入增加和物价上升，从而导致消费支出和投资支出增加，引致产出提高，直到物价的上涨将多余的货币量完全吸收掉为止。因此，货币政策的传导机制主要不是通过利率间接地影响投资和国民收入，而是通过货币供给量的变动直接影响支出和国民收入，可用符号表示为：

$$M \to E \to I \to Y$$

15.4.5　货币政策效应

货币政策的效应可以从两方面来衡量，一是政策效应发挥作用的速度，二是政策效应发挥作用的力度。政策效应发挥作用的速度，即货币政策时滞。货币政策效应发挥作用的力度，即货币政策效力。

1. 货币政策的时滞

货币政策时滞是指从货币政策制定到获得主要的或全部的效果所经历的时间。货币政策时滞的长短是考察货币政策成效的重要依据。

时滞由内部时滞和外部时滞构成。内部时滞是指从政策制定到货币当局采取行动这段时间，分为认识时滞和行动时滞。前者是指从形势变化需要货币当局采取行动到货币当局认识到需要采取行动的这段时间；后者是指从货币当局认识到需要采取行动到实际采取行动的这段时间。内部时滞的长短取决于货币当局的预测能力和管理能力，即对经济形势发展的判断、预测水平，制定政策措施的效率，决策效率等。

外部时滞是指从货币当局采取行动开始到对政策目标产生影响为止的时间间隔。货币当局想要实现就业和经济增长，需要先变动货币供给量，以影响利率水平，从而影响投资意愿，最后影响就业水平和国民收入，需要经过相当长一段时间才会充分发挥货币政策的作用。外部时滞由一国经济、金融的客观条件所决定。

缩短货币政策时滞是提高货币政策效果的有效途径，因此，提高货币当局预测能力和决策能力，有助于提高货币政策的效应。

2. 货币政策的效力

是指货币政策实施后所取得的效果与政策目标之间的偏差。如以控制通货膨胀为政策目标而实施紧缩性货币政策为例，政策实施的结果若是抑制了物价上涨，或使得物价水平下降，同时保持适当的经济增长，那么，可以认为货币政策取得了预期的效果；如果政策实施的结果一方面使得通货膨胀得到控制，而另一方面由于紧缩导致经济滑坡，那么，对货币政策效果的评价就不是最优的；如果政策的实施不仅没有促使物价下降或抑制物价上涨，还抑制了经济的增长甚至使经济增长为负，则可以说紧缩货币政策无效。评价其他类型的货币政策，也可以采用类似的分析思路。

实际上，任何一项货币政策的实施都会带来有利和不利两方面的效应，要取得最佳效果，就必须与其他宏观经济政策密切配合，如收入分配、价格等，特别是要与财政政策配合。

3. 货币政策的局限性

货币政策常常是为了稳定经济、减少经济波动，但在实践中存在一些局限性。

(1) 货币政策在宏观经济处于扩张阶段时对经济增长的拉动作用比较明显，而在收缩阶段或在启动经济时，往往是无效或低效的。因为此时投资者对经济前景悲观，即使中央银行增加货币供应量，降低利率，投资者也不愿意增加投资，银行考虑到宏观经济环境不好，贷款不易安全收回，也不轻易贷款。这样，货币政策反衰退的政策效果就不显著。有学者把货币政策抑制通货膨胀的效果比喻为马用绳子拉车前进，意思是效果好；把货币政策拉动经济增长的效果比喻为马用绳子拉车后退，意思是政策效果很微弱。

(2) 由于货币流通速度的变化受到许多因素的影响，其不确定性大，使中央银行通过变动货币供应量来影响利率水平变动的定量关系不易确定。货币流通速度加快，相当于货币供给增加的效果；流通速度下降，相当于货币供给减少的效果。如在经济繁荣时期，中央银行为抑制通货膨胀需要紧缩货币供给，但因物价上升很快，公众不愿把货币持在手上，会尽快花费或投资于能从通货膨胀中获益的项目，使货币流通速度加快，从而造成紧缩货币供给的效果被货币流通速度的增加所抵消。反之，在经济衰退时期，货币流通速度下降，这时中央银行增加货币供给对经济的影响也可能被货币流通速度下降所抵消。

(3) 货币政策的效果还要受到汇率制度和资本在国际间流动等因素的影响。例如，一国实行紧缩的货币政策，导致实际利率上升，国外资金会大量流入以赚取利差。由于国外资金的大量流入会导致本币升值，若实行固定汇率，中央银行为了使本币稳定，会抛出本币，按固定汇率收购外币，于是货币市场上本国货币供给增加，从而削弱原先实行的紧缩性货币政策的效果；若实行浮动汇率，本币的升值会抑制出口，使本国总需求下降，但刺激了进口，使对国外的需求增加，从而减弱了货币政策的效果。

(4) 货币政策作用的外部时滞性也会影响货币政策效果。

15.5 财政政策与货币政策的组合

15.5.1 财政政策与货币政策组合的必要性

财政政策和货币政策都是稳定宏观经济的工具，两者目标之间具有某些一致性，各自都有不同的局限性，发挥的作用也不相同。

财政政策与货币政策相互配合的必要性是由两者的不同特点所决定的。①货币政策主要是调节货币供求总量，而财政政策的侧重点是解决经济中的结构问题。②时滞性不同。这是指在制定和执行政策的过程中出现的时间滞后现象。财政政策的认识时滞短而决策时滞长，货币政策的认识时滞长而决策时滞短。③可控性不同。财政政策可以由政府通过直接控制和调节来实现，如刺激需求可以直接通过增加政府支出来实现。货币政策则需要通过操作工具的传导来实现最终目标，其中间要有一个传导过程，并可能偏离目标。

无论是财政政策还是货币政策都是通过影响利率、消费、投资进而影响总需求的，使就业和国民收入得到调节。财政政策和货币政策的相互关系如表 15 - 2 所示。由于财政政策与货币政策之间的差异，要求两者密切配合，相互协调，共同实现政府宏观调控的总目标。

表 15 - 2　财政政策和货币政策的影响

政策种类	对利率的影响	对消费的影响	对投资的影响	对 GDP 的影响
财政政策（减少所得税）	上升	增加	减少	增加
财政政策（增加政府开支）	上升	增加	减少	增加
财政政策（投资津贴）	上升	增加	增加	增加
货币政策（扩大货币供给）	下降	增加	增加	增加

资料来源：高鸿业. 西方经济学. 北京：中国人民大学出版社，2000.

15.5.2　财政政策与货币政策的组合模式

由于财政政策和货币政策的差异性，财政政策与货币政策在实践中往往需要配合使用。财政政策和货币政策的组合是指政府将财政政策和货币政策按某种形式搭配组合起来，以调节社会总供求，最终实现宏观经济的均衡。现实中，财政政策与货币政策可以有四种搭配模式，即："双松"模式、"双紧"模式、"一松一紧"模式和"一紧一松"模式。如表 15 - 3 所示。

表 15 - 3　财政政策与货币政策的组合模式

政策类型	组合模式	产出	利率
双　松	扩张性财政政策＋扩张性货币政策	增加	不确定
双　紧	紧缩性财政政策＋紧缩性货币政策	减少	不确定
一紧一松	紧缩性财政政策＋扩张性货币政策	不确定	下　降
一松一紧	扩张性财政政策＋紧缩性货币政策	不确定	上　升

1. 扩张性财政政策和扩张性货币政策，即"双松"政策

松的财政政策和松的货币政策能有力地刺激经济。一方面通过减少税收或扩大支出规模等松的财政政策来增加社会总需求，增加国民收入，但也会引起利率水平提高。另一方面，中央银行通过降低法定准备金率、降低再贴现率、买进政府债券等松的货币政策扩大信贷规模，增加货币供给，抑制利率的上升，以消除或减少松的财政政策的挤出效应，使社会总需求增加，刺激经济增长，并通过乘数的作用使国民收入和就业机会增加。这种模式可以消除经济衰退和失业，比单独运用财政政策或货币政策更有缓和衰退、刺激经济的作用。

该种组合所适用的经济背景：①存在比较高的失业率；②大部分企业开工不足，设备闲置；③大量资源有待开发；④市场疲软，没有通胀现象；⑤国际收支顺差过多。在此状态下，这种组合模式一方面会刺激对进口产品的需求，减少国际收支顺差；另一方面对推动生产和降低失业率有促进作用。这种模式能够短时间内提高社会总需求，见效迅速，但运用时

应谨慎，如果掌握的尺度不好，则有导致通货膨胀的危险。

2. 紧缩性财政政策和紧缩性货币政策，即"双紧"政策

当经济过度繁荣，通货膨胀严重时，可以把紧的财政政策和紧的货币政策配合使用。这就是说，通过增加税收和减少政府支出规模等紧的财政政策压缩社会总需求，从需求方面抑制通货膨胀；而利用提高法定存款准备金率等紧的货币政策，会使利率提高，投资下降，货币供给量减少，有利于抑制通货膨胀。同时，由于紧的财政政策在抑制社会总需求的同时会使利率下降，而通过紧的货币政策使利率上升，其结果可在利率不变的情况下，抑制经济过度繁荣，使社会总需求和总供给下降。

该模式所适用的经济背景：①经济处于高通货膨胀；②不存在高失业率；③国际收支出现巨额逆差。削减社会总需求一方面有利于抑制通货膨胀，保证货币和物价的稳定；另一方面有助于改善国际收支状况，减少国际收支逆差。但是，这一模式如果运用不当往往会造成经济停滞的后果。

3. 紧缩性财政政策和扩张性货币政策

这种组合模式，一方面，通过增加税收，控制支出规模，压缩社会总需求，抑制通货膨胀；另一方面，采取松的货币政策增加货币供应，以保持经济适度增长。

该模式适用的经济背景：①经济过热；②物价上涨、通货膨胀；③社会失业率低；④国际收支出现过多顺差。在此状态下，采取紧缩性的财政政策和扩张性的货币政策的配合是适宜的，前者可以用来对付通货膨胀，后者可用来减少过多的国际收支顺差（通过刺激进口和以低利率刺激资本流出），从而有助于促进宏观经济的均衡。

4. 扩张性财政政策和紧缩性货币政策

具体来说，这种搭配模式在刺激总需求的同时又能抑制通货膨胀，松的财政政策通过减税、增加支出，有助于克服社会总需求不足和经济萧条；而紧的货币政策会减少货币供给量，进而抑制由于松的财政政策引起的通货膨胀的压力。

该模式适用的经济背景：①经济停滞不前，甚至衰退；②社会总需求不足；③物价稳定，没有通货膨胀迹象；④失业率高；⑤国际收支逆差。在这种条件下，用松的财政政策来拉动内需，对付经济衰退；用紧的货币政策来减少国际收支逆差，调节国际收支平衡，从而有助于促进宏观经济的均衡。

可以看出，上述四种组合各有特点，在现实生活中，这四种政策的搭配与选择是一个很复杂的问题。采取哪种形式，应视当时的经济情况而定，灵活、适当运用。

15.6　新常态下中国宏观调控政策的选择

15.6.1　市场经济条件下宏观调控的政策选择

20世纪90年代初，中国政府开始有意识地运用财政政策、货币政策进行间接调控。在这期间，尽管经济增长出现过较大幅度的波动，但总体上依然保持了高增长。例如1991—2011年，年均经济增长率为10.4%。在1990—1999年增长周期中，尽管前期高增长与高通胀并存，但后期却进入了高增长、低通胀状态，这意味着经济实现了"软着陆"。

但之后，中国经济中隐藏的以产能过剩为核心的产业结构、产品结构失衡，社会生产重大比例关系失调却早已酝酿。据第三次工业普查资料显示：1995 年主要工业品产能闲置近三分之一的占 27.2%，闲置一半的占 18.9%，半停产状态的占 19.1%，反映了社会生产能力明显过剩，国内需求显然不足。1998 年上半年，中国供不应求的商品为零，供过于求的商品达 25.8%，供求平衡的商品占 74.2%。2000 年后，经济进入高增长、低通胀时期，产能过剩加速形成，直至酿成生产的全面过剩。2016 年，煤炭需求约 36 亿 t，产能却达到了 57 亿 t；钢铁需求约为 8 亿 t，但产能多达 12 亿 t……

近年来，中国经济运行中存在的问题反映出主要依靠财政政策与货币政策的宏观调控存在着一定的局限性；国民经济宏观管理部门的职能被削弱，这些部门没有按照社会化大生产有计划、按比例发展规律的要求对社会经济进行有效管理[①]。

现实宏观调控中，GDP、CPI、PPI 等指标是衡量宏观调控效果最为重要的指标。这些指标与财政政策、货币政策工具属于同一类型范畴（价值范畴或经济参数），反映的是社会经济运行中的价值补偿与价格形态的变化趋势，不能反映社会经济运行中的实物增长、结构变化与补偿问题。这样，在财政政策与货币政策的条件下，宏观调控紧盯 GDP、CPI、PPI 等指标，似乎是理所应当，只要能保持经济高速增长、物价水平基本稳定，则该经济增长便处于"理想状态"。其实，这种理想状态的背后，社会生产实物形态的结构与比例关系会出现失调，既有供给与需求间的结构失衡，也有生产与消费、部类之间、部门之间、产品的生产之间的一系列比例关系的失调。

一般来说，财政转移支出一定程度上能增加社会购买力、缓解生产与消费间的矛盾。而货币政策对物价、投资、消费具有一定的促进与抑制作用，在经济的繁荣与萧条期，其作用较为有限。中国宏观调控实践表明，经济繁荣时稳健的货币政策并未抑制信贷规模的过度扩张；危机时宽松的货币政策虽然阻止了经济下行，但会造成产能过剩。例如，2004—2007 年，"双稳"的政策虽然维持了经济高速增长，却未能减轻过剩产能的积累。2011 年后，"一松一稳"的政策既未能阻止经济下行的势头，也未能阻止新的产能过剩和资产泡沫化现象，政府不得不动用严厉的行政手段，把"价值型调控"与"实物型调控"相结合，以实现宏观调控目标。1990 年以来的中国经济发展状态与宏观调控政策见表 15 - 4。

表 15 - 4　1990—2017 年中国经济发展状态与宏观调控政策

年份	经济增长速度/%	CPI 指数/%	宏观经济发展状态	宏观调控政策
1990	3.9	3.1	经济增长低谷；通货膨胀	宽松的财政政策＋宽松的货币政策
1991	9.3	3.4	经济增长迅速回升；通货膨胀	宽松的财政政策＋宽松的货币政策
1992	14.2	6.4	经济增长达到顶峰；通货膨胀	宽松的财政政策＋宽松的货币政策
1993	13.9	14.7	经济增长缓慢回落；通货膨胀	适度从紧的财政政策＋适度从紧的货币政策

---

① 刘明远. 西方主流宏观调控政策在中国的实践与反思［J］. 当代经济研究，2017（6）：29－37＋97＋2.

年份	经济增长速度/%	CPI指数/%	宏观经济发展状态	宏观调控政策
1994	13.0	24.1	经济增长缓慢回落；通货膨胀	适度从紧的财政政策＋适度从紧的货币政策
1995	11.0	17.1	经济增长缓慢回落；通货膨胀	适度从紧的财政政策＋适度从紧的货币政策
1996	9.9	8.3	经济增长缓慢回落；通货膨胀	适度从紧的财政政策＋适度从紧的货币政策
1997	9.2	2.8	经济增长缓慢回落；低物价	积极的财政政策＋稳健的货币政策
1998	7.8	−0.8	经济增长继续回落，物价负增长，通货紧缩，需求不足，局部生产过剩；通货紧缩	积极的财政政策＋稳健的货币政策
1999	7.7	−1.4	经济止跌回升，通货紧缩，需求不足，局部生产过剩；通货紧缩	积极的财政政策＋稳健的货币政策
2000	8.5	0.4	经济增长继续回升；通货紧缩	积极的财政政策＋稳健的货币政策
2001	8.3	0.7	经济增长回落；通货紧缩	积极的财政政策＋稳健的货币政策
2002	9.1	−0.8	经济增长回升；通货紧缩	积极的财政政策＋稳健的货币政策
2003	10.0	1.2	经济增长回升；低物价	积极的财政政策＋稳健的货币政策
2004	10.1	3.9	经济增长回升；恶性通货膨胀	稳健的财政政策＋稳健的货币政策
2005	11.4	1.8	经济增长回升；通货膨胀	稳健的财政政策＋稳健的货币政策
2006	12.7	1.5	经济增长回升；低物价	稳健的财政政策＋稳健的货币政策
2007	14.2	4.8	经济增长达到峰值；价格回升至通货膨胀	稳健的财政政策＋稳健的货币政策
2008	9.7	5.9	经济增长回落；由通货膨胀迅速回落至低物价	稳健的财政政策＋从紧的货币政策 积极的财政政策＋适度宽松的货币政策
2009	9.4	−0.7	经济增长回落；通货紧缩	积极的财政政策＋适度宽松的货币政策
2010	10.6	3.3	经济增长回升；低物价	积极的财政政策＋适度宽松的货币政策
2011	9.5	5.4	经济增长缓慢回落；接近通货膨胀	积极的财政政策＋稳健的货币政策
2012	7.9	2.6	经济增长缓慢回落；低物价	积极的财政政策＋稳健的货币政策
2013	7.8	2.6	经济增长缓慢回落；低物价	积极的财政政策＋稳健的货币政策
2014	7.3	2.0	经济增长缓慢回落；低物价	积极的财政政策＋稳健的货币政策
2015	6.9	1.4	经济增长缓慢回落；低物价	积极的财政政策＋稳健的货币政策
2016	6.7	2.0	经济增长缓慢回落；低物价	积极的财政政策＋稳健的货币政策
2017	6.9	1.6	经济增长缓慢回落；低物价	积极的财政政策＋稳健中性的货币政策

数据来源：根据国家统计局、中国人民银行、财政部的公告整理。

近年来，中国不断加强宏观调控，积极完善财政政策与货币政策的调控方式，但还是未能消除严重的产能过剩，也未能有效扭转经济的持续下行。面对困境，政府已感觉到仅仅局限于主流宏观经济政策、财政政策与货币政策范围内的调控已很难奏效，难以有效遏制中国经济继续下行的趋势，必须从当前中国经济出现的"新常态"特征入手，转换宏观调控方式。把供给侧管理与需求侧管理相结合，统筹协调运作。

习近平总书记指出"纵观世界经济发展史，经济政策是以供给侧为重点还是以需求侧为重点，要依据一国宏观经济形势做出抉择。放弃需求侧谈供给侧或放弃供给侧谈需求侧都是片面的，二者不是非此即彼、一去一存的替代关系，而是要相互配合、协调推进。"① 针对中国经济发展中出现的问题，习近平认为，"中国当前和今后一个时期经济发展面临的问题，供给和需求两侧都有，但矛盾的主要方面在供给侧。所以，必须把改善供给结构作为主攻方向，实现由低水平供需平衡向高水平供需平衡跃升。"

中国目前正在推进的"三去一降一补"就是对以往过度偏重价值型调控方式的修正，"供给侧结构性改革"已不是仅运用经济手段，而是行政与计划手段。调控方式已经不是以价值形态的调控为主，而是以使用价值形态的调控为主，价值形态的调控为辅。调控指标已经不是储蓄、投资、消费、物价、就业、财政收支（赤字）、国际收支、人民币汇率、货币供给、利率等价值型指标为主，而是以使用价值量指标为主。"供给侧结构性改革"的主要目标是提高使用价值的品质，改善使用价值的供给结构，实现使用价值的供给与需求的数量均衡与结构合理。

十九大报告指出，"健全货币政策和宏观审慎政策双支柱调控框架，深化利率和汇率市场化改革"。双支柱调控框架的核心是以货币政策调控实现经济增长和物价稳定，以宏观审慎政策防范系统性风险，由此既实现政策工具的各司其职、精准调控，从而降低政策成本，又保证政策工具在方向、时机和力度上的协调配合，从而保障综合政策效果。"新常态"下，中国"货币政策＋宏观审慎政策"的双支柱宏观调控措施将长期保持政策定力，以推动"供给侧结构性改革"的持续深化。十九大报告进一步指出，"创新和完善宏观调控，发挥国家发展规划的战略导向作用，健全财政、货币、产业、区域等经济政策协调机制"。

15.6.2　双支柱宏观调控框架

1. 什么是双支柱？

"双支柱"指的是货币政策和宏观审慎政策。

宏观审慎政策（macro prudential policy，MPP）是指旨在减缓由金融体系顺周期波动和跨市场的风险传播对宏观经济和金融稳定造成的冲击，目的是防范系统性风险，维护货币和金融体系的整体稳定。其含义有三个方面：第一，宏观审慎政策首先是逆周期政策，可约束金融机构；第二，是应对羊群效应等市场失效现象，使整个金融市场更加稳健、金融市场参与者更加谨慎；第三，是全球化下金融市场迅速发展、金融产品和交易日趋复杂，需要制定和实施更广泛的国际标准。②

---

① 习近平. 在省部级主要领导干部学习贯彻党的十八届五中全会精神专题研讨班上的讲话［N］. 人民日报，2016 - 5 - 10.

② 周小川行长在"宏观审慎政策：亚洲视角高级研讨会"上的开幕致辞. http://www.pbc.gov.cn/goutongjiaoliu/113456/113469/2848588/index.html.

国际金融危机发生后，各国监管当局都认识到，为弥补原有的货币政策框架和微观审慎监管的空白，需要建立并加强宏观审慎监管框架。美国和欧盟在 2009 年相继宣布建立宏观审慎监管体系，并成立专门机构。其他经济体和国际组织也开始着手加强这方面的金融监管改革。中国央行在 2010 年宣布启动宏观审慎监管，并于次年开始建立差别准备金动态调整和合意贷款管理机制，以防范系统性金融风险。2015 年 12 月 29 日中国人民银行宣布，从 2016 年起将现有的差别准备金动态调整和合意贷款管理机制升级为宏观审慎评估体系。

宏观审慎政策框架包含了政策目标、评估、工具、实施、传导、治理架构等，其内涵要远大于"宏观审慎监管"。中国提出的宏观审慎框架为：①宏观审慎评估体系（macro prudential assessment，MPA），这包括资本和杠杆情况、资产负债情况、流动性、定价行为、资产质量、外债风险、信贷政策执行等 7 个方面，其中，资本充足率是评估体系的核心。此外，将以往关注狭义贷款转向广义信贷，将债券投资、股权及其他投资等纳入其中。②将跨境资本金流动纳入 MPA；③继续加强房地产市场的宏观审慎管理，形成因城施策、差别化住房信贷政策。

2. 货币政策与宏观审慎政策的紧密融合

央行传统的政策框架是以货币政策为核心，关注经济周期和货币政策。经济周期一般指经济活动水平扩张与收缩的交替波动。货币政策的主要目标就是通过逆周期调节来平抑经济周期波动，维护物价稳定，这种框架对高通胀确实起到了良好的作用。但以 CPI 为锚的货币政策框架也存在缺陷，即使 CPI 较为稳定，资产价格和金融市场的波动也可能很大。例如，次贷危机前的 2003—2007 年，全球经济处于强劲上升期，CPI 涨幅基本稳定，但同期初级商品价格和 MSCI 全球股指上涨超过 90%，美国大中城市房价上涨超过 50%，累积了巨大的风险。

国际金融危机促使国际社会更加关注金融周期变化，各国央行也认识到只关注以物价稳定等为表征的经济周期来实施宏观调控显然已经不够，央行传统的单一调控框架存在着明显缺陷，难以有效应对系统性金融风险，在一定程度上还可能纵容资产泡沫，积聚金融风险。评判金融周期的两个指标是广义信贷和房地产价格，前者代表融资条件，后者反映投资者对风险的认知和态度。

由于房地产是信贷的重要抵押品，因此两者之间会相互放大，从而导致自我强化的顺周期波动。而广义信贷和资产价格还会通过资产负债表等渠道进一步把金融和实体经济联系起来。当经济周期和金融周期同步叠加时，经济扩张或收缩的幅度都会被放大；而当经济周期和金融周期不同步时，两者的作用方向可能不同甚至相反，会导致宏观调控政策的冲突和失效。中央银行仅借助货币政策工具难以有效平衡好经济周期和金融周期调控。

因此，需要引入宏观审慎政策，弥补原有调控框架存在的弱点和不足，加强系统性金融风险防范。这是因为：一是不同市场和经济主体之间差异很大，在部分市场还比较冷时，有的市场可能已经偏热，货币政策难以完全兼顾不同的市场和主体；二是房地产等资产市场天然容易加杠杆①，具有"买涨不买跌"的特征，容易出现顺周期波动，这时利率等价格调节机制难以有效发挥作用，需要宏观审慎政策对杠杆水平进行逆周期的调节。

---

① 在经济学中，杠杆有广义和狭义之分，狭义的指"财务杠杆"；广义的杠杆涵盖所有"以小搏大"的经济行为，但核心还是借贷。

健全宏观审慎政策框架并与货币政策相互配合，能够更好地将币值稳定和金融稳定结合起来。货币政策与宏观审慎政策都可以进行逆周期调节，都具有宏观管理的属性。货币政策主要针对整体经济和总量问题，侧重于物价水平的稳定，以及经济和就业增长；而宏观审慎政策则直接和集中作用于金融体系本身，能够"对症下药"，侧重于维护金融稳定和防范系统性金融风险，两者恰好可以相互补充和强化。

"次贷危机"以来，全球出现了将货币政策与宏观审慎政策紧密融合的趋势，不少国家央行已着手建立双支柱调控框架。例如，英国将货币政策、宏观审慎政策和微观审慎监管职能集中于央行，在原货币政策委员会之外，设立了金融政策委员会负责宏观审慎管理；欧元区也逐步建立了以欧央行为核心、欧央行和各成员国审慎管理当局共同负责的宏观审慎政策框架，把宏观审慎政策和货币政策更紧密地结合在一起。总之，无论是英国"双峰模式"还是"美国模式"，其共同趋势都是要建立宏观审慎政策，都强化了央行在宏观审慎政策框架中的核心地位。

当前，"新常态"下的中国的宏观调控正处在大变革时代。随着银监会和保监会合并，监管理念从行业监管转向功能监管，借鉴英国和美国监管模式，在中国特色的"一委一行两会"统筹协调下，健全双支柱宏观调控体系：继续完善货币政策框架，强化价格型调控和传导，继续深化利率和汇率市场化改革，发挥金融价格杠杆在优化资源配置中的决定性作用；将更多金融活动、金融市场、金融机构和金融基础设施纳入宏观审慎政策的覆盖范围；完善货币政策和宏观审慎政策治理架构，推进金融治理体系和治理能力的现代化。

15.6.3　未来央行的政策思路

未来一段时期，中国人民银行将创新和完善金融宏观调控，保持政策的连续性和稳定性，提高政策的前瞻性、灵活性、有效性。稳健的货币政策要保持中性、松紧适度，把好货币供给总闸门，坚持不搞"大水漫灌"式强刺激，根据形势变化预调微调，注重稳定和引导预期，强化政策统筹协调，为"供给侧结构性改革"和高质量发展营造适宜的货币金融环境。健全货币政策和宏观审慎政策双支柱调控框架，深化利率和汇率市场化改革，疏通货币信贷政策传导机制，大力推进金融改革开放发展，通过机制创新，提高金融服务实体经济的能力和意愿。坚定做好结构性去杠杆工作，把握好力度和节奏，打好防范化解金融风险攻坚战，守住不发生系统性金融风险底线。

本 章 小 结

● 宏观调控的基本目标：保持社会总供给与社会总需求的平衡。主要目标：货币和物价总水平基本稳定、经济适度增长、充分就业、国际收支平衡。

● 财政平衡是一种相对的、动态的及综合的平衡。弥补财政赤字的方法有：动用历年财政结余、增加税收、发行公债和增发货币。

● 财政政策的类型：扩张性财政政策、紧缩性财政政策及中性财政政策。财政政策的手段：财政收入政策（如税收、公债）、财政支出政策（如购买性支出、转移性支出）及国家预算政策。

- 财政政策效应："内在稳定器"效应、乘数效应、奖抑效应和货币效应。
- 货币政策是国家经济政策的重要组成部分，是中央银行实现其职能的根本所在。根据货币政策对经济产生的影响，可将货币政策分为扩张性货币政策、紧缩性货币政策和均衡性货币政策。
- 货币政策工具的类型：一般性控制工具（如公开市场业务、再贴现、法定存款准备金率）；选择性控制工具（如证券市场信用控制、消费信用控制、不动产信用控制、优惠利率、预缴进口保证金）。此外，还有直接信用控制和间接信用指导。
- 货币政策效应主要有货币政策时滞及货币政策效力两种效应。
- 由于财政政策和货币政策的差异性，财政政策与货币政策在实践中往往需要配合使用。财政政策与货币政策有四种搭配模式："双松"模式、"双紧"模式、"一松一紧"模式和"一紧一松"模式。
- 宏观调控政策的"货币政策＋宏观审慎政策"双支柱调控体系。

◤ 关键概念

宏观调控　财政平衡　财政赤字　财政政策　财政政策效应　"内在稳定器"效应　乘数效应　奖抑效应　货币效应　自动稳定器　相机抉择　货币政策　一般性控制工具　选择性控制工具　货币政策效应　"双松"模式　"双紧"模式　"一松一紧"模式　"一紧一松"模式

思考与练习

1. 简述宏观调控的必要性及其目标。
2. 弥补财政赤字的方法有哪些？
3. 简述财政政策的类型及其手段。
4. 简述财政政策的效应。
5. 简述货币政策的类型及其控制工具。
6. 简述货币政策的效应。
7. 简述财政政策与货币政策组合的必要性及其组合模式。
8. 试述当前经济状况下宏观调控应该采取的政策。

【阅读材料】

贯彻新发展理念，建设现代化经济体系

我国经济已由高速增长阶段转向高质量发展阶段，正处在转变发展方式、优化经济结构、转换增长动力的攻关期，建设现代化经济体系是跨越关口的迫切要求和我国发展的战略目标。必须坚持质量第一、效益优先，以供给侧结构性改革为主线，推动经济发展质量变革、效率变革、动力变革，提高全要素生产率，着力加快建设实体经济、科技创新、现代金

融、人力资源协同发展的产业体系，着力构建市场机制有效、微观主体有活力、宏观调控有度的经济体制，不断增强我国经济创新力和竞争力。

（一）深化供给侧结构性改革

建设现代化经济体系，必须把发展经济的着力点放在实体经济上，把提高供给体系质量作为主攻方向，显著增强我国经济质量优势。加快建设制造强国，加快发展先进制造业，推动互联网、大数据、人工智能和实体经济深度融合，在中高端消费、创新引领、绿色低碳、共享经济、现代供应链、人力资本服务等领域培育新增长点、形成新动能。支持传统产业优化升级，加快发展现代服务业，瞄准国际标准提高水平。促进我国产业迈向全球价值链中高端，培育若干世界级先进制造业集群。加强水利、铁路、公路、水运、航空、管道、电网、信息、物流等基础设施网络建设。坚持去产能、去库存、去杠杆、降成本、补短板，优化存量资源配置，扩大优质增量供给，实现供需动态平衡。激发和保护企业家精神，鼓励更多社会主体投身创新创业。建设知识型、技能型、创新型劳动者大军，弘扬劳模精神和工匠精神，营造劳动光荣的社会风尚和精益求精的敬业风气。

·············

（五）加快完善社会主义市场经济体制

经济体制改革必须以完善产权制度和要素市场化配置为重点，实现产权有效激励、要素自由流动、价格反应灵活、竞争公平有序、企业优胜劣汰。要完善各类国有资产管理体制，改革国有资本授权经营体制，加快国有经济布局优化、结构调整、战略性重组，促进国有资产保值增值，推动国有资本做强做优做大，有效防止国有资产流失。深化国有企业改革，发展混合所有制经济，培育具有全球竞争力的世界一流企业。全面实施市场准入负面清单制度，清理废除妨碍统一市场和公平竞争的各种规定和做法，支持民营企业发展，激发各类市场主体活力。深化商事制度改革，打破行政性垄断，防止市场垄断，加快要素价格市场化改革，放宽服务业准入限制，完善市场监管体制。创新和完善宏观调控，发挥国家发展规划的战略导向作用，健全财政、货币、产业、区域等经济政策协调机制。完善促进消费的体制机制，增强消费对经济发展的基础性作用。深化投融资体制改革，发挥投资对优化供给结构的关键性作用。加快建立现代财政制度，建立权责清晰、财力协调、区域均衡的中央和地方财政关系。建立全面规范透明、标准科学、约束有力的预算制度，全面实施绩效管理。深化税收制度改革，健全地方税体系。深化金融体制改革，增强金融服务实体经济能力，提高直接融资比重，促进多层次资本市场健康发展。健全货币政策和宏观审慎政策双支柱调控框架，深化利率和汇率市场化改革。健全金融监管体系，守住不发生系统性金融风险的底线。

资料来源：习近平．决胜全面建成小康社会 夺取新时代中国特色社会主义伟大胜利：在中国共产党第十九次全国代表大会上的报告．

附录 A 复利系数表

(*i*＝4%复利系数)

年份 *n*	一次支付		等额多次支付			
	(F/P, *i*, *n*)	(P/F, *i*, *n*)	(F/A, *i*, *n*)	(A/F, *i*, *n*)	(A/P, *i*, *n*)	(P/A, *i*, *n*)
	$(1+i)^n$	$\dfrac{1}{(1+i)^n}$	$\dfrac{(1+i)^n-1}{i}$	$\dfrac{i}{(1+i)^n-1}$	$\dfrac{i(1+i)^n}{(1+i)^n-1}$	$\dfrac{(1+i)^n-1}{i(1+i)^n}$
1	1.040 0	0.961 5	1.000 0	1.000 00	1.040 00	0.961 5
2	1.081 6	0.924 6	2.040 0	0.490 20	0.530 20	1.886 1
3	1.124 9	0.889 0	3.121 6	0.320 35	0.360 35	2.775 1
4	1.169 9	0.854 8	4.246 5	0.235 49	0.275 49	3.629 9
5	1.216 7	0.821 9	5.416 3	0.184 63	0.224 63	4.451 8
6	1.265 3	0.790 3	6.633 0	0.150 76	0.190 76	5.242 1
7	1.315 9	0.759 9	7.898 3	0.126 61	0.166 61	6.002 1
8	1.368 6	0.730 7	9.214 2	0.108 53	0.148 53	6.732 7
9	1.423 3	0.702 6	10.582 8	0.094 49	0.134 49	7.435 3
10	1.480 2	0.675 6	12.006 1	0.083 29	0.123 29	8.110 9
11	1.539 5	0.649 6	13.486 4	0.074 15	0.114 15	8.760 5
12	1.601 0	0.624 6	15.025 8	0.066 55	0.106 55	9.385 1
13	1.665 1	0.600 6	16.626 8	0.060 14	0.100 14	9.985 6
14	1.731 7	0.577 5	18.291 9	0.054 67	0.094 67	10.563 1
15	1.800 9	0.555 3	20.023 6	0.049 94	0.089 94	11.118 4
16	1.873 0	0.533 9	21.824 5	0.045 82	0.085 82	11.652 3
17	1.947 9	0.513 4	23.697 5	0.042 20	0.082 20	12.165 7
18	2.025 8	0.493 6	25.645 4	0.038 99	0.078 99	12.659 3
19	2.106 8	0.474 6	27.671 2	0.036 14	0.076 14	13.133 9
20	2.191 1	0.456 4	29.778 1	0.033 58	0.073 58	13.590 3
21	2.278 8	0.438 8	31.969 2	0.031 28	0.071 28	14.029 2
22	2.369 9	0.422 0	34.248 0	0.029 20	0.069 20	14.451 1
23	2.464 7	0.405 7	36.617 9	0.027 31	0.067 31	14.856 8
24	2.563 3	0.390 1	39.082 6	0.025 59	0.065 59	15.247 0
25	2.665 8	0.375 1	41.645 9	0.024 01	0.064 01	15.622 1
26	2.772 5	0.360 7	44.311 7	0.022 57	0.062 57	15.982 8
27	2.883 4	0.346 8	47.084 2	0.021 24	0.061 24	16.329 6
28	2.998 7	0.333 5	49.967 6	0.020 01	0.060 01	16.663 1
29	3.118 7	0.320 7	52.966 3	0.018 88	0.058 88	16.983 7
30	3.243 4	0.308 3	56.084 9	0.017 83	0.057 83	17.292 0
35	3.946 1	0.253 4	73.652 2	0.013 58	0.053 58	18.664 6
40	4.801 0	0.208 3	95.025 5	0.010 52	0.050 52	19.792 8
45	5.841 2	0.171 2	121.029 4	0.008 26	0.048 26	20.720 0
50	7.106 7	0.140 7	152.667 1	0.006 55	0.046 55	21.482 2

$(i=6\%$复利系数$)$

年份 n	一次支付		等额多次支付			
	$(F/P, i, n)$	$(P/F, i, n)$	$(F/A, i, n)$	$(A/F, i, n)$	$(A/P, i, n)$	$(P/A, i, n)$
	$(1+i)^n$	$\dfrac{1}{(1+i)^n}$	$\dfrac{(1+i)^n-1}{i}$	$\dfrac{i}{(1+i)^n-1}$	$\dfrac{i(1+i)^n}{(1+i)^n-1}$	$\dfrac{(1+i)^n-1}{i(1+i)^n}$
1	1.060 0	0.943 4	1.000 0	1.000 00	1.060 00	0.943 4
2	1.123 6	0.890 0	2.060 0	0.485 44	0.545 44	1.833 4
3	1.191 0	0.839 6	3.183 6	0.314 11	0.374 11	2.673 0
4	1.262 5	0.792 1	4.374 6	0.228 59	0.288 59	3.465 1
5	1.338 2	0.747 3	5.637 1	0.177 40	0.237 40	4.212 4
6	1.418 5	0.705 0	6.975 3	0.1433 6	0.203 36	4.917 3
7	1.503 6	0.665 1	8.393 8	0.119 14	0.179 14	5.582 4
8	1.593 8	0.627 4	9.897 5	0.101 04	0.161 04	6.209 8
9	1.689 5	0.591 9	11.491 3	0.087 02	0.147 02	6.801 7
10	1.790 8	0.558 4	13.180 8	0.075 87	0.135 87	7.360 1
11	1.898 3	0.526 8	14.971 6	0.066 79	0.126 79	7.886 9
12	2.012 2	0.497 0	16.869 9	0.059 28	0.119 28	8.383 8
13	2.132 9	0.468 8	18.882 1	0.052 96	0.112 96	8.852 7
14	2.260 9	0.442 3	21.015 1	0.047 58	0.107 58	9.295 0
15	2.396 6	0.417 3	23.276 0	0.042 96	0.102 96	9.712 2
16	2.540 4	0.393 6	25.672 5	0.038 95	0.098 95	10.105 9
17	2.692 8	0.371 4	28.212 9	0.035 44	0.095 44	10.477 3
18	2.854 3	0.350 3	30.905 7	0.032 36	0.092 36	10.827 6
19	3.025 6	0.330 5	33.760 0	0.029 62	0.089 62	11.158 1
20	3.207 1	0.311 8	36.785 6	0.027 18	0.087 18	11.469 9
21	3.399 6	0.294 2	39.992 7	0.025 00	0.085 00	11.764 1
22	3.603 5	0.277 5	43.392 3	0.023 05	0.083 05	12.041 6
23	3.819 7	0.261 8	46.995 8	0.021 28	0.081 28	12.303 4
24	4.048 9	0.247 0	50.815 6	0.019 68	0.079 68	12.550 4
25	4.291 9	0.233 0	54.864 5	0.018 23	0.078 23	12.783 4
26	4.549 4	0.219 8	59.156 4	0.016 90	0.076 90	13.003 2
27	4.822 3	0.207 4	63.705 8	0.015 70	0.075 70	13.210 5
28	5.111 7	0.195 6	68.528 1	0.014 59	0.074 59	13.406 2
29	5.418 4	0.184 6	73.639 8	0.013 58	0.073 58	13.590 7
30	5.743 5	0.174 1	79.058 2	0.012 65	0.072 65	13.764 8
35	7.686 1	0.130 1	111.434 8	0.008 97	0.068 97	14.498 2
40	10.285 7	0.097 2	154.762 0	0.006 46	0.066 46	15.046 3
45	13.764 6	0.072 7	212.743 5	0.004 70	0.064 70	15.455 8
50	18.420 2	0.054 3	290.335 9	0.003 44	0.063 44	15.761 9

($i=8\%$ 复利系数)

年份 n	一次支付		等额多次支付			
	$(F/P, i, n)$	$(P/F, i, n)$	$(F/A, i, n)$	$(A/F, i, n)$	$(A/P, i, n)$	$(P/A, i, n)$
	$(1+i)^n$	$\dfrac{1}{(1+i)^n}$	$\dfrac{(1+i)^n-1}{i}$	$\dfrac{i}{(1+i)^n-1}$	$\dfrac{i(1+i)^n}{(1+i)^n-1}$	$\dfrac{(1+i)^n-1}{i(1+i)^n}$
1	1.080 0	0.925 9	1.000 0	1.000 00	1.080 00	0.925 9
2	1.166 4	0.857 3	2.080 0	0.480 77	0.560 77	1.783 3
3	1.259 7	0.793 8	3.246 4	0.308 03	0.388 03	2.577 1
4	1.360 5	0.735 0	4.506 1	0.221 92	0.301 92	3.312 1
5	1.469 3	0.680 6	5.866 6	0.170 46	0.250 46	3.992 7
6	1.586 9	0.630 2	7.335 9	0.136 32	0.216 32	4.622 9
7	1.713 8	0.583 5	8.922 8	0.112 07	0.192 07	5.206 4
8	1.850 9	0.540 3	10.636 6	0.094 01	0.174 01	5.746 6
9	1.999 0	0.500 2	12.487 6	0.080 08	0.160 08	6.246 9
10	2.158 9	0.463 2	14.486 6	0.069 03	0.149 03	6.710 1
11	2.331 6	0.428 9	16.645 5	0.060 08	0.140 08	7.139 0
12	2.518 2	0.397 1	18.977 1	0.052 70	0.132 70	7.536 1
13	2.719 6	0.367 7	21.495 3	0.046 52	0.126 52	7.903 8
14	2.937 2	0.340 5	24.214 9	0.041 30	0.121 30	8.244 2
15	3.172 2	0.315 2	27.152 1	0.036 83	0.116 83	8.559 5
16	3.425 9	0.291 9	30.324 3	0.032 98	0.112 98	8.851 4
17	3.700 0	0.270 3	33.750 2	0.029 63	0.109 63	9.121 6
18	3.996 0	0.250 2	37.450 2	0.026 70	0.106 70	9.371 9
19	4.315 7	0.231 7	41.446 3	0.024 13	0.104 13	9.603 6
20	4.661 0	0.214 5	45.762 0	0.021 85	0.101 85	9.818 1
21	5.033 8	0.198 7	50.422 9	0.019 83	0.099 83	10.016 8
22	5.436 5	0.183 9	55.456 8	0.018 03	0.098 03	10.200 7
23	5.871 5	0.170 3	60.893 3	0.016 42	0.096 42	10.371 1
24	6.341 2	0.157 7	66.764 8	0.014 98	0.094 98	10.528 8
25	6.848 5	0.146 0	73.105 9	0.013 68	0.093 68	10.674 8
26	7.396 4	0.135 2	79.954 4	0.012 51	0.092 51	10.810 0
27	7.988 1	0.125 2	87.350 8	0.011 45	0.091 45	10.935 2
28	8.627 1	0.115 9	95.338 8	0.010 49	0.090 49	11.051 1
29	9.317 3	0.107 3	103.965 9	0.009 62	0.089 62	11.158 4
30	10.062 7	0.099 4	113.283 2	0.008 83	0.088 83	11.257 8
35	14.785 3	0.067 6	172.316 8	0.005 80	0.085 80	11.654 6
40	21.724 5	0.046 0	259.056 5	0.003 86	0.083 86	11.924 6
45	31.920 4	0.031 3	386.505 6	0.002 59	0.082 59	12.108 4
50	46.901 6	0.021 3	573.770 0	0.001 74	0.081 74	12.233 5

$$(i=10\%复利系数)$$

年份	一次支付		等额多次支付			
n	$(F/P, i, n)$	$(P/F, i, n)$	$(F/A, i, n)$	$(A/F, i, n)$	$(A/P, i, n)$	$(P/A, i, n)$
	$(1+i)^n$	$\dfrac{1}{(1+i)^n}$	$\dfrac{(1+i)^n-1}{i}$	$\dfrac{i}{(1+i)^n-1}$	$\dfrac{i(1+i)^n}{(1+i)^n-1}$	$\dfrac{(1+i)^n-1}{i(1+i)^n}$
1	1.100 0	0.909 1	1.000 0	1.000 00	1.100 00	0.909 1
2	1.210 0	0.826 4	2.100 0	0.476 19	0.576 19	1.735 5
3	1.331 0	0.751 3	3.310 0	0.302 11	0.402 11	2.486 9
4	1.464 1	0.683 0	4.641 0	0.215 47	0.315 47	3.169 9
5	1.610 5	0.620 9	6.105 1	0.163 80	0.263 80	3.790 8
6	1.771 6	0.564 5	7.715 6	0.129 61	0.229 61	4.355 3
7	1.948 7	0.513 2	9.487 2	0.105 41	0.205 41	4.868 4
8	2.143 6	0.466 5	11.435 9	0.087 44	0.187 44	5.334 9
9	2.357 9	0.424 1	13.579 5	0.073 64	0.173 64	5.759 0
10	2.593 7	0.385 5	15.937 4	0.062 75	0.162 75	6.144 6
11	2.853 1	0.350 5	18.531 2	0.053 96	0.153 96	6.495 1
12	3.138 4	0.318 6	21.384 3	0.046 76	0.146 76	6.813 7
13	3.452 3	0.289 7	24.522 7	0.040 78	0.140 78	7.103 4
14	3.797 5	0.263 3	27.975 0	0.035 75	0.135 75	7.366 7
15	4.177 2	0.239 4	31.772 5	0.031 47	0.131 47	7.606 1
16	4.595 0	0.217 6	35.949 7	0.027 82	0.127 82	7.823 7
17	5.054 5	0.197 8	40.544 7	0.024 66	0.124 66	8.021 6
18	5.559 9	0.179 9	45.599 2	0.021 93	0.121 93	8.201 4
19	6.115 9	0.163 5	51.159 1	0.019 55	0.119 55	8.364 9
20	6.727 5	0.148 6	57.275 0	0.017 46	0.117 46	8.513 6
21	7.400 2	0.135 1	64.002 5	0.015 62	0.115 62	8.648 7
22	8.140 3	0.122 8	71.402 7	0.014 01	0.114 01	8.771 5
23	8.954 3	0.111 7	79.543 0	0.012 57	0.112 57	8.883 2
24	9.849 7	0.101 5	88.497 3	0.011 30	0.111 30	8.984 7
25	10.834 7	0.092 3	98.347 1	0.010 17	0.110 17	9.077 0
26	11.918 2	0.083 9	109.181 8	0.009 16	0.109 16	9.160 9
27	13.110 0	0.076 3	121.099 9	0.008 26	0.108 26	9.237 2
28	14.421 0	0.069 3	134.209 9	0.007 45	0.107 45	9.306 6
29	15.863 1	0.063 0	148.630 9	0.006 73	0.106 73	9.369 6
30	17.449 4	0.057 3	164.494 0	0.006 08	0.106 08	9.426 9
35	28.102 4	0.035 6	271.024 4	0.003 69	0.103 69	9.644 2
40	45.259 3	0.022 1	442.592 6	0.002 26	0.102 26	9.779 1
45	72.890 5	0.013 7	718.904 8	0.001 39	0.101 39	9.862 8
50	117.390 9	0.008 5	1 163.908 5	0.000 86	0.100 86	9.914 8

(i＝12％复利系数)

年份 n	一次支付		等额多次支付			
	$(F/P, i, n)$	$(P/F, i, n)$	$(F/A, i, n)$	$(A/F, i, n)$	$(A/P, i, n)$	$(P/A, i, n)$
	$(1+i)^n$	$\dfrac{1}{(1+i)^n}$	$\dfrac{(1+i)^n-1}{i}$	$\dfrac{i}{(1+i)^n-1}$	$\dfrac{i(1+i)^n}{(1+i)^n-1}$	$\dfrac{(1+i)^n-1}{i(1+i)^n}$
1	1.120 0	0.892 9	1.000 0	1.000 00	1.120 00	0.892 9
2	1.254 4	0.797 2	2.120 0	0.471 70	0.591 70	1.690 1
3	1.404 9	0.711 8	3.374 4	0.296 35	0.416 35	2.401 8
4	1.573 5	0.635 5	4.779 3	0.209 23	0.329 23	3.037 3
5	1.762 3	0.567 4	6.352 8	0.157 41	0.277 41	3.604 8
6	1.973 8	0.506 6	8.115 2	0.123 23	0.243 23	4.111 4
7	2.210 7	0.452 3	10.089 0	0.099 12	0.219 12	4.563 8
8	2.476 0	0.403 9	12.299 7	0.081 30	0.201 30	4.967 6
9	2.773 1	0.360 6	14.775 7	0.067 68	0.187 68	5.328 2
10	3.105 8	0.322 0	17.548 7	0.056 98	0.176 98	5.650 2
11	3.478 5	0.287 5	20.654 6	0.048 42	0.168 42	5.937 7
12	3.896 0	0.256 7	24.133 1	0.041 44	0.161 44	6.194 4
13	4.363 5	0.229 2	28.029 1	0.035 68	0.155 68	6.423 5
14	4.887 1	0.204 6	32.392 6	0.030 87	0.150 87	6.628 2
15	5.473 6	0.182 7	37.279 7	0.026 82	0.146 82	6.810 9
16	6.130 4	0.163 1	42.753 3	0.023 39	0.143 39	6.974 0
17	6.866 0	0.145 6	48.883 7	0.020 46	0.140 46	7.119 6
18	7.690 0	0.130 0	55.749 7	0.017 94	0.137 94	7.249 7
19	8.612 8	0.116 1	63.439 7	0.015 76	0.135 76	7.365 8
20	9.646 3	0.103 7	72.052 4	0.013 88	0.133 88	7.469 4
21	10.803 8	0.092 6	81.698 7	0.012 24	0.132 24	7.562 0
22	12.100 3	0.082 6	92.502 6	0.010 81	0.130 81	7.644 6
23	13.552 3	0.073 8	104.602 9	0.009 56	0.129 56	7.718 4
24	15.178 6	0.065 9	118.155 2	0.008 46	0.128 46	7.784 3
25	17.000 1	0.058 8	133.333 9	0.007 50	0.127 50	7.843 1
26	19.040 1	0.052 5	150.333 9	0.006 65	0.126 65	7.895 7
27	21.324 9	0.046 9	169.374 0	0.005 90	0.125 90	7.942 6
28	23.883 9	0.041 9	190.698 9	0.005 24	0.125 24	7.984 4
29	26.749 9	0.037 4	214.582 8	0.004 66	0.124 66	8.021 8
30	29.959 9	0.033 4	241.332 7	0.004 14	0.124 14	8.055 2
35	52.799 6	0.018 9	431.663 5	0.002 32	0.122 32	8.175 5
40	93.051 0	0.010 7	767.091 4	0.001 30	0.121 30	8.243 8
45	163.987 6	0.006 1	1 358.230 0	0.000 74	0.120 74	8.282 5
50	289.002 2	0.003 5	2 400.018 2	0.000 42	0.120 42	8.304 5

(i＝15％复利系数)

年份 n	一次支付		等额多次支付			
	(F/P, i, n)	(P/F, i, n)	(F/A, i, n)	(A/F, i, n)	(A/P, i, n)	(P/A, i, n)
	$(1+i)^n$	$\dfrac{1}{(1+i)^n}$	$\dfrac{(1+i)^n-1}{i}$	$\dfrac{i}{(1+i)^n-1}$	$\dfrac{i(1+i)^n}{(1+i)^n-1}$	$\dfrac{(1+i)^n-1}{i(1+i)^n}$
1	1.150 0	0.869 6	1.000 0	1.000 00	1.150 00	0.869 6
2	1.322 5	0.756 1	2.150 0	0.465 12	0.615 12	1.625 7
3	1.520 9	0.657 5	3.472 5	0.287 98	0.437 98	2.283 2
4	1.749 0	0.571 8	4.993 4	0.200 27	0.350 27	2.855 0
5	2.011 4	0.497 2	6.742 4	0.148 32	0.298 32	3.352 2
6	2.313 1	0.432 3	8.753 7	0.114 24	0.264 24	3.784 5
7	2.660 0	0.375 9	11.066 8	0.090 36	0.240 36	4.160 4
8	3.059 0	0.326 9	13.726 8	0.072 85	0.222 85	4.487 3
9	3.517 9	0.284 3	16.785 8	0.059 57	0.209 57	4.771 6
10	4.045 6	0.247 2	20.303 7	0.049 25	0.199 25	5.018 8
11	4.652 4	0.214 9	24.349 3	0.041 07	0.191 07	5.233 7
12	5.350 3	0.186 9	29.001 7	0.034 48	0.184 48	5.420 6
13	6.152 8	0.162 5	34.351 9	0.029 11	0.179 11	5.583 1
14	7.075 7	0.141 3	40.504 7	0.024 69	0.174 69	5.724 5
15	8.137 1	0.122 9	47.580 4	0.021 02	0.171 02	5.847 4
16	9.357 6	0.106 9	55.717 5	0.017 95	0.167 95	5.954 2
17	10.761 3	0.092 9	65.075 1	0.015 37	0.165 37	6.047 2
18	12.375 5	0.080 8	75.836 4	0.013 19	0.163 19	6.128 0
19	14.231 8	0.070 3	88.211 8	0.011 34	0.161 34	6.198 2
20	16.366 5	0.061 1	102.443 6	0.009 76	0.159 76	6.259 3
21	18.821 5	0.053 1	118.810 1	0.008 42	0.158 42	6.312 5
22	21.644 7	0.046 2	137.631 6	0.007 27	0.157 27	6.358 7
23	24.891 5	0.040 2	159.276 4	0.006 28	0.156 28	6.398 8
24	28.625 2	0.034 9	184.167 8	0.005 43	0.155 43	6.433 8
25	32.919 0	0.030 4	212.793 0	0.004 70	0.154 70	6.464 1
26	37.856 8	0.026 4	245.712 0	0.004 07	0.154 07	6.490 6
27	43.535 3	0.023 0	283.568 8	0.003 53	0.153 53	6.513 5
28	50.065 6	0.020 0	327.104 1	0.003 06	0.153 06	6.533 5
29	57.575 5	0.017 4	377.169 7	0.002 65	0.152 65	6.550 9
30	66.211 8	0.015 1	434.745 1	0.002 30	0.152 30	6.566 0
35	133.175 5	0.007 5	881.170 2	0.001 13	0.151 13	6.616 6
40	267.863 5	0.003 7	1 779.090 3	0.000 56	0.150 56	6.641 8
45	538.769 3	0.001 9	3 585.128 5	0.000 28	0.150 28	6.654 3
50	1 083.657 4	0.000 9	7 217.716 3	0.000 14	0.150 14	6.660 5

参 考 文 献

[1] 郑煜. 财政与金融. 2 版. 北京：北京交通大学出版社，2012.
[2] 罗森，盖尔. 财政学. 10 版. 北京：清华大学出版社，2015.
[3] 朱青，庄毓敏. 财政金融学教程. 3 版. 北京：中国人民大学出版社，2016.
[4] 中华人民共和国财政部. 2018 政府收支分类科目. 北京：中国财政经济出版社，2017.
[5] 朱耀明，宗刚. 财政与金融. 6 版. 北京：高等教育出版社，2015.
[6] 刘怡. 财政学. 3 版. 北京：北京大学出版社，2016.
[7] 财政部预算评审中心. 中国财政支出政策绩效评价体系研究. 北京：经济科学出版
    社，2017.
[8] 邓子基，陈工，林致远. 财政学. 4 版. 北京：高等教育出版社，2014.
[9] 陈共. 财政学. 9 版. 北京：中国人民大学出版社，2017.
[10] 段治平，张建刚，聂国栋. 财政与金融. 北京：北京交通大学出版社，2012.
[11] 刘守刚. 中国财政史十六讲：基于财政政治学的历史重撰. 上海：复旦大学出版
    社，2017.
[12] 胡寄窗，谈敏. 中国财政思想史. 北京：中国财政经济出版社，2017.
[13] 梁新潮，韩宗保. 财政与金融. 5 版. 上海：上海财经大学出版，2016.
[14] 王五一. 郑观应财政金融思想研究. 北京：人民出版社，2017.
[15] 黄达，张杰. 金融学. 4 版. 北京：中国人民大学出版社，2017.
[16] 陈学彬. 金融学. 4 版. 北京：高等教育出版社，2017.
[17] 张薇薇，徐桂华，冯博. 金融市场学. 北京：清华大学出版社，2017.
[18] 钟伟，魏伟，陈骁. 数字货币. 北京：中信出版社，2018.
[19] 罗明雄，唐颖，刘勇. 互联网金融. 北京：中国财政经济出版社，2014.
[20] 张健. 区块链：定义未来金融与经济新格局. 北京：机械工业出版社，2016.
[21] 刘舒年，温晓芳. 国际金融. 5 版. 北京：对外经济贸易大学出版社，2017.
[22] http://www.npc.gov.cn/.
[23] http://www.mof.gov.cn/.
[24] http://www.chinatax.gov.cn/.
[25] http://www.stats.gov.cn/.
[26] http://www.pbc.gov.cn/.
[27] http://www.safe.gov.cn/.
[28] http://www.cbrc.gov.cn/chinese/newIndex.html.
[29] http://www.csrc.gov.cn/pub/newsite/.
[30] http://www.chinamoney.com.cn/chinese/index.html.